国家社科基金重大项目“吴语语料库建设和吴语比较研究”
（20&ZD301）

方言比较与吴语史研究

石汝杰教授荣休纪念论文集

陶寰 盛益民 黄河 主编

中西書局

石汝杰教授最终讲义

石汝杰教授与夫人陈榴竞女士

（2005年11月29日）

石汝杰教授夫妇与汤珍珠教授、许宝华教授

陈忠敏、游汝杰、石汝杰、沈钟伟、平悦铃、胡方、陶寰
（2017年11月23日于复旦中文系百年论坛合影）

复旦大学中文系1981、1982级部分研究生在松江合影
（右四为石汝杰）

桥本万太郎教授来访，左起：沈亚明、游汝杰、张洪明、
潘悟云、沈钟伟、桥本万太郎、石汝杰、余志鸿、汤志祥
（1982年冬）

平田昌司教授来访，左起：沈亚明、游汝杰、汤珍珠、
平田昌司、许宝华、石汝杰、张洪明
（1984年9月5日）

张家茂、汪平、谢自立、石汝杰、刘丹青合影
（1986年左右）

与宫田一郎教授合影
（2012年3月6日于小松车站附近的鳗鱼店门口）

左思民、陈泽平、秋谷裕幸、陈榴竞、石汝杰
（2002年2月8日，秋谷惠子摄）

石汝杰教授夫妇与太田斋教授
（2004年8月9日于神户）

与岩田礼教授合影

（2004年8月11日于岐阜岩田家门口）

与史皓元、黄耀堃教授合影

（2019年9月13日于香港大学附近的商业中心）

与苏州的部分学生合影

与访问学者余跃龙老师(右三)及熊本的部分学生合影

目　　录

语言借用与历史层次

潘悟云
（复旦大学人文数据研究所东亚语言数据中心）

语言接触，并没有把理论问题说得很清楚。两个语言一接触就会发生变化，怎么变？变的规则是什么？四川的倒话，很多人认为是语言接触造成的，为什么倒话中的音系是藏语，词汇则是汉语？其他的语言接触都会这样吗？海南的回辉话是南岛语，原来是没有声调的，于是有些人认为是在汉语、黎语的接触下产生了声调。但是 Thurgood（1992）发现，回辉话的 53 调与韵尾-ʔ 对应，55 调与韵尾-h 对应。如果是受汉语影响，我们就无法解释回辉话的声调产生的时候，汉语并没有-h 尾。回辉话一到海南，在很短的时间内在汉语的影响下产生了声调，但是蒙古、朝鲜受汉语的影响力度之大、时间之长，为什么不会产生声调？古代东南地区居民，文献上通称百越，《蜀志·许靖传》载许靖与曹操书，自述从会稽"南至交州，经历东瓯、闽越之国，行经万里，不见汉地"，正可印证三国时代的东南各地还不说汉语。南方的汉族居民从北方迁来，几次大的从北而南的移民运动，传来了汉语。东南方言有许多底层词不是汉语而是南方的民族语。东南方言的许多语音特征，跟南方民族语的语音相似，而与北方汉语不同，如内爆音、平翘舌不分、前后鼻音不分等等。这些南方的语言特征是怎么来的？汉语学界的主流解释是认为，汉语传到东南地区以后，是受当地百越语的影响，才形成底层语言的特征。但是汉语是强势语言，民族语是弱势语言，语言之间的影响必须是从强势语言影响到弱势语言，我们无法解释南方语言的特征为什么从弱势的百越语影响到汉语？所谓的底层现象又到底是怎么形成的？

语言接触在本质上就是语言借用以及借用所造成的历史层次。

罗杰瑞（1979）提出了闽语中的历史层次及其历史成因。此前，方言学界已经提出的文白异读,实际上也是历史层次的问题。20 世纪 80 年代以后,以上海为代表的方言学界,把历史层次提高到新的理论高度,这跟罗杰瑞的历史层次并不完全一样。所有这一切,都要重新讨论语言借用以及语言借用造成的历史层次问题。

一、语言借用与混合语

语言借用和语言学习、语言翻译,在本质上是相同的,都是语言代码的转换。如果把 A 语言转成 B 语言。A 语言叫作源语(sources language),B 语言叫作目标语或目的语(target language)。语言借用的目标语也就是母语。当源语向目标语转换的时候,转换的原则是最大相似原则和最小区别原则。语言学习要尽可能地与源语的读音相一致。语言借用的时候也尽可能地与源语相似。但是语言借用与语言学习有根本性的区别。语言学习的结果与源语越相似越好,最好与源语完全一致。但是借词的读音虽然尽可能地与源语相似,但是只能采用母语的音系。例如一个北京人借用英语的 telephone,他把读音读成最相似的[tɤlyfəŋ](德律风)。如果要读成[tʰelifoun],大家听起来就不像是汉语,而是英语了。只要读成“德律风”,大家会接受为汉语,只不过是汉语中的一个新词。“热心”在新派的上海人中读成[ləʔɕin],声、韵、调都是上海音系中的元素,所以它会接受为上海话的新词。如果把它读成[ɹɤɕin],其中的[ɹɤ]就不属于上海音系中的韵母。所以[ləʔɕin]在上海话中是借词,而[ɹɤɕin]则是临时性的借代。当母语向源语借用的时候,只有借用的读音是母语音系中的一部分,这才是借词,这才能为母语所容纳。壮语音系中没有舌尖元音[ɿ],它最接近的元音是[ɯ]。壮语借用了汉语的“子”,必须要读作与它最接近的读音[tsɯ]。

19 世纪,黑人奴隶只能学会白人主子的语言,才为主人干活、差遣。久而久之,奴隶语言中的词语一个个被主人语言的词语所替换。不过这种替换是一种能动性的替换。语言的音系是非常稳固的,当奴隶的音系与主人的音系不一样的时候,只能把主人语素的读音替换作奴隶音系中主人可以听懂的音。奴隶的语言是母语,主人的语言则是源语。只有经过语音改造过的借词才能融为奴隶的母语。语音是语言的物质外壳,被替换了的奴隶语言虽是主人语言中的语素,但是音系则替换成奴隶自己的音系。这种被替换过的语言就像借壳上市，我们把它们叫作混合语（又叫克里奥尔语）。索马里英语的语素是英语的，但是其音系与英语并不一样，而是索马里语的音系。日语中的吴音、汉音，也都是混合语，它们向汉语借词，语素是汉语的，音系采用了日语的音系。

很多汉语方言实际上也是混合语。

四川倒话中，词汇来自汉语，音系却来自藏语。当时那个地方有一支汉人的驻军，他们有行政、军事、教育、技术的强势，当地的藏人与他们相互接触，必须有语言的交流。语言的交流必定是强势语言影响弱势语言。这些弱势的藏语被这支强势的汉语所替换，于是形成汉语的语素与藏语的音系。

闽人到海南的时候，海南的主要居民是临高人。闽人建立了自己的城镇，在文化上处于强势。临高人要上城买东西、上学、学手艺，都要跟闽人打交道，就得学习闽语。开始的时候，临高人还通行双语制，与闽人说汉语，与家里人说临高话。久而久之，他们说闽语的机会越来越多，最后就只剩下闽语了。所以海口的闽语也就成了一种混合语，词汇是闽语的，音系是临高话的。

汉语界的主流观点认为东南方言是从北方移民过来的，受东南少数民族语言的影响，形成有少数民族底层的语言特征。但是这个现象与语言接触的理论不相符合，弱势的民族语，不可能影响强势的汉语。如果从混合语的理论看，就很容易解释。长江以南的原住民是百越人，后来在学习汉语的过程中形成了混合语。

我们不妨想象一幅发生在古代吴语地区的语言接触图景。这里居住着百越居民，他们很早就与北方的汉人发生接触了。小股的汉人也开始移居江南一些城镇，比如会稽、吴、秣陵，有些甚至做了君长，如吴太伯等。百越族要学习汉族先进的技术、文化，必须学习汉语。于是在百越社会中就出现了双语现象，百越人互相之间说百越语，与汉人打交道的时候说汉语，不过不是纯正的汉语，而是一种混合语，在语音、语序上都留有百越的特征，也夹杂着一些百越语词。随着汉语的影响越来越大，这种混合语中的百越成分越来越少。

《越绝书》记录勾践向越民发布的《维甲令》，进行备战动员，就是一个典型的混合语材料。当时的首都会稽，已经借入许多汉语成分，特别是上层统治阶级，在公文用语中已经开始大量地运用汉语，包括汉语的语词和句式。《维甲令》是对越国百姓的动员令，自然要用百姓能够懂的百越语，这种百越语已经混有许多汉语成分。如“治须虑”中的“治”是汉语，“须虑”是百越语，《越绝书》年代的汉人不懂百越语，所以此书的作者对其中的百越语作了解释：“须虑者，越人谓船为须虑。”

二、历 史 层 次

高本汉用历史比较法研究中原地区的中古汉语，取得很大的成功。后来，语言学家们发现《切韵》并不是各地方言的母语，高本汉通过各地方言的历史比较来构拟《切韵》，在方法上就受到质疑。美国普林斯顿学派的一批语言学家，试图直接通过各地现代方言的历史比较来构拟各地的原始方言，以后通过各地原始方言来构拟原始汉语。但是他们的工作应该是失败的。造成这种结果的原因，是对汉语各方言的形成历史缺乏足够的认识。

中原的汉语是强势语言，周边的语言是弱势语言。这些弱势语言向汉语的借词，形成一种混合语性质的词语：汉语的语素，弱势语言的音系。

百越向汉语借词形成混合语的年代估计在汉和魏晋之间，通常叫作白读。南北朝以后，中原移民大量流入，在金陵形成强势语言，原来形成的吴语在这个强势语言的影响下形成又一波的混合语，这个新的混合语成分就是吴语中的文读层。除了吴语以外，其他的汉语方言多在中原汉语的影响下，形成了文读和白读，时代也差不多。古代的百越有于越、瓯越、闽越、东越、扬越、南越、骆越等，都向中原汉语借词，形成了各种东南方言。中原地区的文读和白读，跟日语的吴音和汉音、越南的古汉越语和汉越语，在时间先后上都有差不多的历史层次。于是，我们把文读和白读看作是特定的专有用语：汉语方言中汉魏晋的历史层次和唐宋的历史层次。

上述借用中的源语基本上是中原汉语，但是也有些是不同地区的方言。北京话的“搞”是借用于西南官话的“搅”。温州苍南蛮话的文读历史层次则是温州的平阳方言。

需要指出，全国各地方言的历史演变是多层次的。在中原强势方言的影响下，曾经出现多个混合语。有些混合语又形成新的强势方言，作为新的源语影响到其他的弱势语言形成另一些混合语。

下面是在中原方言的影响下形成的新的源语。

1. 临安源语。宋室南迁，大批士大夫和移民从汴洛地区来到临安，形成了临安官话。它是当时临安上层社会用的语言，是临安的行政用语与教育用语，以区别于下层社会使用的吴语。在临安官话的影响下，以前的吴语中形成了新的混合语，即吴语文读层。

2. 广信源语。西南地区形成过一个政治、经济、文化的中心，那就是广信郡，它的方言与《切韵》音系非常接近，我们称之为广信官话。西南地区以广信官话作为源语形成了新的混合语。

3. 回鹘源语。对照罗常培的《唐五代西北方音》，回鹘文《慈恩传》反映当时在西北流行的一种汉语的书音系统。这种书音系统与长安方言不同，在大的方面，与中古音有严格的对应关系，语音也比较接近（林巽培 2012）。回鹘书音作为源语，跟西北地区的方言又形成了各种新的混合语。

4. 幽燕源语。以燕京为中心的幽燕官话是另外一种地方性的强势方言，与《切韵》也关系密切。它与东北地区方言的混合，直接影响到北京官话与东北官话的形成。

各种母语与源语互相形成混合语，情况很复杂，目前还只能做一个粗糙的语言模型：

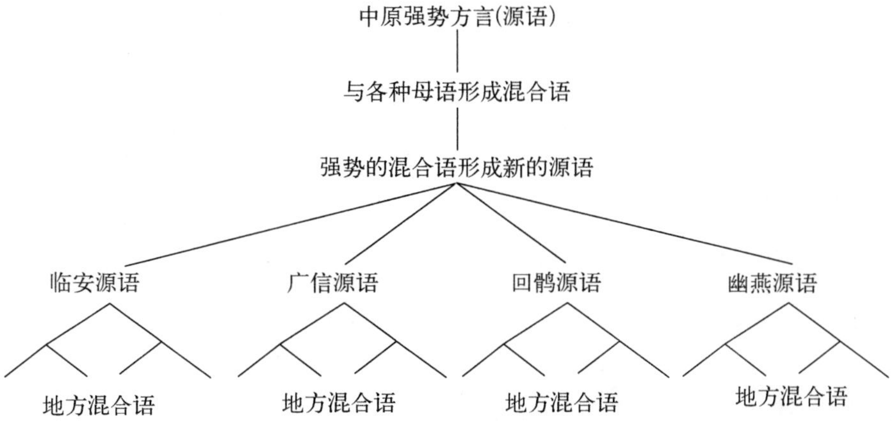

参考文献

林巽培　2012　《回鹘文〈慈恩传〉汉字音研究》,上海师范大学博士学位论文。

罗杰瑞　1979　《闽语词汇的时代层次》,《方言》第 4 期。

Thurgood, Graham　1992　From atonal to tonal in Utsat (a Chamic language of Hainan). In Buszard-Welcher, et al. (eds.), *Proceedings of the Eighteenth Annual Meeting of the Berkeley Linguistics Society: Special Session on the Typology of Tone Languages*. Berkeley, CA: Berkeley Linguistics Society. 145 – 156.

《型世言》27 回的吴语对话是哪里的方言？*

——兼论吴语词汇史研究

汪维辉

（浙江大学汉语史研究中心/文学院）

一、问题的提出

石汝杰（2006：190）指出："《型世言》中成段的方言最多，二七回中有明显是浙江话的对话。"石先生提到的这段对话十分珍贵，让我们一窥四百年前浙江吴语的面貌，全文如下（脚注为笔者所加）：

> 那皮匠便对钱公布道："个①是高徒么？"钱公布道："正是。是陈宪副令郎。"皮匠便道："个娘戏②！阿答③虽然不才，做个样④小生意，阿答家叔洪仪八三，也是在学。洪论九十二舍弟见选竹溪巡司。就阿答房下⑤，也是张堪舆

* 承友生戴佳文、史可鉴、陈思捷、鲁亚虹为本文写作搜集基础资料，花费了大量时间和精力，戴佳文贡献尤多。写作过程中与周志锋、陶寰、盛益民诸教授多有讨论，获益匪浅。初稿承友生胡波、戴佳文、陈思捷、张海娟等提出意见。施长海先生惠赠著作，提供重要资料和意见。俞筱调、许仕波、沈晓峰、朱涨华、戚群芸、楼雪景、马军祥等余姚、慈溪籍友人和学生提供方言信息。对于以上各位的帮助，笔者在此一并表示深切的谢意。文中尚存问题概由作者负责。

① 个：近指代词，这。下同。

② 娘戏：骂人话，应该是"娘戏肥"的省略形式，意思是"（你）妈（在）性交"。

③ 阿答：第一人称代词复数，我们。这里用同"我"，下面的"阿答也常劝渠"同。也可用作第一人称单数的所有格，相当于"我的"，如下文"阿答家叔""阿答房下"。

④ 个样：这种。"样"相当于"种"，而不是"样子"。

⑤ 房下：指妻子。

小峰之女。咱①日日在个向②张望?先生借重对渠③话话④,若再来张看⑤,我定用⑥打渠,勿怪粗鲁。"钱公布道:"老兄勿⑦用动气,个愚徒极勿听说⑧,阿答也常劝渠,一弗⑨肯改,须用本⑩渠一介⑪大手段。"洪皮匠道:"学生定用打渠。"钱公布道:"勿用,我侬⑫有一计,特⑬勿好说。"便沉吟不语。皮匠道:"驼⑭茶来!——先生但说何妨。"钱公布道:"渠侬⑮勿肯听教诲,日后做向⑯事出来,陈老先生毕竟⑰见怪。渠侬公子,你侬⑱打渠,毕竟吃亏。依我侬,只是老兄勿肯读作孔。"皮匠道:"但话。"钱公布道:"个须分付令正⑲,哄渠进⑳,老兄拿住子㉑要杀,我侬来收扒㉒,写渠一张服辨㉓,还要诈渠百来两银子,渠侬下次定勿敢来。"皮匠欢天喜地道:"若有百来两银子,在下定作东请老先生。"钱公布道:"个用㉔对分。"皮匠道:"便四六分罢。只陈副使知道咱伊㉕?"钱公

---

① 咱:咋。"咱"是"咋"的记音字。下同。
② 个向:这边,这里。
③ 渠:第三人称代词,他。
④ 话:说。话话,说说,动词重叠。
⑤ 张看:张望。
⑥ 用:要。下同。定用:定要,一定。
⑦ 勿:不。下同。
⑧ 听说:听劝。说:劝告,责备。
⑨ 弗:不。下同。
⑩ 本:给。
⑪ 一介:一个。
⑫ 我侬:第一人称代词,等于"我"。
⑬ 特:只是。
⑭ 驼:拿。
⑮ 渠侬:等于"渠",他。
⑯ 向:用在动词后面表示趋向。
⑰ 毕竟:必定。下同。
⑱ 你侬:等于"你"。
⑲ 令正:对对方妻子的尊称。
⑳ 哄渠进:哄他进来;把他哄骗进来。
㉑ 子:相当于"了"。
㉒ 收扒:收场;收拾。
㉓ 服辨:认罪的供状、文据。
㉔ 个用:这要。
㉕ 咱伊:咋办。吴语称"做,办,搞,弄"为"伊"。参看周志锋(2006:209)"咱伊"条。

布道："有服辨在东①，怕渠？"此时鞋已缝完，两个又附耳说了几句，分手。

石先生在引用原文后说：

> 其中"个"（这）、"阿答"（我）、"咱"（怎么）、"个向"（这里）、"渠"（他）、"用"（要）、"本"（给）、"介"（个）、"勿"（不）、"我侬"（我）、"驼"（拿）、"渠侬"（他）、"你侬"（你）、"话"（说）、"收扒"（收场）、"咱伊"（怎么办），都是地道的方言词语，语言也显得非常生动。作者还为"肯"的发音加了注。

所论甚是，不过其中"地道的方言词语"恐怕还不止这 16 个（详下文）。石先生说这段对话"明显是浙江话"，无疑是对的，只是还不够具体，因为浙江话的内部差异很大。笔者感兴趣的是：这段对话究竟是浙江哪里的话？有没有可能找到这个地方？汪维辉（2014）认为是"纯用绍兴土白"，因为本回故事发生在"浙江绍兴府山阴县"，今属绍兴市。盛益民（绍兴柯桥人）则认为不像绍兴话，而更像宁波话（私人交流）。意见不一致。本文尝试通过考证其中一批吴语词的地域性，来推测这段对话究竟是浙江哪个地方的话，并以此为例，探讨一下吴语词汇史研究的相关问题。

二、究竟是哪里的话？

词汇是有地域性的，一个词在一个共时平面中只通行于一定的地域。有的词没有地域限制，它们的地域性表现为"泛空性"（汪维辉 2006）。《型世言》这段对话所用的词语，就其地域性而言，可以分为四个层次：① 通语词；② 吴语词；③ 北部吴语词；④ 北部吴语某个地方的词。图示如右：

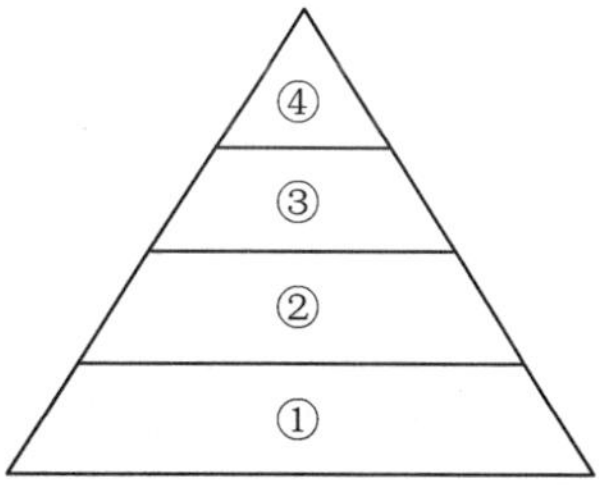

需要指出的是，这些对话并非纯用方言写成，而是方言夹杂着通语，例如：先生但说何妨—但话；我定用打渠—我侬有一计/阿答虽然不才。其中的"说，我"是通语词，"话，我侬，阿答"则是吴语词。有时还会出现方言和通语混搭的形式，比如下文将会讨论的"在东"（在这里）。这种情形实为近代汉语俗文学作品的常态。

① 在东：在这里。

“通语词”在对话中占主流,容易理解,不用多说,需要研究的是后面三类。我们借鉴遇笑容(2001)的做法,在共时求证(即查明词的“今籍”)的基础上再历时求证(即考证词的“古籍”),来推测后面三类词语的地域性。不论是共时求证还是历时求证,都尽可能利用了目前所能找到的吴语资料,①必要时辅以自己调查。

“吴语词”是个总概念,相对于“通语词”而言。凡是通语不说而吴语说的词都看作吴语词,不管其他方言说不说,比如第三人称代词“渠”,除了吴语,许多南部方言都说,但是通语不说(用“他”)(汪维辉、秋谷裕幸 2017)。又如“话”“哄”“弗”“咱(=咋)”②等。

“北部吴语词”是指太湖片吴语的词。根据故事背景和笔者的直觉,可以初步判断这段对话属于浙江话里的北部吴语,所以我们把考察范围缩小到这一区域,重点是其中的临绍小片和甬江小片。

“北部吴语某个地方的词”就是我们要寻找的那个具体区域所特有的词。除了这段对话外,我们也把《型世言》该回里出现的其他一些吴语词联系起来一并考虑。经过初步考察,我认为其范围大概不出宁绍地区,即今天的临绍小片和甬江小片,其中以今天余姚、慈溪一带的话可能性最大。这里有必要交代一下明代的行政区划和今天的差别:余姚市、慈溪市今天都归属于宁波市,但是在明代,余姚是属于绍兴府的,慈溪则大体上中西部属于绍兴府,东部属于宁波府(谭其骧主编 1996:68—69)。明代以后余姚和慈溪的行政区划变动频繁,一些乡镇的归属十分混乱,本文除非必要,不予细究,而把这一带的话笼统地称为“余慈话”。从方言分片来说,今天的余姚市、慈溪市大部分属于临绍小片,少数地方属于甬江小片。

下面先把共时求证和历时求证的初步结果列成一个简表,然后说明为什么其范围大概不出宁绍地区而以余慈话的可能性最大。

要想证明这段对话是宁绍地区话,必须满足两个条件:(1)找出只有宁绍地区说而别处都不说的“特征词”;(2)表中的吴语词宁绍地区都能说。这两点实际上都难以完全满足,下面详细讨论。

① 搜集的各类资料有两千多种,无法悉数列举,“参考文献”里只列出了直接相关的一部分。

② 《汉语大字典》《汉语大词典》和《现代汉语词典》都说“咋(zǎ)”是方言词。冯春田(2003)对“咋(咱)”的来源有详细考证,认为是“怎么”的合音形式,而且“可能是不同时期、在不同的方言里各自形成的”,可参看。

表 1　吴语词共时分布与历时分布综合表

序号	词项	例句	太湖片						处衢片		婺州片	台州片	瓯江片	宣州片
			小片						小片					
			毗陵	苏沪嘉	苕溪	杭州	临绍	甬江	处州	龙衢				
1	阿答	**阿答**虽然不才					√							
2	我侬	**我侬**有一计	√	√			√	√		√	√	√		√
3	你侬	**你侬**打渠	√	√			√	√		√	√	√		√
4	渠侬	**渠侬**勿肯听教诲		√			√	√		√	√	√		√
5	渠	我定用打**渠**		√	√		√	√	√	√	√	√	√	√
6	个	**个**是高徒么	√	√		√	√	√			√		√	√
7	个向	咱日日在**个向**张望					√	√		√	√			
8	个样	做**个样**小生意	√	√			√	√		√	√			
9	咱	**咱**日日在个向张望					√	√				√	√	
10	一介	须用本渠**一介**大手段					√							
11	话	先生借重对渠**话话**		√		√	√	√		√	√			
12	哄	**哄**渠进		√	√	√	√	√	√	√	√	√	√	
13	驼	**驼**茶来				√	√	√	√	√	√	√		
14	本	须用**本**渠一介大手段		√			√							
15	伊	只陈副使知道咱**伊**					√	√						
16	用(要)	我定**用**打渠/须**用**本渠一介大手段/个**用**对分		√			√							
17	弗	一**弗**肯改	√	√	√		√	√	√	√	√	√	√	
18	勿(不)	老兄**勿**用动气		√			√	√						
19	毕竟	陈老先生**毕竟**见怪		√	√									
20	子	老兄拿住**子**要杀		√			√	√						

续 表

序号	词项	例句	太湖片						处衢片		婺州片	台州片	瓯江片	宣州片
			小片						小片					
			毗陵	苏沪嘉	苕溪	杭州	临绍	甬江	处州	龙衢				
21	娘戏	个**娘戏**			√		√	√						
22	在东	有服辨**在东**					√	√						
23	收扒	我侬来**收扒**												
24	向	日后做**向**事出来												
25	肯读作孔	只是老兄勿**肯**												

说明：（1）笔者认为是吴语词的（含特殊读音）列为“词项”。（2）吴语分片依据《中国语言地图集》（第一版）。（3）只要有共时资料或历时资料表明该片/小片有这个词，就加“√”号，否则不加。

（1）宁绍地区特征词

目前初步筛选出来的有4个：在东，伊，阿答，娘戏。但是“阿答”和“娘戏”有例外。

1）在东

“在东”表示“在这里”，其中的“东”今天宁绍地区都有，但不能单说，而要说成“来东”（普通话的“在”吴语一般说“来”），施长海（2019：453）“来唧/来老（佬）/来嚷/来哝/来咚”条：“① 正在：我~吃饭。② 在此；在家：我~。”可见余姚话有“来咚”（咚、东都是记音字）。也许是陆人龙觉得“来”会引起歧义，所以改用通语词“在”，结果造出来一个“在东”这样的混合形式。历时资料暂未见他例。

2）伊

是个泛义动词，相当于“做，办，搞，弄”，“咱伊”就是“怎么办”。下文还有一例：“妇人道：‘我叫你不要做这事，如今咱伊？还是你侬同我将这多呵物件到陈衙出首便罢。’”①这个“伊”今天宁波话常说，本字不明，朱彰年等（1996）写作

① 参看周志锋（2002；2006：209；2012）。

“矮”，未必确当，汤珍珠等(1997)写作“依”，跟“伊”一样也是记音字。施长海(2019：359)“倚”条：“[ʔi[435]]① 靠着。② 制作连接物：箮匠师傅看见白牡丹，晒花箕高头~篮环。(歌谣)◇《越谚・音义・单辞只义》：‘物之不相属者联属之，如倚柄、倚甩是也。’”朱彰年等《阿拉宁波话》(1991/2016：199—200)：“揿(一) 音衣。① 弄：票买勿着，咋~~？｜该东西莫去~其，弄坏要赔个｜钞票~眼拨我。② 在单音节动词重叠式后重叠使用，表示动作持续和反复：晒晒~~｜写写~~｜揩揩~~弄勒半日。③ 用在完成体句子中，表示前一动作的反复态：房间整好~好上班差眼来勿及｜讲过~过算掉噹，莫时格心里记的。也作‘伊’：《型世言》第二十七回：‘皮匠道：“便四六分罢。只陈副使知道咱(咋)伊？”’(二) 音意。① 给器具装上柄等：~锄头柄｜茅刀柄脱出噹，~~好。② 钉钮扣等：~纽子。”从上述材料来看，写作伊、依、倚、揿的这几个字虽然声调有阴平、阴上、阴去之别，但很可能是同一个词(宁绍地区的舒声阴调字有混一不别的趋势，特别是在连读的语境中)，它们的词义都是“弄”，只不过有具体的“弄”和泛指的“弄”之别，今天的余姚话只保留了具体的“弄”义(制作连接物)，没有保留泛义动词的用法。盛益民说：绍兴话只有在“奈个已(ɦi)”(=怎么办)中才有这个词，未见于其他使用环境。“已(ɦi)”可能是个阳上调的字。不过 ɦi 之类如果在后字，是很容易读成阴调的(私人交流)。① 历时资料中除《型世言》的 2 例“咱伊”外，在明代上海人顾思义的南杂剧《余慈相会》②里还有

---

① 周志锋教授检示宁波人应钟(1907—1969)《甬言稽诂・释行事》“以”条的材料，应钟认为本字是“以”：“以，古音在影纽，当如譩(於拟切)。甬语称作为曰‘以’，音正转如譩。盖方言多古音之遗。”如果本字确实是“以”，那跟绍兴话的“已(ɦi)”倒是相合的。又，应钟认为此词音“於拟切”，可见他是读作阴上调的，这与施长海(2019：359)“倚”条的注音相合。

②《余慈相会》是谭正璧先生 1959 年在上海一家旧书店里发现的，参看谭正璧(1962)。感谢施长海先生惠示这份十分难得的明代余姚、慈溪话资料，正如谭正璧(1962)引明人祁彪佳《远山堂剧品》所说：“从《锦笺》中之《争馆》讨出，神情乡语毕肖。”故事情节就是从《锦笺记》第 13 出《争馆》化出(详下)，两位主角是绍兴府余姚人胡一年(净)和宁波府慈溪人卫空头(丑)，这与《争馆》中的余姚人汪廿七和慈溪人岑十四如出一辙。(还有一个人物是“越地吴山无不游”的寄书人包无事，没有交代其里贯。)剧中使用了很多地道的余慈话词语，如：带(想带起来)，哄，咱(咋)，嗄饭(即“下饭”，菜肴)，早半上(半上午)，介个(这样的)，个些(这些)，扒灰老(淫于儿媳的公公)，儇/小儇(男孩)，咦/已(又)，姆郎(傻子)，等等(笔者拟另文详论)。本文所用为吴书荫校点本《余慈相会》(载黄仕忠主编《戏曲与俗文学研究》第二辑，社会科学文献出版社 2016 年版)，个别录文和标点有改动。

写作“咱咦”的例子：

(1) (丑)可恨肚里空虚，弗识讲书作文。咱咦是好？多感三大伯，借得五经脚本，七老婆舅，借得三场活套。

这是慈溪人卫空头的话，“咱咦”就是《型世言》里的“咱伊”，意思是“怎么办”，用浊音字“咦”来记音，跟绍兴话“奈个已(ɦi)”的“已(ɦi)”一致，可见当时口语有这么念的。这样看来，“伊”应该是临绍小片和甬江小片的共有词。不过值得注意的是，《余慈相会》中“咱咦”共5见，除此例外，其余都相当于“怎么”：咱咦三年弗回家里，咱样咦添得许多？｜咱咦就气闷？｜咱咦唤宿砂？｜咱咦自说个生药铺？这4例“咱咦”都是问原因。可能是“咱咦”因高频使用而词义虚化，“咦”不再表示实义的“做，办，干，搞”，“咱咦”就从“怎么办”变成了“怎么”。

3) 阿答

第一人称代词“阿答”相当于“我们”。对话中用同“我”“我的”。董志翘(1995)和石汝杰(2006：190)都释作“我”，恐不够准确。“阿答”的确切含义是第一人称复数，相当于“我们”，“答”是人称代词复数词尾，又写作“搭”。① “阿答”有时用同单数，相当于“我”，如“阿答虽然不才”“阿答也常劝渠”。用复数形式来指称单数，在各种语言中并不鲜见。“阿答”还可用作第一人称代词单数的所有格，相当于“我的”，如“阿答家叔”“阿答房下”。② 傅国通(2010：291)所列慈溪龙山、观城、浒山、周巷、庵东五个点的三身代词表，只有浒山的复数形式用词尾[taʔ]。承上海师大博士生许仕波(慈溪人)告知：这是慈溪中部(大致包括横河、浒山、崇寿、匡堰、逍林、胜山、新浦、桥头等乡镇)的特点，区别于慈溪东部甬江小片方言，也区别于西部其余临绍小片方言(如周巷、天元、长河、庵东)，如下图所示：

---

① 施长海(2019：391—392)所列的余姚话三身代词复数形式有：阿拉/阿搭；侬/侬搭/唔搭；渠(倮、佢)拉/伊搭/伊拉。施著“前言”说：“由于慈溪市的大部分地区由原余姚县划入，流行余姚方言，其市志和某些镇志(如2007年版的《横河镇志》)的方言章节，以及孙俊等人编写的《慈溪方言》，也属于余姚方言研究范畴。”可见他所说的余姚话包括了慈溪市的余姚话。

② 施长海(2019：391)对“阿拉/阿搭”的释义即为：“① 第一人称单数的所有格，用于亲密关系之间：~爹｜~屋里。② 第一人称复数代词，我们。”

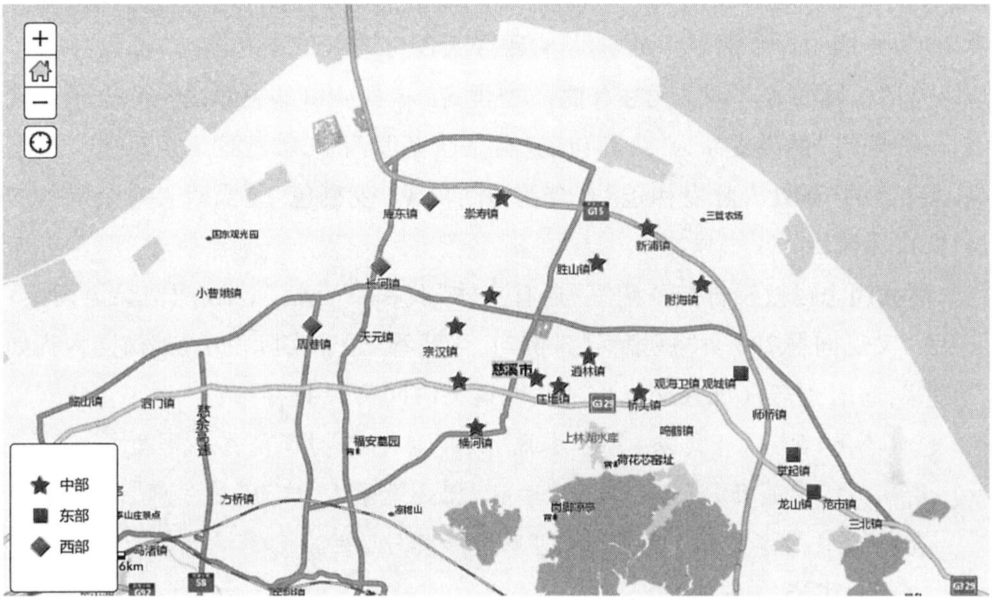

这些说“阿答”的地方以前都属于余姚。值得注意的是,甬江小片不说“阿答”(说“阿拉”),绍兴也不说(说[ŋa]或[ŋa la])。

在历史文献中,《型世言》之外目前仅见一例,写作“阿搭”:

(2) 阿搭汪廿七便是,一向替考替考,书馆都弗寻得,难道今年到自家吃饭?

(《六十种曲 · 锦笺记》13 出)(《明清吴语词典》“阿答”条引,第 2 页)

《锦笺记》的作者是明代浙江嘉兴人周履靖。不过其中的第 13 出《争馆》也是很难得的明代余姚、慈溪话资料,①说这话的汪廿七自道身世是:“做人切莫做余姚,到处人呼‘麦粞包’②。走向东家能迂阔,出来行李自家挑。”“做人切莫做

① 比如:“[(净)转身介]邹家因那先生不来,又另请了。〔丑〕请子时侬?〔净〕吴下梅生。”“丑”就是余姚人汪廿七,“时侬”即“谁侬”,是“谁”的方言说法,“谁”读作“时”是余姚的白读音,老派宁波话也说,参看汪维辉(2018)。可见第 13 出的余姚话和慈溪话是相当地道可信的。

② 《汉语大词典》“麦粞包”条:“指专吃麦粞的人。詈语,穷鬼。”仅引《锦笺记》一例。又“麦粞”条:“方言。指麦磨成的粗粉。《中国歌谣资料 · 日本鬼和美国鬼》:‘来了矮的日本鬼,家家户户吃麦粞。’”《明清吴语词典》“麦粞包”条:“〈名〉吃碎麦的家伙,犹言草包。指粗人。”引了《型世言》和《锦笺记》两例(422 页)。释义和引例均优于《大词典》。又,《汉语方言大词典》“麦粞包”条:“〈名〉小腿肚。吴语。上海崇明。”(2384 页)此当为另一义。以上两条材料承友生胡波副教授检示,谨致谢忱。

余姚”是汪廿七的自我解嘲——他就是余姚人。跟他对话的是“区区积祖是慈溪”的岑十四。这个例子弥足珍贵，它跟今天的分布区域正相吻合，可证“阿答”应该是旧余姚的方言词。无独有偶，《型世言》本回故事的主角之一陈公子就嘲笑自称“阿答”的洪皮匠为“麦粞包”：“好一个苧罗西子，却配这个麦粞包。”这与《锦笺记》的“到处人呼麦粞包”若合符节。可见“麦粞包”是当时人对余姚人的谑称，广为流传。

另据周志锋教授告知：“阿答”还有变体“我答”“我搭”，见《明清吴语词典》634 页，又见同书 738 页“贼娘喜”条例句。“我答”恐非实际说法，其构词当犹如“在东”，通语+方言（私人交流）。检《明清吴语词典》“我答”条：

〈代〉我们。□（末）你方才说什么“嬉丫麻”，可是你在那里打乡谈骂我？（付）弗是吓，我答慈溪人个乡谈，但是奉承人，称为“嬉丫麻”。（《缀白裘》3 集 1 卷）又作“我搭”。□声名磨博士，祖家句容人。那个唤我搭？（《缀白裘》5 集 3 卷）

又“贼娘喜”条引例：

介贼娘喜个！我答宁波慈溪驼子一百两银子当畅一景个事，个个贼毴嬉个全然弗拉心上。（《缀白裘》3 集 1 卷）

这三个例子，一、三两例自称“我答”的都是慈溪人；只有第二例写作“我搭”，说话人“付”是江苏句容人，而且剧作者还特地交代：“付内作句容声口介。”句容今属江淮官话洪巢片，不仅超出了宁绍地区，而且超出了吴语区。这是目前所见的唯一例外，如何解释还有待继续调查和研究。

此外在《余慈相会》里还有写作“我带”的，共 5 见，如下：

（3）（净）……远远望见一个顶方斗、挑竹扁的，好像我带乡里。待他到来，便知分晓。

（4）（净）我带弗比上海人家，分别尊卑。……我带家父无事么？

（5）（净）我带娘娘真个聪明，我若再有三年弗归，好开一个生药铺哉！……我带两县同乡一体，再弗要做声，使上海朋友知道。

5 例都出自余姚人胡一年（净）之口，有用作“我的”的，如“我带家父”，也有用作“我们”的，如“我带弗比上海人家”。

以上这些材料充分说明，明代的余慈话第一人称代词复数形式是“阿答

(搭)/我答(搭、带)”,复数词尾有入声(答/搭)和舒声(带)两读,跟今天的慈溪话“阿答”以及宁波话的“阿拉”一样。周志锋先生认为“我答(搭、带)”恐非实际说法,其构词当是“通语+方言”式的混搭,从《锦笺记》(阿搭)和《余慈相会》(我带)的对比以及今天余慈话只说“阿答”而不说“我答”来看,我认为这种可能性是存在的。

4) 娘戏

詈词,应该是“娘戏朏”的省略形式,难听的“朏”①没有说出来。“戏”又写作“嬉”,本义为戏弄、玩弄,引申为男性的性交动作,犹北方话的“操(肏)”“入(日、合)”,“戏朏”的字面意思相当于“操屄”,后引申为泛指性交。“娘戏朏”应该是“倷(=你们/你的)娘戏朏”的省略形式,犹如上海话的“娘戳屄”和“倷娘戳屄”,意思是“你妈(在)性交”。② 本回后文洪皮匠还说了好几个“娘戏”:“娘戏个,我千难万难讨得个老妈,你要戏渠。”“这贼娘戏,他到得了银子,惊得我东躲西躲两三年。只方才一惊,可也小死,打杀得娘戏好。”可见这是他的口头禅。这个词今天主要见于甬江小片和属于临绍小片的余姚、慈溪,一般说“娘戏朏”或“娘戏杀”。

《明清吴语词典》“娘戏”条:“〈名〉詈语,他妈的,狗日的。”指出又作“娘稀”“娘嬉”,共引 6 例,除《型世言》2 例外,另 4 例如下:

(6) 倘然我要瞒其,乌糟糟轧仔姘头,拨其晓得仔,其就要娘戏娘倒辱的。(《九尾狐》34 回)③

(7)(作打倒净,搜出银子介)银子在这里了,且饶你这娘稀的。(《清忠谱》4 折)④

(8) 终不然我还是肚才弗如这娘嬉,人品弗如这娘嬉?(《鼓掌绝尘》37 回)⑤

---

① 指女性生殖器,相当于“屄”。

② 周志锋(2006: 175—176;2012: 109—113)对这句骂人话论之甚详,可参看。不过他认为“娘嬉朏”“义同北方话的‘操你娘屄’”,我的理解有所不同。

③ 说话人是宁波富翁钱慕颜。周志锋(2012: 303)已引此例,并正确地指出“原文戏当作死,白读”,可见此例实际上并非真正的“娘戏”。

④ 说话的“丑”是兰溪人。

⑤ 说话人是“江南秀才”李八八。

(9) 听得魏监出场,雌声雌气,他便口里狠狠骂道:“杀个娘嬉,何等勿好!”(《生绡剪》7回)①

又“贼卵喜”条:

〈名〉詈语,粗俗话,他妈的。□(丑)老爷,人前撒个屁,也要看风色。(付)贼卵喜个!看偖风色?(《缀白裘》5集2卷)又作“贼卵戏”。□个贼卵戏个咱介搂搜?寻着常伯醒,我告子渠。(《六十种曲·锦笺记》13出)又作“贼毴嬉”。例见“贼娘喜”。

又“贼娘喜”条:

〈名〉同“贼卵喜”。□介贼娘喜个!我答宁波慈溪驼子一百两银子当畅一景个事,个个贼毴嬉个全然弗拉心上。(《缀白裘》3集1卷)又作“贼娘嬉”。□牛大叔,你个娘嬉丫麻答答穷个!你个贼娘嬉丫麻!(《缀白裘》3集1卷)又作“贼娘戏”。□书童又把钱公布假牌事一一说与,那皮匠道:“这贼娘戏,他到得了银子,惊得我东躲西躲两三年。”(《型世言》27回)

周志锋(2006: 175—176;2012: 109—113)认为这句骂人话可以追溯到明代,除引《型世言》和《鼓掌绝尘》的上述例子外,还引了晚清小说里写作“娘个细劈”“妈戏辟”的例子并作说明(周志锋 2012: 111—112):

清王浚卿《冷眼观》第十七回:“不意话犹未了,只见一个小茶房走来,对着仲芳道:‘叹嗱,那处没寻到,叹嗱,你先生还在这里,娘个细劈,船主叫请买办呢,快点儿上去罢,叹嗱,细劈,急的狠呢。’仲芳听了,便随着那宁波老,三步两跤的走去。”

清陆士谔《新上海》第十三回:“忽见那边码头上,许多人都指着只轮船破口大骂。梅伯道:‘这是什么?’雨香道:‘我也没有晓得,走过去瞧瞧罢。’走近了,听得骂人的都是宁波口音,‘妈戏辟’‘妈戏辟’不绝于耳。见那只轮船上却錾着‘北京’两个大字,雨香道:‘是了,这只船是专走宁波、上海一路的……这些人谅因被轮船耽误了日子,所以痛骂呢。’”

《冷眼观》说“娘个细劈”出自“宁波老”“小茶房”之口,《新上海》说“妈戏辟”是“宁波口音”,可见“娘希匹”之类说法是当时宁波流行的骂人话和

---

① 说话的是绍兴府上虞县人葛俭(霜三八)。

口头禅。

周说甚是。“娘个细劈”“妈戏辟”跟“娘戏肥”都是同类的骂人话和口头禅。以上这些明清小说的例子与《型世言》如出一辙,很可能都是宁波一带的话。

《锦笺记》13 出中除《明清吴语词典》所引一例外,还有另一例:

(10)〔丑〕常伯醒,我戏娘虾蟆!① 狗也弗射您! 我定用打渠!

“戏”都指性交,与《型世言》用法相同。②

此外友生戴佳文还提供了下面一例:

(11)(净)阿呀! 老爷吓! 小人是湖州人,拉里荡开荳腐店个,个个娘戏个讨砻糠钱,立骂起来个,贼介里搊拉我拳头上搊杀个,弗是小人打杀个嘘。(《缀白裘》九集《钗钏记·会审》)

说话人自称“小人是湖州人”,说明清代中期的湖州话(属苕溪小片)也说“娘戏”。这也是目前所见宁绍地区以外的唯一一例。

上面 4 个“特征词”,基本的使用范围都是宁绍地区。其中“伊”还有疑问,“阿答”和“娘戏”虽然其他地方也有个别例子(不排除仿用的可能性),但是这些词同时出现在一段对话里,除了宁绍地区找不到第二个这样的区域。其中“阿答”甬江小片不说,绍兴山阴话也不说(盛益民告知),因此笔者认为余慈话的可能性最大。说余慈话可能性最大还有下面两个旁证。

一是称“这边,这里”为“个向”。“个向”宁波(包括余姚和慈溪)常用,《锦笺记》第 13 出中也见到 4 次(其余各出均未见):

(12)昨日听见姜裁话,个向邹家还未有先生。

(13)个向弗知还有时家个学生未读书,只有剃头待诏便晓得,待我去寻个人问问来。呀! 个向是何婆家,咱会慈溪岑十四到向坐,一定有要馆哉,等我套套渠看。

(14)(丑)咱到个向坐?(末)要央何婆去话,出去未回,只得等等。

---

①《明清吴语词典》“戏虾蟆”条:“〈动〉指鸡奸。□那男色一道,从来原有这事。……宁波人叫善善;龙游人叫弄若葱;慈溪人叫戏虾蟆;苏州人叫竭先生。(《石点头》14 卷)”(651 页)

②《明清吴语词典》“戏”条:“④〈动〉调戏。”所引的第一例为《型世言》27 回:“皮匠便跳起道:‘放屁! 你家老妈官与人戏,那三五两便歇?’”(651 页)其实这个“戏”还是“性交”义,释作“调戏”是说不通的。

这可以跟今天的共时分布相印证。不过据目前所知，“个向”也见于处衢片和婺州片，可能并不是宁波的特征词。

二是称妻子为“妈”，说成“老妈/老妈官/阿妈”，本回中共有三例：

（15）娘戏个，我千难万难讨得个老妈，你要戏渠。

（16）皮匠便跳起道：“放屁！你家老妈官与人戏，那三五两便歇？”

（17）书童道：“你阿妈吊死了么？”皮匠道：“还好好在家，相公要，就送相公，只求饶命！”

称妻子为“妈（一般写作‘嬷’）”的地方很多，①不过在宁绍地区，整个甬江小片都不说（说“老□ȵyoŋ^{阳平}/ȵiŋ^{阳平}”）。“老妈/老妈官/阿妈”跟“阿答”一样，也是余慈话说而宁波的其他地方不说。

以上 6 个词语，共同指向余慈话，其中“阿答、娘戏、个向”山阴话不说（盛益民告知），“伊”还需存疑，所以这段对话不太可能是明代的山阴话。

（2）宁绍地区不说的吴语词

由于目前的调查还不够全面深入（特别是共时层面），表 1 中的 23—25 号词暂未找到共时资料和历时资料，有待继续调查。除此之外，今天余慈话明确不说的有“一介”“本”“毕竟”“肯读作孔”四个，构成反例。下面逐一讨论。

1）向

“做向事出来”的“向”用法特殊，本文姑且看作用在动词后面表示趋向，②未见其他用例，共时资料中也没有发现。宁波话有“话向其道说给他/她听”这样的说法，《锦笺记》第 13 出：“〔末〕呀，才话向您就来跄（抢）！”《余慈相会》里“话向你道”出现三例。这些“向”相当于介词，引介听话者，虽然跟“做向事出来”的“向”并不完全相同，但是反映出宁绍地区方言“向”有虚化后用在 VO 之间的倾向。假定在明代的余慈话里，“向”曾经语法化为用在动词后面表示趋向的虚词，也不是没有可能的。

2）一介

相当于“一个”，目前仅见于宁绍地区的嵊州，余慈话未见，钱乃荣（1998/

① 陶寰（2018）认为本字是“姥”，应该是一个吴闽语同源词。

② 《明清吴语词典》“向”条：“② 〈助〉用在动词后，表动作完成。”仅引本例（665 页）。释义似可商。

2003)说:“在今浙江嵊县地区我们还可见到‘介’的量词用法。……《集韵》:‘箇,说文仿枚也,或作个、介,通作個。’又:‘介,古贺反。’可见《集韵》认为‘介、个’是一字。”

3) 本

意思相当于“给”的“本”是个记音字,乃“拨”增生鼻音韵尾的音变形式(pəʔ>pəŋ)。据盛益民(2018)研究,张敏(2011)已经提出,口语中高频使用的非阳声韵字偶有鼻音化的特殊演变。刘丹青(2017)也提到北京土话“比”“起”分别有“秉”“擎”的同义说法,很可能是鼻韵尾化的一种特殊音变现象。盛益民(2018)接着指出:

> 北部吴语表示给予动词、被动介词主要使用“拨”,而根据胡明扬(1992),海盐话的“本”pen³具有给予动词、接受者标记、被动标记等功能,张敏(2011)认为“本”是其他吴语多功能词“拨”增生鼻音尾的结果。金山张堰方言的“本”pɐŋ³、平湖方言的“本”pen³、萧山方言的“板”pɛ̃³等,也都是“拨”增生鼻音尾或者鼻化的结果。而松江方言与“拨”对应的虚词则既可以说 ɓəʔ⁷,又可以说 ɓəŋ³,其阳声韵形式 ɓəŋ³来源于入声韵形式 ɓəʔ⁷增生鼻音尾,两者保存了共时平面同时具有两种读音的鲜活例证。

可见“拨”增生鼻音韵尾的现象在共时平面主要见于苏沪嘉小片,同时也见于临绍小片的萧山,但是宁绍地区未见。① 不过也不能排除明代的余慈话“拨”也曾增生过鼻音韵尾变成“本”的可能性,因为相距不远且同属临绍小片的萧山话今天就有这种音变形式。

4) 毕竟

“毕竟”表示“必定,一定”的意思,而不是用作常义“究竟,到底”,见于明代带有吴语背景的文献,如凌濛初的“两拍”和冯梦龙编的《挂枝儿》:②

(18) 不论獐鹿兽兔,乌鸢鸟雀之类,但经目中一见,毕竟要算计弄来吃他。(《初刻拍案惊奇》卷三七)

(19) 宋时王沂公之父,爱惜字纸,见地上有遗弃的,就拾起焚烧;便是落在

---

① 宁波话虽然有 pəŋ阴上,那是“拨你(pəʔ阴入 ŋ̍阴上)”的合音,性质不同。

② 参看汪维辉(1993)。

粪秽中的，他毕竟设法取将起来，用水洗净，或投之长流水中，或候烘晒干了，用火焚过。（《二刻拍案惊奇》卷一）

（20）将手儿采一朵花儿来戴，花儿采到手，花心还未开，早知道你无心也，花，我也毕竟不来采。（冯梦龙编《挂枝儿·茉莉花》）

字又写作“必竟”，如：

（21）神仙必须度世妙法，不可自私，必竟有一种具得仙骨、结得仙缘的，方可共炼共修。（《初刻拍案惊奇》卷十八）

（22）此官之恶，播满一乡。若是晓得上司寻他不是，他必竟先去下手，非同小可。（《二刻拍案惊奇》卷四）

这样看来，这个“毕竟”至少通行于苏沪嘉小片和苕溪小片，①但是临绍小片和甬江小片暂时未见，还需要继续调查。

5）肯读作孔

根据目前的调查，整个吴语区都没有发现“肯读作孔”的现象。

此外还有“收扒”一词，遍检文献未见他例。这种非高频使用的方言词往往难觅踪迹，也有待继续研究。

根据上文的讨论，我们可以把表1中的25个吴语词大致归纳为下表：

表2 吴语词分层表

吴语词	我侬，你侬，渠侬，渠，个，个样，个向，咱，话，哄，驼，弗
北部吴语词	一介，本，用（要），勿（不），毕竟，子
宁绍地区词	在东，伊，阿答（?），娘戏（?）
归属暂不明	收扒，向，肯读作孔

没有列入表中的都是明代的通语词。例如“便”，在明代是个通行南北的通语词，代表北方话的《老乞大谚解》《朴通事谚解》中都很常见，清代中后期才被“就”取代，现在只留存在南部吴语中。

① 例（20）也有可能是北方话，因为《挂枝儿》虽是冯梦龙所编，但所用语言基本上是蓝青官话，偶尔夹杂一些吴语词汇，和《山歌》基本上用吴语不同。

上面考察的结果没能完全实现我们提出的目标,只是把石先生的“浙江话”大致缩小到宁绍地区话,并初步推测其中余慈话的可能性最大。至于发生在“浙江绍兴府山阴县”的故事为什么其中的人物对话却说的是余慈话,暂时也无解。这虽然不免有点遗憾,但是至少有以下两点客观原因。

一是这个案例再次证明了论证词的地域性的困难(汪维辉 2006),尤其是历史上的词,由于缺少材料,我们所能得出的至多只是相对的推论,而不可能是绝对的结论,这是从事此类研究时需要常记心中的。

二是古代小说中的人物对话不一定跟作者所交代的人物籍贯或故事发生地完全吻合,因为作家未必能精通各地方言,很多时候可能只是对某地方言略知皮毛。这就涉及本文研究的“前提”问题。本文的论证思路其实有一个预设的前提,就是《型世言》作者陆人龙是忠实地用浙江某地方言来写这段对话的,而不是把浙江各地的话杂凑在一起。我们认为这个前提大致是可以成立的,因为作者是杭州人,他对浙江话尤其是相距不远的宁绍地区吴语应该是了解的。作者特意给“肯”字注音“读作孔”,说明他很在意这一点,所以要特别注明,也暗示了他对这个方言是熟悉和有把握的。《型世言》常常在对话中运用各地方言来刻画人物形象,比如书中有些故事发生在北方,为了模拟北人说话的口气,作者故意使用一些北方方言词,比如:咱/咱们,瞧,瞧见,歪缠,黄黄(东西)①,烂驴蹄(骂人话),攮刀的(骂人话,犹言挨刀的),囚攮的(骂人话),狗攮的(骂人话,犹言“狗日的”),鸟(骂人话,如“鸟叫唤”“扯鸟淡”“干你鸡巴鸟事”),己(给),抓寻(即“找寻”,寻找),打(介词,从),馍馍,波波(同“馍馍”),嚷(“吃”的贬称),等等。正如第十二回陆云龙眉批所言:“忽作北音,入情入趣。看官勿得草草。”(汪维辉 2014)所以今天我们有可能通过语言学的方法找出人物对话所用的是哪里的方言。不过从《型世言》全书使用方言的情况来看,这个前提其实是不无疑问的,上文已经论证了这段对话不大可能是绍兴山阴话,跟作者交代的故事发生地不能吻合,就是一个疑点。这是一个有待深入探究的大问题。

---

①《大词典》未收此义。王镆(2010:12)误解为指颜色“黄黄”。参看张克哲(1995)“黄黄”条。

三、吴语词汇史如何研究?

随着汉语史研究的持续推进,方言史的研究也提上了日程。方言史不仅是整个汉语史的有机组成部分,而且具有多方面的重要价值,是汉语研究向纵深拓展的一个新的生长点,大有可为,不过难度也极大,有许多问题需要探索。就吴语词汇史的研究而言,本文的论证思路及所遇到的问题或许可以提供一点借鉴。

我们首先需要把一大批吴语词的"今籍"和"古籍"考证清楚,通过共时和历时的比较互证来追溯吴语词汇的历史,除了吴语共有词外,要区分不同的层级:

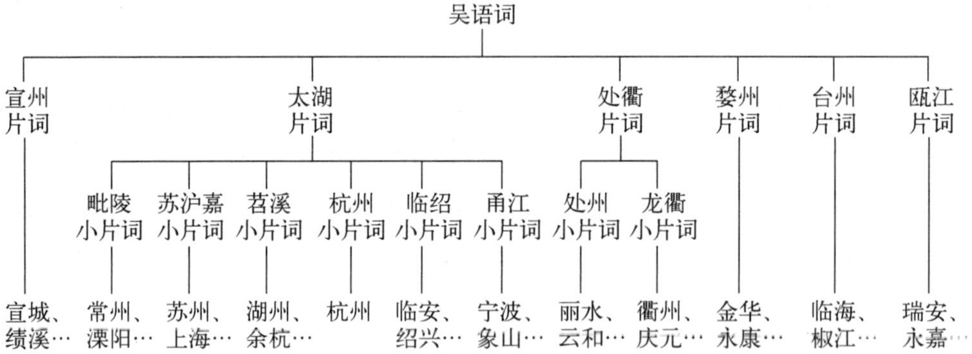

有了这样的基础,才有可能探讨吴语词汇的发展规律。考证吴语词的"今籍"和"古籍",可以利用的资料无非就是当代活方言和历史文献两大宗,研究思路也不外乎共时求证和历时求证两途。共时求证相对容易,可以通过调查获取所需的材料;历时求证则相当困难,因为材料有限且不纯。下面就结合上文的个案谈谈研究中遇到的问题。

1. 共时求证方面

从理论上说,通过细致周密的调查,表 1 所列 25 个词语在今天的通行地域是可以大致考定的,但是目前限于时间和条件,还只是普查了现有的文献,尚未展开全面的田野调查,所以很多词语的准确分布情况还说不清楚,其中有 3 个词语(23—25 号)甚至连一点信息都没有查到,表 2 中只能把它们放入"归属暂不明"栏。这有两种可能:一是调查不够深入;二是这些词语经过四百年的历史变迁，今天已经退出吴语词汇系统了。

2. 历时求证方面

主要困难有两点。一是历史资料有限。从时间上说，明代以前没有比较集中的吴语资料，所以吴语史的研究要再往上追溯就很困难。二是文献情况复杂。就拿《型世言》来说，里面有很多的吴语成分（汪维辉 2014），但是具体到每个吴语词究竟是哪个地方的方言，就不容易说清楚了，其中就有上文提到的作者所用的方言是否地道的问题。其他吴语资料也是如此。

3. 共时与历时的比较互证方面

在共时和历时的相互印证中，需要注意这四百年间吴语本身的变化，包括一个点的变化和整个区域的变化。历时分布与共时分布存在各种复杂的对应关系，至少有以下五个方面。

1）古今分布相同。

2）通行地域古今不同：a）古大今小；b）古小今大。

3）“古籍”不等于“今籍”：a）古代的某地词语今天这一带已经不说；b）今天的某地词语古代这一带没有。比如“用”可能就属于 a)类。

“用”相当于“要”，《型世言》27 回的这段对话中“个用对分”“须用本渠一介大手段”各 1 见，“定用打渠”2 见，同回中还有几例“定用”：

（23）皮匠道：“苍蝇戴网子，好大面皮！虽是不曾到手，也吃渠亲了两个嘴，定用打杀。”……皮匠道：“打虎不倒被虎咬。我弗打杀，定用送官立介宗案。”

（24）送了两个差人出去，钱公布连声叹气道：“罢了。这前程定用送了。”又对陈公子道：“这事弄得拙，须求令岳、令尊解纷。”陈公子道：“家父知道，定用打杀。还是先生周支。”

《锦笺记》里也有 2 例“定用”：

（25）〔生〕元来如此。请问老娘，宅上作何生理？〔净〕小儿撑个湖船，老身说头亲事，卖些生活。〔生〕如此，小生买妾时，定用相渎了。〔净〕当得当得，只怕相公不要一百。（8 出）

（26）〔丑〕嗏！匡去画门神，再弗凿些坑汙。常伯醒，我戏娘虾蟆！狗也弗射您！我定用打渠！（13 出）

例(26)"我定用打渠"跟《型世言》里洪皮匠说的话一模一样。

《余慈相会》里也有一例"定用":

(27) (净)主人定用奉承……学僮也要奉承。

明代余姚人吕天成(1580—1618)所著的小说《绣榻野史》中"定用"一词多见,如:

(28) 若说香的,定用问我心肝才知道。(上卷[二])

(29) 大里看完笑道:"今晚也愿不得我,定用于他见一番手段了。"(同上)

(30) 今日定用做你不着,等我射的爽利,包你定射不杀了。(同上)

单用"用"表示"要"的也有,如:

(31) 大里道:"今夜其实不曾尽兴,我的本事,决用明日出来一试,才是知趣的心肝。"(同上)

此外明代余姚人王守仁(阳明)的《传习录》(据明嘉靖刻本)中有"须用",如:

(32) 如新本先去穷格事物之理,即茫茫荡荡,都无着落处。须用添个"敬"字,方才牵扯得向身心上来。然终是没根源。若须用添个"敬"字,缘何孔门倒将一个最紧要的字落了,直待千余年后要人来补出?(上卷三)

(33) 四傍纵要种些嘉谷,上面被此树叶遮覆,下面被此树根盘结,如何生长得成?须用伐去此树,纤根勿留,方可种植嘉种。(同上)

如此看来,这种"用"无疑是明代余姚话常说的一个词。不过它在明代的通行地域应该更广,《明清吴语词典》"用""定用""须用"条除《型世言》和《锦笺记》外还引了"三言"和《鼓掌绝尘》《异说反唐全传》的例子,兹不具引。

这种"用/定用/须用"共时资料中暂时未见,可能就属于古有今无一类了。

4) 发生了音转字变。如:阿答—阿拉。宁波话说"阿拉",意思是"我们;我的;我",用法与《型世言》一致。"阿拉"是"阿答"的弱化形式(潘悟云 2010;盛益民 2013)。四百年前的宁波话是否也是说"阿答"而不说"阿拉",或者说在宁波话里"阿答"是何时变成"阿拉"的,这是下一步需要研究的问题。

5) 词义或用法有差异。陶寰教授指出:(区分吴语词的不同层级)这个提议正与我现在的计划相合。不过,复合词、派生词偶合的情况较多,所以我打算做到语素,但是对语素做一些区分(自由,自由但受限,不自由;或者再根据频率做些区分。比如"解",闽语是自由且高频,温州话见于"解梦、解签",自由但受限,非高频;宁绍见于"解不通",自由但受限,低频,中原官话亦然。"赚"在温州话中自由且高频,绍兴只见于"错赚"、苏沪嘉见于"捉白赚",都是不自由语素。)(私人交流)这个意见十分中肯,追溯吴语词汇的历史的确应该做这样细致的区分。上文讨论过的"伊"就有可能是古今词义发生了变化。

以上这些问题在吴语词汇史乃至整个吴语史研究中都可能会遇到,需要一一予以解决。

参考文献

鲍士杰　2005　《说说杭州话》,杭州出版社。
北京大学中国语言文学系语言学教研室编　1995　《汉语方言词汇》(第二版),语文出版社。
陈国华　2004　《〈型世言〉语词札记》,《古籍整理研究学刊》第 6 期。
陈辽　1994　《〈型世言〉研究三题》,《杭州大学学报》第 1 期。
陈庆浩校点,王锳、吴书荫注释　1999　《〈型世言〉评注》,新华出版社。
储诚发　2007　《〈型世言〉语词札记》,《安庆师范学院学报》第 3 期。
崔山佳　2005　《近代汉语词汇论稿》,巴蜀书社。
崔山佳　2007　《宁波方言词语考释》,巴蜀书社。
大冢秀高　2006　《〈型世言〉研究评述》,阎家仁、董浩译,《保定师范专科学校学报》第 3 期。
董志翘　1995　《明代拟话本小说〈型世言〉语词例释》,《古汉语研究》第 4 期。
(清) 范寅撰,侯友兰等点注　2006　《〈越谚〉点注》,人民出版社。
冯春田　2003　《合音式疑问代词"咋"与"啥"的一些问题》,《中国语文》第 3 期。
傅国通等　1985　《浙江吴语分区》,浙江省语言学会《语言学年刊》第三期,《杭州大学学报增刊》。
傅国通、郑张尚芳总编　2015　《浙江省语言志》,浙江人民出版社。
傅国通　2010　《方言丛稿》,中华书局。
(明) 顾思义撰,吴书荫校点　2016　《余慈相会》,载黄仕忠主编《戏曲与俗文学研究》第二辑,社会科学文献出版社。
杭华　2002　《〈型世言〉处置式研究——兼论明清之际把字句的历史发展和地域的差异》,南京大学硕士论文。
胡明扬　1992　《海盐方言志》,语文出版社。
蒋灿灿、陈福迎　2008　《读〈《型世言》评注〉札记》,《呼伦贝尔学院学报》第 3 期。
刘丹青　2017　《卢小群〈老北京土话语法研究〉· 序》,中国社会科学出版社。
刘晓臻　2011　《〈型世言〉词语考释》,《昆明学院学报》第 5 期。
吕叔湘著,江蓝生补　1985　《近代汉语指代词》,学林出版社。
潘悟云　2010　《汉语复数词尾考源》,载徐丹主编《量与复数的研究》,商务印书馆。
钱乃荣　1992　《当代吴语研究》,上海教育出版社。

钱乃荣　2002　《北部吴语的特征词》,载李如龙主编《汉语方言特征词研究》,厦门大学出版社。
钱乃荣　1998　《吴语中的“个”和“介”》,《语言研究》第2期。又收入其《北部吴语研究》,上海大学出版社,2003年。
邵丹　2002　《〈型世言〉词语拾零》,《古汉语研究》第2期。
盛益民　2013　《吴语人称代词复数标记来源的类型学考察》,《语言学论丛》第48辑,商务印书馆。
盛益民　2018　《从特殊音变看宁波话传教士文献中多功能虚词“等”的来源——兼论苏沪、宁波方言多功能虚词“搭”的非同一性》,《语文研究》第4期。
施长海　2019　《余姚方言词语汇释》,宁波出版社。
施建平　2003　《〈型世言〉代词研究》,苏州大学硕士学位论文。
施建平、蒋育君　2007　《从代词的运用论〈型世言〉非陆人龙一人独撰》,《常熟理工学院学报》第1期。
石汝杰　2006　《〈型世言〉的语言及校点问题》,载其《明清吴语和现代方言研究》,上海辞书出版社。
石汝杰、宫田一郎主编　2005　《明清吴语词典》,上海辞书出版社。
谭其骧主编　1996　《中国历史地图集》第七册《元·明时期》,中国地图出版社。
谭耀炬　2005　《三言二拍语言研究》,巴蜀书社。
谭正璧　1962　《顾思义及其作品〈余慈相会〉的发现》,《上海戏剧》第2期。
汤珍珠、陈忠敏、吴新贤　1997　《宁波方言词典》,江苏教育出版社。
陶寰　2018　《吴闽语云、匣母的读音和闽语全浊声母的清化》,《中国语文》第3期。
汪维辉　1993　《〈两拍〉词语札记》,《语言研究》第1期。
汪维辉　2006　《论词的时代性和地域性》,《语言研究》第2期。
汪维辉　2014　《〈型世言〉语言成分分析》,载何志华、冯胜利主编《承继与拓新——汉语言文字学研究》,(香港)商务印书馆。
汪维辉　2018　《宁波话中的“谁”及其消失》,《民族语文》第2期。
汪维辉、秋谷裕幸　2017　《汉语第三人称代词的现状和历史》,《汉语史学报》第17辑,上海教育出版社。中国人民大学书报资料中心《语言文字学》2017年第12期全文复印。
王福堂　2003　《方言本字考证说略》,《方言》第4期。
王锳　2010　《〈《型世言》评注〉补正》,《汉语史学报》第10辑,上海教育出版社。
肖萍　2011　《余姚方言志》,浙江大学出版社。
徐通锵　1991　《百年来宁波音系的演变》,《语言学论丛》第16辑,商务印书馆。又收入《徐通锵自选集》,河南教育出版社,1993年。
徐之明　1996　《〈型世言〉词语札记》,《贵州文史丛刊》第2期。
徐之明　1996　《〈型世言〉俗语词考释》,《古汉语研究》第2期。
徐子方　2012　《曲学与中国戏剧学论稿》,东南大学出版社。
许宝华、宫田一郎主编　1999/2020(修订本)　《汉语方言大词典》,中华书局。
杨朝霞、王晓霞　2009　《关于〈《型世言》评注〉若干问题的商榷》,《通化师范学院学报》第6期。

遇笑容　2001　《〈儒林外史〉词汇研究》,北京大学出版社。
袁丹　2014　《汉语方言中的鼻尾增生现象》,《语文研究》第 3 期。
张克哲　1995　《〈型世言〉词语例释》,《淮北煤师院学报》第 1 期。
张敏　2011　《汉语方言双及物结构南北差异的成因:类型学研究引起的新问题》,《中国语言学集刊》第 4 辑,中华书局。
张文冠　2012　《〈型世言〉校读札记》,《汉语史学报》第 12 辑,上海教育出版社。
赵元任　1928/1956　《现代吴语的研究》,科学出版社。
郑张尚芳、沈克成编　2013　《温州方言文献集成》第三辑,浙江人民出版社。
周志锋　2002　《吴方言与明清白话著作语言互证研究》,《语言研究》第 3 期。
周志锋　2006　《明清小说俗字俗语研究》,中国社会科学出版社。
周志锋　2012　《周志锋解说宁波话》,语文出版社。
朱彰年、薛恭穆、周志锋、汪维辉原著,周志锋、汪维辉修订　1991/2016　《阿拉宁波话》,华东师范大学出版社/宁波出版社(修订本)。
朱彰年、薛恭穆、汪维辉、周志锋编　1996　《宁波方言词典》,汉语大词典出版社。

【附记】已经记不清楚是什么时间、在哪里第一次跟石汝杰老师见面的,能回忆起来的大概是 2001 年 3 月 24—25 日在苏州召开的“第二届国际吴方言学术研讨会”。记得我 1999 年秋天到南京大学中文系做博士后以后,不知因为什么事情跟石老师有了通信联系,那时候我还不会用 E-mail,石老师给我的电邮,我要跑到中文系办公室的电脑上去看,然后用传统的书信通过邮局给他回复,现在想来甚为可笑,也给他增添了麻烦。因为这层关系,石老师在会前早早就向我发来了与会邀请,但我一直在犹豫,因为没有积累加上太忙,怕写不出像样的方言论文。经不住石老师一再诚恳邀请,最后写了一篇《宁波方言词语札记三则》去参会。这是我第一次参加方言学界的会议,记得参会的人很多,场面宏大。会上会下见到了不少闻名已久的方言学家,印象很深的是第一次见到了秋谷裕幸老师,但是没有跟他交谈,只是远观而已。多年后跟他说起此事,他说一点印象也没有。这也难怪,因为我并不是做方言的,他当时怎么也不可能注意到我。此后我还参加了“第四届国际吴方言学术研讨会”(2006 年 3 月 18—21 日,宁波大学),也是石老师邀请的,提交的论文是和学生陈莉合写的《〈明清吴语词典〉评介》,把石老师和宫田一郎先生主编的《明清吴语词典》的特色概括为六个方面:一、高屋建瓴,把握宏观;二、文献丰富可靠;三、收词详尽;四、义项完备,释义贴切;五、手段先进,校对精细;六、音序检索,便于使用。当然也讨论了《词典》

存在的一些可以商讨之处。这两篇文章后来都收录在会议论文集里,留下了我与石老师交往的见证。可以说,是石老师"逼"我正式走进方言学领域的。我后来的研究注重把纵向的历时演变和横向的方言分布相结合,跟石老师的推动有直接的关系。二十多年来,虽然一直跟石老师保持着学术联系,但是见面的机会并不多,通常都是在学术会议上。每次见到他,总觉得跟第一次见没有什么明显的变化,还是一张长不大的娃娃脸,厚厚的镜片后面那笑盈盈的眼睛和一副老顽童的样子,好像他的人生词典里从来没有"忧愁""恼怒"之类的词儿。一转眼石老师都要"荣休"了!谨献上这篇小文作为纪念,祝愿他一如既往地开心、顽皮下去!

从“满汉兼”子弟书看清代初期的语言接触

竹越孝
（日本神户市外国语大学）

一、满洲旗人的语言使用

自满族人入关、清朝政权迁都至北京（1644）以后，汉语与满语的语言接触日趋激烈，随着满洲旗人逐渐汉化，其母语亦演变成为汉语。① 清朝的历代皇帝对此情况感到可叹，多次发敕令鼓励满洲旗人积极地学习满语，如下：

> 值班侍卫及守卫护军等，与其长昼闲坐，莫如学习清语。近见新挑之侍卫、护军等，弃其应习之清语，反以汉语互相戏谑，甚属不合。……嗣后各宜勉力，屏其习气，以清语，拉弓及相搏等技，专心学习。[雍正六年（1728）上谕，收于《上谕八旗》]
>
> 近见满洲子弟，渐耽安逸，废弃本务。宗室、章京、侍卫等，不以骑射为习，亦不学习清语，公所俱说汉语。……本年冬间，或明年春间查阅。其优等者，格外施恩。倘不学习，以致射箭平常，不谙清语者，定从重治罪。[乾隆六年（1741）上谕，收于《高宗实录》卷一]
>
> 从前，满洲尽皆通晓清文，……今满洲非惟不能翻译，甚至清话生疏，不识清字。[嘉庆七年（1802）上谕，收于《光绪会典事例》卷一一四七]

同时，满语亦是清代的公文用语，清朝政府为了能培养出更多的翻译官员，设计“翻译科举”等优待措施，②因此在北京陆续出版了各种满语教材。现存的主要

① 关于清代北京的满、汉语言接触以及满洲旗人母语演变的社会背景，参见季永海（1993）、季永海（2004—2005）、刘小萌（2008）等。

② “翻译科举”是指依据满语（或蒙语）的能力选拔官员的一种制度，详参宫崎市定（1946）。

满汉对译会话书有：一、《满汉成语对待》，刘顺著，康熙四十一年（1702）刊；二、《满汉字清文启蒙》卷二《兼汉满洲套话》，舞格著，雍正八年（1730）序；三、《一百条》系诸版本，包括《清文指要》《初学指南》《三合语录》等；四、《清话问答四十条》，常钧著，乾隆二十三年（1758）序；五、《满汉合璧集要》，乾隆二十九年（1764）刊；六、《清语易言》，博赫著，乾隆三十一年（1766）序；七、《庸言知旨》，宜兴著，嘉庆七年（1802）序；八、《问答语》，道光七年（1827）刊。①

这些清代满汉合璧教材的序文中亦描述了当时满洲旗人语言使用与语言学习的情况，如下：

清语者，我国本处之语，不可不识。但旗人在京与汉人杂居年久，从幼即先习汉语，长成而后始入清学读书。学清语，读书一二年间，虽识字晓话，清语不能熟言者，皆助语不能顺口，话韵用字字意，无得讲究之故耳，所以清语难熟言矣。（《清语易言》序）

国语者，吾辈方言，本天籁也。溯我先辈，幼甫能言，即习国语。口非是无以言，耳非是无以听。不复知有华言，故矢诸口也。自然精纯，不须乎督课也。洎夫定鼎入都，垂二百年，居是邦者杂以夷夏方言，多习汉俗，幼而卬清语，懵如也。长而习焉，惟清书之是赖，夫欲从事于方言问对，而授以附会汉语之清书，不犹课楚，人以齐论，而欲其齐语，得毋戛戛其难乎？（《庸言知旨》序）

夫清语者，乃八旗之土音。溯自我朝定鼎以来，渐习汉语。嗣后八旗生长京城，童习汉语，欲说清语，必须学习。乾隆年间，曾有智公讳信者，特编《清语百条》，言浅而明，意贯而该，以教旗人。（《三合语录》序）

从上文可以看出，在北京居住的满洲旗人首先将汉语作为"母语"进行学习，然后将满语作为"外语"进行学习，这一情况自18世纪以来相当普遍。

这种满、汉的语言接触是怎样进行的呢？反映清代北京的语言接触最具代表性的资料是以上"满汉合璧"形式的会话教材，但除此之外尚有一系列资料，即

① 以上所介绍的会话书限于木刻本。各个文献的内容、形式以及现存版本等信息详参远藤光晓、竹越孝（2011）与竹越孝（2017）。其中《满汉成语对待》《清文启蒙》《一百条》《清文指要》《清话问答四十条》《清语易言》《庸言知旨》等文献的影印与校注收录于刘云等（2018）。

“满汉兼”子弟书，这些作品中满语与汉语混杂出现，具有独特的语言风格。

二、“满汉兼”子弟书简介

2.1 子弟书

随着北京的满洲旗人汉化的逐渐加深，接触汉文化的机会亦日趋增加，尤其对歌舞音曲的爱好相当强烈，清朝政府对此多次发布禁令。如雍正五年(1727)上谕云：

(朕)曾降旨禁园馆行走。奢侈之人延请宾客，往赴园馆一次，即费数金。兵丁人等有何产业，如此过费，何所恃以为生？若惜此银两以养妻孥，足一二月之用。此特欲止其妄费以裕其生计而禁之也。(《光绪会典事例》卷一一四六)

满汉合璧会话书《清文指要》亦有以下一段内容：①

> 不是啊，你这是怎么说？终日吃的饱饱的，抱着琵琶弦子弹的光景，还算是差事啊？还要成名吗？或者要仗着这个过日子啊？嗜们幸而是满洲，吃的是官米，使的是帑银，阖家头顶脚踹的，都是拖着主子的恩典得的。不学本事，不当差效力，只管在这上头专心去学，玷辱满洲哩呀。与其将有用的心思费于无用之地，不如读书啊。学唱的立门僻，学儒的坐对膝，有此一说。就学到怎样精良地步，不过供人的顽笑罢了，不能免的名儿啊。到了正经公所，会弹也算得本事吗？要说我的话没凭据，不可信，大人官员们里头，那一个是从会弹出身的，你如今说出来。(第二十一条)

这样的背景下产生的一种民间说唱艺术为“子弟书”。此艺术形式在清代北京相当流行，其名取于“八旗子弟”。清震钧《天咫偶闻》云：

> 昔日鼓词，有所谓子弟书者，始创于八旗子弟。其词雅驯，其声和缓。(卷七)

可见此艺术的音乐系统属于“鼓词”，主要伴奏乐器为大鼓与三弦。每句七字为主，②每唱两句，必须合“俗曲十三辙”押韵，每一回限一韵，两段以上回目才可以

---

① 此书将《一百条》的满语全面翻译成汉语而成为满汉合璧形式的会话书，此段相当于《一百条》的第六十条。满文部分从略。

② 偶尔夹杂若干“衬字”。衬字一般用小字呈现。

改辙换韵。根据傅惜华(1954)的总目,至今流传下来四百多种作品。

子弟书的现存作品大多数只用汉语写成,但有些作品则采用“满汉兼”的形式,即在汉语中插入满语词汇。下面介绍一下具有代表性的“满汉兼”子弟书作品。

2.2 《查关》

《查关》二回,全180句,手抄本,作者为竹轩(生卒年不详)。此书描写汉元帝太子刘唐建巡查边关,与边疆民族公主相遇而彼此爱慕的故事。在《查关》一书中偶尔插入满语词汇,均是用汉字来拼写满语词汇的读音,如下:①

走到了黄上沟边是三更时候,
猛然见乱石坡上有一片红光。
愣头青“啊啦(ara)”一声说:“不好了,
呼敦轧补(hūdun yabu)”去报姑娘。
这番兵一壁里急行一壁里嚷,
跑到了蒙古钵(boo)前掀帐房。
姑娘问道:“是何人也?
为何大惊小怪这般慌?”
番兵跪倒说:“梭罗宴,
机密事触火么(cohome)前来告诉姑娘。
不知道亚巴得(yabade)来了奸细,
厄母塞拂勒呀哈(emu sefere yaha)烧了个亮堂堂。”

从上文可以看出,此书的满语部分集中于番兵梭罗宴的台词。各个满语词汇的解释如下:ara(啊啦)为感叹词,惊讶声;hūdun yabu(呼敦轧补)汉译是“快走”;boo(钵)是蒙古式毡账,即“蒙古包”;cohome(触火么)汉译是“特意”;yabade(亚巴得)汉译是“在何处”;emu sefere yaha(厄母塞拂勒呀哈)汉译是“一把火”,yaha为“无焰的火”的意思。

① 此书的校注本有关德栋、周中明(1984)与Wadley(1991)。画线部分为满语,括号内为其罗马字转写,本文据Möllendorff(1892)的规则来转写满文。

2.3 《升官图》

《升官图》一回,全72句,手抄本,取材于《金瓶梅》中西门庆与潘金莲初次调情幽会的场景。“升官图”这一曲名的来源,即在一句中常以一官职名目嵌于其间,而这些官职名目(满语或汉语)中,恰好有一字或二字,是同音异义字,由此意义连于句中遂生起另一有趣的意义。此书中满语词汇以汉字音译与满文并存的形式呈现,其开头部分如下:①

西门庆调情把钱大使花,
请潘金莲去栽那包衣达(booi da)。
王婆子他倒上门军躲出去,
西门庆他色胆如天把司狱发。
走到跟前伸炮手,
将潘金莲的袖子一苏拉(sula)。
满脸嘻嘻那门护军校,
说趁着没人偺们乌真辍哈(ujen cooha)。
这春心难按把协尉动,
喀拉臜的毛那门扎兰呢达(jalan i da)。
心里觉着艾什拉蜜(aisilambi),
那话头儿像画稿的凑达。

关德栋(1958)与太田辰夫(1965)将以上满文词汇解释如下:booi da(包衣达)为满语官名,汉译是“官领”,其意义重点在于“衣”;sula(苏拉)为满语形容词,汉译是“闲散”,其意义重点在于“拉”;ujen cooha(乌真辍哈)为满语官名,汉译是“汉军”,其意义重点不详;jalan i da(扎兰呢达)为满语官名,汉译是“甲喇头目”,其意义重点在于“扎”;aisilambi(艾什拉蜜)为满语动词,汉译是“帮助”,其意义重点在于“艾”,通“爱”。

2.4 《寻夫曲》

子弟书中不仅有“满汉兼”形式,亦有一些“满汉合璧”形式的作品。《寻夫

① 此书的校注本有太田辰夫(1965)与关德栋、周中明(1984),后者不是全文。

曲》又名《哭城》，全四回322句，手抄本，此书取材于孟姜女来到长城给丈夫送寒衣的故事，现藏于德国科伦大学(Universität zu Köln)图书馆。此书以满语与汉语对译的形式来表示，其开头几句如下：①

万古羞名吕不韦，

lioi bu wei i gecuke gebu tumen jalan de isitala.

为贪富贵献娥眉。

emu bayan wesihun be hicume gise alibure sahiba.

贪心犯罪春秋笔，

doosi weile šajingga nomun i jargan be necihebi.

乱种讥喧无字碑。

lehele i basucun hergen akū i eldengge wehe i sasa algišaha.

殃及鱼池留后患，

gashan sui akūngge be ušabufi amala joocun tutahabi.

祸胎坑穴作余煨。

jobolon bithe deijire ci banjinahai fulenggi ome ubaliyaka.

吕不韦妻怀贪种贪秦业，

lioi bu wei sargan beyede doosi fusi bifi cin gurun i doro be doosidahabi.

贪根子生出贪种作贪贼。

doosi ama i banjiha doosi jui naranggi emu doosi hūlha.

赵志忠(1990)指出，此书除了汉语部分按照"灰堆辙"押韵之外，满语部分亦有押韵的现象，即满文双数句的末尾元音为-a，单数句的末尾元音为-i。赵文进一步主张，子弟书的最原始形式只有满文，《寻夫曲》为反映子弟书的古老形式的作品。

根据笔者的统计，《寻夫曲》全322句中，双数165句(包含各回首句)的末尾元音-a共有156例，占94.5%；单数157句的末尾元音-i最多，共有99例，-e其次，共有31例，这两种元音超过80%。但满文诗歌的基本押韵单位是词语或头

① 此书的校注本有关德栋、周中明(1984)。

韵(alliteration),①按一句的末尾元音押韵是不可能的。因此,笔者认为《寻夫曲》的满文可以视为汉语句的翻译。②

以上三种子弟书中,《查关》《升官图》二书基本上用汉字来拼写满语词汇,其满语似乎作为"外来词"被使用;③而下面将介绍的《螃蟹段儿》一书是满、汉两种语言完全混杂出现,具有独特的语言风格。

三、《螃蟹段儿》简介

《螃蟹段儿》一书满文名 Katuri Jetere,满语 katuri 表示"螃蟹",jetere 为动词 jembi("吃")的未完成体。此书描写一个男人和他的妻子从偏远的屯子移居城市后,有一日丈夫买螃蟹回来,两个人不识此为何物,不知道螃蟹该怎么吃,闹出了一系列笑话,经邻妇相教,最后终于"有滋有味吃了个净"的故事。

此书的现存版本如下:

(一)文萃堂本:木刻本,现藏于日本天理图书馆。封面有"螃蟹段儿""文萃堂梓行""katuri jetere juben i bithe"等记载,卷头题为"katuri jetere 子弟书"。据波多野太郎(1966)的考证,文萃堂曾位于北京打磨厂,此书出版应该在道光(1821—1850)时期。全 254 句,每半页五行二段,各行由左至右,满文的右侧有汉语旁译。波多野太郎(1967)、Wadley(1991)中含有此版本的影印。

(二)金九经本:手抄本,现藏不详。封面题为"吃螃蟹 katuri jetere"。全 260 句,每半页六行二段,各行由左至右,满文的右侧有汉语旁译。金九经(1935)中含有满文的罗马字转写与日译。

(三)车王府本:手抄本,清蒙古车王府旧藏曲本之一,现藏于中国中山大学图书馆。封面题为"拿螃蟹"。全 244 句,每半页五行二段,各行由右至左,满文无汉语旁译。北京市民族古籍整理出版规划小组(1994)中含有此本的影印。

(四)波多野本:手抄本,波多野太郎旧藏本,现藏于日本早稻田大学图书

---

① 《尼山萨蛮传》等满族传统诗歌均采用头韵方式,详参庄吉发(1977)。
② 详参竹越孝(2000)。
③ 赵志忠(1990)、赵志忠(2008)将《查关》《升官图》二书的满、汉两种语言的使用情况与《螃蟹段儿》区分开来而称为"汉夹满"子弟书。

馆。封面题为"螃蟹段",卷头题为"katuri jetere 子弟书"。全 254 句,每半页五行二段,各行由左至右,满文的右侧有汉语旁译。波多野太郎(1967)中含有此本的影印。

此书的校注与翻译情况如下:关德栋(1958)与关德栋、周中明(1984)为根据文萃堂本将满文转写成罗马字的校注本,竹越孝、陈晓(2016)将以上四种版本进行校对,同时含有日译。此外,Wadley(1991)和 Elliot(2001)为该书的英译,前者包含有满文的罗马字转写。

此书中满语与汉语完全混杂出现,同时满、汉两种文字亦并存,即满语用满文来写,汉语用汉字来写,满文的右侧有汉语旁译。其开头部分如下:①

tanggū se(百岁)光阴实可嘉,
到不如 ederi tederi(邂逅相逢)玩景华。
gašan i nure be tunggalaci(逢着村酒)吃几盏,
bigan i ilha be sabufi(见了野花)戴几枝花。
hutui ba aibide(阴司何处)把鲜花戴,
ilmun kan dukai juleri(阎王门前)少酒家。
agu si akdarakūci(君若不信)把菱花照,
ere aniyai cira(今岁容颜)比去岁还歉。
荒言 be lashalafi(剪断)诗少叙,
接连着 katuri jetere(吃螃蟹)笑哈哈。
虽然是几句 an i gisun(平常的话),
到只怕 injeme genehei(笑长了)笑的嘴乏。
有一个 age(阿哥)不知是 hala ai(姓什么),
也不知 colo(号儿)叫做 ai niyalma(何人)。
又不知 manju monggo(满洲蒙古)是 ujen cooha(汉军),
更不知那个 niru ya gūsa(佐领那一旗)。
tokso de(屯里)住了二年半,
gaiha sargan uthai tubai(娶了个媳妇就是彼处的)蛮子家。

① 引文以文萃堂本为底本,括号内的汉字表示满语的旁译。

也不问 dancan ergi gebu hara(娘家姓字名谁)谁家女,
hūlhi lampa i(胡里胡突)娶到了家。
这佳人 gūnin sure bime(心性聪明)嘴又巧,
manju gisun(满洲话)不上半年 bahanaha(就会了他)。
也是个 amtanggai hehe(有趣儿的奶〃)好玩笑,
到后来成了个半满半汉的 belci mama(跌婆妈〃)。

上文不仅语言很独特,加之其内容亦极为有趣。我们从中可以看出当时北京的民族与语言混杂的情况:主人公的“阿哥”不知是满洲、蒙古还是汉人,他的妻子为“蛮子家”,即汉族。但她“不上半年”学会了满语,后来成为“半满半汉的”老婆。此段说明当时不仅是满族或蒙古族能学会汉语,汉族亦可以学会满语。《螃蟹段儿》一书虽然是创作,但我们可以肯定在某种程度上反映了当时的实际情况。

四、《螃蟹段儿》的语言特点

4.1 用满语押韵

下面我们素描一下《螃蟹段儿》一书的语言特点。

此曲按照十三辙中的“发花辙”押韵,其韵尾为-a、-ia 或-ua。此书 254 句中的押韵字如下:

嘉,华,花,家,歘,哈,乏,niyalma,gūsa,家,家,bahanaha,mama,mangga,giyai①,家,jaka,他,爬,抓,夹,拉,拉,撒,牙,他,拉,煞,夹,拿,拿,叉,扎,哈,拿,拉,乏,杀,压,叉,撒,杀,砂,夹,滑,抓,牙,他,aihūma,花,杀,吧,妈,baita,他,匣,拿,sindaha,花,拿,搽,挖,擦,刷,砂,押,三②,压,擦,察,拿,纱,茶,antaka,咂,夸,花,加,娃,牙,家,茶,giyai,他,花,纱,扎,牙,鸦,华,涯,花,拿,夸,咂,拿,拉,刮,haihūngga,擦,他,街,加,乏,萨,牙,家,拉,撒,娃,妈,吗,jaka,巴,吗,乏,他,叉,杀,呀,发,法,芽,他,咂,哈,hairara,fachaha。

① giyai 为“街”的汉字音写,金九经本作 giya。
② 此音[sa],清史梦兰《燕说》(1867)云:“呼三作开口声曰萨。”

上例中共有16个满语词汇,其末尾元音为-a。此16例确实以满语押韵,如niyalma的汉语旁译是"人",gūsa的汉语旁译是"旗",这些字显然不属于"发花辙"。可见此书的押韵为汉、满通用,满语亦适应于汉语的押韵系统。

4.2 满语的格标记与汉语

其次我们探讨一下在《螃蟹段儿》一书中满、汉语混用的情况下满语的格标记如何使用,与汉语的动词如何联系这一问题。

一般而言,满语有以下七种格标记(Case marker),如:主格(Nominative),无标记;属格(Genitive,相当于"的"),-i、-ni;①与位格(Dative-Locative,相当于"给""到"或"在"),-de;宾格(Accusative,相当于"把"),-be;工具格(Instrumental,相当于"用"或"地"),-i、-ni;离格(Ablative,相当于"从"),-ci;沿格(Prolative,相当于"通过"),-deri。可见满语属格与工具格的标记相一致。

在《螃蟹段儿》一书中,满语格标记与汉语混杂使用的情况可以分为以下两种,即"汉语+满语格标记(+满语)"或"(满语+)满语格标记+汉语"。这两种格式的用例如下:

一、汉语+满语格标记(+满语)

此格式共有7例,其中宾格有6例,离格有1例,如下:

宾格:

(1) 荒言-be lashalafi(剪断)诗少叙

(2) udu ginggen(几斤)螃蟹-be udafi(买了)拿到家

(3) 这佳人的钿子-be fahame(摔打)打了去

(4) 衫袖-be hetefi(挽袖撩衣)用把抓

(5) jortai(故意儿)钗环-be dasatame(整理)把鬓角儿刮

(6) 盖子-be hūwakiyafi(掀了)去了草芽

离格:

(7) si uthai(就是)广寒宫-ci ebunjihe(下降)一姣娃

以上7例的满语格标记用法均可以视为依从了满语的语法结构顺序,显然与汉

① 这两种格标记中,-ni为附着于-ng尾的名词(多半为外来词)之后的一种形式。

语不同：通常汉语应以“动词+宾语”或“介词+宾语+动词”这两种语法结构顺序来表达。

二、（满语+）满语格标记+汉语

此格式共有 19 例，其中属格有 1 例，与位格有 10 例，宾格有 4 例，工具格有 3 例，离格有 1 例，如下：

属格：

（8） gaiha sargan uthai tuba-i（娶了个媳妇就是彼处的）蛮子家

与位格：

（9） hutui ba aiba-de（阴司何处）把鲜花戴

（10） tokso-de（屯里）住了二年半

（11） 那一日 yobo age baita akū-de（戏谑阿哥无事）出门去

（12） age（阿哥）在 dalba-de（旁边）一见动了气

（13） 只闹的 age i uju-de（阿哥头上）冒热气

（14） gege-i dere-de（姐〃脸上）汗拉〃

（15） weihun-de（活的）发青如靛染

（16） 使女说 mini ejen boo-de（我主儿家中）频吵闹

（17） dartai andan-de（登时）挤满了太平街

（18） 这佳人 habtašara siden-de（瞬息间）到了他姐〃家

宾格：

（19） age injeme（阿哥笑）说 ere-be（这个）休问我

（20） 你把 ere jaka-be（这个东西）与我煮杀

（21） 这样的 baitakū jaka-be（无用的东西）拿钱买

（22） 玳瑁 ijifun-be（梳子）用手拿

工具格：

（23） hūlhi lampa-i（胡里胡突）娶到了家

（24） ere nimaha yargiyan-i（这宗鱼实〃的）真有趣

（25） hūdukan-i（快着）拿我的梳头匣

离格：

（26） 但只见 tulergi-ci（从外）走进一妇女

以上例子中,就属格、与位格与工具格的用法而言,满语与汉语的语法结构顺序大致相同,可以视为依从了满语的顺序,亦可以视为依从了汉语的顺序;①宾格与离格的用法则依从了满语的语法结构顺序,与汉语不同,通常汉语应以"动词+宾语"或"介词+宾语+动词"这两种语法结构顺序来表达。

此外,值得关注的用例是(12)与(20),此二例既有满语的格标记,又有"在""把"等汉语介词,可以视为满、汉两种语言的混用形式。

总之,《螃蟹段儿》一书满语格标记的使用情况多半依从汉语的语法结构顺序,但依从满语结构顺序的用例亦确实存在。依从满语结构顺序的例子均为宾格与离格,这样的事实说明,在满、汉两种语言相接触的背景下,使用这两种格的满语语法结构顺序亦可以被接受。以上可以看作一种可能性,因为子弟书原本是使用韵文的说唱艺术,因此我们不能将其面貌扩大解释至当时口头语言的全体情况,这应该是无需否认的。

4.3 蒙古语

《螃蟹段儿》一书不仅由满、汉两种语言构成,蒙语亦有出现,如:

有几个 monggo(蒙古)说声 eboo(厄沛)挤了挤眼,

tairi borhan ūnir(台哩布尔汉屋那拉)是个活菩萨。

以上部分虽然使用满文,但实际上记述的不是满语而是蒙语,旁译亦不是汉译而是汉字音译。以上各蒙语的解释如下:eboo(厄沛)为感叹词;tairi(台哩)汉译为"天"②;borhan(布尔汉)汉译为"菩萨";ūnir(屋那拉)汉译为"真是"。可以看出,"是个活菩萨"实际上是蒙语 tairi borhan ūnir 的汉译。上例亦反映出当时在北京,各民族杂居生活,各种语言亦互相沟通的情况。

五、余论:子弟书与满语语法书

我们在此进一步论证满洲旗人对子弟书的爱好之深,即他们的满语学习亦

① 在与位格的例子中,如后面的动词表示授受或移动时,与汉语的语法结构顺序不同,但此用法不见于《螃蟹段儿》;在工具格的例子中,如前面为名词时,与汉语的语法结构顺序不同,但此用法亦未出现。

② "天"的蒙语为 tenggeri,此处 tairi 疑为其口语形式。金九经本、车王府本均作 tenggeri。

受到子弟书的影响：有些满语教材利用“七字句”形式来描述满语的运用法。

满汉合璧会话书《清文指要》的卷头为满语语音系统“十二字头”的概述，叫作《字音指要》。此篇的最后部分有“七言六句歌”一首，①如下：

e 字为始 fu 其终，ne se de le me ce 同。

be pe je ye 与 hū 类，ke ku 二句一样通。

再加 fe 来二十整，毋庸双点尾皆弓。（《清文指要·字音指要》）

上文的满文虽然不是词汇而是字母，但满文和汉字混杂出现的情况，与“满汉兼”子弟书有些相似。

作为旗人学习满语的教材，除了满汉合璧会话书之外，满语语法书之类的著作亦陆续出版，现存至少有以下七种：一、《清书指南》卷三《翻清虚字讲约》，沈启亮著，康熙二十一年（1682）序；二、《满汉类书》卷三十二《字尾类》，桑格著，康熙三十九年（1700）序；三、《满汉字清文启蒙》卷三《清文助语虚字》，舞格著，雍正八年（1730）序；四、《三合便览》卷一《清文指要》，富俊著，乾隆四十五年（1780）序；五、《清文接字》，嵩洛峰著，同治五年（1866）跋；六、《清文虚字指南编》，万福著，光绪十年（1884）序；七、《清文字法举一歌》，徐隆泰著，光绪十一年（1885）序。②

极为有趣的是，以上满语语法教材中，亦有几种教材用“七字句”的形式来描述满语虚词的用法，如下：

i ni ci kai 与 de be，用处最广讲论多。

里头上头并时候，给与在于皆是 de。

把将以使令教字，共是七样尽翻 be。

下边必有 bu 字应，不然口气亦可托。

bu 字亦有自然处，只看有 be 与无 be。

也字翻 be 讲是字，上有 serengge 与 sehengge。

上 de 下 bu 为被字，用法如同上有 be。（《清文虚字指南编》）

---

① 原文对此歌有一段说明，如下：“第六头七十二字尾左，皆有双点。又有无此双点四十字内，关系清语不时书写者二十字，殊难记忆，是以编作七言六句之歌。将此记熟，则能辨别不差矣。”

② 各个文献的现存版本等信息详参远藤光晓、竹越孝（2011）。其中《清文启蒙》《清文接字》《清文虚字指南编》《清文字法举一歌》等文献的影印与校注收录于刘云等（2018）。

清文字法举一歌，触类旁通可悟百。

翻译虽深由此入，功多力省便初学。

i ni ci kai 与 de be，bu mbi fi me ra re ro。

ka ha ke he ko ho bi，二十个字要明白。

de 义深长用处多，上下内外时候则。

给与在于间处往，日字虚神亦是他。

年月日时无于在，但非转下莫接 de。(《清文字法举一歌》)

以上《清文虚字指南编》《清文字法举一歌》二书均由课文与例句而构成：课文部分均是以七字句为主；例句部分则为满语和汉语的对译形式。我们可以看出，此二书利用子弟书的节奏形式使学习者记住满语语法的重要规则，此种“七字句”语法书的出现与子弟书的流行应有密切关系。

六、结　　语

本文通过“满汉兼”子弟书的分析，考察了清代在北京发生的满、汉语言接触情况的一斑。子弟书应是满洲旗人的母语已变为汉语以后发展的一种民间艺术，同时其语言形式是韵文，因此与满汉合璧会话书等相比，不能视其反映了自然的语言状态，不太适合语法方面的分析。但这些子弟书一定程度上反映了当时两种语言混杂的情况，因此可以说我们考察清代北京的语言接触时，“满汉兼”子弟书提供了另一种思路，是一种值得我们思考的材料。

参考文献

(中文)

北京市民族古籍整理出版规划小组编　1994　《清蒙古车王府藏子弟书》，国际文化出版公司。

傅惜华　1954　《子弟书总目》，上海文艺联合出版社。

关德栋　1958　《曲艺论集》，中华书局。

关德栋、周中明　1984　《子弟书丛钞》，上海古籍出版社。

季永海　1993　《满族转用汉语的历程与特点》，《民族语文》第 6 期。

季永海　2004—2005　《从接触到融合：论满语文的衰落》，《满语研究》2004 年第 1 期，2005 年第 1 期。

刘小萌　2008　《清代北京旗人社会》，中国社会科学出版社。

刘云等主编　2018　《早期北京话珍本典籍校释与研究・清代满汉合璧文献萃编》,北京大学出版社。
姚韫、杨艾璐　2014　《从子弟书语言看清代满语被汉语替代的流变过程》,《满族研究》第2期。
远藤光晓、竹越孝主编　2011　《清代民国汉语文献目录》,学古房。
赵志忠　1990　《清代满族曲艺子弟书的语言特点》,《满语研究》第1期。
赵志忠　2008　《从子弟书的语言变化看清代满汉语言接触》,赵阿平编《满-通古斯语言与相关语言比较研究》,民族出版社。
竹越孝　2017　《清代满汉合璧会话教材在汉语史研究上的价值》,《文献语言学》第4辑。
庄吉发　1977　《尼山萨蛮传》,文史哲出版社。

(日文)

波多野太郎　1966　《子弟书满汉兼〈螃蟹段儿〉解题》,《东方学》第32号。
波多野太郎　1967　《子弟书研究:景印子弟书满汉兼〈螃蟹段儿〉坿解题识语校释》,《横滨市立大学纪要》第164号。
波多野太郎　1970　《〈螃蟹段儿〉研究》,东方文化供应社。
波多野太郎　1973　《满汉合璧子弟书〈寻夫曲〉校证》,《横滨市立大学纪要・人文科学》第4号。
冈田英弘　1980　《征服王朝と被征服文化:八旗・北京官话・子弟书》,《月刊シルクロード》第46号;《モンゴル帝国から大清帝国へ》,藤原书店。
金九经　1935　《满洲语と汉语を混用したる歌本〈吃螃蟹〉》,《满蒙》第16卷第9号。
宫崎市定　1946　《科举》,秋田屋;东洋文库470,平凡社。
太田辰夫　1965　《〈金瓶梅〉を题材とした满汉并用の俗曲〈升官图〉について》,《明清文学言语研究会会报》第6号;《中国语史通考》,白帝社。
太田辰夫　1976　《满洲文学考》,神户市外国语大学研究丛书第6册;《中国语文论集・文学篇》,汲古书院。
竹越孝　2000　《子弟书〈寻夫曲〉における满洲语句をめぐって》,《新しい关系性を求めて:コミュニケーションの诸相》第2号。
竹越孝、陈晓　2016　《子弟书 Katuri Jetere(螃蟹段儿)校注》,《神户外大论丛》第66卷第1号。

(英文)

Elliot, Mark. C.　2001　The "Eating Crabs" Youth Book. Mann, S. and Cheng Yu-Yin (eds.) *Under confucian eyes: writings on gender in Chinese history*. Berkeley: University of California Press.
Möllendorff, P. G. von　1892　*A Manchu Grammar, with Analyzed Text*. Shanghai: American Presbyterian Mission Press.
Wadley, Stephen. A.　1991　*The mixed-language verses from the Manchu dynasty in China*. Papers on Inner Asia 16. Bloomington: Indiana University Research Institute for Inner Asian Studies.

着力开拓海外汉语方言与文化研究的新领域

——兼谈海外吴语方言与文化研究的关注点、考察点和方法论

汤志祥

（香港中文大学教育学院普通话教育研究及发展中心/

深圳大学人文学院）

一、一千多年来国人移居海外的简史

中国人移居国外主要始于唐代，纵观 1 300 多年来中国人移民海外的历史，大体可分为四个时期：

第一时期，从唐代到南宋（618—1270）。有不少中国商人到东南亚各地从事贸易。其中有一部分人在当地定居，成为第一代的华侨。这个时期华人大多居住在南洋地区（印尼、新加坡、马来西亚、越南、泰国、菲律宾等国），人数约为 10 多万。

第二个时期，从元代至清代中叶（1271—1840）。海外贸易进一步发展。更多的中国商人和农民、渔民、手工艺人出国，这个时期东自日本、朝鲜，西至印度东海岸，北起缅甸，南迄印尼，到处可见华人移民，数量已达 100 万以上。

第三个时期，从鸦片战争到中华人民共和国成立前（1841—1949）。为华人大规模移民的高潮时期。这个时期华人出国的人数之多、规模之大、分布之广，前所未有。一批批“契约华工”（俗称“猪仔”）被贩卖出洋，成为移民的主要方式。在这 100 多年里约有 700 万华人被贩卖到世界各地，从而奠定了今天华侨遍布世界各地的格局。这个时期的华人移民人数已达 1 200 多万人。①

---

① 参阅孔飞力（Philip A. Kuhn）《他者中的华人：中国近现代移民史》（*Chinese Among Others: Emigration in Modern Times*），李明欢译，江苏人民出版社，2016 年。

第四个时期，从中华人民共和国成立到21世纪初。由于国家实行“改革开放”政策，越来越多的中国人（包括海峡两岸暨香港、澳门）通过亲人团聚、留学等方式移居国外。这个时期，随着华侨华人经济的发展和人口的自然增长，国外华侨华人的人数也急剧增加，估计已有6 000万人。①

二、海外华人聚居的主要代表性地点：唐人街（China town）

由于华人一旦移居海外便成为各移居地的少数族群，而面对新环境、新语境时，华人之间彼此需要同舟共济，故此便自然地聚居在某一个地方，形成一个个相对集中的华人聚居区。现在各国早期形成的唐人街（大唐街、中华街）和现今各国的“新唐人街”“中国城”就是华人移居海外生活的显著标志和历史见证。

现在主要的著名华人大聚居国别、城市以及地区如下：

（1）美国东部纽约市：曼哈顿 Manhattan 下城唐人街、布鲁克林 Brooklyn、法拉盛 Flushing；

西部旧金山市：唐人街；

洛杉矶市：盛盖博谷 San Gabriel Valley；

（2）加拿大东部：多伦多市唐人街、士嘉堡 Scarborough、北约克 North York、万锦 Markham、列治文山 Richmon Hill

西部：温哥华市市区东部唐人街、列治文 Richmon

（3）英国伦敦：威斯敏斯特 Westminster 的苏豪区 SoHo、船坞区彭尼费特斯

① a. 援引自2014年3月5日国务院侨办主任裘援平（女）在第十二届全国人大二次会议新闻中心网络访谈室的讲话。标题：海外华人华侨已超6 000万分布于198个国家和地区。（中国网）

b. 据邹嘉彦、游汝杰《汉语与华人社会》一书1994年的统计，“海外华人（不包括港澳）总数为2 200万—3 000万”，第58页。

c. 据张振新《海外华人华侨分布》一文2004年的统计，“海外到底有多少华人人口尚无确切的数字，目前比较普遍的说法是5 000万人。据报道现在世界上150多个国家都出现华侨和华人节节上升的情况，每10年增加一倍”。《中国语言生活状况报告2005年》上编，第398页。

Penny fields、莱姆豪斯考斯韦 Limehouse Causeway

（4）澳大利亚悉尼市：唐人街、赫斯特维尔 Hurstville、艾士菲 Ashfield、查茨伍德 Chatswood、卡巴拉玛打 Cabramatta
墨尔本市：唐人街、博士山 Boxhill、威弗利谷 Glen Waverley

（5）法国巴黎：13 区的唐人街、19 区的美丽城 Belleville、3 区和 4 区的温州街

（6）意大利：米兰市、普拉托市、伦巴第、托斯卡尼和拉齐奥地区

（7）西班牙：巴塞罗那市的 Eixample、Fondo 地区，马德里市的 Usera 区，加泰罗尼亚市

（8）新西兰：奥克兰市中区、南区、东区、北岸，惠灵顿市、基督城、哈密尔顿市

（9）日本：东京都、横滨中华街、神户中华街：南京町、长崎唐人街：新地

（10）马来西亚：吉隆坡唐人街、槟城、诗巫、山打根、勿里洋、槟港；马六甲、怡保、安顺、古晋、巴眼亚比、合艾、普吉、董里等城市

（11）越南：胡志明市堤岸区第五郡、第六郡（新堤岸）、第十郡和第十一郡

（12）菲律宾：马尼拉市唐人街（中国城）、大马尼拉地区

（13）泰国：曼谷市唐人街、宋卡府

（14）缅甸：仰光市唐人街

（15）印尼：雅加达市、爪哇市、泗水市、棉兰市、北干巴鲁市、三宝珑市、班芝兰唐人街、坤甸市、锡江市、巨港市、万隆市及邦加槟港

（16）毛里求斯：路易港唐人街

（17）新加坡：牛车水唐人街

（18）古巴：哈瓦那市唐人街

（19）秘鲁：利马市唐人街

（20）南非：约翰内斯堡市唐人街、约翰内斯堡市、比勒陀利亚市和开普敦市

此外，不少国家和地区都有华人聚居，它们是：韩国首尔和仁川、俄罗斯莫斯科、荷兰阿姆斯特丹、巴西圣保罗、尼日利亚拉各斯、智利圣地亚哥等等。

三、海外华人聚居的祖籍及方言划分

世界上居住华人 100 万以上的国家有 6 个,除美国外,有 5 个在亚洲。由于海外华人原籍地主要集中在中国南部、东南部地区,所以按华人祖籍划分,广东约占 49%,福建占 35%,海南占 6%,其他省区占 10%(以台湾、广西、山东、新疆、云南为主)。在东南亚,粤籍、闽籍和其他省市之比为 5∶3∶2;而在亚洲以外,粤籍占绝大多数。

若以方言划分,使用广府(广州)、闽南(泉州)、潮州、客家、浙南(温州)五种方言的人,占海外华侨华人总数的 80%左右。使用前三种方言的,每一种都超过 500 万人,后一种则约 300 万人。

四、海外华人聚居的类型和语言特点

海外华人聚居的主要类型是:

(1) 以国家而论:

a. 聚居在首都或者大城市,如:美国、英国、加拿大、法国、澳大利亚、日本、新加坡、新西兰。

b. 遍布各大中小城市,如:意大利、西班牙、印尼、马来西亚、泰国、菲律宾。

(2) 以城市而论:

a. 大聚居,小分散。如:所有具有唐人街的各国城市。

b. 无聚居,大分散。如:韩国、俄罗斯、荷兰、巴西、尼日利亚。

(3) 以移民的地域与方言而论:

a. 某个地域的华人聚居,方言相对单一:如美国旧金山(广东话)、加拿大温哥华(广东话)、英国伦敦苏豪区(广东话)、马来西亚怡宝(广东话)、越南堤岸(广东话)、马来西亚马六甲(闽南话)、马尼拉(闽南话)、英国伦敦布鲁克林八大道(福州话)、泰国唐人街(潮州话)、马来西亚槟城(潮州话、闽南话)、法国巴黎 3、4 区的温州街(温州话、

青田话)、毛里求斯路易港(客家话)、澳大利亚悉尼艾士菲(上海话)、日本长崎(北方话)、韩国仁川(北方话)

b. 各种地域杂居,方言相对多样:如多伦多老唐人街(广东话、闽南话)、新加坡(闽南话、广东话)、缅甸仰光(闽南话、广东话)、文莱斯里巴加湾市(闽南话、广东话)、印尼雅加达(闽南话、客家话)、马来西亚古晋(闽南话、客家话)、马来西亚吉隆坡(广东话、客家话)。

(4) 以移民居住的代数与方言而论:

a. 三代人/两代人同住:主要居住在一些早期(一二百年间)移居海外的国家和城市。当地老华人多以一个家族"三代同堂"或者"两代同堂"的形式居住在一起;而同姓同地的华人又以"同姓家族""同地老乡"的形式居住在一地。以这种方式居住的华人集中地一般都在老的移民城市或者地区。譬如:

美国:旧金山市、洛杉矶市、纽约市、波士顿市;

加拿大:温哥华市、多伦多市、蒙特利尔市;

英国:伦敦市;

法国:巴黎市;

西班牙:马德里市、巴塞罗那市;

意大利:米兰市、普拉托市;

澳大利亚:墨尔本市、悉尼市;

泰国:曼谷市、宋卡市;

马来西亚:吉隆坡市、槟城、马六甲市;

印尼:雅加达市、泗水市、爪哇巴城;

菲律宾:马尼拉市;

越南:胡志明市;

缅甸:仰光市;

日本:横滨市、长崎市;

韩国:仁川市;

古巴:哈瓦那市;

以及新加坡等。

这种几代人居住在一起的城市或者地区,其方言特点往往是:

a. 通行原籍地的汉语粤闽浙三地的方言,往往是广东话(包括四邑话)、闽南话、福州话、潮州话、客家话、海南话、温州话(包括青田话)等。

b. 三代人的第一代往往讲原籍地方言;第二代多讲广东话或者闽南话;第三代主要讲当地语言,如英语、法语、泰语、印尼语(马来语)、菲律宾语、越南语、日语、韩语、西班牙语等。

b. 一代人/两代人居住:主要居住在近三十年间移居海外的国家和城市。(上述三代人/两代人同住的国家与城市里也普遍存在)。当地华人多为单个家庭或者个人在海外投资、经商、留学、劳务输出、打工、跨国婚姻的人士。以这种方式居住的华人主要分布在新的、小的移民城市或者地区。譬如:

美国:尔湾市、圣地亚哥市、西雅图市、波特兰市、圣荷西市、奥兰多市;

加拿大:蒙特利尔市、卡尔加里市、渥太华市、埃德蒙顿市;

英国:曼彻斯特市、伯明翰市、利物浦市;

法国:马赛市、里昂市、里尔市;

澳大利亚:阿德莱德市、布里斯班市、柏斯市;

新西兰:奥克兰市、惠灵顿市、基督城、哈密尔顿市;

日本:东京都、千叶市、川口市、琦玉县、大阪市、名古屋市、神户市、京都市;

韩国:首尔、水原市;

俄罗斯:莫斯科市、哈巴罗夫斯克、符拉迪沃斯托克、布拉戈维申斯克等。

这种一两代人居住在一起的城市或者地区,其方言特点往往是:

a. 普通话或者原籍地的汉语方言:往往是广东话、闽南话、潮州话、温州话、上海话、北方话等。

b. 有些人为双语者,主要是:英语/汉语、法语/汉语、日语/汉语、韩语/汉语、西班牙语/汉语、俄语/汉语等。

五、研究海外华人汉语方言与文化的意义和关注点

诚然，千百年来华人漂洋过海，移居国外的主要目的是谋生和发展，但他们同时也带去了世界语言和文化的重要成员：古老中国的语言（方言）、文学和灿烂的东方文化包括哲学、宗教、中医药、教育、养生、武术、生活习俗和思维方式等。而华人移居海外带往全世界的汉语方言是我们中华语言文化大家庭的宝贵财富和珍贵资源。

为了挖掘和保存这部分中华语言文化的宝贵财富和珍贵资源，2015年初，国家社科重大科研项目"海外华人汉语和汉语方言使用情况调查"①隆重启动。

该项研究的关注点是：

（1）海外华人、华裔现在所说的汉语方言和原祖籍的方言有何异同；

（2）海外华人、华裔现在所说的汉语方言语音、词汇和语法里保留着原祖籍方言的哪些早期特点；

（3）海外华人、华裔现在所说的汉语方言词汇里存在着哪些和住在国文化相融合的特点；

（4）海外华人、华裔三代人之间的语言变迁和语言选择、语言态度；

（5）海外华人、华裔还保存并发扬着哪些中华文化及其生活形态；

（6）海外华人、华裔的中西文化融合现状及其态度取舍。

六、研究海外华人汉语方言与文化的考察点

鉴于以上阐述的华人移居海外后聚居的特点和生活状况，我们在研究海外华人的方言和文化状况及其特点时，主要角度和要素是：要考察海外华人、华裔现在所说的汉语方言和原祖籍的方言有何异同，第一个考察点是必须关注并着眼于：

---

① 全国哲学社会科学规划办公室2014年度国家社科基金重大项目（第二批立项通知书）："海外华人社区汉语方言与文化研究"（14ZDB107）。

（1）老移民国和老移民城市。因为只有在那些国家和城市里才保留着几百年来华人原祖籍语言的较多特征。

（2）只会讲原祖籍语言的老华侨、华人，因为他们的语言和文化保留着较纯正汉语方言和文化的特征。

（3）只会讲原祖籍语言的七八十岁甚至九十几岁老华侨、华人，因为他们才较多了解两国、两地、两三代人的差异。

考察语言（方言）特点主要关注于：

（1）他们的语言（方言）的语音系统，包括音系、连读变调、小称变调等与原籍的异同；

（2）他们的语言（方言）的词汇系统里，基本词汇和一般词汇与原籍的异同；特别是哪些老词语已经消失，哪些新词语（外来词、其他方言词）会使用。有哪些新造的词语。哪些词语的词义、词用有变化。

（3）他们的语言（方言）的语法系统，尤其是词性和句式有何变化。有哪些语码混合的现象。

（4）他们的文化生活和特征的保留：华人原籍地的宗族活动、宗教信仰和节庆习俗，日常生活形态的参与和保留。

研究的第二个考察点是：新一代华人、华裔他们的语言状况和语言态度。其主要关注点在于：

（1）对于第二代华人（主要是五六十岁左右的华人）而言，他们的双语状况的使用情况，以及对待汉语方言的态度（冷漠、放弃还是关心、保有）。他们对于传统文化的保有和态度（保留、参与还是放弃、被动）。

（2）他们的文化生活和特征的保留：原来宗族活动的参与、宗教信仰的保留和华人节庆活动的参加以及华人原日常生活形态的改变。

（3）对于第三代华人（主要是二三十岁左右的华人）而言，他们的双语状况的使用情况（单语还是双语？），以及对待汉语方言的态度（使用还是学习？）

七、研究海外华人汉语方言与文化的方式和方法

由于对三代华人的考察关注点不同，因此我们拟主要采取的方法和方式

如下：

（1）对第一代老华人、华侨，由于主要是了解他们的语言和文化情况，必须要采用如下调查表格：

a. 调查方言语音情况，使用中国社会科学院语言研究所制定的三千七百字的《方言调查字表》；①

b. 调查方言词汇情况，使用汉语方言调查常用的两千六百多条的“方言调查分类词表”；②

c. 调查方言语法情况，使用汉语方言调查常用的三百条语法例句调查表；③

d. 调查新老词语的使用，使用个人谈话的询问与录音、记录的方式进行；

e. 调查原有文化的存留，使用个人谈话的询问与录像、记录的方式进行。

（2）对第二代华人、华裔的调查，由于主要是了解他们的双语状况以及对待方言的态度，因此主要是：

a. 使用个人谈话的方式，通过询问、交谈并录音、记录的方式进行；

b. 使用社会语言调查表格，使用填表然后归纳、统计的方式进行。

c. 使用个人谈话的方式，通过询问、交谈的方式，了解他们对传统中华文化的认识以及参与、保留的情况。

（3）对第三代华裔的调查，由于主要是了解他们的语言使用情况（单语还是双语），以及对待汉语方言的态度（使用还是学习），所以采用填写社会问卷调查表④的方式获取第一手资料，然后再进行归纳、统计，导出相关结论。

简言之，我们研究的方法主要有三种：

a. 采用传统的汉语方言学调查研究的方法、工具和材料，继而对所得语料进行分析、判断；即精心挑选一或数位能代表住在国汉语方言特点的发音人，并作精细的某一国、某一点的方言语音、语法和词汇调查，最终形成详细的调查报告。

b. 采用社会语言学的调查问卷和手法取得材料与数据，然后进行分析、统

① 中国社会科学院语言研究所：《方言调查字表》（修订本），商务印书馆，2002 年。

② 中国社会科学院语言研究所方言研究室：《方言调查表》，商务印书馆，1981 年。

③ 詹伯慧：《汉语方言及方言调查》第九章《汉语方言词汇语法调查表》，413—470 页。

④ “海外华人汉语和汉语方言使用情况调查表”（Questionnaire on Chinese Languages and Dialects Used by Overseas Chinese）。

计、判断;加以采用常用的社会语言学的个人交谈法或者个案分析法,取得研究素材。即通过广泛的问卷调查或者面谈多位参与调查者,了解当地华人、华裔的语言演变情况和语言取态。从面上大体了解当代海外华人或者华人家庭汉语方言传承或保留的语言面貌以及他们的语言心理。最终形成调查初步结论。

c. 采用对比语言学方法,将获得的新语料和原籍地原有的语料进行对比,继而分析、判断并导出结论。即把海外华人的汉语方言材料与他们原籍地的方言材料进行对比分析,然后导出相应的描述和结论。

八、海外吴方言和吴文化研究的视点和着重点

海外吴方言和吴文化的研究是整个海外华人汉语方言和文化研究的一个有机组成部分。和主要以粤、闽、琼、台省份华人为主的移居海外的情况大致相同,吴地,尤其是浙江南部温州、青田、台州地区以及江苏南部,宁波、镇海、杭嘉湖地区以及上海市也曾是大量移居海外的传统地区。

吴地人士移民海外的特点是:

(1) 南部吴语地区(浙江南部为代表)以温州、丽水地区移民海外为多,移民方向是前往欧洲南部和西部地区,如西班牙、意大利、法国、奥地利、荷兰诸国等。二是温州、丽水地区的移民多以同姓、同乡聚居,有明显的聚族、聚乡居住的特点。三是浙南移民时段前后长达几百年,势头一直未减。四是当地移民多完好保留原祖籍地的方言与文化。五是该地区在欧洲的移民多以经商为主,主要从事餐饮业以及零售、批发、生产服装、鞋袜等日常生活用品及进出口贸易。六是还有众多留学的学生。

(2) 北部吴语地区以江苏南部、上海市和浙北杭嘉湖地区为主,他们的移民方向主要是美加、英法、澳新。这些地区移民的特点是:一、多以散居为主,基本不存在聚居区,而且大都居住在移居国经济相对发达的大城市;二是移民时段相对较短,多数是 20 世纪前半叶以后陆续移居海外的。三是相对而言他们受西方教育较多,外语语言能力强,且较为认同海外的文化,因而保留汉语方言和文化的成分较少。四是多数从事某些公司或者企业的经营管理工作,以及不少人是在住在国科学、技术、教育、医疗、法律、文化领域工作。五是现在有大量年轻留

学生不断前往这些国家。

鉴于以上基本情况,海外吴地华人方言与文化的调查其着重点就具有如下特点:

(1) 南部吴语: a. 重点以调查海外移民第一代为主,记录他们的方言和文化与原籍地方言和文化的渊源、源流变化以及异同。b. 了解三代人之间的语言(方言)变化以及语言取态变化。c. 了解第三代人的语言(方言)使用情况以及他们的语言取态。d. 调查重点方向是温州话的语言与文化。e. 了解海外南部吴地文化的存留。

(2) 北部吴语: a. 调查海外移民第一代的方言和文化与原籍地方言和文化的渊源、源流变化以及异同。b. 了解三代人之间的语言(方言)变化以及语言取态变化。c. 重点了解年轻一代(第三代)的双语情况。d. 由于北部吴语的上海话在海外具有一定影响力和传播力,要了解上海话的海外传播和教育情况。e. 调查海外北部吴语的已有研究成果,尤其是对上海话、宁波话、杭州话、苏州话的研究。f. 了解海外北部吴地文化的存留。

九、结　　语

海外汉语方言与文化研究是汉语方言与文化研究的崭新领域。它使我们的视野从传统的中国国内延伸到了全世界。

海外汉语方言与文化研究将改变我们头脑里以往固有的汉语方言是中国语言规范的对象的陈旧观点,而是要把它看作是中华文化的有机组成部分和世界文化的组成部分。

海外汉语方言与文化研究将为调查研究海外华人、华裔充当中外文化交流、交融使者的历史作用和意义,以及整个中华民族的语言和文化对世界的贡献作出助益。

从研究中国到研究世界,要跨过这个鸿沟绝不是一件轻而易举、唾手可得的易事,可以想见,其难度、深度及重要性和创造性都将是无与伦比的。

希望我们这一代学者努力去拥抱这个事业,践行这个创举,写下汉语方言与文化研究的新篇章。

参考文献

“中国语言生活状况报告”课题组　2006　《中国语言生活状况报告(2005)》上编,商务印书馆。
教育部语言文字信息管理司　2012　《中国语言生活状况报告(2012)》,商务印书馆。
教育部语言文字信息管理司　2016　《中国语言生活状况报告(2016)》,商务印书馆。
陈晓锦　2014　《东南亚华人社会汉语方言概要》(上、中、下),世界图书出版广东有限公司。
陈晓锦、张双庆主编　2009　《首届海外汉语方言国际研讨会论文集》,暨南大学出版社。
王建设、孙汝建主编　2012　《第二届海外汉语方言国际研讨会论文集》,云南大学出版社。
陈晓锦主编　2014　《第三届海外汉语方言国际研讨会论文集》,暨南大学出版社。
马来西亚华社研究中心　2012　《马来西亚华人研究月刊》第十五期。
邹嘉彦、游汝杰编著　2001　《汉语与华人社会》,复旦大学出版社、香港城市大学出版社。
詹伯慧主编　2001　《汉语方言及方言调查》,湖北教育出版社。

【附记】

这张照片摄于七年前的2015年7月,地点在复旦大学光华楼11楼会议室,前排自左到右的六位是:石汝杰、汤志祥、游汝杰、陈忠敏、陈贵麟、陶寰。其中,我的左边是大名鼎鼎的游汝杰兄,右边则是鼎鼎大名的石汝杰兄。这一排里除陈贵麟教授来自台湾科技大学外,其他五位都是复旦同门师兄弟,均师从许宝华和汤珍珠老师,攻读的是同一专业——现代汉语方言学研究生。

我与两位“汝杰”的缘分,始于20世纪70年代末80年代初。两位“汝杰”里,

游兄比我高一年级，石兄比我低一年级。可惜彼此之间同窗、同系工作相处时间并不长。我 82 年毕业后，曾留复旦工作过两年，主要是跟从胡裕树老师编撰国家对外汉语教材《今日汉语》，后于 84 年南下去了深圳大学参与建校，而石汝杰兄毕业后就径自西赴苏州大学任教，自此，彼此天各一方，各自前行。

光阴荏苒，不觉 20 年倏然而过。时间来到了 2002 年，那年 9 月 6 日我赴北京参加北京语言文化大学(当时叫作北京语言学院)四十周年校庆，竟然在会场里与石汝杰巧遇。师兄弟两人相见自然格外兴奋，交谈甚欢。经了解，方知石兄已经到了日本福冈的九州大学任教，此次是以外宾身份参会，不禁顿觉诧异与骄傲。会后，石兄专门赠送我一件宝贝：精美的日本产米老鼠款青瓷盆。该瓷盆至今一直珍藏在我的书柜上。

此后，我们还经常相见在历次吴语国际学术会议上。值得回忆的是：2006年金秋11月，深圳大学联同复旦大学（游汝杰）、上海大学（钱乃荣）、香港城市大学（徐云扬）、香港中文大学（张双庆）、上海语文学会（许宝华）、香港中国语文学会（姚德怀）等联合发起并召开了“首届国际上海方言学术研讨会”，会议地点就选在深圳大学。会议邀请了国内外吴语研究界的绝大部分专家学者参会。那次石汝杰兄为来自日本三所大学的代表之一。众多中外学人在鹏城畅谈上海方言研究各方面的学术成果，并在大梅沙海滨公园、仙湖植物园、深圳弘法寺、明斯克航母世界、世界之窗等名胜留下了珍贵的合影，享受了欢聚的时光。

最令我难忘的是2018年11月在杭州师范大学召开的第十届国际吴方言学术研讨会。感谢大会的安排，我竟然有机会和石汝杰兄一同出现在开幕式的主席台上，并先后为大会作了学术报告。这应该算得上是一个值得纪念的人生“高光时刻”。

其实，最近七年石兄与我共同参与度最高的活动是承担国家社科基金重大项目“海外华人社区汉语方言与文化研究”中的“海外吴方言与吴文化研究”子项目。2015年7月初，石兄人还在美国，正在和史皓元等在大学里做研究，但当他一听说我们在复旦召开此项目的启动计划需要他时，便心急火燎地从彼岸直飞上海，准时出现在启动仪式的会场上。这个历史时刻就定格在附记一开始拍下的整个研究团队成立的大合照上。为这项研究，石兄贡献了两篇重要论文：

《历史文献和现代方言研究的关系》和《吴语文献资料要目》。项目顾问游汝杰教授在《海外华人社区汉语方言与文化研究·吴语卷》的序言中这样写道:“石汝杰教授数十年如一日,不遗余力搜集吴语文献资料,日积月累,收录的文献资料之丰富,无人出其右。他所编的《吴方言文献资料要目》不仅为本书增光添彩,也是海内外所有吴语研究者宝贵的参考资料。”

确实,凡是看过石汝杰兄与日本宫田一郎主编的《明清吴语词典》(2015 年 1 月初版),就会明白石兄自从东渡东瀛后,在收集吴语断代研究资料上所下的工夫之深,其所获得的成就也是有目共睹、值得大为称道。当这本煌煌巨著呈现在我的眼前时,我不禁深深折服于石兄的研究水平。

为此,当詹伯慧教授主编的《汉语方言学大词典》(下卷)需要对 54 个方言点的 800 个词语注音时,我和石兄就分别承担了“上海方言点”和“苏州方言点”的全部国际音标注音与校对工作。

说来有意思,石兄和我是同年生,同属“二师兄”。由于我出生在年头,石兄出生在年中,我曾谑称自己是“猪鼻冲”,而石兄是“猪腰子”。意思是自己年岁上是兄长,而实际上石兄在人生经历和学术上都让我难望其项背。

现在我们都年过七旬,同时进入“从心所欲不逾矩”之列了。这些年我们在微信“海内外吴语研究”群里依然经常晤面交流。石兄依旧不改其思路敏捷、话题多变的作风,为众多微友和众师兄弟、师姐妹提供各类研究资料和自己的摄影作品。内容可谓丰富多彩,深受欢迎。

“山川异域,风月同天”。适逢复旦大学中文系专为石兄编辑出版《石汝杰教授荣休纪念论文集》之约,特奉上上述片言只语,回顾我们共同走过的四十年历程,谨此遥祝石兄在人生道路上无论是在学术研究,还是在身心康健、家庭幸福诸方面都圆满成功。

2022 年 7 月 16 日

内生性变化还是接触的结果？*

凌　锋　李　俭

（上海大学中文系　浙江工商大学外语学院）

一、前　　言

世界很多语言中都存在一类不寻常的带有明显摩擦音色的高元音。Ladefoged 和 Maddieson（1996）使用了“摩擦元音”（Fricative vowel）来指称这类元音。Rose（1981）在研究镇海话的时候也发现了类似的元音，他用了“糙元音”（Strident vowel）来指称它们。非洲班图语中所谓的“超高元音”（Super close vowel）（Connell 1997）其实也是同样性质的元音。在本文中，我们将采用摩擦元音这个名词。

中国学者很早就发现在很多汉语方言中都存在带摩擦的元音（赵元任 1928）。此后不断有学者对各方言中的摩擦元音进行描写和比较（如石汝杰 1998 等）。这些研究结果表明摩擦元音在汉语方言中的分布非常广泛，主要大的分布区域有西北地区和江苏安徽浙江一带。西北地区的方言情况比较单纯，主要是西北官话和晋语。而江苏安徽浙江这个区域的方言情况相对要复杂。出现摩擦元音的方言分别属于江淮官话、吴语和徽语。

从苏浙皖地区的情况看，不同方言点的摩擦元音语音上略有差异，基本情况大致是往西往北，摩擦就越强烈，安徽境内的部分方言甚至变成了舌尖元音（石汝杰 1998），而苏州再往南，摩擦元音则还有一些分布但越来越少（如 Rose

* 本文得到国家社科基金重大项目“吴语语料库建设和吴语比较研究”（项目批准号：20&ZD301）资助。

1981;钱乃荣 1992)。这样的情况似乎表明各地区的摩擦元音存在发展阶段的差异,其中安徽地区的方言发展最快,江苏江淮官话其次,吴语最慢。换而言之,实际可以认为安徽是摩擦元音这个区域特征的核心地带,然后摩擦特征不断扩散到周边的江淮官话、吴语。如苏州这样的地区则接近具有摩擦特征的边缘地带了。但是这个推论存在一个问题,就是一般语音特征往往是从经济文化比较发达的地区开始向周边慢慢扩散的。而摩擦元音区域核心地带居然是经济文化都相对落后的安徽,苏州等经济文化中心却反而处于边缘。另一方面如苏州等地的摩擦元音又完全可以单纯用方言自身元音系统格局调整来解释。比如凌锋(2011)的研究表明,现在苏州话的[i],一百年前本来是一个复元音[iᴇ]。可能由于同化作用,[iᴇ]的韵腹不断高化,最后变成了单元音[i]。苏州话本来的[i],为了保持和新产生的[i]的对立,被迫高化成了摩擦元音。如果这种解释成立,那么苏州话摩擦元音的产生就是内生性的推链变化而非与其他方言接触的结果。这也意味着至少在苏浙皖地区,摩擦元音的产生可能只是区域内各方言元音系统格局比较类似而产生的平行性音变。

由于接触产生摩擦元音和系统内部调整产生摩擦元音两种解释都存在合理性,我们就有必要对更多方言进行调查,以确定哪一种因素更重要。如果摩擦特征可以无视方言系统结构而传播到另一个方言中,那么方言接触特征扩散是苏浙皖摩擦元音方言特征区的主要原因;如果摩擦必须在符合内部系统条件的方言中才能出现,那么说明平行性的内生变化才是主要原因。

本研究打算以苏州、上海和杭州的前高元音作为调查对象来考察摩擦特征的感染能力。之所以选择这三个方言点,主要理由如下:首先这三个方言都位于摩擦特征区的边缘地带,又都是区域内的经济文化中心,也就是说一般来说它们对周边方言的影响应该远远大于周边方言对它们的影响。其次,这三个方言点的前高元音正好是三种不同的类型。其中苏州话有摩擦前高元音和普通前高元音的最小对立对。上海话历史上曾经和苏州话一样,也有这样的最小对立对,但是到了今天这两个元音已经合并,但是对于合并之后元音的音质,有人认为还有摩擦(如朱晓农 2004),有人则认为没有摩擦(如钱乃荣 2003)。杭州话不但不存在这样的最小对立对,也没有摩擦音色的描写(如鲍士杰 1998)。但是杭州周边有很多方言存在摩擦元音(如钱乃荣 1992)。

二、研 究 方 法

2.1 发音人

苏州话：20 个苏州本地人，10 男 10 女，年龄均在 50—60 岁之间。

杭州话：20 个杭州本地人，10 男 10 女，年龄均在 50—60 岁之间。

上海话：10 个上海本地人，5 男 5 女，年龄在 20 岁左右。

上海话调查没有选择老派发音人而是选择新派发音人，主要是考虑到老派发音人可能还受到更早期上海可以区分摩擦与非摩擦 i 的影响。

2.2 实验用字

为了简化问题，本研究只调查了各方言相关的零声母阴平字。苏州话存在摩擦和非摩擦 i（为表示两者区别，后文给有摩擦的 i 加下标 z）的对立，就调查"衣"[i_z]和"烟"[i]两个字；杭州话不存在摩擦和非摩擦 i 的对立，为了更好对比数据，我们同时录制了"衣"[i]和"迂"[y]。在上海话调查过程中，由于发现[i]有条件变体，除了"衣"[i]之外，还录制了"边"[pi]、"批"[p^hi]、"便"[bi]、"咪"[mi]、"飞"[fi]、"肥"[vi]、"低"[ti]、"梯"[t^hi]、"题"[di]、"你"[ni]、"离"[li]、"基"[tɕi]、"妻"[$tɕ^h$i]、"奇"[dʑi]、"西[ɕi]"。

2.3 实验过程

录音过程：请发音人把这些字放在负载句中逐个以自然的语速语调读出实验字。负载句为用方言读出的"我说____给你听"，在空格位置放入目标字。

声学分析是用阿姆斯特丹大学 Paul Boersma 和 David Weenink 开发的 Praat 软件来完成的。根据凌锋（2011）的研究结果，摩擦和非摩擦 i 的主要声学区别有两个，一个是摩擦 i 在高频有明显的噪音乱纹，另一个是摩擦 i 的第二共振峰明显比非摩擦 i 的第二共振峰低。由于噪音不是很容易量化，所以我们主要测量了各个元音的共振峰参数。

三、实 验 结 果

表 1　三个方言点不圆唇前高元音(声母为零声母)
前三个共振峰的平均值(Hz)和标准差

		男　性			女　性		
		F1	F2	F3	F1	F2	F3
苏州	i_z	278(55)	*2 058(150)*	3 157(297)	342(35)	*2 247(187)*	3 551(285)
	i	277(35)	*2 499(119)*	3 573(288)	311(23)	*3 092(234)*	3 944(283)
上海	i	252(19)	2 389(122)	3 340(96)	357(49)	2 867(163)	3 815(284)
杭州	i	257(29)	2 321(160)	3 223(224)	283(30)	2 767(133)	3 656(179)

根据表 1 的结果,我们可以看到在苏州话中摩擦元音[i_z]和非摩擦元音[i]的三个共振峰数值都不大一样。统计结果表明两个元音除了第一共振峰,另两个共振峰均有显著差异。其中均值差最大的是第二共振峰,摩擦元音的第二共振峰要明显偏低。上海话的[i]则在苏州话[i_z]与[i]之间,比较接近[i]。统计结果表明,上海话[i]无论男女发音人的三个共振峰数值,与苏州话[i]均无显著差异。杭州话也只有一个非摩擦的[i],数值也比较接近苏州话的非摩擦[i]。不过有意思的是,不论男女发音人,杭州话[i]的共振峰数值也在苏州话摩擦元音和非摩擦元音之间。

而进一步考察后,我们发现问题还并不是那么简单。首先是上海话的调查中,我们找到一位男发音人的[i]其前三个共振峰数据为 259(9)、1 833(10)、2 968(92)。无论从数据还是听感上,他的[i]都更接近苏州话的摩擦[i_z]。只是这个人的音色与我们找到的其他上海发音人的差别都比较大。所以统计的时候,我们还是把他的数据全部都剔除了,重新又录了一个男发音人。但是这也提示我们,上海话中的[i]可能还存在其他变体。因此我们又穷尽调查了其他声母条件下的[i]。结果如下图。

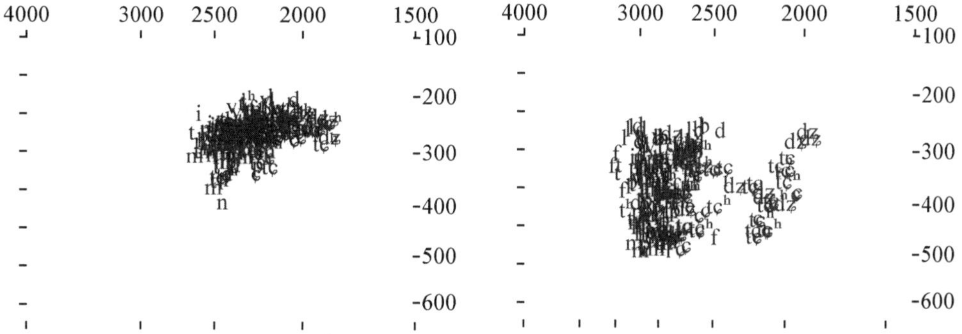

图 1　上海话所有声母条件下的 i 在 F1/F2 声学元音图上的分布,左图为男性发音人,右图为女性发音人

从上图我们可以发现,几乎所有声母为舌面前音的 i 都分布在样点分布区域的右侧,而其他声母条件下的 i 分布在左侧。女性发音人的数据表现得尤为明显,如右图显示,样点分布清楚地分成两组。右边一组全部都是舌面音后面的[i],左边一组包含了全部非舌面声母和少量舌面声母后面的[i],而这少量舌面声母后的 i 也都是处在这一组的右侧边缘。根据图 1 的结果,我们又依照声母条件把这些数据分成舌面和非舌面两组。计算出来的共振峰均值(单位 Hz)情况如下:女发音人舌面组为 381(57)、2 428(263)、3 388(260),非舌面组为 359(67)、2 866(150)、3 788(221);男发音人舌面组为 266(23)、2 112(133)、2 963(119),非舌面组为 262(32)、2 330(139)、3 252(137)。统计结果表明除了第一共振峰外,其他几个共振峰之间均有显著性差异。也就是说,虽然从音位上看上海话只有一个[i],但是语音上却存在两个变体,一个在舌面声母后,一个在非舌面声母后。它们的音质分别相当于苏州话的[i_z]和[i]。此外,那个被我们排除在统计外的发音人可能还说明,上海话[i]还有人际差异,有些人可能只有[i_z]。只是由于我们的样本量比较少,还无法证明这一点。

不过,虽然我们不能确证上海话存在这样的人际差异,杭州话的调查结果却清晰地呈现出这种差异。下表我们列出了杭州话 10 位男发音人前高元音[i]前三个共振峰的平均值。由于杭州话没有摩擦和非摩擦[i]的对立,为了便于比较,我们列出了与[i]对应的前高圆唇元音[y]。

表 2　杭州话男发音人[i y]共振峰比较

发音人	i			y		
	F1	F2	F3	F1	F2	F3
ZZH	241(26)	2 635(91)	3 656(90)	261(11)	1 860(64)	2 304(34)
WJW	278(19)	2 483(54)	3 209(21)	280(11)	2 045(46)	2 383(55)
YAO	269(5)	2 423(35)	3 482(189)	254(7)	1 926(58)	2 323(43)
SJY	288(8)	2 392(35)	3 033(29)	292(5)	2 164(85)	2 500(60)
YJQ	237(17)	*2 276(59)*	3 164(30)	2 59(24)	*2 148(30)*	2 720(167)
YJW	247(13)	*2 270(52)*	3 238(23)	249(17)	*2 199(33)*	2 672(75)
GYA	246(10)	*2 265(29)*	3 378(33)	251(13)	*2 141(48)*	2 513(48)
SGS	253(21)	*2 182(41)*	3 029(12)	237(18)	*1 889(103)*	2 333(116)
ZSR	211(24)	*2 154(50)*	3 079(101)	235(10)	*1 994(58)*	2 549(196)
LI	297(13)	*2 135(12)*	2 966(44)	300(16)	*2 033(47)*	2 462(82)

从表 2 我们可以发现，这些发音人的数据大致可以分成两组。表中双横线上方那组发音人[i]的第二共振峰大大高于各自[y]的第二共振峰。而双横线下方组用斜体标出的发音人[i]的第二共振峰和对应的[y]差别比较小(因为圆唇和非圆唇元音主要差别在第三共振峰，因此 i 和 y 还是可以清晰分别)。因此第一组杭州话发音人的共振峰结构接近苏州话的[i]，而第二组杭州话发音人的[i]更接近苏州话的[i_z]。这也是为什么杭州话[i]的共振峰均值会介于苏州话[i]和[i_z]之间。女发音人的情况和男发音人也差不多，同样也有一些发音人的[i]接近摩擦元音，有些发音人接近非摩擦元音。

语图分析也证实了我们前面的分析。图 2 展示了这三个方言摩擦与非摩擦元音的语图。所有方言的摩擦元音，其高频区共振峰结构都比较模糊，有明显的噪音乱纹；而非摩擦噪音则正相反，共振峰结构非常清晰。而第二共振峰都呈现出摩擦元音低于对应非摩擦元音的格局。需要指出的是，这里第二共振峰越低，

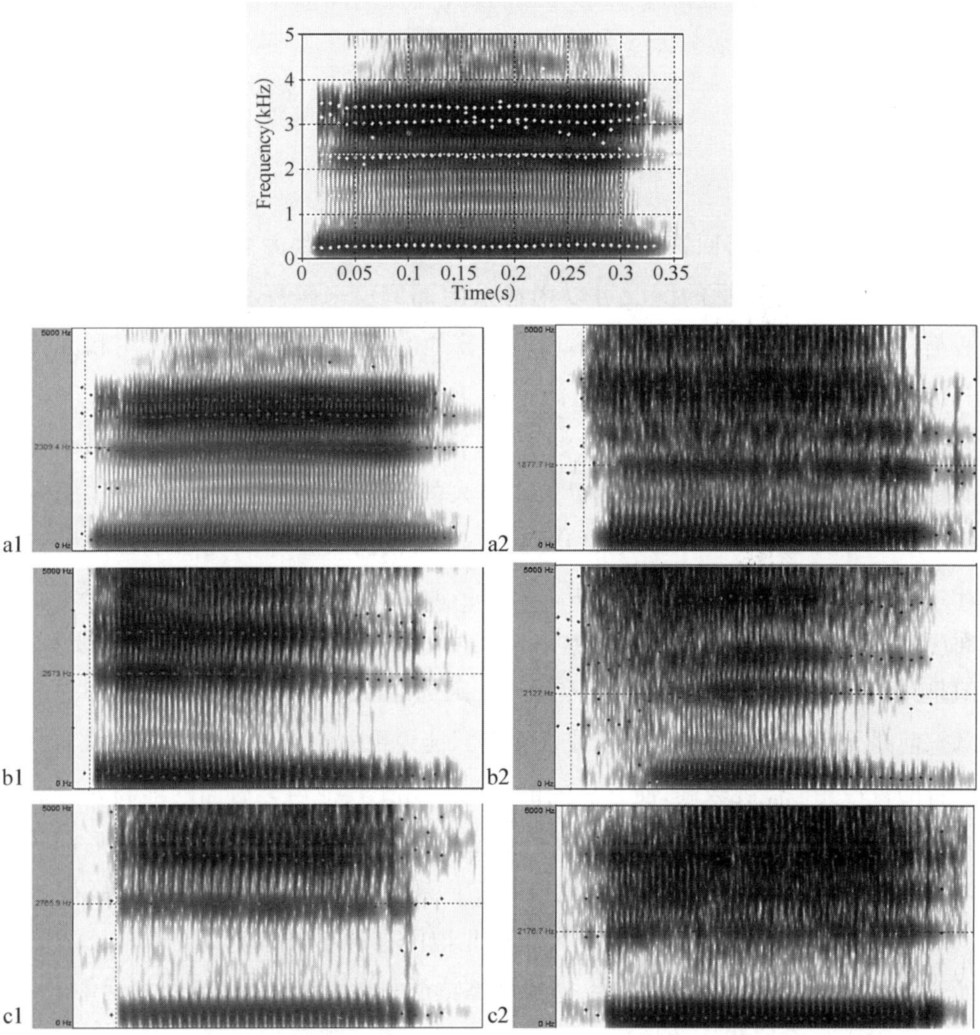

图 2　三个方言点各自两种元音的语图,a1 为苏州话“烟”[i]、a2 为苏州话“衣”[i_z];b1 为上海话“衣”[i]、b2 为上海话“基”[$tɕi_z$];c1 和 c2 为杭州话两位发音人的“衣”[i]①

并不意味着元音舌位越靠后。因为比 i 更前的元音由于前腔太短,会造成前后腔的共鸣频率大小对应关系颠倒。

综合以上分析,我们发现实际上三个方言在语音上都存在摩擦与非摩擦的

---

① 为方便比较,顶部加了一幅普通话中典型男子[i]的语图。

[i],只是这两个元音在苏州话是对立的音位,在上海话中是同一音位的条件变体,而在杭州话中则是个体变异。

四、讨　　论

接下来我们需要回答的一个问题是摩擦元音在这些方言中是如何产生的。

如前所述,苏州话的情况可以用音系内部调整来解释。老派上海话和苏州话是一样的,同样也区分摩擦元音[i_z]和普通的[i]。这种格局可以用和苏州话一样的原因来解释。但是现在上海话又进一步把这两个音位合并了。理论上讲,由于[i]是世界语言中最常见的元音,很少有元音系统没有[i]的,因此合并的结果是[i_z]并入[i]的可能性更大。前人的记录也大多是记录成[i](如许宝华等 1988;钱乃荣 1992;游汝杰 1994)。但是我们调查却发现两个音位虽然合并,但是语音上同时以条件变体的形式并存,而非简单的其中一个并入另一个。舌面声母后面的变体是摩擦元音。这一定程度上固然与舌面声母本身的性质有关,但是并不能说舌面声母导致了摩擦元音。因为在汉语方言中,舌面声母和普通非摩擦前高元音组合的例子比比皆是。至多只能说舌面声母由于其发音部位与摩擦元音的舌位相似度比较高,使它后面的前高元音比其他声母后面的前高元音更容易保留摩擦音色。但是即便这样解释,也是比较勉强,因为现在舌面声母后面的摩擦元音还有一部分是来自非摩擦的[i],它们现在的摩擦音色可不是"保留"下来的。更何况,还有可能有一些发音人压根儿把所有的不圆唇前高元音都读成摩擦元音。所以只能说由于某种原因,造成摩擦特征非常顽强地保留在上海话中。

下面再来看杭州话的情况。杭州话的摩擦元音就更难解释。因为我们根本找不到这样的内部条件。内部条件无法找到,那么只能用外部条件来解释了。如前所述,杭州周边实际上有很多方言都存在程度或重或轻的摩擦元音。随着杭州人和临近方言的人不断接触,这种摩擦音色也就会传递到杭州话中。由于其中没有任何辨义作用,对于杭州人来说完全会在潜移默化过程中就接受这样的发音特征。

而由于杭州话没有自发产生摩擦元音的内部条件,照样能够出现摩擦元音,可见摩擦特征在这一带的方言中有很强的感染能力。这样反过来也可以解释为什么上海话中摩擦特征可以顽强地保留了。我们甚至可以更大胆地推论,其实苏州话和老派上海话中的摩擦元音也不是系统内部调整的结果,而是由于方言接触而形成的。所谓的系统调整,其实是在形成摩擦元音后引发的。

凌锋(2011)发现,苏州话中参与变化的有 1. iᴇ 变 i、2. i 变 i_z、3. iæ 变 iɛ、4. i_z继续变成 ɿ。当时考虑到 i 自己变成摩擦元音的可能性不大,就把音变的变化 1 定为变化的起点,推链的结果引发变化 2 和变化 4,拉链的结果导致变化 3。但是这种解释有两个问题,一个是推链加拉链这个模型有点复杂,另一个是变化 4 的出现不是很好解释。而现在看来如果把摩擦元音的产生解释成接触的结果,变化模型就可以简化成首先是变化 2,然后拉链作用相继出现变化 1 和变化 3,最后与摩擦核心区一样,变化 2 自然发展成变化 4。

五、结　　论

根据我们对苏州、上海和杭州三个方言的实验调查,我们发现这三个方言都存在第二共振峰很低的摩擦前高元音。其中在苏州话中它与正常的前高元音形成音位对立,而在上海和杭州方言中它属于前高元音的条件或者自由变体。

单纯就苏州话而言,内生说和接触说都可以解释摩擦元音的来历。但是一般来说,如果两种假说都能解释同一现象,我们应该取相对简单的。而且接触说还能相对合理地解释上海话和杭州话中的摩擦元音。因此,虽然我们不能完全否定系统内部调整也可能起到一定作用,但是接触应该是这三个方言产生摩擦元音的主要原因。而根据这一带方言的情况,我们推测摩擦元音很可能是整个江浙皖地区的一个强势区域语音特征,最早在安徽某些方言点中出现之后再逐渐扩散到周边的方言。这也说明有些方言音变虽然从内部可以找到音变解释,但是有时可能只是一种假象,如果考察周边相关方言,可能会得到完全不同的解释。这也是我们今后研究需要注意的问题。

不过一般来说,语言特征总是比较容易从经济文化比较强势的方言扩散到相对弱势的方言。而摩擦特征的传播方向却是反过来的,这看似有点不合常理。所以这个问题还有待进一步深入研究。

参考文献

Connell, B. 1997 Mambila Fricative Vowels. *Proc. ACAL 28*, 233 - 249.

Ladefoged, P., & Maddieson, I. 1996 *The Sounds of the World's Languages*. Oxford: Blackwell.

Rose, P. 1981 *An Acoustically Based Phonetic Descriptions of the Syllable in the Zhenhai Dialect*, Ph.D dissertation, The University of Cambridge.

鲍士杰 1998 《杭州方言词典》,江苏教育出版社。

凌锋 2011 《苏州话 i 元音的语音学分析》,《语言学论丛》第四十三辑,商务印书馆。

钱乃荣 2003 《上海语言发展史》,上海人民出版社。

钱乃荣 1992 《当代吴语研究》,上海教育出版社。

石汝杰 1998 《汉语方言中高元音的强摩擦倾向》,《语言研究》第 1 期。

汪平 1987 《苏州音系再分析》,《语言研究》第 1 期。

许宝华、汤珍珠 1988 《上海市区方言志》,上海教育出版社。

游汝杰 1994 《上海话音档》,上海教育出版社。

赵元任 1928 《现代吴语的研究》,清华学校研究院丛书第四种。

朱晓农 2004 《汉语方言的高顶出位》,《中国语文》第 5 期。

特字的地理分布近乎词汇还是音韵?

黄　河

(复旦大学现代语言学研究院)

引　言

语言地图是地理语言学研究的重要工具。大部分语言地图都是主题图(theme map),即一幅地图围绕一个主题(语言现象)呈现其地理分布,并暗含制图者对该现象的解释。比较不同语言现象的地理分布是地理语言学常用的分析方法。我们可以从大量的语言地图中找出有着相似地理分布的"地图组",这种地图组具有相同类型的空间结构。在结构音系学中,结构上有着依存关系的两个或多个音位,它们对应的空间过程叫作"链式关联分布"(Reihenschritte),即如果一个音发生变化,另一个音系结构上相关的音也有着相同的变化,那么它们在地图上有相互匹配的模式(Rumpf 等 2010)。语言的其他方面也是如此,乍一看相互独立的语言特征,如果在统计学上有类似的空间分布,这种地理分布的一致性背后一定是有原因的,可能暗示着语言现象在类型学上的相似性。因此,考察两类语言现象在地理分布上是否具有相似性是探索它们关系的一种方法。

一、问题的提出

《汉语方言地图集》(曹志耘 2008)调查了全国 930 个方言点,涉及 510 个语言特征,分为音韵①、句法、词汇三卷。其中,音韵卷包含了 35 个特字,170 个其

① 《汉语方言地图集》语音卷所含现象基本上是音韵现象,而不是类似《北美语音地图》(*The Atlas of North American English*,Labov 等 2005)那样的语音数据,因此,以下采用"音韵"这一说法。

他音韵项,词汇卷包含 203 个词汇项。语言地图的对象通常可以根据它所属的语言结构的层面(linguistic level)来划分,音韵、句法、词汇是三个基本的大类。大类下还可以划分小类:音韵现象之下可以分为规则音变和不规则音变,句法现象之下可分为功能词和构式,词汇之下可以分为不同的语义类。“特字”指的是“一些特别的字在各地方的方言中不但读的音值不同,它的音类也不一致”(赵元任等 1948:1494;丁邦新 2008:157—166),所以特字所关涉的是音韵现象,因此被收录进音韵卷,这符合绝大部分方言学者的认识。然而,岩田礼(2011)认为特字是词汇语素中发生的不规则变化,实则属于词汇现象。因此,特字从性质上是更加接近其他的音韵现象,还是词汇现象,是一个值得探讨的问题。本文准备用方言测量学(dialectometry)的方法考察特字、音韵、词汇三者地理分布的相关性,从而探索它们结构性质上的关系。

二、方　　法

考察不同语言现象在地理分布上的异同,大致有两种方法。一种是依靠视觉去比较不同现象的同言线束的位置,假如特字的同言线束更加接近词汇的同言线束,而远离音韵的同言线束,我们就可以说特字的地理分布更接近词汇而不同于音韵。这种方法十分理想化,且停留在特征分布位置这种表面现象上,有诸多的局限性。首先,语言现象的分布十分复杂,无论是特字、音韵,还是词汇的同言线很可能都在空间上有较为广泛的散布,我们并不能很好地识别同言线在哪里成束了,也无法进一步比较同言线束的位置。其次,同言线的绘制具有一定的主观性,同一种分布存在多种处理的可能,如图 1,左图和右图有着相同的地理分布,但是两幅地图的同言线有着不同的画法。再次,我们如何评价同言线的重合度?当两条同言线错开多少距离,我们可以认为它们不重合?同言线在某一区域分布的密度高于什么阈值,可以说明这些同言线的分布不是随机的,而是语言内外的因素让它们表现一致。密度低于什么阈值,我们可以认为同言线不是随机分布的,而是有其他因素促进了这一区域的语言接触,从而抑制了同言线束堆积在这一区域,这些问题是很难回答的。最后,从方言测量学的角度看,同言线本质上是一种词形分布的二分法(binary partition),即同言线两侧分布着不同的形式,同一侧分布着相同的形式。同言线无法很好地表示并用形式①的分布,也无法表示连续性数据,如反映词形差异程度的语言距离值。

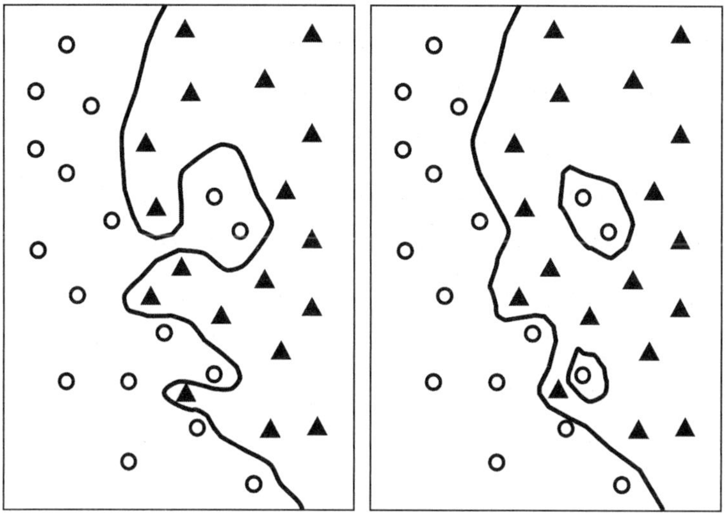

图 1　绘制同言线的主观性

另一种方法是采用统计学评估不同现象的地理分布的相关性。先采用方言测量学的集成分析算法计算特字、音韵、词汇三个数据集每两个地点之间的语言距离,然后采用方差分析(ANOVA)检验三个数据集的语言距离之间是否存在显著差异,如果存在显著差异,然后采用相关分析图呈现三个数据集之间的相关性。语言距离矩阵是基于大量变量的集成分析的结果,集成分析技术能够帮助我们从背景噪音(noise)中提取出信号(signal),从而反映方言底层的地理结构。基于语言距离矩阵的统计学分析能够更加系统而客观地评估不同语言现象在地理上的相关性。本文采用这种方法进行分析,本文的计算分析均用 R 语言编程实现。

2.1　语言距离的计算

方言测量学由 Séguy(1973)开创,发展至今已有五十年的历史。方言测量

① "并用形式"指的是就某个变量而言,有些地点存在两个或两个以上的形式。

学对地图集的大量语言特征进行集成分析(aggregate analysis),并开发了计算方言距离、数据降维、找到稳健聚簇的一系列方法,先后形成了以奥地利的萨尔兹堡(Goebl 1982)和荷兰的格罗宁根(Nerbonne 等 1999)为首的学术中心。尽管单个语言特征的地理分布有诸多不同,但是相同类别的大量特征在统计学上会呈现出共同的倾向,方言测量学的方法可以帮助我们发现这种底层的共同倾向。

我们的材料是特字、音韵、词汇三个数据集。特字集来自《汉语方言地图集》音韵卷的 35 幅特字地图,音韵集来自剩余的 170 幅音韵地图,而词汇集来自词汇卷 203 幅地图。① 我们采用黄河(2022)的做法,按照地图对语言现象的层级分类计算语言距离。首先,我们将地图图例中的层级分类转化为一套编码:大类在地图集中用颜色表示,我们依次用大写英文字母标示(A—Z);子类在地图集中是用相同颜色、不同形状的符号表示,我们依次用阿拉伯数字标示(1, 2, 3……)。并用现象,即一个概念有多个形式表示,我们则用"#"号将两个形式的编码隔开,"#"号之前的编码表示这个地点的第一形式,之后的编码表示第二形式。第一形式通常比第二形式更常用。如此,我们可以将三个数据集转化为"地点×变量"的数据矩阵,横行都是 930 个方言点,纵列是一个个语言变量,格子里填入标示语言形式关系的编码。例如,就某个特定的变量而言,甲地的编码是 A1,乙地的编码是 A2,丙地的编码是 B1#A2,那么,我们可以知道甲地和乙地的形式都属于 A 类,但是分属 A 类下的两个子类;丙地有两个形式,其中第一形式和甲、乙两地分属不同的大类,而丙地的第二形式等同于乙地的形式。由于不同数据集所含变量的数目不等,可能会对后续的集成分析结果造成影响。我们对变量数目较少的特字集利用计算机程序采用自助法(bootstrap)进行重采样,获得和音韵集一样拥有 170 个变量的数据集,然后从 203 个变量的词汇集中用计算机程序随机抽取 170 个变量。这样新得到的特字、音韵、词汇数据集都拥有 170 个变量,且没有主观地选取变量,而是采用计算机程序采样,这三个数据集(930 个地点×170 个变量)用于计算语言距离。

我们采用杰卡德加权距离(Weighted Jaccard Distance)分别计算三个数据集中每两个地点之间的语言距离,生成三个不同的语言距离矩阵(930 个地点×930

① 一幅地图涉及一个语言现象,在方言测量学中就是一个变量。

个地点)。就每一幅地图而言,大类之间的语言差异要大于子类反映的语言差异,第一形式之间的差异比第二形式之间的差异更加重要。因此,我们通过权重赋值的方式反映上述区别。首先我们确立两条匹配原则:(1)两个地点如果都有相同数量的并用词形,则第一形式和第二形式各自匹配计算距离,然后第一形式的权重为 0.5,第二形式为 0.25;(2)两个地点如果甲地只有一个形式,乙地有并用形式,则认为甲地存在等同于第一形式的第二形式,并按照上一条规则匹配计算语言距离。

在计算两个特定形式之间的距离时,我们确立两条计算原则:(1)如果两个形式分属不同大类,则它们的距离是 1;(2)如果两个形式属于同一大类,但子类不同,则它们之间的距离为 0.5,如果大类和子类都相同,那么它们之间的距离为 0。如此可以计算出每个变量,每两个地点之间的语言距离。然后特字、音韵、词汇数据集各自将 170 个变量取算术平均值,得到特字、音韵、词汇的语言距离矩阵。

杰卡德距离计算得到的语言距离在 0 和 1 之间,1 表示两地方言在所有变量上完全不同,0 表示两地方言在所有变量上完全相同。语言距离数值越靠近 1,则两地方言差异越大,越靠近 0,则两地方言差异越小。比起学界常用的莱文施坦距离(Levenshtein distance),杰卡德距离的优点在于它很好地吸收了传统方言地理学的分析成果,计算过程十分透明,计算结果的语言学意义十分容易解释。

2.2 统计分析与可视化

通过 2.1 节的计算,我们得到了特字、音韵、词汇三个距离矩阵,我们首先检验三个矩阵的数据之间有无显著差异。用来检验两组连续型数据之间有无显著差异的常用方法有“T 检验”,但是分别检验“特字—音韵”“特字—词汇”“音韵—词汇”的做法并不可取。假如单次 T 检验取 5%作为显著的阈值,即有 5%的概率,两组数据存在差异是由随机因素导致的。多次 T 检验相当于累加了随机因素造成差异的概率,增加了假阳性的风险。因此,我们先采用方差分析(ANOVA)一次检验三组数据。方差分析的零假设是特字、音韵、词汇样本都来自同一个总体,备择假设是特字、音韵、词汇样本并非来自同一个总体,即至少有一组数据的均值与另一组不同,因此,该测试是非定向的(non-directional)。为了得到可靠的方差分析结果，我们要求数据能够满足以下条件：（1）样本的观测是独立的；（2）因变量至少是等距数据（interval-scaled）；（3）每个样本都来自一个正态分布的总体，或者样本量是一样大的（Field et al. 2012：413）；（4）方差齐次性（homoscedasticity）。如果不满足这些条件，只能采用非参数方差分析。

由于三个距离矩阵是完全对应的，我们可以将每个距离矩阵转换为两个地点之间成对的语言距离。我们采用相关分析图呈现三组数据之间相关性的强弱，我们先计算皮尔逊相关系数，并检验相关性是否显著。由于皮尔逊相关系数的参数检验，需要满足以下条件：（1）随机采样；（2）数据至少是等距数据（interval-scaled）；（3）相关分析的两个变量都是来自双变量正态分布（bivariate normal distribution）或样本大于30；（4）误差（error）的方差具有齐次性；（5）残差独立，不存在自相关性（autocorrelation）。我们将逐一检验我们的数据是否符合这些条件，如果符合，我们采用参数检验来检测皮尔逊相关系数的显著性，并给出相关系数和p值，如果不符合，我们采用非参数的置换检验，并逐一检验相关关系的显著性，然后采用相关分析图（correlogram）来可视化得到的结果。

三、结　　果

我们依次来看方差分析和相关分析的结果。

3.1　方差分析的结果

首先，我们来看方差分析的条件，我们的语言距离是根据地图集数据计算的，方言地理数据的一大特点是样本观测不独立，即存在空间自相关，因此不符合第一个条件。我们的语言距离是等比数据，因而符合第二个条件。我们的样本尽管不是来自符合正态分布的总体，但是特字、音韵、词汇集的样本量都是一样大的，因此满足第三个条件。唯一需要检验的是方差齐次性。我们采用Levene Test以及Fligner-Killeen Median Test两种方法来检验方差齐次性。两个检验的零假设都是数据满足方差齐次性。因此p值需要大于0.05才能保证方差齐次性的假设成立。两种检验的结果如下：

表 1　方差齐次性检验的两种结果

	Df	F value	Pr(>F)
Levene's Test	2	43 774	2.2e − 16
	Df	chi-squared	p-value
Fligner-Killeen Test	2	82 747	2.2e − 16

我们可以看到两种检验的 p 值都远远小于 0.05,则说明我们的数据不满足方差齐次性。因此无法进行参数型方差分析,而应该采用非参数方差分析。我们采用非参数检验 One way test,结果如下:

表 2　非参数方差分析的结果

	num Df	denom df	F value	Pr(>F)
Oneway Test	2	844 480	31 125	2.2e − 16

我们从表 2 可以知道三组数据至少两组数据存在显著差异。因此,我们采用非参数多元比较测试(non-parametric multiple comparison test)作为事后检验(post hoc test)的方法来探索三组数据两两之间的差异,结果显示特字、音韵、词汇三组数据之间的 p 值都远远小于 0.01,因此都存在显著差异,说明它们都不是来自同一总体。

3.2　相关分析的结果

同样,我们首先来看检验皮尔逊相关系数显著的条件是否都能得到满足。我们的语言距离是等比数据,并由随机采样获取的变量计算而来,因而符合前两个条件。我们用来做相关分析的是 930 个地点中每两个地点之间的语言距离,因此我们的样本量为 930 * (930 − 1)/2 = 431 985,远远超过 30 个,因此也满足第三个条件。接下来,需要检验残差是否满足方差齐次性,我们采用"非恒定方差检验"(non-constant variance test),该检验的零假设是误差的方差是齐次的,我们的结果如下:

表 3 非恒定方差检验的结果

non-constant variance test	Df	Chi square	P value
词汇—音韵	1	59.861 65	1.017 7e − 14
词汇—特字	1	3 084.506	2.22e − 16
特字—音韵	1	126.074 7	2.22e − 16

我们可以看到，三组的 p 值都远远小于 0.01，说明我们的数据不符合误差的方差齐次性。接下来，我们采用 Durbin-Watson test 检验残差是否自相关，该检验的零假设是残差没有自相关。

表 4 残差自相关的检验结果

Durbin-Watson test	Autocorrelation	D-W Statistic	P value
词汇—音韵	0.897 241 2	0.205 471 1	0
词汇—特字	0.726 667 5	0.546 636 5	0
特字—音韵	0.831 129 2	0.337 719 7	0

D-W 统计值返回一个介于 0 和 4 之间的数值，这个数值越接近 2，数据存在正的或负的自相关的可能性就越小。我们可以看到三种组合的 p 值都远小于 0.01，D-W 统计值都位于 0 和 1 之间，说明残差存在较大的自相关性。因此，我们的数据不满足第五个条件，残差不独立。

我们的数据不符合皮尔逊相关系数参数检验的前提，所以我们只能选择非参数的置换检验。我们先计算实际观测值的相关系数 r_A，然后随机置换数据 999 次，计算每次置换后数据的相关系数 r_B，并统计 r_B 大于 r_A 的概率，以此检验实际观测值是否显著。图 2 呈现了三组数据之间的相关系数和 p 值，图中灰色的深浅表示正相关的强度，颜色越深，相关性越强。右上角的饼图从 12 点方向顺时针表示相关性的大小。我们把相关系数和 p 值标在对应的图上，可以看到特字、音韵、词汇两两之间的相关关系都是十分显著的，其中词汇和特字的相关系数最高,达0.78;词汇和音韵之间的相关系数较低,为0.06;音韵和特字之间的相关系数最低,为0.04。我们可以很清晰地看到特字和词汇的语言距离有着较高的相关性,而和音韵之间的相关性很低。所以,我们认为特字的地理表现接近词汇,而不同于音韵。

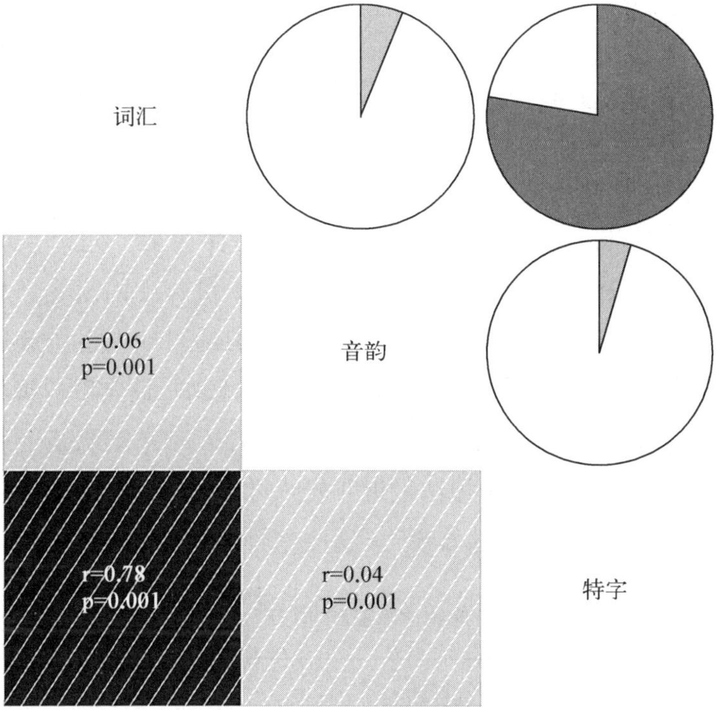

图2　三组数据集之间的相关分析图

四、讨　　论

特字本质上是方言中不符合音变规则的字,它的形成原因有很多,如避讳、读半边、音变残留等(丁邦新 2008:159)。我们的研究结果表明特字的地理表现和词汇高度接近,而和规则音变的地理表现不甚相同。我们可以看出,特字和词汇本质上都更容易发生非连续性演变,与规则音变的连续性演变很不相同。语言单位的演变是否具有连续性会造成不同的地理表现。

连续性演变通常可以通过音变公式 A>B/_C 来描述,在相同的语音条件下,所有词内部的目标音段都会发生相同的演变。连续性演变更多地受到语言内部的语音条件的控制,而更独立于语言外部因素的制约,是一种机械自主的演变规则。这些音变规则是历史比较法所感兴趣的。非连续性演变更多地受控于语言外部因素,具体的演变机制较为多样,有接触、截搭①、类推、矫枉过正、同音冲突、类音牵引、民俗词源等,这些现象正是方言地理学擅长处理的对象。连续性演变和非连续性演变有着不同的演变机制和性质,因此它们的地理表现有较大的不同。

相对来说,连续性演变对语言外部因素不是特别敏感,较少引起人们的注意,较少受到语言意识②的影响,例如不少方言中存在某个元音音位的高化现象,没有语言学知识的当地人甚至都意识不到这个进行中的演变。非连续性演变对语言外部因素更为敏感,通常没有语言学知识的当地人也能意识到新旧形式的不同,新形式的产生和扩散都受到语音意识的影响,最典型的情况就是词汇的替换和扩散。我们在进行方言地理调查时,发音人时常围绕某个词形告诉研究者诸多的外部信息,如“这个说法最近年轻人才开始使用,我们不用”“这个说法比那个说法粗俗,乡下人才这么说”。这些差异可以概括为表 5。

表 5 连续性演变和非连续性演变

	连续性演变	非连续性演变
现　　象	规则音变	截搭、类推、矫枉过正、同音冲突、类音牵引、民俗词源
主要影响因素	内部因素	外部因素
语言意识	较少影响	较多影响
关注领域	历史比较法	方言地理学

① 日本学者通常称之为“混淆”,指的是 A、B 两个形式在地理上毗邻,从而相互接触,产生的新形式是 A、B 两个形式各截取一部分组合而成的。

② 这里的“语言意识”指的是语言威望、当地人们对某一形式的主观评价等。

丁邦新(2008：160—165)提出用特字区分汉语方言的观点。结合本文的研究结果,用特字分区和用词汇分区的性质应该是十分接近的,都是依据非连续演变进行地理划分,这种非连续演变对语言外部因素较为敏感,或者说,历史上的语言外部因素影响了这种非连续演变扩散的地理范围。共享这种"一致的例外"的地理区域似乎可以说明它们在历史上共享了一整套语言外部因素,反映的是一种古代区域文化圈的作用范围。岩田礼(2000：5—7)提出方言地理学对单个词的历史研究基础上积累个案,可以画出不同文化势力圈的分界线,并搞清楚相互的影响,最终得到更加古老的文化势力圈。因此,从机制上讲,特字分区的本质接近于词汇分区,都是利用非连续演变对方言分类;从结果上讲,根据本文的研究结果,特字的地理表现和词汇也十分接近。

就任何待分类的对象而言,都允许多种潜在的分类方式,分类结果的性质完全取决于分类的标准。分类标准的选择又完全取决于研究者进行这种分类的理论目标。比如"人、猩猩、朊病毒、细菌"四种事物,至少有两种分类方案:(A){人、猩猩}{朊病毒、细菌}(B){人、猩猩、细菌}{朊病毒}。A 方案根据体积大小分类,人和猩猩是大型的,肉眼可见的,而朊病毒和细菌是微型的,肉眼不可见的。B 方案是根据有无 DNA 进行分类,人、猩猩、细菌都有 DNA,而朊病毒没有 DNA,是纯粹的蛋白质,甚至不能认为是生命体。坚持 A 方案的学者是据这种分类反映事物的个体大小,坚持 B 方案的学者是据这种分类反映生物和非生物的差别。我们可以看到不同的分类标准会导致不同的结果,而选择何种分类标准完全取决于研究者的理论诉求。方言分类结果的性质也完全取决于分类的标准,分类标准的选择取决于研究者想要利用这种分类反映什么问题。基于特字和词汇的方言分类,依据非连续演变的地理分布,而非连续演变对语言外部因素敏感,分类结果反映的是古老区域势力圈,是一种方言地理学分类;而基于雅言史上发生的规则音变,是按照这些音变在方言中的不同表现给方言分类,这种分类结果反映的是雅言视角下的发生学分类。① 不同的分类结果可以结合各自分类的标准和理论目的进行比较和分析,但是并不是非此即彼的关系。当

① 方言会发生很多雅言史上没有发生过的演变。这种分类标准并没有选择这些演变,所以称之为"雅言视角下的发生学分类"。

我们围绕不同的分类结果和分类标准争论不休时,应该思考一下我们分类的理论目标是否存在不同。

参考文献

曹志耘主编　2008　《汉语方言地图集》,商务印书馆。

丁邦新　2008　《汉语方言中的"特字"——一致的例外》,《中国语言学论文集》,中华书局。

黄河　2022　《"结构化程度"与"各向渐变性"》,《中国语文》第3期。

岩田礼　2000　《现代汉语方言の地理的分布とその通时的形成》,《中国における言语地理と人文・自然地理(7):言语类型地理论シンポジウム论文集》。

岩田礼　2011　《论词汇变化的"非连续性"——类音牵引和同音冲突二例》,《语言教学与研究》。

赵元任、丁声树、杨时逢、吴宗济、董同龢　1948　《湖北方言调查报告》,《史语所专刊》18。

Field A., J. Miles & Z. Field　2012　*Discovering Statistics Using R*. Los Angeles: Sage.

Goebl Hans　1982　*Dialektometrie: Prinzipien und Methoden des Einsatzes der numerischen Taxonomie im Bereich der Dialektgeographie*. Wien: Österreichische Akademie der Wissenschaften. (Denkschriften, Bd. 157).

Iwata Rai　2017　Dialect geography (Geolinguistics). In Sybesma, Rint. Wolfgang Behr, Yueguo Gu, Zev handel, C.-T. James Huang, James Meyers. (eds.) *Encyclopedia of chinese language and linguistics* 1. Leiden & Boston: Brill.

Labov William, Sharon Ash & Charles Boberg　2005　*The Atlas of North American English: Phonetics, Phonology and Sound Change*. De Gruyter Mouton.

Nerbonne John, Wilbert Heeringa and Peter Kleiweg　1999　Edit Distance and Dialect Proximity. In: David Sankoff and Joseph Kruskal (eds.) *Time Warps, String Edits and Macromolecules: The Theory and Practice of Sequence Comparison*, Stanford: CSLI Press, pp. v - xv.

Rumpf Jonas, Simon Pickl & Stephan Elspaß, Werner König and Volker Schmidt 2010 Quantification and statistical analysis of structural similarities in dialectological area-class maps. *Dialectologia et Geolinguistica*. Vol. 18, Issue 1.

【附记】读硕士期间,那时候我还在攻读中国古典文献学,我就久仰石汝杰教授的大名。当时,我所知道的是他是吴语专家,调查描写过很多吴语方言,尤其在吴语文献上有深入的研究。读博士期间,我的研究兴趣从文献学、传统方言学转移到方言地理学和计量语言学,第一次当面见到石汝杰教授是在苏州举办的吴语会议上,我报告了汉语方言中的同音冲突的问题,石汝杰老师对此十分赞赏,也是从那时起,我有幸和石老师建立了联系。之后我获得了公派前往日本京都大学做研究的机会,那时候我想终于有机会前往熊本拜见石汝杰教授。不巧的是,石教授恰好前往美国访学,因此我们在日本没有见过面,但时不时有着通信往来,我向石老师请教吴语问题,并介绍我在方言地理学上的工作。之后,由我的导师项梦冰老师邀请,石汝杰教授成了我的博士论文答辩主席,至今我十分感激他在会上提出的问题,以及他长期以来的鼓励。这几年方言地理学在国内十分火热,但是正因为汉语方言地理学才刚刚起步,不同的学者对此有不同的理解,每当我遇到困惑或挫折时,石老师都会鼓励我,给我坚持走下去的信心。并且我所知道的是,石老师一直默默地提携晚学,给中国年轻学者寄送国内不太找得到的学术资料,同时也把国内好的研究介绍给日本学界。我想他不仅是一名受人尊敬的方言学家,同时也是中日学术交流的使者。

简评司马侃《现代上海口语音韵学》

游汝杰

司马侃的《现代上海口语音韵学》(Michael Sherard, *A Synchronic Phonology of Modern Colloquial Shanghai*, CAAAL Monograph Serials【《アジア・アリカ语の计数研究》单刊】No.5,1980)慧眼独具,非常精彩,这篇用英文写的长篇论文对现代上海话的音韵系统分析得相当全面,并有一定的深度和独到的见解。撰写此文时,这位美国学者任职日本同志社大学。以下简略评论这篇论文。

1. 该文把音节作为上海话语音分析的最基本单位。传统上分析语言和方言的音系是把音位作为最基本的单位的。中国学者则习惯于按声韵调系统来分析音系。作者提出以音节作为基本单位,这是一个新的观点。对于这个新的理论我们还没有做过全面的考察和深入的研究,不过,由于上海话的某些特点,如声调简单,喉音在区别音节类型中的关键作用等,用作者的方法来分析上海话,似乎也是可行的。这种分析法的一个好处是:分析的过程简化,分析结果所得的音系简洁。

2. 作者把/ø/和/ɤ/合并成ö,我们认为两者还是有分开的必要,它们是对立的,能区别意义的。如侯韵今读/ɤ/,寒韵(见母)今读/ø/,在本地人的发音中区别是非常清楚的,如"勾—竿;狗—赶;购—干"这三组字,前字和后字读音和字义都是不同的。

3. 作者把同一个连读调组合看作是一个"语音词"(phonological word),每一个语音词都有一个首尾连贯的声调包络(tonal envelope)。一个语音词可以由一个音节构成,也可以由两个以上音节构成。如果是两个以上音节,那么它的高低升降的趋势跟首字作为单字调的调形是一致的。可以把这种现象称作"首字决定连调调形"。贝乐德(W. L. Ballard)稍早把这种现象称为 right spreading,意谓"首字的调形向右延伸"(Ballard 1979)。作者认为连读的双音节或多音节的调形取决于第一个音节的调形，粗略地说这个观点是对的。上海话的连读变调在大多数情况下是采用广用式的。广用式变调从整体来看，其调形的确是跟前字原有的调形是大致相同的。例如“天 t^hi^{53}”，阴平，调形是 53；“堂 $dã^{13}$”，阳平，调形是 13。两字连读，“天堂 $t^hi^{53-55}dã^{13-31}$”的变调调形是 55－31，与前字原有调形 53 大致相同。但是窄用式（动宾式、后补式、主谓式等不成词的两字组）变调，前字要变，后字不变。例如“加 ka^{53}”，阴平，调形是 53；“糖 $dã^{13}$”，阳平，调形是 13。两字连读，“加糖 $ka^{53-44}dã^{13}$”的变调调形是 44－13，与前字原有的调形并不相同。顺便指出，上述广用式变调后的调形跟前字原有调形一致，仅限于上海市区方言，在别的吴语方言，并非如此。上海市区方言的连调形式是周边吴语连调规律简化的结果。

对于连读标调的分析，作者不采用传统的前后字分别描写的方法，而代之以“声调包络”，即连调调形分析法。这种分析法的好处是：简洁，能够看出大致的趋向和规律。但是也因此失之粗放，不能把一些实际存在的差别全都描写出来。

4. 作者认为，现代上海口语材料不能证明切韵音系是现代方言的源头这一假说，理由是占高百分比的字，只出现在连读变调的后字位置上，并不能单独使用，因此我们无法找到它单独存在时应有的语音形式，也因此无法找到它们在切韵音系的地位。的确，有些字光根据上海口语材料似乎很难确定跟切韵音系的对应关系，但是一经与上海郊区或其他吴语比较，就很容易确定。在分析上海话语音的时候，借助邻近方言材料是很重要的。上海方言不是孤立发展起来的，它跟邻近方言从历史来源来说，关系实在太大了。现代上海话里的绝大多数字跟切韵音系的关系还是可以确定的。

5. 作者对浊喉擦音 ɦ 的描写和分析是相当细致、深入、敏锐的。他把 ɦ 这个符号的使用范围扩大了，不仅限于零声母、带浊流的响音声母，而且用于所有别的浊声母。用 ɦ，还有 ʔ 作为划分音节类型的关键语音，这也是他的独特见解。

6. 作者对上海话中连读变调跟词法或句法的关系做了初步研究。这实际上是把语音和语法这两个层次结合起来研究。这种研究是很有意义的。此前也有人在别的著作里提到过类似的问题，但是就 1980 年前出版的研究上海话的著作而言，是此文首先研究了这种现象。

不过他只是提到利用调形来区别动宾结构和主谓结构的词或词组。其实也可以用于别的结构。实际情况还要复杂得多,作者这一方面的研究还是初步的,材料还不够,分析也欠全面。他对重音和语调的分析,情况也类似。

7. 司马侃没有到过上海,他是在香港寻找发音人的,他对发音人的挑选可以说费尽心机。因为上海人口成分的构成十分复杂,标准音颇难确定。要描写典型的上海话,发音人是至关重要的。作者归纳出来的音系具有中派上海话的特点,所谓"首字决定连调调形"正是中派和新派上海话的特点,而 i 和 iɪ(作者记作 I)分韵,如"衣、烟"不同音,这是老派和部分中派的特点。他所找到的发音人是合适的。

8. 司马侃认为浦东话从历史角度看,是比市区话更古老的上海话(见原文注67)。老上海的县城在今南市区(并入黄浦区),历史上的上海话应以南市话为代表,从我们实地调查来看,最保守的依然是南市话。

9. 作者在论文开头曾提到写作该文的目的有三,其中之一即是提供大量口语材料。作者确实提供了许多富有特色的上海方言词汇,并且记录也基本是正确的。他并曾于 1982 年出版 *A Lexical survey of the Shanghai dialect*(《上海方言语汇集》,CAAAL 单刊 8,1982 年 3 月)一书,此书记录他本人调查所得中派上海话词汇。词汇分为 32 类,共约 4 000 条。发音人 George Moh(莫乔治)生于 1938 年,住静安区,1962 年移居香港。不过这些语料还是有四个问题。一是有些单词发音人本来就读错了,作者也误记了,例如"裸体 khù thí"(p.48),应作"lhù thí";"令媛 lhyŋ ɛ̄"(p.73),应作"令媛 lhyŋ hhuø"。二是汉字注释错别字太多(日本汉字不算)。三是有的音节很容易用汉字注释,但作者未加注释。四是英文解释不妥或错误。例如流氓,bandit(《语汇集》p.127);别扭,hard to please(《语汇集》p.239)。造成这些错误的原因可能是作者对汉语还不够精通。

10. 此文所用"语音词"和"声调包络"这两个非常重要的概念和术语,其实是作者早在 1972 年首倡的,见于他的康奈尔大学博士学位论文 *Shanghai Phonology*(《上海话音韵学》),1979 年又有相关论文发表,即 *Syntactic constraints on tone sandhi in Shanghai* (《上海话句法对声调的制约作用》,CAAAL No.10)。差不多同一时期,国外还有两种研究上海话的著作也很重要,即 Hashimoto, M. J, *A Guide to the Shanghai dialect*(《上海话手册》,Center for Applied linguistics Order 061851)和 Walton, A. Ronald, *Phonological redundancy in Shanghai*(《上海话音韵冗音》,Cornell East Asia papers. No.6,1971)。

参考文献

L. Ballard 1980 On Some Aspects of Wu Tone Sandhi. *Journal of Asian and American Studies* 19：83－164.

司马侃 1979 《欧美之吴语研究》(英文稿)，《方言》第2期。

【附记】我和石汝杰教授有“三同”之缘：同名、同门、同行。名字相同，都是“汝杰”；导师相同，都是许宝华和汤珍珠老师，只是先后不同届，是同门的同学；我们的研究方向都是方言学，特别是吴方言，因此又是同行。同门、同行不稀奇，难得的还是同名。他入读复旦中文研究生晚我几年。

初识以来，一直来往甚密，经常交流资料，切磋学问。合作共事主要有两项。一是《上海市区方言志》，1983年4月16日在工会俱乐部第一次正式开会策划《市区方言志》的编写工作，出席者除了主编许宝华和汤珍珠老师外，还有钱乃荣、汤志祥、沈亚明、石汝杰和我共七人。会上决定分工合作，他负责制作“上海音与北京音及中古音比较表”，我负责编写语法。语法稿成后，征求大家的意见。1985年10月13日我据他所提的宝贵意见修改语法稿。另一项合作项目是翻译王士元先生主编的 *Human Communication, Language and Its Psychological Basis*。这是一本论文集，最初是潘悟云和我商量策划的。中文系和外文系的几位研究生参与翻译工作，他和我各翻译其中两篇。潘悟云、张洪明、石汝杰和我四人多次晤面商讨翻译工作，并承他出面请他的苏州同学黄锡之制作全书的多幅插图。在资料交流方面，基本上是我得益。承他惠赠的《明清吴语词典》是我常备常用的工具书，《〈山歌〉索引》也是不可或缺的。他可以说是语言学资料大户，特别是近年来传送给同行的电子文本多达几百种，其中很多是不常见的文献。包括拙作提到的司马侃的康奈尔大学博士学位论文 *Shanghai Phonology*，我撰此文时还没有看到全书，只能根据司马侃的《欧美之吴语研究》一文略为一提。1986年我获得中国社科院青年语言学家奖，是他首先来信报喜的，过了好几天才收到从北京寄来的获奖信函和奖章。

往事如烟，据日记择要略述我们的“三同之缘”，并撰本文，以纪念我的“三同”学友石汝杰教授荣休。

吴闽方言连读变调的类型及其历史溯源 *

岩田礼
（日本金泽大学）

一、前　　言

笔者在 Iwata（2017、2018）等论著中从声调中性化的角度提出了有关汉语方言连读变调类型的一系列看法。本文基于前文的论点并着重于东南沿海地区方言的变调现象，讨论吴闽方言连读变调的历史变化过程，并探讨其历史源流。

二、词变调和短语变调

石汝杰先生曾经就北部吴语说过，“过去一般称为‘成词变调’（或称‘广用式’）、‘不成词变调’（或称‘窄用式’）的，实际上是不同层次上的声调变化。前者即本文所论的连读组的变调，后者实际上是单字和单字或连读组相互邻接时发生的部分声调变化……连读组的地位和作用跟单音词相同”（引自石汝杰 2006：73，原文是石汝杰 1995）。本文按照石文的看法，将所谓的“变调”分成两类：一是词变调（word tone sandhi），二是短语变调（phrasal tone sandhi）。前者相当于“成词变调（广用式）”，就是复合词中的变调，也包括轻声词中出现的变调

* 本文的内容曾在“中国音韵学第 21 届学术研讨会暨汉语音韵学第 16 届国际学术研讨会”（2021 年 8 月，西南交通大学）及“中国社会科学论坛（2020 · 语言学）——汉语方言学暨纪念李荣先生百年诞辰国际学术研讨会”（2021 年 10 月，浙江师范大学）上分别宣读。另外，本文有关闽语的见解在第 10 届台湾语言及其教学国际学术研讨会（2014 年 10 月，成功大学）及东亚语言地理学国际专题研讨会（2015 年 11 月，日本金泽大学）上分别发表。

现象;后者相当于“不成词变调(窄用式)”,就是短语或词组中的变调。在官话、北部吴语以及一些湘语中词变调和短语变调并存。但在闽语及浙南吴语中一般不存在词变调和短语变调的区别,本文暂视为短语变调。①

2.1 词变调

官话方言的轻声与北部吴语的广用式变调具有一个共同点,即某一方言如有 N 种单字调,多音节词中的调形也只有 N 种。我们把这种声调称作“词声调”(Word tone)。(早田辉洋 1999,岩田礼 2004)

北京话:单字调有 4 种,单字调和轻声的组合也是 4 种。

上海话:单字调有 5 种,取广用式变调的多音节词只出现 5 种调形。

2.2 短语变调(1):官话(北京)

北京话的上上变调以及官话方言中不含轻声的字组变调都属于短语变调。在这种变调类型中不变调表示一个短语的终止,而在每个短语中变调规律从前到后循环地顺用。下面举例中,2 和 3 分别代表阳平和上声,粗体数字表示“不变调”。

展览|馆长　2 **3**|2 **3**　　或　　展览馆长　2 2 2 **3**

吴小宝|五点整|写|讲演稿。　2 2 **3**|2 2 **3**|**3**|2 2 **3**

吴小宝|五点整|写讲演稿。　2 2 **3**|2 2 **3**|2 2 2 **3**

北京话里出现轻声在短语中被取消而回归原调的现象。这就说明在短语中后重式重音格式占据优势。以下用例中,T 是声调的省称,∅表示轻声(下文仿此)。

“学生”T2+∅ →“大学生”T4+T2+T1

“知道”T1+∅ →“不知道”T4+T1+T4

“看见”T4+∅ →“看不见”T4+∅+T4

“干净”T1+∅ →“干干净净”T1+∅+∅+T4

“地道”T4+∅ →“地地道道”T4+∅+∅+T4

---

① 一般归到闽南语的潮汕方言群是例外,参见 Iwata(2018:165—166)。

2.3　短语变调(2)：北部吴语(上海)

北部吴语既有广用式变调也有窄用式变调，前者是词变调，后者是短语变调。北部吴语的声调行为主要由字组内部的语法结构决定。本文以下论述中的声调调类均以代码示之：T1：阴平、T2：阳平、T3：阴上、T5：阴去、T6：阳去、T7：阴入、T8：阳入。加下线的调值表示其音节较短。

a. 窄用式：以变调表示短语

“吃素” T7[55]+T5[34] → ∅+T5 → [44+34]

b. 广用式：以变调表示复合词

“吃素人” T7[55]+T5[34]+T2[23] → T7+∅+∅ → [33+55+21]

“吃素”是动宾结构，其前字取[44]调。在窄用式变调里，除了[44]以外还出现三种调值：[33]、[44]和[22]（许宝华、汤珍珠 1988）。[44]和[33]只出现在舒声韵，[44]和[22]只出现在入声韵，是互补关系；[44]和[44]只出现在清声母音节，[33]和[22]只出现在浊声母音节，也是互补关系。因此，从音位学的观点来看，只有一个声调，本文称之为“前轻声”，以∅标示。需要指出的是，这是从音位学的观点而言的，而该音节未必读得轻，即“调类的轻声”（魏钢强 2000）。

窄用式变调的地位和功能实际上不只是“单字和单字或连读组相互邻接时发生的部分声调变化”。在窄用式，前轻声既表示一个短语内部的界限(boundary)又表示词和词之间的结合(juncture)。以下用例引自许宝华、汤珍珠(1988)。

a. “一、二、三、四、五”

T7+T6+T1+T5+T6 [55 23 53 34 23] → [**44** | **33** | **44** | **44** | 23]

b. “中华人民共和国”

T1+T2+T2+T2+T6+T2+T7 [53 23 23 23 23 23 55] → [55 **33** | 22 **33** | 22 **33** | 55]或[55 **33** | 22 **33** | 22 55 21]或[55 33 33 **33** | 22 55 21]

2.4　北部吴语广用式变调的历史来源

平山久雄(1992)认为，北部吴语的广用式变调与北京话的轻声来自其共同祖语的前重格式字组。但是笔者对此见解仍存疑。北部吴语虽然有广用式、窄用式两种变调，但是仅就语音事实而言，似乎不存在重音格式的对立。北京话含轻声的双音节字组，前后音节的长度比率一般是 2∶1（林茂灿、颜景助 1980）。然而，据廖荣容（1988）的实验研究，苏州话的双音节字组前后音节的长度基本相同。Zhu（1994）对上海话声调的研究也没有提到因重音格式的不同而产生音节长度的差异。这就说明，在广用式的非首位音节中，只有音高特征（即基频的变动）衰弱，而音节长度和强度则不衰弱。对此一个可能的解释是，吴语原来不存在重音格式的对立，也不存在词变调（广用式）和短语变调（窄用式）的区别。后来北部吴语受到了官话方言轻声词的影响，但最终未能发展成重轻格式，而只有音高特征在非首位的音节中弱化以致中性化（即变成零声调），最后导致了首位声调向右扩展的现象。这种接受方式的背景是，由于吴语一直保留了清浊、音节长度的区别（舒声和入声的区别），音高特征所负载的信息相对较少，故其中性化也不会阻碍语言信息的传达功能。

2.5 湘语

有一些湘方言（包括其周围地区的方言）以重音格式的不同区分词变调和短语变调，这可能受到官话影响所致。下面是江西萍乡方言三音节字组的变调（魏钢强 1990），现以粗体表示轻声。

a. 词变调　前重

“螺丝骨” T2［44］＋T1［13］＋T1［13］→［44+**4**+**4**］（踝骨）

“洗米水” T3［35］＋T3［35］＋T3［35］→［35+**5**+**5**］

b. 短语变调　后重

“吃不消” T1［13］＋T1［13］＋T1［13］→［**4**+**4**+13］

“落一日” T5［11］＋T1［13］＋T1［13］→［**1**+**4**+13］（整天下雨）

这里轻声的调值保留了基调的末尾调值，即［35］变［5］，［13］变［4］，［11］变［1］，只是音节缩短，可以认为是“调值的轻声”（魏钢强 2000）。

三、条件式变调和非条件式变调：闽东和浙南的连读变调

连读变调根据前字声调是否受到后接声调的影响这一特征可以分成“条件

式”和“非条件式”。条件式变调既出现在官话方言中(以“上上”变调为代表),也出现在闽东方言及浙南吴语中(如福州、温州)。

非条件式变调包括上述官话、北部吴语、湘语等的词变调,也包括闽南方言的链移式变调。

南北的条件式变调都以“不变调”表示一个短语的终止,如上述北京话的用例“展览馆长”,要么说[2 **3** | 2 **3**],要么说[2 2 2 **3**],不变调的上声表示一个短语的终止。然而,南北的条件式之间存在本质上的不同,即变调规律的运用方向不同:官话顺行,而闽东、浙南逆行。

3.1 官话(北京)

官话方言的条件式变调,其规律一般从首位到末位(从左到右)循环地顺用,如上述北京话的“展览馆长”:

[3 3 3 **3**] → [2 3 3 **3**] → [2 2 3 **3**] → [2 2 2 **3**]

3.2 闽东(福州)

闽东、浙南的变调与官话正相反,以末位调(基调)为其起点,先是紧邻的前字按规律起变调,然后是之前的前字变调(即从右到左)。这可以说是规律的逆行运用,但缺乏循环性,因为倒数第四位以前的声调一律变成零声调。现以闽东福州方言为例,将其规律公式化如下。这里#表示一个短语的范围。粗体的 **T** 代表任何原调(基调),X 代表由条件式变调产生的声调,∅表示零声调,即前轻声。

倒数第二位的声调为“A”或“B”时:# ... ∅∅X**T**#

倒数第二位的声调为“C”时:# ... ∅XX**T**#

这一公式的含义是,非末位的声调离末位越远越不受邻接声调的束缚。变调后的声调 X,其调值按下表所示的双音节变调规律决定。按,福州方言有关双音节连读变调的描述历来出现较多(如袁家骅 1960、1980,陈泽平 1998,冯爱珍 1998 等),而诸家对调值及调类合并的描述也有不同之处,本文取自梁玉璋(1986)的描述。

表 1　福州话双音节字组首字的变调

<table>
<tr><td colspan="2">末字
首字</td><td>/高/
T1[44],T2[53],
T8[5]</td><td>/中/
T3[31]</td><td>/低/
T5[213],T6[242],
T7[23]</td></tr>
<tr><td>A</td><td>T1[44]
T5[213]
T6[242]
T7b[23]</td><td>44(T1)</td><td colspan="2">53(T2)</td></tr>
<tr><td>B</td><td>T3[31]
T7a[23]</td><td>21</td><td>24</td><td>44(T1)</td></tr>
<tr><td>C</td><td>T2[53]
T8[5]</td><td colspan="2">31(T3)</td><td>21</td></tr>
</table>

倒数第三位的声调,如倒数第二位的声调为"A"或"B",不论原调如何,都取[21]调。此调既接近 T5(阴去)[213]又接近 T3(上声)[31]。如倒数第二位的声调为"C",倒数第三位的声调就按变调以后的"C"调变调。譬如:

"清明节" T1[44]+T2[53]+T7[23] → [53+21+23]

这一变调只能以规则的逆行运用才能得到正确答案:首先倒数第二位的 T2 按表 1 所示的规律变成[21],然后倒数第三位(首位)的 T1(属 A 调)又按表 1 的规律变成[53]。此时第二音节的[21]被说话者理解为 T5(阴去)或 T3(上声)。如果认为变调规律先适用于首位音节,变调以后的调值应为*[44+21+23],这与事实不相符。

至于倒数第四位及其之前的音节,声调都为[21]调。此调可以认为是该方言的既定值,即零声调。①

① 从音位学的角度看,此[21]调是 T5[213]或 T3[31]的条件变体。零声调或轻声取某一个原调的调值,这不是罕见的现象,参见石汝杰(1999;2006:21—22)。据笔者调查,江苏连云港方言(江淮官话)的双音节字组里出现三种轻声类型,即岩田礼(1982)说的 B 式、C 式和 D 式变调(相当于岩田礼 2004:196 说的Ⅲ类、Ⅰ类和Ⅱ类)。其中后字读短调的狭义的轻声是 C 式和 D 式,而 B 式的后字读为较长的高降调,与该方言的上声大致相同,不管原调类如何。B 式可以认为是 D 式的变异,一则前字调值与 D 式相同,二则有不少词(如"知道、声音、星星、容易、眉毛、咳嗽、月亮"等)既读 B 式又读 D 式。

3.3　浙南吴语(温州)

总体而言,浙南吴语非末位的声调受到末位或后接声调制约的程度不如闽东方言那么高。据郑张尚芳(1964),温州方言连读变调的单位是调类或调位(tomene),其规律公式化如下。双音节字组中只有平声作首字时才会发生条件式的变调,而舒声作首字时则发生非条件式的变调。下面以 Y 代表由非条件式变调产生的声调。

倒数第二位的声调为平声时:#… ∅∅**XT**#

倒数第二位的声调为舒声(上、去、入)时:#… ∅∅**YT**#

X 的实现形态最好以调位处理:如 **T** 为上声或入声,X 则实现为/高/调;如 **T** 为平声或去声,X 则实现为/低/调。Y 的实现形态:上声和去声的对立消失(即中性化),都实现为/高/调;入声一律实现为/低/调。至于倒数第三位及其之前的音节,多数情况是,倒数第三位是/高/调,其前的音节一律都是/低/调,本文认为也就是一种零声调的实现形态。温州变调的实际情况更为复杂,这里只指出了其骨干。

四、范畴性交替和非范畴性交替:闽东和闽南的共性和差异

连读变调按变调前后的调值可以分为"范畴性交替"(categorical alternation)和"非范畴性交替"(non-categorical alternation)两种。如北京话的上上变调一般认为前字变为阳平,故可以认为是范畴性交替。闽东的条件式变调多数都取某一种单字调值,表 1 也出现两种与单字调不一致的调值,但[21]调可以认为是 T5[213]或 T3[31]的变异,[24]调可视作 T6[242]的变异。厦门、漳州等典型闽南方言的变调表现出两种特点:一是非末位的声调不受后接声调的制约,即非条件式;二是范畴性交替。第一个特点与闽东不一致,而第二种特征与闽东一致,可以公式化如下:

#… **YYYT**#

Y 代表由非条件式变调产生的声调,而其实现形态则与温州不同,即链移式

的调位交替。下面表示厦门话的调位交替：

$$\left.\begin{array}{l}T1[55]\\T2[24]\end{array}\right\}\rightarrow T6[33]\rightarrow T5[11]\rightarrow T3[51]\rightarrow T1[55]$$

$$T7\ [\underline{32}]\ \leftrightarrows\ T8\ [4]$$

值得注意的是，厦门方言中 T1（阴平）和 T2（阳平）的对立在非末位中和。这种中和现象也见于泉州、潮汕等闽南方言中，并且其出现率要高于厦门。从历时观点看，共时上的声调中和不外是历史上的声调合流的结果，而链移式的范畴性声调交替则是一种回避声调合流的手段。本文认为，合流的产生与合流的回避是同质方言声调变化中的表和里。

链移式的调位交替在一定程度上也见于闽东方言中。如表 1 所示的福州方言前字的变调，如果将［21］视作 T3 或 T5 的条件变体并把［24］视作 T6 的变体，舒声的变调模式可以标示如下：

A 调（T1、T5、T6）→ T1，T2 → T3 → A 调

我们也不妨推测，T1［44］也许原来不是 A 调的成员，而可能与 T2［53］成对（参见下一节）。假如这种推测是正确的，变调的单位原来是中古的调类，如同温州，即去声（T5、T6）→ 平声（T1、T2）→ 上声（T3）→ 去声。

五、从非条件式到条件式的转换

本文认为闽东的条件式变调是创新，先由声调的合流产生了中性调，此后又按后接声调（主要是末位声调）产生了分调。这一假设在内部、外部两方面的事实中均能得到验证。

5.1 内部事实

先就表 1 所示的福州话变调指出其内部事实。在福州话的双音节字组里，首字声调按末字声调的起始音高变调，即/高/、/中/、/低/，由此产生了 A、B、C 三种中性调。如上文指出，共时上的声调中和是声调合流的结果。但是组成 A

调的声调(即T1[44]、T5[213]、T6[242]、T7b[23]),其间的调值差距较大。这就暗示着这一中性调产生的年代较早,当时各调的起始音高互为接近,可能处于“低”或“中”的声域,而后来由于T1的起始音高提升,相互间的距离变远了。相比之下,变调条件的设置应为较新时期的产物,因为/高/、/中/、/低/这三类是由共时的语音特征决定的。闽东方言调值变化的构拟可参照平山久雄(1974:222—240)。①

5.2 外部事实:闽语外缘方言的微观观察

闽东的条件式变调是创新,这一假设在福建省中西部至浙江省南部一带的方言中都能得到见证。若以闽南、闽东为中心,由于这类方言分布于其周围地区,本文称之为“外缘方言”。外缘方言所见的类型包括两种次类型,本文分别称为“外缘型1”和“外缘型2”。外缘型1是部分有条件的变调类型,外缘型2是非条件式变调。外缘型的分布与闽南型及闽东型相连,并且两种外缘型呈现出紧邻分布,这暗示着两者的亲缘关系(参见岩田礼2014所载的地图1,此地图表示东南沿海地区各种变调类型的分布)。现在作为一个个案研究,下面以同属漳平县的两种方言变体为例说明一下非条件式(外缘型2)是如何转换成条件式(外缘型1)的。②

关于漳平及龙岩的变调,已有陈宝贤(2010,2012)、陈筱琪(2019:122—141)等有意义的研究。这些研究将本文的“条件式”和“非条件式”称作“邻接交替式”和“自身交替式”,并以(q_n……q_2q_1)J的公式来描述由位置的不同产生的调值变异。J代表基调(即本文的**T**),q_1和q_2分别代表倒数第二位和第三位的声调。这种描述法本身就意味着基调在变调上起着关键的作用。陈宝贤(2012)还指出,在漳平县新桥方言中q_2的调值是由紧邻后字q_1和基调J构成的整体调值决定的。

① 平山久雄(1974)是作者早期的著作,有关声调调值变化的探讨富有卓见,值得参照。

② 除了漳平以外笔者还观察并比较了龙岩、大田、尤溪各县(大概在圆圈表示的范围之内)邻近地点之间的异同,但由于各点有关变调的资料不够齐全,这里只以漳平方言作为讨论的对象。

表 2　漳平县城方言倒数第二位的变调：外缘型 2(据《漳平县志》)

	变调前	变调后
A	T1[24]、T2[22]	[22](T2)
B	T5[21]、T7[$\underline{21}$]	[53](T3)/[$\underline{53}$](T8)
C	T3[53]、T6[55]、T8[$\underline{53}$]	[21](T5) / [$\underline{21}$](T7)

表 3　漳平永福方言倒数第二位的变调：外缘型 1(据张振兴 1983)

<table>
<tr><td colspan="2">末位
倒数第二位</td><td>T1[24],T2[11],
T6[53],T7[$\underline{55}$],T8[$\underline{53}$]</td><td>T3[31],T5[21]
(“非高”降调)</td></tr>
<tr><td rowspan="2">A · B</td><td>T1[24]
T2[11]</td><td rowspan="2">/中/[33][$\underline{33}$]</td><td rowspan="2">/高/[55][$\underline{55}$]</td></tr>
<tr><td>T5[21]
T7[$\underline{55}$]</td></tr>
<tr><td>C</td><td>T3[31]
T6[53]
T8[$\underline{53}$]</td><td colspan="2">/低/[21][$\underline{21}$](T5)</td></tr>
</table>

现以表 2 和表 3 比较一下漳平县境内的两种方言，即县城和永福，前者的变调是非条件式的，而永福的变调是部分有条件的。两者的共性在于 C 调无条件地变为[21]调。两者的差异在于 A、B 二调在县城还保持着区别，而在永福却已经合并。如果认为永福的变调系统古于县城，我们无法说明有什么条件致使 A、B 二调在县城分化。因此，唯一的解释是县城的变调系统古于永福。其次，我们需要指出永福的前字按末字的调类分化的条件。两种方言单字调值的差异可以为此提供线索。如假定县城方言的调值古于永福，我们可以推测有了三种调值的变化：T3[53]>[31]，T6[55]>[53]，T7[$\underline{21}$]>[$\underline{55}$]。其中，关键是 T7(阴入)调值的提升，换言之，它原来是低降调，与 T5 以及 T1、T2 共享“起始音高较低”这一条件。这就是在永福发生了 A 调与 B 调合流的原因。后来这种低调可能与后接的“非高”降调之间发生了异化，以致变成了/高/调[55]。与此同时，自县城至永福的转换导致了范畴性交替的消失，调值趋向简化，最后产生了由三种平调(或接近平调)构成的变调体系，即/高/、/中/、/低/。

至于三音节以上的字组,《漳平县志》缺少有关县城方言的信息,按张振兴(1983)的描述,永福方言三音节的变调可以公式化如下:

倒数第二位的声调为"A"或"B"时:#YXT#

倒数第二位的声调为"C"调时:#YYT#

倒数第三位的Y不受后面声调的制约(即自身交替),但是有两种调值出现:[11]和[21],后者与倒数第二位的"C"调一致,而前者是"A""B"二调合并为一的结果。值得注意的是,[11]和[21]分别与T2和T5的调值一致。这就说明,永福方言还保留着范畴性交替这一闽语的特征。这一特征在县城方言倒数第二位的变调上保留得更完整,这也算是县城的变调系统古老的证据。再者,县城一定程度表现出链移式交替的特征,即T1、T2 → T2, T6 → T5← → T3, T7← → T8。

对于四音节以上的字组,陈宝贤(2012)和陈筱琪(2019)提供了有关漳平新桥方言的信息。倒数第四位和第五位出现的多数还是Y,但有一部分受到基调的影响。陈筱琪(2019:123—124)认为,"基前字(q)位于越高位置时,也就是居于字数越多的词组前缀时,变调规则越简单;基前字(q)位于越低位置时,也就是居于字数越少的词组前缀时,变调规则越复杂"。

六、非条件式变调及平调化:外缘型2

上文论证了漳平方言在从非条件式(外缘型2)到条件式(外缘型1)的转换过程中发生了变调调值的重构,以致形成了由/高/、/中/、/低/三种调位构成的简化调位系统。"外缘型2"包括不同的次类型,但是共享两种特性:一是缺少制约条件,二是发生过有系统性的声调合流。令人注目的是,其中也有不少变调调值都趋向平调的简化调位系统。①

① 由/高/、/低/二项构成的变调体系也见于属江淮官话的连云港方言中。在这个方言不含轻声的多音节字组中(岩田礼1982称之为A式变调,参见第93页注①),非末位的声调都发生变调,阳平和上声及阴平和去声的对立都分别无条件地中和为/高/调和/低/调。只有入声发生条件式的变调,但不是/高/调(去声之前),就是/低/调(其他声调之前)。这种变调类型在官话的范围内少见,而连云港方言里形成了这种简化变调系统,其背景是此方言中发声类型的不同起到区别性作用:阴平音节具有紧喉特征,去声音节具有假声特征。后一特征在连读中消失,但阴平音节的紧喉特征总体保持不变,因此,阴平和去声虽然在调值上一致,但是作为音节还互为区别。就三音节以上的字组而言,连云港方言变调规律的运用多数都是顺行的(即从前到后),表现出官话的特征。

（1）二项对立："高平/低平"或"高平/中平"或"中平/低平"

武义、龙游、寿昌（浙江）、玉山（江西）、尤溪（福建）

（2）三项对立："高平/中平/低平"

柘荣、霞浦、永安、明溪、寿宁（福建）

譬如，据傅国通（1984）的描述，浙江武义方言的非末位变调不受末位声调的制约，并且变调后只出现"高平""低平"两种调。①

A. 阴平［24］，阳平［213］，阴去［53］，阴入［5］，阳入［212］

→"高平"［55］或［55］

B. 阴上［55］，阳上［13］，阳去［31］

→"低平"［11］

七、总结和推论

现在总结上述四种变调类型（闽东型、闽南型、外缘型1、外缘型2）的特征并推测各类型之间的历史关系。

上文以漳平方言为例，论证了变调系统从非条件式到条件式的转换。虽然这种转换方式在吴闽方言中是否普遍，换言之，是否存在逆向的变化，还需要在更多的方言中检验，但是福州的条件式可以由此原理加以说明。因此，目前的结论是**闽东及浙南吴语的条件式变调是后起的**。

另一方面，**闽东和闽南共享范畴性的调位交替这一特征。此乃闽语连读变调的骨干**，连离闽南核心地区较远的漳平县方言中还牢固地保留着这一特征，**这很可能源于早期的闽语**。闽南的链移式调位交替乍一看是该地区独特的发展，但是上文指出这一特征在闽东及漳平方言中也存在，虽然链移的形态不如典型闽南方言那么整齐，但我们不妨推测其在早期闽语中就存在着。

如果认为闽东的条件式变调是后起的，即倒数第二位的变调是由后起的语

① 武义方言的变调规则需要补充一条，即取非述宾结构的双字组，如前字是平声且后字是平声或去声，前字就不发生变调而读原调。这一规则也适用于三音节字组的第二字，但不适用于第一字，即平声作第一字时一律按本文正文介绍的规则读成/高平/调。这就表明武义方言变调规律的运用是逆行的（即从后到前），跟官话不相同。

音条件产生的,闽语连读变调的早期形态应为# … **YYYT#**。如果认为范畴性的调位交替来源于早期的闽语,那么,#…YYYT#中的 Y 原来是该方言里存在的某一种单字调(基调)。然而,呈现"外缘式"的方言,要么是外缘式 2(非条件式),要么是外缘式 1(部分有条件),变调调值多数都趋向于平调化,由此形成失去升降特征的二项或三项简化声调系统。从范畴性交替到这种简化系统的变化可以说是调位系统的重构,应属创新。但是我们推测,吴闽方言中原来就并存两种潮流:一是链移式的交替,二是调位区别的中和。从语音变化的角度看,前者反映的是方言回避调位合流的潮流,而后者反映的是方言推动调位合流的潮流。如上文指出,这种互为相反的潮流算是语音变化中的表和里。值得注意的是,这两种潮流在典型闽南方言中也并存。譬如,厦门话的调位交替历来以"tone clock"(声调钟)闻名,但是 T1[55]和 T2[24]的区别在非末位中和,都实现为[33]。虽然发生合流的只有一对声调,但是这一变化导致了调位系统的简化:非末位出现的声调除了一个降调(T5:11 → 51)以外都是平调了,即[55]、[33]、[11](参见上文第 4 节)。

八、"前轻声"假说

福州及温州的变调中也出现零声调∅,即前轻声。这种声调的出现目前限于倒数第三位及其之前的音节。

福州:# … **∅∅XT#**、# … **∅XXT#**

温州:# … **∅∅XT#**、# … **∅∅YT#**

零声调语音上的实现形态按方言不同:福州一定取既定值的[21]调,温州按音节位置不同取/高/调或/低/调。问题在于这些方言零声调的由来。如果要与闽南的#…**YYYT**#比较,也可以说这些方言倒数第三位及其之前的声调趋向衰弱,最后变成唯一的中性调,即 Y>∅。这种推测的含义是零声调是后起的。但是笔者倾向于另一种假说,即前轻声已在早期的吴闽方言中存在,即存古。在这群方言中一个短语里的末位声调(**T**)所负载的韵律信息最多,紧邻 **T** 的倒数第二位的声调或倒数第三位的声调(即陈宝贤和陈筱琪所说的基前字 q1、q2)也会随 **T** 的不同而变调,但音节离末位越远(即 q3、q4…)就越能摆脱声调的束缚,即不负载积极的韵律信息。

于是，进一步的推测是前轻声早期也出现于倒数第二位的音节中，即#∅∅∅T#。这一变调格式可能曾在整个吴闽地区存在过，包括现在的北部吴语地区。北部吴语窄用式变调所见的前轻声可能是其痕迹。现在再看一下北部吴语的窄用式变调。前轻声的调值是“中平”（44、33、<u>44</u>、<u>22</u>），它总出现于一个词（单音节或多音节）的前面，其功能在于兼表短语内部的界限和词与词之间的结合。① 这种功能方面的特征显然与闽东及浙南吴语中出现的前轻声不同。但是这可能是后世的变化，即广用式变调（词变调）的产生及其使用范围的扩大所致。#∅∅∅T#这种格式或者源于原始吴闽方言，或者源于非汉语民族语言中存在过的韵律格式，在后世的变化中逐渐被淘汰，但还保留其痕迹。这一假说目前只能说是理论性的，缺乏具体的根据，需要更深入地研究北部吴语窄用式变调的用法及语音特征。

参考文献

陈宝贤　2010　《福建漳平新桥方言两字组的连读变调》，《方言》第 2 期。

陈宝贤　2012　《福建漳平新桥方言一般性前变调》，《方言》第 2 期。

陈筱琪　2019　《闽西西片方言音韵研究》，中西书局。

陈泽平　1998　《福州方言研究》，福建人民出版社。

冯爱珍　1998　《福州方言词典》，江苏教育出版社。

傅国通　1984　《武义方言的连读变调》，《方言》第 2 期。

福建省漳平市地方志编纂委员会　1995　《漳平县志》，生活·读书·新知三联书店。

早田辉洋　1999　《音调のタイポロジー》，大修馆。

平山久雄　1974　《中国语闽南闽北祖方言の声调调值》，《文学哲学论文集》，东京大学文学部研究报告。

平山久雄　1992　《从历时观点论吴语变调和北京话轻声的关系》，《中国语文》第 4 期。

岩田礼　1982　《连云港市方言的连读变调》，《方言》第 4 期。

岩田礼　2004　《汉语方言词声调的形成及发展》，石锋、沈钟伟编《乐在其中：王士元教授七十华诞庆祝文集》，南开大学出版社。

岩田礼　2014　《闽语连读变调的类型及其地理分布》　第十届台湾语言及其教学国际学术研讨会宣读论文，成功大学。

梁玉璋　1986　《福州方言的语流变化》，《语言研究》11。

---

① 汪平（1996：55—56）就苏州话提到过前轻声的现象。但是它“必定处于一个连读单位或一句句子的开头位置”，似乎与窄用式中出现的零声调未必相同。

廖荣容　1988　《苏州话单字和双字组的音长规律》,《吴语论丛》,上海教育出版社。
林茂灿、颜景助　1980　《北京话轻声的声学性质》,《方言》第3期。
石汝杰　1995　《吴语连读变调的两个问题》,徐云扬主编《新亚学术学刊》第11期《吴语研究》,香港中文大学。
石汝杰　1999　《关于汉语的中性调》,江苏省语言学会主编《语言研究集刊》第6辑,江苏教育出版社。
石汝杰　2006　《明清吴语和现代方言研究》,上海辞书出版社。
汪平　1996　《苏州方言语音研究》,华中理工大学出版社。
魏钢强　1990　《萍乡方言志》,语文出版社。
魏钢强　2000　《调值的轻声和调类的轻声》,《方言》第1期。
许宝华、汤珍珠　1988　《上海市区方言志》,上海教育出版社。
袁家骅　1960,1980　《汉语方言概要》第一版;第二版,文字改革出版社。
张振兴　1983　《漳平(永福)方言的连读变调》,《方言》第3期。
Iwata, Ray(岩田礼)　2017　Typology of Chinese Tone Sandhi and its Historical Implication, Mitsuaki Endo ed. *Studies in Asian Geolinguistics VII "Tone and Accent"*, Studies in Asian Geolinguistics VII (aa-ken.jp).
Iwata, Ray(岩田礼)　2018　Chinese tonal neutralization across dialects: From typological, geographical, and diachronic perspectives, Kubozono, Haruo and Mikio Giriko eds. *Tonal Change and Neutralization*, Phonology and Phonetics Series 27, DE GRUYTER MOUTON, Berlin.
Zhu Xiaonong　1994　*Shanghai Tonetics*, Canberra, The Australian University dissertation.

【附记】笔者有关连读变调的研究多是以石汝杰先生为代表的描述研究为基础的。本文的前半部分(第一节至第四节)是笔者过去研究的总结,而后半部分(自第五节后)则提出了一个假说,旨在抛砖引玉,以促进开展连读变调历史演变的讨论。

我和石汝杰先生1989年相识以来,已有三十余年的交往历史。谈及石先生,我脑海里就会涌现出无数的记忆。这期间,我们的相见地以日本居多;按时间的顺序而言,静冈、东京、京都、金泽、岐阜(我的老家)以及熊本等。可是,印象最深的是苏州。除开会之外,我20世纪90年代至少去过苏州两次,都是由石先生接待。当时的苏州还是一座宁静的城市,火车站也是老站。有一天,石先生带我去看了苏州老城的城墙,给我留下了深刻的印象。不过,由于是炎暑季节,我跑累了,很想喝一杯冷饮,于是问他这附近有无咖啡店。可当时的中国,咖啡店还很稀缺,可见我提出的是一个令人为难的请求。石先生笑我不"耐旱",但仍坚持为我寻找,最后跑到市中心才找到一家。

在研究方面,我感谢石先生长期以来的合作,主要表现在两件事上。第一,我 1989 年在东京大学医学部进行生理语音研究的时候,他为我做了苏州话实验的发音人。实验使用的仪器有两种:纤维镜(Fiberscope)和肌电图(Electric Myography)。我自己也试过这两种仪器,但肌电的实验要求发音人要有耐心,而且还未必就能成功。石先生慷慨地答应做发音人。实验那天,他在实验台上保持同一姿势,静坐了两三个小时,使我们最后终于成功地采取到质量好的肌电图。苏州话的肌电图是空前绝后的,我由衷地感谢他。第二,贺登崧《汉语方言地理学》一书虽然冠有石先生和我两位译者的姓名,但翻译工作实际上大部分都是由石先生承担的。他外语的读解能力十分突出,把我写过的有点难解的日文翻译成了易懂的汉语。难怪这本汉语版的贺书拥有了较多的读者,甚至在 2018 年还出了第三版。相比之下,1994 年出的日语版至今仍未售罄。

石先生为人和蔼可亲,这是众人皆知的。他爱说话,他一张口就能吸引住我们。我每次回忆起与他的交往,总会联想起他的夫人陈榴竞先生在他身边的样子。夫人说话很有力量,总会提起我们的精气神。他们夫妻俩相处和睦,是我们的榜样。现在,他和我都退休了,我感谢与他和他夫人长年保持的友情,同时希望我们以后都保持健康,继续合作。

入声韵尾遗留初探*

太田斋
（日本神户市外国语大学）

一、北方方言里入声消失的演变过程

以北京话为主的入派舒声的大部分北方方言单字音之大体演变顺序如下：

-k →	-k(→ -g) → -ʔ → Ø,-i,-u	cf. -ŋ → -ŋ
-t →	-t(→ -r/-l) ↗	-n → -n
-p(→ -b) ↗		-m ↗

这个模式是根据坂井健一（1952；1955）分析《古今韵略举要》、宋词押韵得出来的结果而提出的。（　）里的环节则是据罗常培（1933）补充的。笔者并不是说所有现在无入声的方言都是如此演变过来的。比如李荣（1952）指出，邵雍《皇极经世书》的《声音图》里"-t.-k 失落或变成-i,-u 的时候,-p 还是未变"（169—170 页）。① 《声音图》中也能看到-m 尾韵。因此洛阳可能曾经有过如此状态。现在想要强调的是按照以上模式的话，很多北方方言里-p 尾首先消失这一点。合并消失的先后顺序可认为与阳尾韵平行，何时合并则是另一回事。

二、分音词里保存的-m/-p 韵尾

俞敏（1988）指出北京话里-m,-p 尾痕迹的例子，如：寻 → xuéme、拉 → lāba

---

* 本文是在中国社会科学论坛（2021・语言学）汉语方言学暨纪念李荣先生百年诞辰国际学术研讨会（2021.10.16—17）上宣读后加以大规模修改而成的。

① 对《声音图》里入声韵尾的看法尚有异议，也有主张仍旧保留辅音韵尾的，如平山久雄（1993a）。关于诸家意见，请参看平山久雄（1993a：87—88）。

等等。俞敏认为古-m,-p 尾字由于加上所谓的“寄生元音”(俞文用词),后作为分音词使得第二音节声母仍旧保持着原来韵尾的音素。

太田斋(1995)基于俞敏的研究亦指出了同样的例子,如:

*** ʂem ər → ʂem mər(～ʂẽ mər)**

山东利津:参们儿 ʂẽ$^{213-21}$ mẽr^{0} 参星 57←参儿 * ʂem ər

山东东营:参门儿 ʂẽ$^{213-21}$ mẽr^{0} 参星(广南话) 137;(广北话)东营研究 151

山东淄川:参们儿 ʂə̃$^{214-31}$ mei^{0} 参星 55 ← 参儿

cf. 山东平度:参儿 ʂʅr^{214} 参宿七星 86

山东牟平:参儿 sənr^{51} =“参儿星” 70

山东威海:参儿 sər^{53} 参星 =牟平、高密 SFC7

*** ts^{h}ɑm ər → ts^{h}ɑm mər (～ts^{h}ɑ̃ mər)**

山东临淄:蚕们儿 ts^{h}ɑ̃$^{42-213}$ mə̃r^{0} 蚕 564 ← 蚕儿 * ts^{h}ɑm ər

山东利津:蚕妹儿 ts^{h}ã$^{53-55}$ meir^{0} 蚕 97 ← 蚕儿

山东章丘:蚕妹 ts^{h}ã$^{55-24}$ mei^{0} 蚕 130 ← 蚕儿

cf. 山东即墨:蚕儿 tθ^{h}ɑr^{42} 42

河北昌黎:蚕儿 ts^{h}ar^{13} 98

*** xuɑ siəm ər → * xuɑ siəm mər (～xuɑ siə̃ mər)**

山东沂南:花心门儿 xuɑ$^{213-23}$ ʃə̃/siə̃$^{213-21}$ mer^{0} 花蕊 112 ← 花心儿 * xuɑ siəm ər

山东利津:花心门儿 xuɑ$^{213-23}$ siẽ$^{213-21}$ mẽr^{0} 花心 101 ← 花心儿

山东博山:心梅 ɕiə̃$^{214-31}$ mei^{0} 花心,菜心 121 ← 心儿

cf. 山东苍山:花心儿 xuɑ$^{213-24}$ sier^{213} 花芯 166

山东临清:花心儿 xuɑ$^{323-34}$ ɕiẽr^{213} 花蕊 109

*** ʂʅp → ʂʅp ə → ʂʅp pə → ʂʅ pə**

河北滦南:ʂʅ^{33} pə^{0} 涩 96 ← 涩 * ʂʅp

河北获鹿:ʂɤ$^{13-21}$ pa^{0} 涩 志 173←涩

河北正定(城关、城北、城南):湿巴 涩 816 ←“涩”

河北赞皇：食巴　涩 赞皇方言与普通话 92 ←“涩”

***iap → iap pə/a → ia pə/a**

山东莱西：鸭巴子 ia$^{42-44}$ pa$^{213-21}$ tsɿ^{0}　鸭子　871

山东荣成：鸭巴 ia$^{214-35}$ pa^{0}　鸭子　志 148

鸭巴子 ia^{214} pa^{42} tsɿ^{0}　志 148

河北抚宁：鸭巴　鸭子　571 ← 鸭 *iɑp　与“哑巴”有关系？

山东牟平：鸭巴子 iɑ$^{213-55}$ pɑ^{51} tə^{0}　① 家禽，鸭子② 女阴　90

cf. 鸭子 iɑ^{213} tə^{0}　阴茎　90

山东即墨：鸭子 iɑ^{42} tθɿ^{0}　97

吧吧 pɑ^{214} pɑ^{0}　97

鸭吧子 iɑ^{42} pɑ^{213} tθɿ　97

cf. 山东邹平：八八子 pa^{55} pa^{55} tə^{0}　鸭子　864

山东淄川：叭叭子 pɑ^{214} pɑ^{0} ə^{0}　鸭子　128

注意（mẽ →）mẽr 是和普通话 men → menr 一样基于形态音位学的拼法，实际上并不带鼻化。临淄例的（mə̃→）mə̃r 也同样不带鼻化。乍看之下容易让人误解，这都是基于描写研究记音时大多采取的拼法。另外还要注意的是，记录词汇、句子、语料时一般拿单字音形式来把它当作一种拼音记录下来。然而，以会话速度读出来的音不一定等于单字音的总和体。林焘（1963）早已指出北京话按读音速度出现的变体，如：

读音速度	**慢** ←		→ **快**
“人民”	ʐən min →	ʐəm min →	ʐə min
“很好”	xən xau	→	xəŋ xau

“人民”虽然实际上时读［ʐəm min］，时读［ʐə min］，但本字容易辨清。有了一定的上下文，大家一听到［ʐə min］，就很容易意识到其本字，能回到慢读时出现的单字音总和体形式［ʐən min］。［ʐəm］、［ʐə］都不是单字音形式，而是可逆的变体，都不收于同音字表里。因此一律以［ʐən］为代表记下。如此辨认本字上毫无问题的字的话，拿单字音形式来统一记下词汇、句子、语料也并不会出现严重的问题。这都是出于大家所承认的描写上的经济性。第二例也是-n 受后面

x-的影响，发生同化而变过来的。这也是可逆的，一般不会特意记下快读时才出现的形式。但我们应该注意北京话-n，-ŋ 有分，快读时出现的变体有时会侵犯单字音系里的音位区分。①

我们也必须认识到这种音变如果不可逆了，那么其变体即使违反语音规律，不能找出在既存语音系统中的适当地位，也只好收于同音字表里。值得注意的是这种按读音速度快慢出现的变体正如单字调和连续变调里出现的所谓“变调调值”之间的关系。现在有些学者主张，单字调不该看作底层形式，“变调调值”并不是从单字调变过来的，反而“变调调值”往往代表比单字调更古老的历史层次。②

---

① 江西地区方言“鼻子”对应词，有的仍然保存“鼻”字中古止开三去至并，“毗至切”相当的读音（与“篦”同音），不少方言促化成入声相当读音。这里的标音也可能是单字音的总和体：

A：保持原来舒声调

星子：鼻公 bi⊇ ⊂kəŋ　　　鼻子　省志 564　（-ʔ）

B：促化带有辅音韵尾

B1：-ʔ 尾

武宁：鼻子 p^{h}iʔ⊇ · tsɿ　　　鼻子　省志 564　（-ʔ）

弋阳：鼻孔 p^{h}iʔ^7 k^{h}uŋ^1　　　鼻子　报告 302 ~ p^{h}ik k^{h}uŋ　（-ʔ）

临川：鼻孔 p^{h}iʔ⊇ ⊂k^{h}uŋ　　　鼻子　省志 564 ~ p^{h}ik k^{h}uŋ　（-t，-ʔ）

B2：-t 尾

进贤：鼻子 p^{h}ət⊃ ⊂tsɿ　　　鼻子　省志 564　（-t，-ʔ）

南昌：鼻公 p^{h}it⊇ · kuŋ　　　鼻子　省志 564 ~ p^{h}ik kuŋ?　（-t，-ʔ）

东乡：鼻公 p^{h}ət^7 kuŋ^3　　　鼻子　比较 409 ~ p^{h}ək kuŋ?　（-p，-t，-ʔ）

B3：-l 尾

高安：鼻公 p^{h}il^7 kuŋ^3　　　鼻子　比较 409 ~ p^{h}ik kuŋ?　（-l，-ʔ）

都昌：鼻公 bil^{8B} kuŋ^0　　　鼻子　报告 302 ~ bik kuŋ?　（-l，-k）

都昌：鼻公 bil⊇ ⊂kəŋ　　　鼻子　省志 564 ~ bik kəŋ?　（-t，-k）

非常遗憾，笔者尚未亲耳听过上面的实际读音，怀疑日常会话当中的具体音值是~后面的。各条末尾（　）里表示该方言入声韵尾的种类。我认为在“鼻子 * bi tsɿ”里发生“鼻”字促化，并受后面“子”尾的影响变如 * bi → bit，然后-t 尾音获得代表性字音地位，也用于“鼻公”“鼻孔”等其他构词法的词语。“鼻公”“鼻孔”是否为排挤“鼻子”的后起词，这还有讨论的余地。但笔者认为提出这种怀疑很有意义。

② 笔者曾经在介绍浙江缙云方言音系的时候提出了这个观点。以《单字音形式と语汇音形式の乖离现象について（单字音形式和词汇里的语音形式之间的差别）》为题宣读文章（日本中国语学会第 49 届全国大会，御茶之水女子大学，1999.10.31）。这时候用“个体的形成实为反复进化的结果”这种生物学比喻来介绍该方言入声韵的时间层次差别。笔者认为这种假设值得讨论，但由于用词不妥当，受到了批评。然而其后思考没有深化，至今没有写出有关论文。

那么该音节里按读音速度不同而出现的超分段音素之外的音素差异也应该有同样对待的余地。虽然上面的"人民"例并不符合这种假设,但有些变体可以从如此的观点出发讨论一下。

由此推测,上面举例中的"参 ʂẽ$^{213-21}$"、"蚕 ts^{h}ɑ̃$^{42-213}$"、"心ʃə̃/siə̃$^{213-21}$"都是单字音形式,在各个词里的具体音值很可能分别是"参 ʂem$^{213-21}$"、"蚕 ts^{h}ɑm$^{42-213}$"、"心 ʃəm/siəm$^{213-21}$",拟定演变模式大致如上。

"涩"对应词的第二音节也许是某个名词词尾。"鸭"字后面的"巴"一类字目前都读外转,未见读 ə 的例子。"鸭巴(子)"一类"鸭子"对应词也有可能是和因其叫声得名的"八八(子)"一类对应词之间发生混淆而成立的。山东不少方言的"鸭子"引申含有"男阴"义(文登 文登话 133、沂南 175、博兴 黄河三角洲 197 等。上面牟平一例与此有异),这种情况会促进改变鸟名义"鸭子"的词形,把原词形留给"男阴"义以区分两者。反正"鸭巴(子)"一类对应词如果是通过如此混淆而成立的话,那么"巴"一类 p-母字就并不是-p 尾的痕迹,而是拟声词的一部分了。

以下是看上去像,但可能并非为-m 尾痕迹的例子:

? 河南汤阴:砍马刀(缺音标)　　蝗螂 558 (孤例)kam tau → kam ma tau ?
cf. 河南濮阳:砍刀 k^{h}an^{55} tɑu^{0}　　螳螂 500
河南郑州:砍刀 k^{h}an^{53} tau^{0}　　螳螂 86
河南辉县:砍刀 k^{h}an^{53} tau^{0}　　螳螂 816
河南博爱:砍大刀 k^{h}an^{54} ta^{13} tau^{44}　　螳螂 633
河南济源:砍大刀 k^{h}an^{53} ta^{13} tau^{44}　　螳螂 516
河南鹤壁:大砍刀 ta^{312} k^{h}an^{52} tau^{33}　　螳螂 1593
河南沁阳:大砍刀 ta^{13} k^{h}an^{313} tau^{33}　　螳螂 196

"砍",《广韵》《集韵》不收。《康熙字典》云,《篇海》苦感切,音坎。如果该地方言把"马刀"用于"大刀"意,"砍马刀"可能是"大刀"改为同义的"马刀"而形成的。那么,"马"就不是"砍"-m 尾的痕迹了。"马"字轻读的话,则其为-m 尾痕迹的可能稍微变强。

以下例子也有分音词、动词后缀两种解释的可能:

北京平谷:甜么秸 t^{h}ian^{55} mə^{0} tɕiɛ^{35}　　甜的玉米秸 172 ← 舔秸?

甜 t^{h}iam → t^{h}iam mə

河北临西：甜么秸 t^{h}ian^{53} mə^{0} tɕiɛ^{33}　　甘蔗 710 ← 舔秸？

甜 t^{h}iam → t^{h}iam mə

河北清河：甜么秸　　甘蔗 710 ← 舔秸？

河南洛阳：甜蜜杆儿 t^{h}ian^{31} mi^{33} kɐɯ^{53}　　甘蔗 141

甜 t^{h}iam → t^{h}iam mə → t^{h}iam mi

甜杆儿 t^{h}ian^{31} kɐɯ^{53}　　141

山东利津：○？舔么 t^{h}iã$^{55-212}$ mə^{0}

用舌头不断地舔 106 ←"舔"；"舔" t^{h}iã^{55}（上）30

× cf. 漱么 ʂu$^{21-44}$ mə^{0}

放在嘴里添润 105 "么" mə^{0}，动词（/形容词）后缀

头三个可以看作"舔秸" t^{h}iam tɕiɛ → t^{h}iam mə tɕiɛ，同样洛阳的"甜蜜杆儿"亦可看作 t^{h}iam kan(r) → t^{h}iam mə kan(r) → t^{h}iam mi kan(r)。第二音节不轻读，可能是原来轻读的 mi 由于俗词源与"蜜"字联结起来，因而如"蜜"字一样读起来的。亦可看作受前面音节介音的影响发生隔离同化，t^{h}iam mə tɕiɛ 变成 t^{h}iam mi tɕiɛ，然后这个 mi（轻声）和意义上与此关联的"蜜"同等看待读作阴平调。诚然，也有可能"甜蜜秸"第二音节弱化变如：t^{h}iam mi tɕiɛ → t^{h}iam mə tɕiɛ。未见写作"甜蜜秸"的例子。笔者认为相对来说，前一个看法可能性稍大。利津的"舔么"实在难以下判断。"漱么"，"漱"字不是古-m 尾字，后面的"么"绝不是-m 尾痕迹。与此相比，"舔么"都有可能。也许古-m 尾字跟随某个固定音节的条件较容易成为分音词。参看下面 3.3"夹巴道"，与这里的"甜么秸"比较一下。总之，古-m 尾字后面出现的 m-母音节到底如何辨别，目前还没有明确的标准。

三、-p 尾例

3.1　有过重音脱落？

俞（1988）也列举了一些-p 尾痕迹的例子，如：

	重音脱落
"拉" 《广韵》卢合切"拉拔"laba。	lʌp → lɑp(→ lɑp pə) → la pa
"哈" 《广韵》呼合切"哈巴腿儿"	hʌp → xɑp(→ xɑp pə) → xa pa
"杂" 《广韵》徂合切"杂八凑儿" zábacòur	dzʌp → tsʌp → tsɑp(→ tsɑp pə) → tsa pa
cf. 天津话 "杂巴地"	
"沓" 《广韵》徒合切"嘚啵"dēbe	dʌp → tʌp → tɑp(→ tɑp pə → təp pə) → tə pə

俞敏说,上述复合词的第二音节都是[p]尾加寄生音变来的。拟定演变模式原文没提,是笔者按照俞文意图加上的。未知俞敏是否考虑( )中的环节。上面已介绍林焘(1963)所指出的重音脱落例,即"人民" ʐən min(读音速度慢)→ ʐəm min → ʐə min(快)。这是可逆的,慢读就可以还原脱掉的成分,但也有如下不可逆的重音脱落例:

"杉木" * ʂam muk → ʂa muk → ʂa mu

"娘们儿"ȵiɑŋ mən(r) → ȵiɑm mən(r) → ȵiɑ mən(r)

天津:娘们儿 /niá mēr/ ① 女人,多指已婚女人② 妻子 天津方言 125

河南安阳郊区:娘(/nia/)们 已婚女子 368

"公母俩" kuŋ mu lia → kum mu lia → ku mu lia

河北山海关:公母俩 ku^{55} mu^{0} lia^{214} 两口子 605

河北抚宁:公(音估)母俩 (旁人称呼),一般指中年以上的夫妻 569

吉林长春:公母 /gū mu/ 夫妻 219

"囟门" s/ɕin mən → s/ɕim mən → s/ɕi mən (现不考虑词尾读音)

河北河间:隙门子 si^{31} $mən^{53}$ $tsɿ^{0}$ 婴儿头顶未合缝的地方 769

河北宁晋:细弥子 si^{55} mi^{0} $tsə^{0}$ 囟门 209 si mən → si mi

河北涉县:西门子 /xīméndai/ 额 108 (子/dai/,名词词尾。本字未详)

"今日" tɕiəm ər → tɕiəm mər → tɕi mər (参看下节)

山东宁阳:今门儿 $tɕi^{214-31}$ mer^{0} 今天 114

"杉木"一例李荣(1965;1982)早已指出,"杉"字的韵尾并到"木"声母里去了，如：ʂam muk → ʂa mmuk → ʂa muk → ʂa mu（108 页）。平山久雄（1993b）认为这是由于异化现象脱落了-m 尾（139 页）。笔者把它简单地叫作“重音脱落”。以上顺便列举了一些类似的例子以供参考。

上面俞敏举出的-p 尾痕迹例也有动词、形容词、名词后缀的可能。以“巴、拔、八、啵”等字写下的音节到底是否是真正的-p 尾痕迹，如何排除动词后缀的解释，仍然没有可靠的、绝对的辨别方法。关于寄生元音的音值是 a，还是 ə，起码有两种解释。一、由前面音节之主要元音决定；二、本是 ə，后来与前面音节之主要元音同化，如是外转系就变为 a。

3.2 再谈“今日”

下面是类似演变的“今日”对应词的例子，也是太田斋（1994；1996）讨论过的。现在稍微加以修改并增加例子重新介绍一下。“今日”*kɪĕm ɲiĕt 在各个方言中经过各自的历史演变，尤其是“日”字有了各种方音形式，如：ʐʅ～ər，ȵiəʔ，jiət，ʐəʔ～zəʔ 等等。值得注意的是，各个方言里都能看到它们各自的-m 尾痕迹例：

山东 tɕiəm ʐʅ → tɕiəm ər → tɕiəm mər（→ *tɕiə mər）→ tɕi mər；

山东枣庄：今门儿 tɕiẽ$^{213-212}$ mer^{0}［～tɕiem mer］　78

　　　　= “今”tɕiẽ^{213}（阴平）38

宁阳：今门儿 tɕi$^{214-31}$ mer^{0}　114　≠“今”tɕiẽ^{214}　49

郓城：今们儿 tɕi$^{213-21}$ mer^{0}　113

浙江 tɕiəm ȵiəʔ → *tɕiəm miəʔ → tɕiəʔ miəʔ 等

tɕiəm ȵiəʔ → tɕiəm miəʔ → *tɕiəm miəm → ? tɕiəm miəŋ～ tɕiə̃ miəŋ

tɕiəm ȵiəʔ → tɕiəm miəʔ → tɕi（ə） miəʔ → tɕi（ə） mi（ə）

浙江奉化：即末 tɕieʔ mʌʔ（mieʔ）　844

浙江定海：级密 tɕiəʔ^{33} miəʔ^{44}　ZJ310

浙江宁波：即密 tɕiɪʔ$_{3}$ miɪʔ$_{5}$　DD740

浙江余姚：记米 tɕi^{44} mi^{41}　ZJ310

浙江宁海：今冥 tɕiŋ^{22} miŋ^{343}　ZJ310 = “今” tɕiŋ^{22}？

广东 kəm jiət → kəm mət

南海(沙头):今日 kɐm^{55} mɐt^{22}　　ZC34 ＝"今"kɐm^{55} ZZ197;
"日"(j)iɐt^{22} ZZ261

开平(赤坎):今日 kem^{21} met^{21}　　ZC34 ＝"今"kem^{33} ZZ197①;
"日"^{ŋ}get^{21} ZZ261

山西 *tɕiəm ʐ/zəʔ → tɕiəm məʔ → tɕiəm mə → tɕiəm mi ~ tɕiə̃ mi/tɕiəŋ mi

阳城:今么 kiŋ^{21} məʔ^{54}　　志 425

阳城:今么 tɕiə̃ĩ$^{224-24}$ məʔ$^{\underline{22}}$　　今天 上党 184

左权:今觅 tɕiəŋ^{53} mi^{35}　　38 ＝"今" tɕiəŋ^{53} 23

*tɕiəm zəʔ → tsəm zəʔ → tsəm məʔ → tsəʔ məʔ("日" *zəʔ> ʐəʔ)

大宁:只么 tsəʔ^{54} məʔ^{0}　　今天 县志 482 ≠ "今"tɕiẽ^{21}?②

cf. 日头花 ʐəʔ^{21} t^{h}əu^{0} xuA^{55}　　向日葵 县志 484;

热头 ʐʌʔ^{21} t^{h}əu^{13}　　太阳 县志 480

cf. **tɕiən zəʔ → tɕiən zən**

太谷:今人 tɕiə̃^{22} zə̃^{22}　　今天 35 ＝"今" tɕiə̃^{22} 17;"日$_{~能}$" zəʔ^{11} 20

cf. 前日 tɕiẽ^{22} zəʔ^{11}　　前天 35;"日$_{~能}$" zəʔ^{11}(阴入) 20

(**tɕiŋ zəʔ → tɕiŋ zəŋ**)

太原:今人 tɕiŋ^{11} zəŋ^{11}　　FY296

cf. 前日 tɕ^{h}iɛ^{11} zəʔ^{54}　　FY296;日脏 zəʔ^{54} tsɒ̃^{11}　　肮脏 FY312

---

① "今日 kem^{21} met^{21}",如果调值无错,"今"字调 21 大概是连续变调调值。

② 今据《县志》。崔容、郭鸿燕《大宁方言研究》记作"□□ tsəʔ^{44} mɐʔ$^{\underline{31}}$"(150 页)。"日"字两读,一是"日$_{~本;~鬼}$"读 ʐəʔ$^{\underline{44}}$(阳入)(104 页),二是 ʐɐʔ$^{\underline{31}}$(阴入)(102 页)。后者用于语气词。此外似乎只用于"日头 ʐɐʔ$^{\underline{31}}$ t^{h}əu^{24}"(150 页)。"热"同读 ʐɐʔ$^{\underline{31}}$(102 页)。后者应是变读,"日头"亦可写作"热头"。"□□ tsəʔ^{44} mɐʔ$^{\underline{31}}$"如是来自"今日",那么此"日"应本读 zəʔ$^{\underline{44}}$(阳入)。一般来说,县志所收方言志的标音很差,远不如某某方言研究、方言专志一类书严密。但笔者认为关于此方言"今天"对应词该采取《县志》标音。非常遗憾,《县志》无同音字表。从其他字的标音来看,"今"字音应是 tɕiẽ^{21}。可参考《研究》同音字表第 100 页"今金津京晶"tɕiən^{31}(阴平)。大宁方言无 zəʔ。zəʔ>ʐəʔ 大概是受周围优势方言影响的结果。

cf. **tɕiəŋ ʐəʔ → tɕiəŋ ər → tɕiəŋ əŋ**

方山：今嗯 tɕiəŋ^{24} əŋ^{0}　　志 445

cf. 前儿 tɕʰiər^{51}　　前天 445；儿 ər^{44}　　儿子　志 448；

日头 ʐəʔ$^{23-21}$ tʰəɯ^{44}　　太阳　志 444

cf. **tɕiʌ̃ zəʔ → tɕiʌ̃ zʌ̃→ tsʌ̃ zʌ̃或 tɕiʌ̃ zəʔ → tsʌ̃ zəʔ → tsʌ̃ zʌ̃**（*tsiʌ̃）

清徐：真日 tsʌ̃^{11} zʌ̃^{11}或 tsʌ̃ː^{11} 33；≠"今"tɕiʌ̃^{22} 17；"日" zəʔ^{2} 24

cf. 前日 tɕie^{11} zəʔ^{2}　　前天 34

cf. **tɕiaŋ zəʔ → tɕiaŋ zaŋ → tsaŋ zaŋ 或 tɕiaŋ zəʔ → tsaŋ zəʔ → tsaŋ zaŋ**

武乡：真人 tsaŋ^{113} zaŋ^{33} 25；≠"今"tɕiaŋ^{113} 16；"日" zəʔ^{3} 18

？*tɕiəm ʐ/zəʔ ka → tɕiəm məʔ ka → tɕiəm mə/a (k)a → tɕiəm mə/a (k)ə → tɕi(ə) mə (k)ə

山西临汾：今吗个 tɕim$^{21-33}$ ma^{21} kɔ^{0} 68 ≠"今"tɕin^{21}（阴平）46（单字音系里无 im 韵）；

"日"ʐʅ^{21}（阴平）（< *ʐəʔ）32

山西汾西：今么个 tɕi^{11} mə^{0} kə^{0} 29 ≠"今" tɕiəŋ^{11}（阴平）21，"今" tɕiə^{11}（阴平）22

cf. 今年可不好 tɕi^{1} niɑ̃^{0} kʰə^{1} pə^{3} xɑo^{33}　　年头不好 30（1 为阴入调）

cf. 今年 tɕiəŋ^{11} niɑ̃^{0} 29

cf. 后日 xou^{53} zə^{0}　　后天 29；"日"zə^{11}（阴平）21

山西运城：今末啊 tɕi$^{31-13}$ mo^{31} a^{10}　36 ≠"今"　tɕiẽi^{31}（阴平）27；

"日" ʐʅ^{31}（阴平）（<*ʐəʔ）21，"日~头" ər^{31}（阴平）29

山西临汾屯里：今□个 tɕiŋ^{22} mᴀ$^{-22}$ kɔ$^{44-22}$ 137；"今"tɕiei^{22}（阴平）53；

"日" ʐʅ^{22}（阴平）（<*ʐəʔ）48

cf. 今年个 tɕiei^{22} niai$^{35-22}$ kɔ$^{44-22}$ 136

cf. 日子 ʐʅ$^{22-55}$~ʐʅ^{22} tsɿ$^{31-22}$ 137

山西洪洞：今马个 tɕi^{21} mɑ^{20} ko^{20} 30；"今文" tɕien^{21}（阴平）24，"今白" tɕi^{21}（阴平）17；

cf. 日子多了 ʐʅ²¹⁻⁴⁴ tsɿ²⁰ to²¹ liɑ²⁰　　很多天 30

同音字表不收“日”字，应是 ʐʅ³¹（阴平）（<* ʐəʔ）21

cf. 今年个不好 tɕien²¹ ȵiɑn²⁰ ko²⁰ pu³³ xɑo⁴²　　年头不好 30

cf. 今年个 tɕien²¹ ȵiɑn²⁰ ko²⁰　　今年 30

各个拟定演变模式最后两个环节用~标记，其意为自然会话速度读出来的形式（前者）慢读就变成单字音形式的总和体。临汾、运城、洪洞等方言“日”字现在都读 ʐʅ，但笔者怀疑上面的“今天”对应词原始语音形式的“日”不是这个，而是属于更古老层次的，目前已被淘汰消失的 * ʐəʔ（或 * zəʔ）。上面洪洞例子里“今”字白读下面有一个点，意味着音韵地位特殊（《洪洞方言志》14 页）。大概是 tɕi²¹ 只出现于“今天”对应词的缘故吧。汾西的情况也与此差不多。“今”字最多在“今天”里出现，“今天”里的变读获得代表性并类化用于“今年”。为什么“今年可不好”里的“今”和“今年”的“今”不同，大概是由于所属的层次不同，“今年”读音被新层次读音代替了。

3.3　可能性较大的例子

以下为很可能是-p 尾痕迹的例子：

夹 * tɕiap → tɕia pə/a

山东滨州：夹巴道儿 tɕia³⁴⁻⁴⁴ pə⁰ tɔr²¹　　两墙之间的狭窄通道 SFC111

山东东营：夹巴道儿 tɕiɑ⁵⁵⁻⁴⁴ pɑ⁰ tɔr³¹　　小胡同 1431

山东博兴：夹巴道儿 tɕiɑ⁴⁴⁻²¹³ pɑ⁰ tˁɔr²¹　　两墙之间的狭窄通道（陈户镇）173

山东莒县：夹巴道儿 tɕia⁵⁵⁻²¹³ pa⁰ tɔr³¹　　AA155

山东莒县：夹巴道子 tɕia⁵⁵ pa⁰ tau³¹ tsɿ⁰　　屋与屋与院墙间形成的窄道志 101①

山东沂南：夹不道子 tɕiɑ²¹³⁻²¹ pu/pə⁰ tɔ³¹⁻⁵⁵ tθɿ⁰　　院内房屋之间或房屋和院墙之间的夹道 128

cf. 山东莱州：夹道儿 tɕiɑ⁵⁵ tˁɔr⁴²　　房墙与院墙之间的通道 127

山东聊城：夹道儿 tɕiɑ¹³ tɔr³¹³　　（老）= 茅子、茅房 98

① 训释如原文。“与屋”二字应是衍字。

山东牟平：夹道子 ciɑ^{213} tɑo^{131} tə^{0}　　两墙之间狭窄的道路 104

沂南的例子并不符合笔者设想，这是与来自“夹过道”的（*tɕia kuə tau →）tɕia ku tau 之间发生混淆而形成的。“夹过道”tɕia kuə tau 发生弱化成为 tɕia kuə tau 的例子有：

河北青县：夹过道 tɕiᴀ^{34} kuo^{0} tɑu^{41}　　小巷 760

河北盐山：夹股道儿 tɕiɑ^{55} ku^{5} tɔr^{31}　　两墙之间的狭窄通道 69

山东寿光：夹古道子 tɕiᴀ^{213} ku^{0} tɔ$^{21-55}$ tsʅ^{0}　　狭巷 116

山东淄博：夹咕道子 tɕia^{33} ku^{0} tɔ$^{31-55}$ tsʅ^{0}　　两房之间的夹道 2260

山东沂南：夹古道子 tɕiɑ$^{213-21}$ ku^{0} tɔ$^{31-55}$ tθʅ^{0}　　相邻的两家院墙间留出来的窄道儿 128

cf.“胡同”+“夹过道（儿）”

此外也有“夹过道”和“胡同”之间发生混淆的例子：

河北平乡：夹活道儿 tɕia^{44} xuo^{53} taur^{0}　　正房和配房之间的夹道 868

山东平原：夹伙道 jia^{214} huo^{55} dao^{21}　　胡同 722

山东济南：夹火道儿 tɕia$^{213-21}$ xuə^{0} tɔr^{21}　　两墙之间的狭窄通道 SFC111

山东济南：夹胡道 tɕia$^{213-21}$ xu^{0} tɔ^{21}　　两墙之间的窄道，一般在院子里，可以堆放杂物，不走人　词典 94

山东济南：夹骨道 tɕia$_{21}$ ku^{0} tɔ^{21}　　两墙之间的狭窄小道　市志 156

夹胡道 tɕia$_{21}$ xu^{0} tɔ^{21}　　两墙之间的狭窄小道　市志 156

山东德州：夹胡同道儿 tɕia$^{213-21}$ xuŋ^{0} tɔr^{21}（xuŋ^{0} 为胡同 xu$^{42-55}$ tʰuŋ^{0} 的合音）　　两墙间留有很窄的地方 65

“胡同”对应词亦有“胡同”合音，后面带“道（儿）”的，即：

河北新河：闳道儿　　胡同 601

山东滨州：闳道 /hóng dào/　　胡同　志 706

河北广宗：闳道儿　　胡同 627

洪道 627

山东齐河：混道 /hun^{13} dao^{31}/ xuən tau　　胡同道 714

*xu t^{h}uəŋ tau → xuəŋ tau → xuən tau 或

*xu t^{h}uəŋ tau → xun t^{h}uəŋ tau → xuən t^{h}uən tau → xuən tau

山东临清：红○道　　（康庄 又）52①

看来上面德州的例子除了可能是“夹过道”和“胡同”混淆之后的合音之外，还有可能是“夹道”和“胡同（二字合音）道”混淆而成的。

对变读音使用代用字的时候，一般不大重视声调一致，以最常用、最平易的谐音字为优先，如对“夜蝙蝠”变读为（ia/iə pian fu →）ian pian fu 后的开头音节，大部分方言用“盐”字，用“燕”字的很少。上面对“夹过道”的“过”的变读，有的方言用“活”，有的方言用“火/伙”，这些现象与解释该字同出一源并不冲突。部分方言的“胡同”对应词开头音节声母本读 k-，但现在不详细讨论“夹过道”第二个 k-母音节来自“胡（同）”与否。从上面的情况看来，我们可解释为沂南一例“夹道子”对应词经过 tɕiɑp tɔ tθɿ → tɕiɑp pə/ɑ tɔ tθɿ → tɕiɑ pə/ɑ tɔ tθɿ 的演变之后与来自“夹过道”的 tɕia ku tau（-r/tsɿ）之间发生混淆变成 tɕiɑ pu tɔ tθɿ 了。也就是说，沂南一例无非是一个-p 尾痕迹的变例，不必把它看作例外除去。需要注意的一点是，“夹巴道（儿/子）”似乎只分布于山东地区，其范围与保留-m 尾痕迹的地区差不多一致。

四、日本汉字音的拼法

俞敏（1988）举出的分音词，其类型酷似日本汉字音的拼法。下面拿其中最有代表性的“吴音”和“汉音”的例子来简单介绍一下。主要是为了示例，标音并不严格。

4.1　-t，-k 尾字的拼法

“一”**吴音** it ＋i（寄生元音）→ イチiti >itʃi

　　［**汉音** it ＋u（寄生元音）→ イツitu >itsu］

“节”**吴音** tset ＋i（寄生元音）→ セチtseti >setʃi

① ○，《临清方言志》有如下说明：声母、韵母都不复存在，只能从前一音节的声调变化上感觉到音节的“存在”，有时还伴有前一音节的相对延长（27 页）。

［**汉音** tset ＋u（寄生元音）→ セツtsetu ＞setsu］

“劈” **汉音** p^hek ＋i（寄生元音）→ ヘキɸeki>heki（**吴音**未见）

“落” **吴音 ＝ 汉音** lɑk ＋u（寄生元音）→ ラクlaku

-m，-n 尾字一般都以-N 拼，如：“三” sam → サン（sam＞）saN、“满” man → マンmaN

但古复合词里偶尔能看到留下-m 尾的例子，如：“灯芯” トウシミ tou simi。“芯”单字读シンsiN，但在此词组里“芯”读作 sim ＋i（寄生元音）→ simi。与此类似的有“三位”，此词指第三名时，就读サンイ（saN wi＞）saN 'i，但指古代位阶时则读サンミ sam mi。“阴阳师古代风水先生”读 om yaũ dʒi＞om yau dʒi>オンヤウジoN yau dʒi＞オンヨウジ oN yoː dʒi 以外，还可以读 om yaũ dʒi>オンミャウジom myau dʒi ＞オンミョウジom myoː dʒi。

这种同化例一般在日语固有词里才出现。但部分早期引进来的汉语借词（大都是吴音词）因常用之故与日语固有词同样看待，也发生如此同化。参看-n 尾的同化例：

cf. “观音”カンノンkan on → kan non　　“因缘”インネンin en → in nen

也就是说，-m 尾字刚借来时同样读-m，但日语没有收-m 的音节，传入后一会儿-m 就变为-N 了。极少古代复合词里还能看到保留早期读音-m 的痕迹。

日语的唇音声母只有 ɸ，-p 尾字的 p 只好以接近读音的 ɸ 来暂且代替拼写，然后走着日语历史音变的道路，ɸ>〇（零），如：“塔” t^hɑp → taɸ ＋u → タフ　taɸu＞tau＞トウtoː、“叶” jiɛp → jiɛɸ ＋u → エフjiɛɸu＞jiɛu＞ヨウjioː。

反而少数-p 尾字为了保持促音特征变为和-t 尾一样的拼法，如：“杂” ザツ dzatu＞dzatsu（另有ザフ dzaɸu＞dzau＞ゾウ dzoː）、“立” リツ ritu＞titsu（另有リフ riɸu>riu>リュウryuː）、“接” セツsetu>setsu（另有セフseɸu>seuショウsyoː）。

诚然这是日语特有的历史演变的结果，并不反映汉语原音的历史演变。但讨论汉语方言入声韵尾消失过程时，能够提供某种线索。

4.2　-p 尾变例

按照俞敏的想法，以下例子可视为-p 尾变例：

山东济南：眨□ tʂa$^{55-213}$ ma^{0} 眨：～眼 词典 90 ←眨巴（眼）

眨（眼）*tʂap（ŋan）→ tʂam（ŋan）→ tʂam ma（ɲian）→ tʂa ma（ian）

cf. 山东济南：眨巴 tʂa$^{55-213}$ pa^{0} 眨：～眼 词典 90

*tʂap（→ tʂap pə）→ tʂa pa → tʂa pa 或 tʂap（→ tʂap pa）→ tʂa pa

河北献县：眨么眼 tʂa$^{213-21}$ mə^{0} iɐr^{213} 140

眨眼 *tʂap ŋan → tʂam ŋan → tʂam mə ŋan → tʂa mə ian

黑龙江哈尔滨：眨摸 tʂa^{213} mɤ^{0} 101 ←眨巴（眼）

眨巴 tʂa^{213} pa^{0} 眨，（眼睛）闭上立刻又睁开 词典 101

眨（眼）*tʂap（ŋan）→ tʂam（ŋan）→ tʂam mə（ɲian）→ tʂa mə（ian）

山东临清：展么眼 tæ̃^{55} mə^{0} ɛ̃r^{55} 眨眼 110 "展" tæ̃^{55}（上）19

眨眼 *tʂap ŋan → tsap ŋan → tsam ŋan → tsam ma ŋan → tsam mə ian～ tsan mə ian

cf. 河南濮阳：晰眼 tʂan$^{55-53}$ ian^{55} 眨眼 502

眨眼 *tʂap ŋan → tʂam ŋan → tʂaɲ ɲian → tʂan ian

这些例子亦带有老问题，就是后面跟随的"巴""么、摸"等字是否是动词后缀。俞敏举出的以下例子似乎不能看作加上后缀的可能：

"鰈" 《广韵》吐盍切 tamayu（原文缺声调符号）

因有不少声符一致的字都读 dié，如：牒、蝶、堞、蹀。普通话"鰈"字读音 dié 应是由于类推而成立的。俞敏认为 tamayu 是经过如下演变而形成的：

"鰈鱼" t^{h}ɑp ŋɪə → t^{h}ɑm ŋʏ → t^{h}ɑm mə ɲy → t^{h}am ma y → t^{h}a ma y

"咂"《广韵》作"噆"，子榑切。"咂 me 滋味儿"也能同样看待。俞敏推测为也许原来说"咂 me 味儿"，就是"咂"字后面常带"味儿"。"味"，微母字，古读 m-，山东利津方言"味儿"仍然读作 mir，那么可推测大概演变如下：

咂味（儿）tsʌp mɪǝ̆i → tsɑp mɪǝ̆i → tsɑm mɪǝ̆i → tsɑm mə mɪǝ̆i → tsa mə wəi

今儿尾不计内。tsa mə 获得代表性，“咂滋味儿”也类化读成/zame ziweir/了。

五、有无-t/-k尾的痕迹？

古-t/-k尾的分音词很难找出，未见确切的例子。

5.1 -t尾

如果-t尾经过-r或-l消失的话，有如下两种可能：

Vt → *Vt tə/a → *V tə/a → V lə/a；Vt → Vl → *Vl lə/a → V lə/a

一眼看上去，像是合乎这种类型分音词的例子，但不能排除亦可解释为动词（/名词）后缀的余地。暂且可看作属于这一类型的只有：

结巴 *tɕiɛt pa → tɕiɛt tə pa → tɕiɛ tə pa → tɕiɛ lə pa（？→ tɕiɛ la pa）

山东博山：结拉巴 tɕiə$^{214-31}$ lɑ^{0} pɑ^{0}　　结巴 139

山东章丘：结拉巴 tɕiə$^{44-23}$ la^{0} pa^{0}　　结巴 139

cf. 山东阳谷：结巴 tɕie$^{13-21}$ pa^{0}　　口吃 168

　　山东文登：结巴 ciɛ^{214} pə^{0}　　文登话 130

豁 *xuət → xuət tə → xuə tə → xuə lə（？→ xuə la）

河北迁安：豁拉嘴儿　　豁唇子 465

天津市：豁拉缝 ꜀xɤ la fəŋ꜄　豁嘴儿　普通 2749　“豁”内转系，而不读 lə

cf. 河北新乐：豁子 xə^{213} tsɿ^{0}　　长兔唇的人 126

　　河北新乐：脚豁拉　脚趾缝儿（=灵寿）268

山东定陶：手指头盒拉子 ʂou^{55} tʂʅ^{213} t^{h}ou^{0} xə^{52} lɑ^{0} tə^{0}

　　　　指甲沟儿 94 ←手指头豁子？

蝎虎子 *ɕiɛt xu tsɿ → ɕiɛ tə xu tsɿ → ɕiɛ lə xu tsɿ（？→ ɕiɛ la xu tsɿ）

河北山海关：蝎拉虎子 ɕiɛ^{35} lɤ^{0} xu^{214} tsɿ^{0}　　壁虎 606（=河北秦皇岛 117）

北京平谷：蝎了虎子 ɕiɛ^{35} lə^{0} xu$^{214-21}$ tsə^{0}　　壁虎 180（=河北固安 834 lə^{0} 误作 iə^{0}）

河北定兴：蝎里虎子 /xie^{33} li^{0} hu$^{213-21}$/ uər^{0}　　126

河北青县：蝎拉虎子 ɕiɛ^{42} lᴀ^{0} xu^{213} tsɿ^{0}　　壁虎 756

河北霸州：蝎拉虎子 ɕiɛ$^{45-21}$ la^{0} xu$^{214-41}$ tsɿ^{0}　　包括壁虎和地里的蜥蜴 87

赣方言以及楚方言有(t->)-l 尾。北方方言亦能看到 t-弱化成为 l-的例子，如：

打～拉

山东曲阜：餐拉木子 ts^{h}ɑ̃$^{213-211}$ lɑ^{0} mu$^{213-211}$ tsɿ^{0}　　啄木鸟 63 ← 餐打木子（←? 鸽打木子）

cf. 山东济南：餐打木子 ts^{h}ã$^{213-21}$ ta^{0} mu^{0} tsɿ^{0}　　啄木鸟　志 47

河北赵县：皮拉虎子　　传说中的狐狸精 549

河北赞皇：皮拉虎子　　传说中的狐狸精 87

河北宁晋：皮拉狐子压住来 p^{h}i$^{53-55}$ la^{0} xu$^{53-55}$ tsə^{0} ia^{33} tʂu^{0} lɛ^{0}　　指梦魇 218

cf. 山东新泰：貔大狐子 p^{h}i$^{42-55}$ ta^{0} xu$^{55-213}$ tθɿ^{0}　　传说能够转移财物的狐狸精 98

　山东泗水：皮打乎子 p^{h}i$^{42-55}$ tɑ^{0} xu$^{213-211}$ tsɿ^{0}　　传说中的狐狸精 657

灯～楞

河北河间：扑楞蛾 p^{h}u^{44} ləŋ^{0} uo^{53}　　灯蛾 776

河南开封：扑楞蛾 p^{h}u^{24} ləŋ^{0} ɤ^{41}　　飞蛾 279

cf. 河南滑县：扑灯蛾 p^{h}u^{24} təŋ^{24} ə^{52}　　灯蛾 184

　河北昌黎：扑灯蛾儿 p^{h}u$^{32-33}$ təŋ$^{32-33}$ ŋɤr^{13}　　187

看以上例子，“结巴”对应词“结”字后面出现的“拉”，博山、章丘都不读 lə，而分别读为 lɑ、la。“结”为内转系，如果“结拉”是分音词的话，“拉”应读 lə，难以设想受后面轻声音节“巴”的影响发生隔离同化而使得 lə 成为 lɑ、la，而且根本没有“结”字后面音节读为 tə/a 的例子。还有一个重要的问题，即“结”是否是本字。另外还有写作“嘅巴”（山东德州、河北献县）、“撅巴”（山东临清）以及“磕巴”（山东济南、菏泽）、“嗑巴”（山东宁津、天津宝坻、辽宁兴城）等的例子。值得注意的是“嗑”虽然现读送气，但属于中古见母字。① 如果本字为“磕”或“嗑”，

① 释文“多言”，不符合“口吃”义。是否为如江苏盐城方言把“乞丐”叫作“财神”一样，拿反义词指“口吃”意义？

此二字都是中古-p 尾字，那么后面“巴”字就可看作分音词的后一半，绝不可能后面产生 lɑ、la 音节。“豁”字也有同样的问题。目前有音标的只有天津、定陶二例，即使是缺音标的新乐、迁安二例的“拉”不一定如字读，不能忽视有音标的二例显然都读 la。无论怎样，这一类词里 lɑ、la 等外转系读音的“拉”，很难设想是儿尾或子尾的变体。“蝎拉虎子”的“蝎拉”，相对来说分音词的可能性较大。但这里也掺杂“拉”字读为外转的例子。如果不能说明 ɕiɛ lə xu tsɿ → ɕiɛ la xu tsɿ 的变化，这也不能立刻断定为“蝎”字分音。

5.2 -k 尾

如果-k 尾分音词存在的话，可能经由如下演变过程成立：**Vk → *Vk kə/a → V kə/a → V xə/a**。

笔者所搜集的材料里符合此类型的，目前几乎没有。勉强举出如下例子：

山东新泰：雀古眼 $tɕ^hyə^{213-212}$ ku^0 $iã^{55}$ 夜盲症 85

山东利津：雀谷眼 $ts^hiɔ^{44-23}$ $ku^0iɑ̃^{55}$ 夜盲症 75

河北石家庄：雀股眼 $ts^hiɔ^{51}$ ku^{55} $iæ̃^{55}$ 夜盲症 243

河北元氏：雀固眼儿 $ts^hiɑu^{55}$ ku^{312} $iɛr^{55}$ 夜盲症（西） 125

山东沂南：鹊瞽 $tɕ^hyə^{31}$ ku^{55} ① 夜盲症 ② 患夜盲症 183←雀眼 或雀瞽眼？

鹊瞽眼 $tɕ^hyə^{31-55}$ ku^0 $iɑ̃^{55}$ ① 患有夜盲症的眼睛 ② 患夜盲症的人 183

河南台前：错故眼 夜盲 614

山东邹平：雀瞽 $tɕ^hiau^{55}$ ku^0 夜盲症 865

山东临淄：雀谷 $tɕ^hyuə^{44-213}$ ku^0 夜盲 561

山东章丘：缺骨 $tɕ^hyə^{44-23}$ ku^0 夜盲症 140 ←“雀瞽”？

河南民权：却胡 夜盲眼 622

河南台前：确糊眼 夜盲 614

山东泰安：雀乎眼 $tɕ^hyə^{213-2}$ xu^0 $iã^{55}$ 夜盲症 155 ← 雀眼 或雀瞽眼？

河北正定：雀胡眼 夜盲症（城关）815 = 城北、城南

山东成武：缺乎眼 夜盲 680

山东菏泽：缺虎 $tɕ^hyə^{213-21}$ xu^3　　夜盲眼 674

河北元氏：雀捂眼儿 $ts^hiɑu^{55}$ u^{53} $iɛr^{55}$　　夜盲症 125

河北获鹿：雀捂眼　　夜盲症　县志 800 = 河北栾城 917

河北曲阳：雀儿捂眼　　夜盲 674

山西广灵：雀乌眼　　雀目 630

"雀"字后面跟随的字，有些例子写作"瞽"。此字非口语用字，亦难想象曾经较为常用。如果是分音词的话，其演变过程可拟定为：

*雀眼 tɕyək ŋan → $tɕ^h$yək ŋan → $tɕ^h$yək ian（→ $tɕ^h$yək ku ian）→ $tɕ^h$yə ku ian→ $tɕ^h$yə xu ian

但有些难点。其一，未见"雀眼（儿）"。二，"寄生元音"不读 ə/a，而读 u。鸟名里的"雀"字后面根本不带与此类似的 k-/x-母音节。也难以设想鸟名"雀"带有的儿尾而排斥"雀"字分音化。如此，还是难免否定分音词之说。

5.3　另一种解释

笔者认为以上例子都来自"雀目（眼）"，ku、xu 等音节是"目"字弱化而成的产物。"夜盲症"对应词也有如下例子：

甘肃山丹：鸡目眼 $tɕi^{24}$ mu^0 iei^0　　夜盲症 219

宁夏中宁：鸡暮眼 $tɕi^{44}$ mu^0 $iæ̃^{53}$　　夜盲症 112 ←鸡目眼

"雀目（眼）"一类词形并不罕见，我们可举出如下例子：

山东文登：雀目眼 ts^hyo^{213} mu^0 ian^{213}　　夜盲　市志 912

山东长岛：雀目眼 ts^huo^{214-55} mu^0 $iɑn^{214}$　　一种眼病，视力较弱，看物双眼眯起 51

山东荣成：雀目眼 ts^hyo^{213} $mə^0$ ian^{213}　　夜盲　张 107

山东文登：雀目眼 ts^hio^{35-214} $mə^0$ ian^{214}　　夜盲　文登话 151

河北博野：□□眼 ts^hiau^{45} mo^0 $iɛn^{214}$　　夜盲 568 ← 雀目眼

河北平谷：卡眯眼 ts^hia^{214-21} mi^0 ian^{214}　　夜盲眼；"卡眯"是一种比苍蝇还大的昆虫，吸食人畜血液，白天出来，夜晚不动，故夜盲眼称～ 207

雀目眼 ts^hia mu ian → ts^hia mi ian

山西平遥：雀目眼 $t\c{c}^hy\Lambda ʔ^{23-31}$ $m\Lambda ʔ^{54}$ $ɳia\eta^{53}$夜间视力变弱的眼睛　民俗 145

山西太原北郊区：雀目 $t\c{c}^hyəʔ^2$ mu^{35}　夜盲 220

山西太原：雀目眼 $t\c{c}^hiəʔ^2$ mu^{45} nie^{53}　夜盲　词典 289

山西太原：雀目眼 $t\c{c}iəʔ^2$ $məʔ^{54}$ $ni\varepsilon^{53}$　夜盲　FY305

雀儿眼 $t\c{c}^hiau^{45}$ $ɚ^{11}$ $ni\varepsilon^{53}$　FY305

山西中阳：绝目　夜盲症 732 ← 雀目

江苏东海：家雀眼 $t\c{c}iɑ^{213-21}$ $t\c{c}yɐʔ^5$ $i\tilde{æ}^{35}$　患夜盲症　164

末尾三方言对音词例子里的“雀”对应音节声母都读不送气，与《广韵》即略切（中古宕开三入药精）正确对应，并不是与“鸡目眼”混淆的结果。太原例，温端政的论文（《方言》）作送气、不送气两读（韵母不同），沈明《太原方言词典》只有送气一读。字都写作“雀目眼”，读音稍有差异。这差异可能反映历史层次的不同。“雀”字发生特殊音变声母变为送气音①之后的“雀目（眼）”演变模式现在做如下拟测：

$^*t\c{c}^hyək$ m(i)uk → $t\c{c}^hyək$ muk → $t\c{c}^hyək$ kuk → $t\c{c}^hyə$ kuʔ → $t\c{c}^hyə$ ku → $t\c{c}^hyə$ xu → $t\c{c}^hyə$ u

$^*t\c{c}^hiak^w$ m(i)uk → $t\c{c}^hiauk$ muk → $t\c{c}^hiauk$ kuk → $t\c{c}^hiau$ kuʔ → $t\c{c}^hiau$ ku → $t\c{c}^hiau$ xu → $t\c{c}^hiau$ u

那么以上例子虽然不是-k 尾分音词例，但也可以看作另一种类型的-k 尾遗留形式了。

设想 k- → x-的演变也有问题。该例极少见。目前只能找出如下例子：

北京密云：拉拉虎 la^{51} la^0 xu^{214}　蝼蛄 636 ← 拉拉蛄

cf. 河北丰宁：拉拉蛄 la^{51} la^0 ku^{214}　蝼蛄 1088

河北霸州：蝲蝲蛄 la^{41} la^0 ku^{214}　蝼蛄 89

---

① 特殊音变的成因有几种看法。一、与谐音的鸟名“鹊”混同；二、因其叫声，平山久雄 9（132）—10（131）。前者现在不能想起是谁提出的。笔者认为这是由于避讳改音的结果。“鸟”引申为“男阴”义。“鸡”“鸭子”“（斑）鸠”等有代表性的鸟名也与此一样。“雀”是其中的一个。需要注意的是，发生如此引申义后，往往引申义沿袭本来的读音，与此相反本义改音，如细胞分裂，最终分成了两个词。如禽类总称的“鸟”，声母改为 n-，变读成 niǎo，本读音留给引申义了。同样，“雀”字引申义读本来的不送气，鸟名的“雀”改读为送气音了。现代方言的研究报告之类很少提及引申义的“雀”字。如果实在不用，那么大概此义“雀”字已让别的同义词驱逐下台，只有鸟名的变读音留下来了吧。据笔者所知，钱乃荣（1992）《杭州方言志》里能看到实例。

山东博山：旮旯 kɑ$^{214-22}$ lɑ^{33}　　　　角落 114

　　　　　哈拉 ə xɑ$^{214-31}$ lɑ^{23} ə^{30}　　　　114

cf. 山东德州：哈拉子 xa^{213} la$^{42-55}$ tsɿ^{0}　　口水 82

都不是确切的例子，也许是由于俗词源、类化等因素而成立的。“蝼蛄”对应词有可能是从“蝎虎”等带“虎”字的动物名称类化而成的。博山“哈拉 ə”也有可能是“旮旯”和“口水”义的“哈拉子”之间发生类音牵引而演变过来的。

与“雀目眼”类似的例子有：

江苏兴化：昨朝子 ts^{h}ɔʔ^{5} kɔʔ^{44} tsɿ^{0}　　27

如果同样演变过来的话，可以认为经过如下演变而成立：

*ts^{h}ɔk tsɔ/tɔ tsɿ → ts^{h}ɔk kɔ tsɿ～ts^{h}ɔʔ kɔ tsɿ 或

*ts^{h}ɔk tsɔ/tɔ tsɿ → ts^{h}ɔk ɔ tsɿ → ts^{h}ɔk kɔ tsɿ～ ts^{h}ɔʔ kɔ tsɿ

但这也并不是唯一的解释。参看以下例子：

江苏如皋：昨朝子 ts^{h}aʔ⊇ tɔ tsɿ　　昨天 728

江苏盐城：昨个子 tsaʔ⊃ kə tsə　　昨天 339

另有本字为“昨个子”，发生叠韵化而成立的可能，即：

昨个子 ts^{h}ɔk kə tsɿ → ts^{h}ɔk kɔ tsɿ → ts^{h}ɔʔ kɔ tsɿ

“个”的本字问题待考。兴化例是孤例。也不能完全排除由于印刷上的错误等意外原因而成为如上形式。总之如果还能找出同样类型例子的话，就可以互相加强遗留形式说。

六、初 步 设 想

6.1　问题的所在

如本文开头所示，汉语音韵史上-p 尾最早消失。反而以分音词留下辅音韵尾的情况与此完全不同，极难找出-t，-k 尾遗留的确切例子，也看不到阳韵尾 Vn → Vn nə/a → V nə/a；Vŋ → Vŋ ŋə/a → V ŋə/a（限于有 ŋ-母的方言里）等类型的例子。似乎只有-m/-p 韵尾才得以以分音形式来保留古韵尾，这是为什么？

6.2 初步假设

目前最有说服力的解释是,多数北方方言里的入声韵尾消失过程并不如开头所示那样,-p 尾最早发生变化,与-t 尾合并,而是经过了如李荣提示的旧洛阳音系那种状态,-m/-p 尾最晚消失。吉池孝一、中村雅之(2020a,b)也分析契丹文字所反映的辽代汉语音指出,其汉语音系-p 尾未变,-t,-k 已经消失。辽代汉语有如此特征的话,北京话以及其他不少北方方言的祖先方言也可能经过与洛阳一样的演变过程。那么开头所示的模式要被否定的话,起码在有本文讨论对象例子的北方方言中的入声演变模式应该改为如下形式:

-k → -k → -ʔ → Ø,-i,-u → Ø,-i,-u　　cf. -ŋ → -ŋ
-t → -t ↗　　-n → -n
-p → -p → -p ↗　　-m ↗

《中原音韵》音系有无入声,有两种看法,一是无,一是有。站在后者观点的话,需要说明入声有无辅音韵尾。现在不详细讨论这个问题。

值得注意的是《中原音韵》仍有-m 尾字。那么我们应该考虑入声全都舒化后,-m 尾还得以保留的语音系统的存在。①《中原音韵》也能看到唇音声母字-m>-n 的变化。可以说-m>-n 才开始。

-m 尾在入声-p,-t,-k 韵尾消失后还存在的活,现代方言里面-m 尾的痕迹形式较为多见是理所当然的。即使上面讨论的-p 尾痕迹例也许大都被否定,只有-m尾痕迹之例才能站得住脚,这并不意味着以上讨论的入声韵尾的痕迹类型绝不存在。有些例子还不能完全排斥以分音形式保留古韵尾的解释。

笔者认为俞敏的主张仍然值得深刻讨论,必须继续搜集可视为遗留痕迹的例子加以分析,并从这里找出确切的语例。即使不能找到入声字分音词的遗留例,也会找到在该字紧接其后音节受顺行同化而把前面的入声字韵尾当作自己

① 吕坤为明末宁陵(今河南商丘)人,所著《交泰韵》(1603)凡例《辨分合·第一例》云,"今合'先''盐'为一韵,……今合'真''侵'为一韵,……今合'山''覃'为一韵"(引自赵荫棠1957,136 页)。反而入声韵的合并只限于中古入声韵之内。如果不是沿袭传统四声分类而故意把它独立,那么入声就是以带喉塞音韵尾或无辅音韵尾而调值不同仍然独立的调类。我们也应该承认-m 尾消失的同时,仍有保存入声的方言音系之存在,此音系与邵雍《皇极经世书·声音图》所反映的宋代洛阳音系不在同一条直线式的历史音变途径上。本文设想的前者那种过渡状态的音系在地理上到底曾经怎样分布过,这是有待后考的问题。

声母的痕迹的例子。

参考文献

中文

李荣　1952　《皇极经世十声十二音解》,收于《切韵音系》,中国科学院,193 页,附录三,165—174 页。

李荣　1965;1982　《语音演变规律的例外》,《中国语文》1965 年第 2 期,116—126 页;后收于《音韵存稿》,107—118 页。

林焘　1963　《北京话的连读音变》,《北京大学学报》第 6 期,19—28 页。

罗常培　1933　《唐五代西北方音》,史语所单刊甲种之十二,224 页。

太田斋(OTA Itsuku)　1995　《北方方言怪音例集(4)——语流音变以及其他特殊音变》,《神户外大论丛》46-6,43—57 页。

太田斋(OTA Itsuku)　1996　《晋方言常用词汇中的特殊字音——"今日"和"今年"》,《首届晋方言国际学术研讨会论文集》,山西高校联合出版社,63—69 页。

俞敏　1988　《北京话本字札记》,《方言》第 2 期,152—154 页。

赵荫棠　1957　《等韵源流》,商务印书馆,32 页。

日文

平山久雄(HIRAYAMA Hisao)　1960　《尾巴の巴,指甲の指の北京音の由来("尾巴"的"巴"、"指甲"的"指"的来源)》,《中国语学》96,1—3 页。

平山久雄(HIRAYAMA Hisao)　1993a　《邵雍〈皇极经世声音唱和图〉の音韵体系(邵雍〈皇极经世声音唱和图〉的音系)》,《东洋文化研究所纪要》120,49—107 页。

平山久雄(HIRAYAMA Hisao)　1993b　《中国语における音韵变化规则の例外——それを生みだす诸原因について(汉语历史演变规律的例外——其各种成因)》,《东方学》85,1(140)—14(127)页。

太田斋(OTA Itsuku)　1994　《常用语汇中に见える例外的对应形式について(1)——"今日"と"今年"を例に(常用词中所见到的例外形式(1)——"今日"和"今年")》,《神户外大论丛》45-4,41—60 页。

坂井健一(SAKAI Ken'ichi)　1952　《〈古今韵会举要〉の特色について(《古今韵会举要》的特点)》,《竹田博士还历记念中国文化研究会论文集》2-4 特辑,共 12 页(无总页码)。

坂井健一(SAKAI Ken'ichi)　1955　《宋词押韵にみられる音韵上の一、二の特色(宋词押韵里的一些音韵特点)》,《东洋学报》38-2,209—237 页。

吉池孝一、中村雅之　2020a　《汉语近世音と契丹文字汉字音(2)——契丹小字の入声表记、-t/-kの有无(汉语近代音和契丹文字汉字音——契丹小字的入声拼法、有无-t/-k)》,《KOTONOHA》210,1—16 页。

吉池孝一、中村雅之　2020b　《汉语近世音と契丹文字汉字音(5)——契丹小字の入声表记、业・十・立・腊・笔の韵尾(汉语近代音和契丹文字汉字音——契丹小字的入声拼法、业・十・立・腊・笔的韵尾)》,《KOTONOHA》213,1—18 页。

方言材料

北京

密云:《密云县志》,密云县志编纂委员会,北京出版社,1998,629—638 页。
平谷:《平谷方言研究》,陈淑静,河北大学出版社,1998,292 页。

甘肃

山丹:《山丹方言志》,何茂活,甘肃人民出版社,2007,434 页。

广东

开平(赤坎)、南海(沙头):
《珠江三角洲方言字音对照》,詹伯慧、张日升主编,新世纪出版社,1987,43 页(略称 ZZ)。
《珠江三角洲方言词汇对照》,詹伯慧、张日升主编,新世纪出版社,1988,489 页(略称 ZC)。

河北

霸州:《霸州方言志》,李旭,南开大学出版社,2019,272 页。
博野:《博野县志》,博野县地方志编纂委员会,河北人民出版社,1996,545—576 页。
昌黎:《昌黎方言志》,河北省昌黎县县志编纂委员会、中国科学院语言研究所,科学出版社,1960,283 页。
定兴:《定兴方言》,陈淑静、许建中,方志出版社,1997,315 页。
丰宁:《丰宁满族自治县志》,丰宁满族自治县地方志编纂委员会,中国和平出版社,1994,1055—1102 页。
抚宁:《抚宁县志》,抚宁县地方志办公室,河北人民出版社,1990,566—579 页。
广宗:《广宗县志》,河北省广宗县地方志编纂委员会,方志出版社,1999,620—629 页。
河间:《河间县志》,河间市地方志编纂委员会,书目文献出版社,1992,753—782 页。
获鹿:《获鹿方言志》,陈淑静主编,河北人民出版社,1990,243 页(略称志)。
《获鹿县志》,河北省鹿泉市史志编纂委员会,中国档案出版社,1998,783—814 页(略称县志)。
临西:《临西县志》,临西县地方志编纂委员会,中国书籍出版社,1996,745—814 页。
栾城:《栾城县志》,河北省栾城县地方志编纂委员会,新华出版社,1995,880—935 页。
滦南:《滦南话的声调》,王辅世,《语言研究》1990 年第 1 期,92—105 页。
宁晋:《宁晋县志》,宁晋县地方志编纂委员会,中华书局,1999,197—227 页。
平乡:《平乡县志》,河北省平乡县地方志编纂委员会,方志出版社,1999,857—875 页。
迁安:《河北方言词汇编》,李行健主编,商务印书馆,1995,955+1 页。
秦皇岛:《秦皇岛市志》第十卷,秦皇岛市地方志编纂委员会,天津人民出版社,1994,89—144 页。
清河:《清河县志》,河北省清河县地方志编纂委员会,中国城市出版社,1993,678—718 页。
青县:《青县志》,青县地方志编纂委员会,方志出版社,1999,742—761 页。
曲阳:《曲阳县志》,河北省曲阳县志编纂委员会,新华出版社,1998,664—680 页。
山海关:《山海关志》,秦皇岛市山海关区地方志编纂委员会,天津人民出版社,1994,602—610 页。

涉县:《河南方言词汇(续)》,任均泽,《方言与普通话集刊》第六本,102—109 页。
石家庄:《石家庄市区方言研究》,朱秀兰、李巧兰,中国戏剧出版社,2005,432 页。
献县:《沧州献县方言研究》,傅林,中华书局,2020,221 页。
新河:《新河县志》,新河县地方志编纂委员会,方志出版社,2000,585—611 页。
新乐:《河北新乐方言研究》,李巧兰,中国戏剧出版社,2012,229 页。
盐山:《河北盐山方言研究》,刘林,苏州大学出版社,2015,195 页。
元氏:《元氏方言志》,吕路平、吕巧平,对外经济贸易大学出版社,2013,210 页。
赞皇:《赞皇方言与普通话》,赞皇县语言文字工作委员会,2006,168 页。
赵县:《赵县志》,河北省赵县地方志编纂委员会,中国城市出版社,1992,537—553 页。
正定:《正定县志》,河北省正定县地方志编纂委员会,中国城市出版社,1992,802—818 页。

河南

安阳郊区:《安阳市郊区志》,《安阳市郊区志》编纂委员会,中国标准出版社,1990,365—368 页。
博爱:《博爱县志》,河南省博爱县志编纂委员会总编辑室,中国国际广播出版社,1994,612—636 页。
鹤壁:《鹤壁市志》,鹤壁市地方史志编纂委员会,中州古籍出版社,1998,1571—1609 页。
滑县:《河南滑县方言研究》,胡伟,华南师范大学硕士学位论文,2018,287+7 页。
辉县:《辉县市志》,辉县市史志编纂委员会,中州古籍出版社,1992,803—820 页。
济源:《济源市志》,济源市地方史志编纂委员会,河南人民出版社,1993,497—530 页。
开封:《开封方言记略》,刘冬冰,《方言》1997 年第 4 期,271—285 页。
洛阳:《洛阳方言研究》,贺巍,社会科学文献出版社,1993,191 页。
民权:《民权县志》,陶景云主编,民权县地方史志编纂委员会,中州古籍出版社,1995,587—628 页。
濮阳:《濮阳县志》,濮阳县地方志编纂委员会,华艺出版社,1989,488—510 页。
沁阳:《河南省志 11 · 方言志》,河南省地方史志办公室,河南人民出版社,1995,285+5 页。
台前:《台前县志》,台前县地方史志编纂委员会,中州古籍出版社,2001,599—615 页。
汤阴:《汤阴县志》,汤阴县志编纂委员会,河南人民出版社,1987,535—574 页。
郑州:《郑州方言志》,卢甲文,语文出版社,1992,169 页。

黑龙江

哈尔滨:《哈尔滨方言词典》,尹世超,江苏教育出版社,1997,492+1 页。

吉林

长春:《长春市志 · 民俗方言志》,汪汾玲、李少卿主编,吉林文史出版社,1995,183—272 页。

江苏

东海:《东海方言研究》,苏晓青,新疆大学出版社,1997,241 页。
兴化:《兴化方言概况(初稿)》,张丙钊,汉语方言学会第六届年会提出论文,31 页。

如皋:《如皋县志》,江苏省如皋市地方志编纂委员会,香港新亚洲出版社,1995,704—746页。
盐城:《江苏省志(第89卷)方言志》,江苏省地方志编纂委员会,南京大学出版社,1998,786页。

江西

进贤、临川、南昌、武宁、星子:
《江西省志》丛书96《江西省方言志》,陈昌仪主编,方志出版社,2005,919页(略称省志)。
都昌、弋阳:
《客赣方言调查报告》,李如龙、张双庆主编,厦门大学出版社,1992,518+1页(略称报告)。
东乡、高安:
《客赣方言比较研究》,刘纶鑫主编,中国社会科学出版社,1999,808页(略称研究)。

宁夏

中宁:《中宁县方言志》,李树俨,宁夏人民出版社,1989,196页。

山东

滨州:《滨州市志》,山东省滨州市地方史志编纂委员会,齐鲁书社,1993,695—718页(略称志)。
《山东方言词典》,董绍克、张家芝主编,语文出版社,1997,773页(略称SFC)。
博山:《博山方言研究》,钱曾怡,社会科学文献出版社,1993,194页。
博兴:《黄河三角洲方言研究》,沈兴华,齐鲁书社,2005,335页。
苍山:《苍山方言志》,王晓军、田家成、马春时,齐鲁书社,2012,570页。
长岛:《长岛方言志》,钱曾怡、罗福腾、孔宪浩,《山东史志丛刊》1992年增刊,山东省地方史志办公室,119页。
成武:《成武县志》,山东省成武县史志编纂委员会,齐鲁书社,1992,669—686页。
德州:《德州方言志》,曹延杰,语文出版社,1991,241页。
定陶:《定陶方言志》,王淑霞、张艳华,时代文艺出版社,2005,224页。
东营:《东营方言研究》,杨秋泽,中国国际文化出版社,2009,397页。
东营:《东营县志》,山东省东营市地方史志编纂委员会,齐鲁书社,2000,1403—1454页。
高密:《山东方言词典》,董绍克、张家芝主编,语文出版社,1997,773页。
菏泽:《菏泽市志》,山东省菏泽市志编纂委员会,齐鲁书社,1993,667—674页。
即墨:《即墨方言志》,赵日新、沈明、扈长举,语文出版社,1991,159页。
济南:《济南方言志》,高文达,《山东史志丛刊》1992年增刊,山东省地方史志办公室,87页(略称志)。
《济南方言词典》,钱曾怡,江苏教育出版社,1997,403页(略称词典)。
《济南市志(第七册)》,济南市史志编纂委员会,中华书局,1997,113—242页(略称市志)。
《山东方言词典》,董绍克、张家芝主编,语文出版社,1997,773页(略称SFC)。
莒县:《山东省莒县方言》,石明远,《言语文化接触に关する研究》第4号,东京外国语大学亚洲·非洲言语文化研究所,1992,435页(略称AA)。
《莒县方言志》,石明远,语文出版社,1995,258页(略称志)。

莱西:《莱西县志》,山东省莱西县志编纂委员会,山东人民出版社,1990,851—884 页。
莱州:《莱州方言志》,钱曾怡、太田斋、陈洪昕、杨秋泽,齐鲁书社,2005,378 页。
利津:《利津方言志》,杨秋泽,语文出版社,1990,184 页+3 幅地图。
聊城:《聊城方言志》,张鹤泉,语文出版社,1995,198 页。
临清:《临清方言志》,张鸿魁,中国展望出版社,1990,229 页。
临淄:《临淄区志》,山东省淄博市临淄区志编纂委员会,国际文化出版公司,1989,551—569 页。
牟平:《牟平方言志》,罗福腾,语文出版社,1992,203 页(略称志)。
《山东方言词典》,董绍克、张家芝主编,语文出版社,1997,773 页(略称 SFC)。
宁阳:《宁阳方言志》,宁廷德,齐鲁书社,2013,382 页。
平度:《平度方言志》,于克仁,语文出版社,1992,268 页。
平原:《平原县志》,山东省平原县县志编纂委员会,齐鲁书社,1993,719—729 页。
齐河:《齐河县志》,齐河县志编纂委员会,中华书局,1990,709—716 页。
曲阜:《曲阜方言志》,张志静、丁振芳,《山东史志丛刊》1992 年增刊,山东省地方史志办公室,138 页。
荣成:《荣成方言》,张卫东,北京大学硕士学位论文,1982,136 页(略称张)。
《荣成方言志》,王淑霞,语文出版社,1995,274 页+1 幅地图(略称志)。
寿光:《寿光方言志》,张树铮,语文出版社,1995,230 页。
泗水:《泗水县志》,山东省泗水县地方史志编纂委员会,山东人民出版社,1991,633—691 页。
泰安:《泰安方言志》,宁廷德,山东大学出版社,2015,445 页。
威海:《山东方言词典》,董绍克、张家芝主编,语文出版社,1997,773 页。
文登:《文登话》,连疆,国际炎黄文化出版社,2006,568 页。
《文登市志》,文登市地方史志编纂委员会,中国城市出版社,1996,901—927 页(略称市志)。
新泰:《新泰方言志》,高慎贵,语文出版社,1996,236 页。
阳谷:《阳谷方言研究》,董绍克,齐鲁书社,2005,398 页。
沂南:《沂南方言志》,邵燕梅、刘长锋、邵明武,齐鲁书社,2010,472 页。
郓城:《山东郓城方言研究》,吴永焕,学苑出版社,2018,223 页。
枣庄:《枣庄方言志》,王希文,枣庄市地方史志编纂委员会办公室编辑,山东省出版管理处枣庄出版管理办公室,1986,173 页。
章丘:《章丘方言志》,高晓红,齐鲁书社,2011,348 页。
淄博:《淄博市志》,淄博市志编纂委员会,中华书局,1995,2243—2282 页。
淄川:《淄川方言志》,孟庆泰、罗福腾,语文出版社,1994,257 页。
邹平:《邹平县志》,山东省邹平县地方史志编纂委员会,中华书局,1992,859—877 页。

山西

大宁:《大宁方言研究》,崔容、郭鸿燕,九州出版社,2009,314+1 页。
《大宁县志》,大宁县志编纂委员会,海潮出版社,1990,470—495 页(略称县志)。
方山:《方山县志》,方山县县志编纂委员会办公室,山西人民出版社,1993,431—459 页。
汾西:《汾西方言志》,乔全生,山西高校联合出版社,1990,68 页。
广灵:《广灵县志》,山西省广灵县县志编纂委员会,人民出版社,1993,616—652 页。

洪洞:《洪洞方言志》,《语文研究》增刊(6),乔全生,《语文研究》编辑部,1983,76 页。
临汾:《临汾方言志》,潘家懿,语文出版社,1990,126 页。
临汾屯里:《临汾屯里方言研究》,樋口勇夫,好文出版,2004,184 页。
平遥:《平遥方言民俗词汇》,侯精一,语文出版社,1995,283 页。
清徐:《清徐方言志》,潘耀武,山西高校联合出版社,1990,68 页。
阳城:《阳城县志》,山西省阳城县志编纂委员会,海潮出版社,1994,422—428 页(略称志)。
《上党地区方言研究(阳城卷)》,吴斗庆,九州出版社,2012,355 页(略称上党)。
太谷:《太谷方言志》,《语文研究》增刊(3),杨述祖,《语文研究》编辑部,1983,62 页。
太原:《太原方言词汇》,温端政,《方言》1981 年第 4 期,295—316 页(略称 FY)。
《太原方言词典》,沈明,江苏教育出版社,1994,377+1 页(略称词典)。
太原北郊区:《太原北郊区方言研究》,崔容,山西人民出版社,2004,292 页。
武乡:《武乡方言志》,史素芬、李奇,山西高校联合出版社,1990,65 页。
运城:《运城方言志》,吕枕甲,山西高校联合出版社,1991,70 页。
中阳:《中阳县志》,中阳县志编纂委员会,山西人民出版社,1996,713—738 页。
左权:《左权方言志》,王希哲,山西高校联合出版社,1991,70 页。

天津

天津:《天津方言》,韩根东主编,北京燕山出版社,1993,306 页。
《普通话基础方言基本词汇集》(共 5 册),陈章太、李行健主编,语文出版社,1996,4772+24 页(略称普通)。

浙江

奉化:《奉化市志》,奉化市志编纂委员会,中华书局,1994,831—861 页。
定海:《浙江方言词》,傅国通、方松熹、傅佐之,浙江省语言学会,1992,404+5 页。
宁波:《当代吴语研究》,钱乃荣,上海教育出版社,1992,1121 页。
余姚:《浙江方言词》,傅国通、方松熹、傅佐之,浙江省语言学会,1992,404+5 页。
宁海:《浙江方言词》,傅国通、方松熹、傅佐之,浙江省语言学会,1992,404+5 页。

【附记】神户市外国语大学曾经有过两位吴语学者,一位是坂本一郎,另一位是末延保雄。

坂本先生曾在上海东亚同文书院大学任教,是一位不仅北京话,而且上海话、苏州话都说得非常好的杰出学者。他回国后热心从事教育事业,结果方言研究就很少做了。这虽然对一般本科生来说是件好事,但从学术方面来看应该算是一大损失。

末延先生耳朵十分灵敏。他搜集了很多唱片、录音带,并且根据那些材料长期研究上海话、苏州话。因为 1970 年代以前,日中邦交还没有恢复,因此大学里担任汉语会话课的都是长期在日本的中国老师,几乎见不到生活在中国的中国人。而正是在那个时期,他全凭自己的耳朵学会了吴语,发音也很准确,也是一位非常难得的方言学者。据我了解,石老师1980年代就跟他有交往了。

到现在,我实在想不起来具体是何时第一次见到石老师的。也许是经过末延先生的介绍认识的。反正大概是1980年代后期的事情了。虽然我自己也调查过南部吴语,但至今任何吴语都不会,十分遗憾。幸亏作为汉语方言学的同行,后来常常有联系,提交论文草稿向石老师请教也不止一次。而石老师每次都仔细阅读,并且给我提出十分恳切热情的意见,我每次都很受启发。如果拙文有值得看的地方,那全都是靠石老师的帮助。在此附带说一句,请不要误会,拙文绝不是他代笔的。

因为坂本、末延老师曾经教授的原因,神户外大一直都有吴语课。非常遗憾,我自己当不了老师,所以特意请石老师来开过两次(?)吴语夏期集中讲座。大家都承认石老师是最理想的老师吧!(这个课,还有钱乃荣、古屋昭弘等一流学者也担任过讲师,很有魅力吧!这是多余的话,哈哈。)我自己抽不出时间没能上课,但十分羡慕学生。那时石老师也有机会顺便跟石夫人一起光临鄙宅,我们度过了十分愉快的时光。这些都是非常美好的回忆。

我们退休后就很少有互相碰面的机会了。听说石老师最近正在跟夫人一起到日本各地旅游。如果来关西地区,欢迎再次光临!

日朝最古层汉字音所反映的上古方音札记

远藤光晓
（日本青山学院大学）

一、前　　言

这里所谓“日朝最古层汉字音”指日本吴音、汉音和朝鲜汉字音主层之前的一些零星资料所反映的7世纪以前日本和朝鲜半岛的汉字音。日本方面的主要资料来源是“推古朝遗文”（也叫“古韩音”）、金石文以及史书记载的人名、地名等等；朝鲜半岛方面的资料来源是《三国史记》的地名、人名和官名等等。这些资料的绝对年代大致属于汉语中古音时期，也就是南北朝和隋唐，却含有一些上古音的痕迹。远藤（2021）和远藤（2022a）已经论及上古音遗留下来的一些例子，如和舌音谐声的中古以母上古来源声母l-和韵尾-r。另一方面，日朝最古层汉字音还有域外汉字音的特点，也就是说按母语音系框架接受外语借词时产生的音系简化。远藤（2022b）讨论了声母送气性和带音性的合并问题，远藤（2022c）则讨论了韵尾弱化和脱落的问题。本文接着讨论其他三个问题，“鱼部变i”算是音系简化或进一步变化的类型，“去声-s的痕迹”和“‘第一腭化’产生前ki的保存”是存古特点。文末简单地谈及基础方言问题。

二、鱼部变i

首先来看上古鱼部反映为i类元音的例子。

百济第21代王盖卤（455—475年在位，“卤”字原为“鹵”），据《三国史记》讳“庆司”，或记为“近盖娄”，《宋书》记为“余庆”（“余”即复姓“夫余”的简称），

《日本书纪》记为“加须利君”。“加须利”按“音假名”读，据“上代特殊假名遣”，也就是奈良时代假名“音假名”用法，这三个字的读音为 kasuri，“君”为“训假名”，用日语相当意义的词语读，就是 kimi，中间加结构助词 no（意即“的”），于是这四个字读为 kasuri no kimi。kasu 是“盖”的读音，下文还要讨论，ri 是“卤”的读音。“卤”（即“鹵”）字上古鱼部，中古模韵上声来母，日本汉音 ro，元音读为 i 是特殊读音。

据《三国史记》新罗本纪和地理志，新罗的国号写法有“斯庐、斯罗、新罗、徐那伐、徐耶伐”等，《三国遗事》还有“徐罗伐”。前字“斯、新、徐”音通，“新”的韵尾脱落（详见远藤 2022c），“徐”字上古鱼部、中古鱼韵，其与“斯”音通，可见具有类似于 i 的元音。后字“庐、罗、那、耶”反映音变，早期“庐”字表示 a 类音，但到了 5 世纪时变为 o 类，于是改用歌部字来替代。末尾“伐”字表示“村邑”义。据《三国史记》智证 4 年条记载，将国号改为“新罗”还含有“新者德业日新，罗者网罗四方之义”的考虑。

据《三国史记》，新罗第一代王赫居世号“居西干”。据李（1980：633），“居世”和“居西干”的“居西”以及《三国遗事》中的“居瑟邯”的“居瑟”也就是百济的“吉支、吉师”，还可以和高句丽的“古雏加”的“古雏”比较。今按，百济另外还有“吉士”的写法传到日本，“吉”的韵尾丢失读为 kishi，由此可见鱼韵“居”读为 ki。高句丽的“古”“雏”分别读为 ki 和 shi，可当作模韵上声和鱼韵读 i 的例子。至于表示“王、主”义的“干”，来自蒙古语 qan，韵尾丢失就成为“加”，在《三国史记》等古代朝鲜资料中有众多例子。

百济圣王十六年（538）由熊津（今公州）迁都到泗沘（今扶余），《三国史记》注为“一名所夫里”。由上述诸例类推，“泗沘”与“所夫”音通，于是选择了中国地名或乐浪郡地名用字起名。

据《三国史记》新罗实圣尼师今（实圣王）元年条，派“未斯欣”王子去倭国为质。《三国遗事》奈勿王条记为“未吐喜”，一般把“吐”校正为“叱”。《日本书记》神功皇后卷记为“微叱许智伐旱、微叱己知波珍干岐、许智伐旱、微叱旱岐”等。在此，“欣、喜、许”通音，反映“欣”字韵尾脱落，“许”字韵母读 i 类元音。

《三国史记》职官志记录，第一等官叫“伊伐飡”，注为“或云伊罚干，或云于伐飡，或云角干，或云角粲，或云舒发翰，或云舒弗邯”。在此，“伊”和“于”通音，也就是说,“于”读 i 类音。《梁书》新罗传则记为“子贲旱支”,“子”和“舒”,“贲”和“发、弗”通音。也就是说,鱼韵“舒”读 i 类元音。

《三国史记》地理志说:“奈隄郡,本高句丽奈吐郡,景德王改名,今湜州堤州。”由此可见,原来的“吐”字在景德十六年(757)改地名时改为“隄”。又,“五谷郡,一云弓次云忽”。这条一般认为“弓次云”为“于次呑”的错字,并用日语 itu tani(“五”“谷”)来解释。如果这个解释正确,“于”应反映 i。

综上所述,这些上古鱼部字中,属中古鱼韵字的有“徐居所许舒”,虞韵字的有“于”,模韵字的有“卤吐古”。其分布范围,新罗、高句丽和百济三国都有,看不出明显的地理偏向。

三、去声-s 的痕迹

根据声调产生说,中古去声来自上古韵尾辅音-s。蒲立本(1962、1999:131—132)以 3 世纪中国方面对日本地名 tusima 的译名“对马”为例说:“‘对’在这个时期还读 *tuəs,足以解释 tus(i)-。”他进而举了一系列汉代西方对译地名,但日本方面的例子仅此一例。

上面谈及百济王盖卤 kasuri 的对音,既然 ri 对译“卤”,相当于“盖”的对音就是 kasu 了。Baxter and Sagart (2014)的上古拟音为 *[k]ˤap-s,日朝最古期汉字音有脱落韵尾的倾向,因此没有-p 的痕迹,却反映了去声-s。高句丽末期的将军渊盖苏文,或记为“泉盖苏文、泉盖金”,在《日本书纪》里的读音为“伊梨柯须弥 iri kasumi 甲”(8 世纪日语的部分音节有“甲、乙”类的区别,在此不详论)。这也是同样的例子。这样看来,现代日语口语中的 kasa(伞)也应该来自汉语“盖”的借音形式。根据日本古坟时代(3 世纪中至 6 世纪末)的考古遗物,日本最初接受的是马车上的伞,因为是用丝绸做的,因此也叫 kinu-gasa(kinu 是“绢”的汉语借词,变为 g-是连浊现象,也就是复合词里产生的形态变化)。

《元兴寺伽蓝缘起并流记资材帐》塔露盘铭中出现的人名里有“意奴弥首”,坂(2018:161)认读为 osinumi no obito。“no obito”为官名,相当于“首”一字训读;“意奴弥”为奈良地名“忍海”,当今叫 osimi,《日本书纪》卷十五(岩波书店,上 515 页)记为“於尸农瀰”,osinumi 甲。《和名类聚抄》记为“於之乃美”(国会图书馆本,据 https://www2.ninjal.ac.jp/textdb_dataset/kwrs/txt/kwrs-005.txt),读为 osinomi。“意”字 Baxter and Sagart(2014)的上古拟音为 *ʔ(r)əək-s,在日本推古朝遗文里一般读 o,但在此相当于 osi。

四、“第一腭化”产生前 ki 的保存

《三国史记》地理志百济、新罗范围出现以“支”字结尾的地名,由“三岐”和“三支”的新旧对应情况来看,读音应该是牙音 ki 类,意思相当于“城”。由于“多岐”和“多只”的对应也相同,“只”字也读牙音 ki 类。另外,“翼谷”对应于“於支呑”,“呑”是“谷”的训读,“於支”可能相当于“翼”的音读,就是说,第一字反映元音,第二字反映韵尾-k。其实,“支”字晚至 8 世纪初的日本“万叶假名”资料里也偶尔出现,用来表示 ki 甲。

河野(1950、1979)提出了“第一腭化说”,也就是说梅(1983)所说的“跟见系字谐声的照三系字”原来来自上古见系声母,后来在白读层这些字经历了“第一腭化”,在文读层牙喉音三等则保留了原来的声母音值。由于类似条件的腭化在明清之交也产生过,这种上古和中古之间产生的腭化就叫“第一腭化”。河野(1950、1979)的学说不仅在上古音和中古音的构拟方面有着重要意义,而且在汉语音韵史研究上最早应用了“层次”的概念。

五、基础方言问题

接触到“鱼部变 i”的例子,令人立刻想到现代吴语里的鱼韵读 i 的例子,对此问题已经有梅(2001)、潘(2009)、郑(2011)、陈(2013)和孙(2018)等详细讨论过。本人当初只发现中古鱼韵的例子时不禁自问:“难道这是反映南朝方音的现象吗?”由于 5 世纪日本和南朝有来往,而且和南朝有密切关系的百济也是古代日本接受汉字文化最重要的渠道,从历史背景来看很自然。但后来积累的例子多了,不仅有中古鱼韵的例子,还掺杂着模韵和虞韵的例子,这恐怕难以简单地下结论。至于客家话的类似变化可能是为了回避撮口呼晚近时期才产生的,云南官话也是如此。关于“第一腭化”,现代汉语方言里发现的类似例子大都是

闽语范围。闽语也可能反映南朝方音的某些特点,甚至能追溯到汉代闽地开发时期。

在创新演变方面,韵尾弱化或脱落现象在吴语里也能广泛看到,但是日朝最古层汉字音的表现更彻底。

本文为庆祝石汝杰教授荣休而分享了本人正在进行中的大型研究项目里的一点心得体会,还不成熟,敬请石先生和方家指正。

参考文献

陈忠敏　2013　《汉语方言语音史研究与历史层次分析法》,中华书局。

梅祖麟　2001　《现代吴语和"支脂鱼虞,共为不韵"》,《中国语文》第1期。

潘悟云　2009　《吴语鱼韵的历史层次》,《东方语言学》第6辑。

蒲立本　1962、1999　《上古汉语的辅音系统》,中华书局。

孙宜志　2018　《南部吴语鱼韵的层次及演变》,*Journal of Chinese Linguistics* 46(2)。

远藤光晓　2021　《日本最古层汉字音简论》,孙伯君、麻晓芳主编《"译音对勘"的材料与方法》,黄山书社。

郑伟　2011　《吴语音韵史中白读音的保守与创新——以虞韵[*iu]、鱼韵[*i]的两项变化为例》,《语言科学》第1期。

坂靖　2018　《苏我氏の古代学》,新泉社。

Baxter, William H. and Laurent Sagart　2014　*Baxter-Sagart Old Chinese reconstruction*, version 1.1 (20 September 2014). https://ocbaxtersagart.lsait.lsa.umich.edu/Accessed 13 Dec. 2021.

河野六郎　1950、1979　《中国音韵史研究の一方向——第一口盖化に关联して》,《河野六郎著作集2・中国音韵学论文集》,227—232页,平凡社。

李丙焘　1980　《新罗の起源问题》,《韩国古代史研究》,学生社。

远藤光晓　2022a　《中国语上古音の最近の推定から见た本邦最古の汉字音》,《岩波讲座世界历史6 中华世界の再编とユーラシア东部4~8世纪》,岩波书店。

远藤光晓　2022b　《〈三国史记〉地名汉字の通用例に反映した清浊合流の地理分布》,青山学院大学《经济研究》14。

远藤光晓　2022c　《最古期日朝汉字音における末尾音の弱化・脱落》,《青山经济论集》73(4)。

【附记】编委要我写点和石汝杰先生的学术往事。第一次见面应该是在京都,可能是在平田昌司先生主持的科研项目聚会上。那时似乎是他来日本不久,大约是30年前。记忆最清晰、而且对我来说最重要的事情是他要编纂日本汉语音韵学选集,让我编目录。我开的目录第一条还是本文引到的河野六郎先生有关“第一腭化”的论文。这篇论文很短,却有“中国音韵史研究的一个方向”这个大题目。虽然举的例子只有上古到中古之间产生的牙喉音声母的腭化现象,但还涉及重纽形成的过程,最重要的是这篇文章还把“层次”的概念引入汉语音韵史领域里。从那以后还有藤堂明保、王育德、平山久雄等学者做闽南语或北京话入声方面的具体细致的研究,河野本人也做了朝鲜汉字音分层的系统化研究,这些都是20世纪70年代以前的事。石先生首先把第一篇论文亲自翻译成中文,我一一和原文对比,发现翻译得非常准确。当时还没普及汉语电脑输入系统,还是用铅笔写的。正当那时,在中国“层次”成为热门话题,出现了一系列的相关研究。但是河野这篇论文的观点在上古音研究领域直到现在都没有引起国外学者的注意,没能发挥应有的作用。我这次撰写的札记中提到该论文,是研究内容使然,也同时希望石先生或接班人能继续这方面的事业。

Where Did the *Rù* Tone Go? Examining Its Historical Development in Běijīng *

李汝珍和黎锦熙对北京话入声的记录和整理——对照和比较

Richard VanNess Simmons 史皓元
(香港大学文学院)

0. Introduction

When the decision was made in 1924 to take the Běijīng dialect as the basis of China's standard for the National Pronunciation (Guóyīn 国音), the most vexing problem to be solved was what to do with the *rù* 入 tone syllables. All previous presentations of model pronunciations in traditional times and in the early Republican period had always included a *rù* 入 tone in various ways. But that tone had been lost in Běijīng several centuries earlier. In other northern Mandarin dialects the *rù* tone syllables had merged into other tones following fairly regular patterns of phonological change. But in Běijīng the move to other tones was much more irregular. So the matter required careful study in order to work out which *rù* tone

* Previous versions of this paper were presented at the First International Conference on the Běijīng Dialect (第一届北京话国际学术研讨会) hosted by Peking University in Běijīng, August 30 – 31, 2019, and at the annual meeting of the Western Branch of the American Oriental Society, hosted by the University of California, Davis, October 24 – 26, 2019. The database for this study was compiled with the help of Zachary J. Dau and Wáng Xīn 王歆, working under the auspices of the Aresty Undergraduate Research Assistant Program of Rutgers University in 2017 – 2018. The author is grateful for their conscientious and attentive effort in the project.

syllables would be in which tones in Guóyīn, all of which had to be determined before a new dictionary for the National Pronunciation could be published (that is, the *Gwoin charngyonq tzyhhuey* [Guóyīn chángyòng zìhuì] 国音常用字汇, that would be published in 1932 by Shāngwù yìnshūguǎn 商务印书馆). Much of this work was undertaken by Lí Jǐnxī 黎锦熙 (1890 – 1978), in his survey of the Běijīng *rù* tone, the results of which were published in 1924 as "Jīngyīn rùshēng zìpǔ" 京音入声字谱 [A syllabary of the *rù* tone derived etyma in Běijīng]. Irregular as the tone syllables were in the distribution that Lí Jǐnxī documented, they had already become fixed in the new tone categories that they moved into.

The present study compares Lí Jǐnxī's findings with the situation recorded a century earlier by Lǐ Rǔzhēn 李汝珍 (c. 1763 – 1830) in the "Běiyīn rùshēng lùn" 北音入声论 [On the *rù* tone in northern pronunciation] section of his *Lǐshì yīnjiàn* 李氏音鉴 [Mr. Lǐ's discriminating appraisal of pronunciations], which provides readings for over 680 *rù* tone graphs based on the Běijīng dialect of his time, at the end of the eighteenth century. Our examination also makes reference to the situation represented in Xú Xiào's 徐孝 (n. d.) *Hébìng zìxué jíyùn* 合并字学集韵 [Combined rime book for learning characters] (dated 1606), which is considered to provide Běijīng dialect-based reading pronunciations from the end of the Míng. Following we then consider how and when the *rù* syllables (occurring as morphemes and words) settled into the new tone categories in which we find them to be fixed in the late Qīng, and comment upon the nature and timing of their uncommon development in Běijīng.

1. Lí Jǐnxī's compilation of the *rù* tone pronunciations

The long debate over the basis of the pronunciation of the National Language (Guóyǔ 国语) that the Ministry of Education of the Republic of China had been working to promulgate and implement for a decade had finally drawn to an end in 1924. But the specifics of the tones still had some kinks to iron out. Lí Jǐnxī described the situation in the preface to his "Jīngyīn rùshēng zìpǔ," (1924: L64):

> The question of using the pronunciation of Běijīng as the National Pronunciation is no longer debated of late; and in fact the National Pronunciation is daily tending toward transformation into that of Běijīng. What transformation into the pronunciation of Běijīng entails, is not that small portion of syllables in the *Dictionary of National Pronunciation* whose given reading is different from that of Běijīng; rather it is an issue that has been unsettled in the National Pronunciation—the question of the four tones. But now that issue has received a satisfactory resolution by purely and precisely following the norm of the living speech of living Běijīng speakers.
>
> 近来国语界,国音京音不复有争,但实际上的国音却一天一天地有"京音化"的趋势。所谓"京音化"者,并非指《国音字典》中那最小部分和京音不同的字的读音,乃是国音中一个悬案——四声问题——现已纯粹地准照北京的活人活语而得了圆满的解决。

What Lí Jǐnxī meant by "the question of the four tones" (*sìshēng wèntí* 四声问题) is really a question that involves the missing fifth tone—the *rù* tone—of the Old National Pronunciation (*Lǎo Guóyīn* 老国音) that had been first established for promulgation in 1913 (Simmons 2017: 75). The *rù* tone was in fact the fourth tone of the traditional paradigm of Chinese tones: *píng* 平, *shǎng* 上, *qù* 去, and *rù* 入. But within this traditional set of four tones, in both Běijīng and in *Lǎo Guóyīn* , the *píng* tone is split into two, an upper *píng* and lower *píng*. So *Lǎo Guóyīn* has five tones. But the *rù* tone was lost in Běijīng, leaving only four tones; and the syllables belonging to the *rù* tone had settled into the other tones in a partially haphazard, semi-regular manner.

Hence, Lí Jǐnxī emphasized that not only do the four tones in Běijīng not include a *rù* tone, the syllables belonging to the *rù* tone also have no single clear and regular correspondence with the other four tones. He considered this to be the most complex and difficult issue in standardizing the tones for the National Language. He noted it was also an issue for speakers of other dialects that had a *rù* tone category when learning the Běijīng pronunciation that was intended to form the basis of National Pronunciation, a situation that he characterized as follows (1924: L65):

> Outside of the Yellow River Basin and the three eastern provinces [i.e. Liáoníng 辽宁, Jílín 吉林, and Hēilóngjiāng 黑龙江], those who wish to learn the National Language [Guóyǔ 国语, i.e. Mandarin] and use standard tones will be untroubled if from the outset they have no influence from the *rù* tone in their heads. But if they do have the *rù* tone in their heads [through the influence of their own dialect], they will most surely be left never able to pronounce the Běijīng tones with clarity. They will find it difficult to understand why, hearing them talk, the people of Běijīng will inevitably feel that there is something strange to their tones.
>
> 除黄河流域和东三省以外,学国语而要用标准声调的,若本来脑筋中没有入声的影响,就罢了;若是有的,便大大地足以使他嘴里的北京声调永远说不纯粹,北京人听来,总觉得他有些怪调儿,他自己也莫名其妙。

Lí Jǐnxī went on to describe what he considered to be the only viable way to manage and resolve the deep lack of regularity in the development of the *rù* tone syllables in Běijīng pronunciation (1924: L65 – L66):

> In order to convert *rù* tone syllables to their Běijīng tone, there is no simple, quick solution, there is only the clumsy method of brute notation. What do I mean by "clumsy method of brute notation"? It is a method by which one takes the syllables classed under the *rù* tone in rime books and compiles a syllabary of their Běijīng pronunciation by simply noting which tone each syllable actually belongs to: those in the *yīnpíng* 阴平 [upper *píng*] tone are assigned to the *yīnpíng* [first] tone; those in the *yángpíng* 阳平 [lower *píng*] tone are assigned to the *yángpíng* [second] tone; those in the *shǎng* 上 tone are assigned to the *shǎng* [third] tone; and those in the *qù* 去 tone are assigned to the *qù* [fourth] tone.
>
> 若要把入声字改成京调,没有取巧的公式,只有硬记的笨法。何谓笨法? 就是取韵书中入声一部所列的字,按照北京的读法,阴则归阴,阳则还

阳，上便上，去就去，如此而已作京音入声字谱。

Here Lí Jǐnxī is in fact describing exactly what he did in compiling the "Jīngyīn rùshēng zìpǔ."

Thus Lí Jǐnxī's "Jīngyīn rùshēng zìpǔ" is a comprehensive *rù* tone syllabary that he assembled by systematically and quite accurately noting the Běijīng pronunciation of each *rù* tone syllable, including initial, final, and tone, using *zhùyīn fúhào* 注音符号. He also gathered variant or alternate readings and the specific meaning associated with each. His work was essentially like that of a dialect fieldworker in which he elicited and recorded the living spoken pronunciations of Běijīng speakers for each *rù* syllable in words and morphemes found in actual use in the living speech of Běijīng in the 1920s. The results of his efforts would become the basis for the standard pronunciations of *rù* tone syllables in the National Pronunciation.

Lí Jǐnxī's syllabary provided a mapping of the fixed positioning of the *rù* tone syllables and their pronunciations within the larger whole of Běijīng dialect phonology that could be used by those who were not natives of the city to learn standard National Pronunciation. This worked because while the movement of *rù* tone syllables into other tones had been somewhat random, in fact the resulting pronunciation of each syllable in the words and morphemes in which they occurred had become fixed within the dialect's phonology. Hence the array of actual pronunciations of all the *rù* syllables formed a pattern within the speech of Běijīng that had become stable over time and was actually characteristic of the city's dialect in the 1920's.

This pattern of *rù* syllable pronunciations in Běijīng had evolved over time. It was still likely unsettled and in flux at the end of the Míng 明 (1368 – 1644), even though Běijīng had been the capital of that dynasty for over 200 years. Yet it eventually become firmly established sometime in the Qīng 清 (1644 – 1911) dynasty, and was a fixed feature of the city's dialect no later than sometime in the late seventeenth century and the Qiánlóng 乾隆 reign era (1736 – 1795). We can confirm this situation by examining the rime tables of Lǐ Rǔzhēn and Xú Xiào.

2. Lǐ Rǔzhēn's list of *rù* tone pronunciations

Over a century prior to Lí Jǐnxī's work for his Běijīng *rù* syllabary, Lǐ Rǔzhēn had compiled a list of the Běijīng pronunciation—which he called *běiyīn* 北音 "northern pronunciation"—of over 680 *rù* tone characters in the "Běiyīn rùshēng lùn" chapter of his *Lǐshì yīnjiàn* (prefaced 1810). His motivation had been the same as Lí Jǐnxī's: to make a list of the actual Běijīng pronunciation of the *rù* syllables for speakers of other dialects. Lǐ Rǔzhēn did so as a native of Dàxīng 大兴, which was roughly within the area of modern Běijīng. So he was essentially recording his own native pronunciation.

Though he lived before Běijīng phonology had been systematically articulated by Chinese and Western scholars using the tools of Romanization and the *zhùyīn fúhào*, Lǐ Rǔzhēn was still able to accurately record his pronunciation of the *rù* syllables using the traditional *fǎnqiè* 反切 system, which he had adapted to indicate the Běijīng pronunciation of his native tongue. So we are able to easily convert his notation of the pronunciations into the modern *Hànyǔ pīnyīn* 汉语拼音 system.

The overall phonology outlined in Lǐ Rǔzhēn's *Lǐshì yīnjiàn* is a mixed, composite system that includes features of both northern and southern Mandarin and cannot be considered a pure record of Lǐ Rǔzhēn's Běijīng dialect (Simmons 2018a). However, Lǐ Rǔzhēn tells us in the introduction to his list that it was his express intention to single out the pronunciations specific to *běiyīn* (i.e. those of Běijīng) in the "Běiyīn rùshēng lùn." So that chapter is undoubtedly a pure, uncontaminated record of Lǐ Rǔzhēn's early ninteenth century Běijīng *rù* tone pronunciations. A close examination of the "Běiyīn rùshēng lùn" chapter reveals that Lǐ Rǔzhēn's pronunciation closely matches that recorded by Lí Jǐnxī a century later, confirming the long term stability of the patterned array of the *rù* syllable pronunciations within the Běijīng dialect.

3. Comparing Lǐ Rǔzhēn's and Lí Jǐnxī's Běijīng pronunciations of the *rù* tone syllables

Both Lǐ Rǔzhēn and Lí Jǐnxī were recording the Běijīng dialect pronunciation in a time before it had been governmentally codified in detail as the pronunciation standard for all of China. While Lí Jǐnxī's list is overall more comprehensive and includes more characters, Lǐ Rǔzhēn's compilation does also include a few syllables (characters) that Lí Jǐnxī's does not have. Yet both scholars were intentionally recording the Běijīng pronunciation of the *rù* syllables; and both frequently consciously point out the differences between the Běijīng pronunciations and those of other dialects.

Lǐ Rǔzhēn's list was never widely consulted, had little influence, and eventually fell into relative obscurity. But the pronunciations that Lí Jǐnxī recorded in "Jīngyīn rùshēng zìpǔ" came to be widely used in reference books published by the Ministry of Education of the Republic of China in the twentieth century, chief among which would be the *Gwoin charngyonq tzyhhuey* [Syllabary of frequently used characters in National Pronunciation]. Published in 1932, the *Gwoin charngyonq tzyhhuey* was a comprehensive pronunciation handbook for the National Pronunciation that grew out of Lí Jǐnxī's research and incorporated his results. The Běijīng based readings presented in the volume came to be known as *Xīn Guóyīn* 新国音 "New National Pronunciation". Thus codified and published as standard, the pronunciations codified in *Gwoin charngyonq tzyhhuey* were intended to be normative and taught prescriptively throughout China.

Lǐ Rǔzhēn's and Lí Jǐnxī's records of the *rù* tone syllables let us focus on their Běijīng pronunciation when it was in a relatively pristine form across a period of over a century. Later investigations of *rù* tone readings in Běijīng would most certainly be influenced and affected to some degree by New *Guóyīn*, with the outcome that later research and records may be influenced or contaminated by the standard. Thus the Běijīng pronunciation of the *rù* syllables that Lǐ Rǔzhēn and Lí Jǐnxī recorded presents us with a portrait of how they had naturally evolved by the mid Qīng and where they remained organically settled on into the early Republican period.

To provide a comprehensive and comparative view of what the two scholars recorded, I have collated their records of *rù* tone pronunciation side by side. Taking Lǐ Rǔzhēn's set of 680 syllables as the base set for comparison, I have transcribed the pronunciation glosses of Lǐ Rǔzhēn and Lí Jǐnxī into *Hànyǔ pīnyīn* for ease of comparison. The full comparative list is provided in the Appendix to this paper. Below we briefly summarize some observations regarding the two scholars' records.

1) The finals *ai*, *ei*, *ao*, and *ou*

Both Lǐ Rǔzhēn and Lí Jǐnxī include *rù* tone syllables ending in *ai*, *ei*, *ao*, and *ou*. However, Lí Jǐnxī only gives them as alternates, while Lǐ Rǔzhēn provides them as the primary or only pronunciation for each syllable. Lí Jǐnxī also does not include these finals as main entries in his list. The pronunciations of the four diphthongs in the finals are only included as notes under the main entries. In this way Lí Jǐnxı appears to be prioritizing the pronunciations that would now generally be classified as *wéndúyīn* 文读音 "literary" or "learned", while what would fall into the *báidúyīn* 白读音 category, "colloquial" or "popular", are relegated to secondary status in his treatment. Examples include the following:

a) 白 "white" is listed under *bó* (ㄆㄛˊ) with reading *bái* (ㄅㄞˊ) indicated in the notes. Lǐ Rǔzhēn gives only the pronunciation *bái*.

b) 北 "north" is listed under *bò* (ㄆㄛˋ) with reading *běi* (ㄅㄟˇ) indicated in the notes. Lǐ Rǔzhēn only provides the pronunciation *běi*.

c) 薄 "thin" is listed under *bó* (ㄆㄛˊ) with pronunciation *báo* (ㄅㄠˊ) indicated in the notes. Lǐ Rǔzhēn also provides both pronunciations.

d) 六 "six" is listed under *lù* (ㄌㄨˋ) with reading *liù* (ㄌㄧㄡˋ) indicated in the notes. Lǐ Rǔzhēn has only the latter.

2) Alternate readings

As can be seen in the above set of examples, both Lǐ Rǔzhēn and Lí Jǐnxī include alternate readings for many characters. Overall, Lǐ Rǔzhēn's lists fewer alternates than Lí Jǐnxī does. Lí Jǐnxī sometimes labels a form as *sú* 俗 "popular, common". For example he lists "blood" 血 under *xuè* (ㄒㄩㄝˋ), with an alternate pronunciation — *xiě* (ㄒㄧㄝˇ) — labeled *sú* 俗 in the notes below it. Lǐ Rǔzhēn gives the pronunciations *xiě* and *xuě* for "blood" 血. Lǐ Rǔzhēn does not give obvious prominence to one variant reading over another and does not distinguish a *sú* category.

3) No distinction between *o* and *e*

Neither Lǐ Rǔzhēn nor Lí Jǐnxī has the distinction between the plain vowel finals *o* and *e* in *rù* tone pronunciations that was a part of *Lǎo Guóyīn*. For example, *Lǎo Guóyīn* made a distinction between *gé* 阁 "pavilion" and *gé* 格 "grid section", which were rendered *rù* tone *go* (ㄍㄛ・入) and *rù* tone *ge* (ㄍㄜ・入) respectively. (Compare *Lǎo Guóyīn píng* tone *gō* [ㄍㄛ・平] for *gē* 歌 "song".) The situation is a clear reflection of the pure Běijīng pronunciation that both Lǐ Rǔzhēn's and Lí Jǐnxī's listings represent in contrast to the hybrid nature of *Lǎo Guóyīn*.

4) Correspondence in the *qīngrù* 清入 syllables

As the list in the Appendix demonstrates, the correspondence between the two scholars' records of the *rù* tone pronunciations is extremely high, certainly around 90%. The high correspondence between Lǐ Rǔzhēn and Lí Jǐnxī is also consistent in the *qīngrù* 清入 syllables as well. The *qīngrù* category is derived from syllables that had voiceless initials in an earlier Common Mandarin phonology. *Rù* tone syllables in this category are the most irregular in the Běijīng dialect. A close correspondences of other *rù* syllables in Lǐ Rǔzhēn's and Lí Jǐnxī's listings is not surprising, as those syllables generally follow a more regular correspondence pattern:

a) *Rù* tone syllables that had earlier voiced initials — *quánzhuó rù* 全浊入 — went into *yángpíng* 阳平, second tone, for example *dú* 读 "read, study" and *bái* 白 “white”.

b) *Rù* tone syllables with sonorant initials — *cìzhuó rù* 次浊入 — went into *qù* 去, the fourth tone, for example *liù* 六 “six” and *wà* 襪 “socks”.

But the *qīngrù* syllables are found in all four Běijīng tones, for example *qī* 七 “seven”, *zhú* 竹 “bamboo”, *bǐ* 笔 “pen”, and *jì* 迹 “mark, trace”. These syllables do not appear to have any kind of regular phonological condition for the way they are distributed. However, the pattern of the irregular distribution became fixed over time in the language of Běijīng speakers, with individual syllable-morphemes having settled into specific tones that were commonly accepted to be the correct pronunciations for each, though there was some variation seen in certain syllable. That is to say that specific pronunciations and tone categories for *rù* tone syllables settled into the lexical identities of each word or morpheme represented by each of the syllables. The fixed lexical pattern that arose out of the irregularity serves in the aggregate as a kind of ***fingerprint*** for the Běijīng dialect type. One established in the lexicon, this fingerprint remained stable over time. This is demonstrated by an extremely high correspondence between the records of Lǐ Rǔzhēn and Lí Jǐnxī in the fingerprint's lexical pattern.

4. Characterizing the lexical pattern of the *qīngrù* fingerprint in the Běijīng dialect

To confirm and characterize the high correspondence between the records of Lǐ Rǔzhēn and Lí Jǐnxī in this *qīngrù* pattern and to explore it's development across time, we compare their *qīngrù* tones with those recorded for Yōuyàn 幽燕 listed in Qián Zēngyí 2010, which is representative of the Běijīng dialect of the present day. We also include a late Míng record of the *rù* tone in Běijīng for reference and comparison: Xú Xiào's *Hébìng zìxué jíyùn* published in 1602, following the analysis of that text provided by Guō Lì 1997. Xú Xiào was from the Běijīng area and *Hébìng zìxué jíyùn* is thought to represent a northern reading pronunciation used in

Běijīng in his time (Coblin 2006: 275).

Tables 1 through 5 provide the comparison. Utilizing 107 *qīngrù* syllables that are provided in Qián 2010 as the base for comparison, these tables list the Běijīng tone categories for each syllable as given in Xú Xiào, Lǐ Rǔzhēn, Lí Jǐnxī, and Qián Zēngyí (Yōuyàn). The Pīnyīn glosses for each syllable are based on the Yōuyàn pronunciation provided in Qián 2010. In addition, Common Dialectal Chinese (CDC, following Norman 2006) reconstructions are provided to show the *rù* tone origins of each syllable, as well as the voiceless initial in each of the ancestral forms.

Table 1 lists all examples that are consistently only in Tone 1 in Lǐ Rǔzhēn, Lí Jǐnxī, and Yōuyàn. Xú Xiào lists all forms as having a Tone 4 reading, with twelve examples also in Tone 1, and two in Tone 2. The consistent Tone 4 in Xú Xiào is probably a reading pronunciation that was applied to all *rù* syllables in the Běijīng reading pronunciation of Xù Xiào's time in the late sixteenth and early seventeenth centuries (Coblin 2006: 275). But it is significant that Tone 1 predominates where Xú Xiào's readings have another tone in this set.

Table 1: Consistently Tone 1 in all

	Pīnyīn		*Xú Xiào*	*Lǐ Rǔzhēn*	*Lí Jǐnxī*	*Yōuyàn*	*CDC*
1.	*bā*	八	4 去	1 阴	1 阴	1 阴	$^{*}pat^{7}$
2.	*bāo, bō*	剥	4 去	—	1 阴	1 阴	$^{*}pok^{7}$
3.	*chā*	插	1 阴, 4 去	1 阴	1 阴	1 阴	$^{*}chap^{7}$
4.	*chū*	出	1 阴, 4 去	1 阴	1 阴	1 阴	$^{*}chiut^{7}$
5.	*chuō*	戳	1 阴, 4 去	1 阴	1 阴	1 阴	$^{*}chiok^{7}$
6.	*diē*	跌	—	1 阴	1 阴	1 阴	$^{*}tiap^{7}$
7.	*gē*	鸽	4 去	1 阴	1 阴	1 阴	$^{*}kop^{7}$

续 表

	Pīnyīn		*Xú Xiào*	*Lǐ Rǔzhēn*	*Lí Jǐnxī*	*Yōuyàn*	*CDC*
8.	*guā*	刮	1 阴，4 去	1 阴	1 阴	1 阴	* kuat⁷
9.	*hē*	喝	2 阳，4 去	1 阴	1 阴	1 阴	* xot⁷
10.	*jī*	积	1 阴，4 去	1 阴	1 阴	1 阴	* tsiak⁷
11.	*jì*	绩	4 去	1 阴	1 阴	1 阴	* tsiak⁷
12.	*jiē*	接	1 阴，4 去	1 阴	1 阴	1 阴	* tsiap⁷
13.	*pō*	泼	1 阴，4 去	1 阴	1 阴	1 阴	* phot⁷
14.	*qū*	屈	4 去	1 阴	1 阴	1 阴	* khiut⁷
15.	*quē*	缺	4 去	1 阴	1 阴	1 阴	* khiot⁷
16.	*shī*	失	4 去	1 阴	1 阴	1 阴	* shit⁷
17.	*shī*	湿	2 阳，4 去	1 阴	1 阴	1 阴	* ship⁷
18.	*shī*	虱	1 阴，4 去	1 阴	1 阴	1 阴	* shet⁷
19.	*shuā*	刷	4 去	1 阴	1 阴	1 阴	* shuat⁷
20.	*suō*	缩	4 去	1 阴	1 阴	1 阴	* shuk⁷
21.	*tī*	踢	4 去	1 阴	1 阴	1 阴	* thiak⁷
22.	*tiē*	贴	1 阴,4 去	1 阴	1 阴	1 阴	* thiap⁷
23.	*wā*	挖	4 去	1 阴	—	1 阴	* uat⁷
24.	*xiē*	歇	1 阴，4 去	1 阴	1 阴	1 阴	* xiat⁷
25.	*xuē*	薛	4 去	1 阴	1 阴	1 阴	* siat⁷
26.	*yī*	一	4 去	1 阴	1 阴	1 阴	* it⁷
27.	*zhī*	织	1 阴,4 去	1 阴	1 阴	1 阴	* cik⁷
28.	*zhuō*	桌	1 阴,4 去	—	1 阴	1 阴	* ciok⁷

The syllables listed in Table 2 also consistently have Tone 1 pronunciations in Yōuyàn, as well as in Lǐ Rǔzhēn and Lí Jǐnxī, though with a few exceptions in the latter two. All three have many variant pronunciations in this set, with Lí Jǐnxī having the greatest number of variants. Where Xú Xiào has readings other than Tone 4, again Tone 1 predominates, with 8 examples. A striking number of Tone 4 variants in Lǐ Rǔzhēn, Lí Jǐnxī, and Yōuyàn would likely be reflections of the reading pronunciations that survive from Xú Xiào's time.

Table 2: All have Tone 1 but with cases of variants

	Pīnyīn		*Xú Xiào*	*Lǐ Rǔzhēn*	*Lí Jǐnxī*	*Yōuyàn*	*CDC*
29.	*bī*	逼	4 去	1 阴	4 去	1 阴	*pik^{7}
30.	*dī*	滴	1 阴,4 去	1 阴,2 阳	1 阴	1 阴	*tiak^{7}
31.	*gē*	割	4 去	1 阴,2 阳	1 阴	1 阴	*kot^{7}
32.	*hēi*	黑	1 阴,4 去	1 阴	1 阴,3 上	1 阴	*xek^{7}
33.	*hū*	忽	4 去	4 去	1 阴,3 上	1 阴	*xut^{7}
34.	*kē*	磕	—	1 阴	1 阴,2 阳	1 阴	*khop^{7}
35.	*pāi*	拍	1 阴,4 去	1 阴	1 阴,4 去	1 阴	*phak^{7}
36.	*pī*	劈	1 阴, 3 上, 4 去	1 阴,3 上	1 阴,3 上	1 阴	*phiak^{7}
37.	*qiē, qiè*	切	1 阴,4 去	1 阴,4 去	1 阴,4 去	1 阴,4 去	*tshiat^{7}
38.	*sāi, sè*	塞	1 阴,4 去	1 阴,4 去	1 阴,4 去	1 阴,4 去	*sek^{7}
39.	*shā*	杀	1 阴,4 去	1 阴	1 阴,4 去	1 阴	*shat^{7}
40.	*shū*	叔	4 去	1 阴	1 阴,2 阳	1 阴,2 阳	*shiuk^{7}
41.	*tuō*	脱	2 阳,4 去	1 阴	3 上	1 阴	*thot^{7}
42.	*tuō*	托	4 去	1 阴托	1 阴托	1 阴	*thok^{7}
43.	*xī*	锡	4 去	2 阳	1 阴,3 上	1 阴	*siak^{7}

续 表

	Pīnyīn		*Xú Xiào*	*Lǐ Rǔzhēn*	*Lí Jǐnxī*	*Yōuyàn*	*CDC*
44.	*zhā*	扎	3 上,4 去	1 阴札	1 阴扎, 2 阳	1 阴	* cap[7]
45.	*zhā*	札	1 阴,2 阳, 4 去	1 阴札	1 阴札, 2 阳	1 阴	* ciap[7]
46.	*zhāi*	摘	4 去	1 阴	1 阴,2 阳	1 阴	* ciak[7]
47.	*zhōu*	粥	4 去	1 阴	1 阴,4 去	1 阴	* ciuk[7]

The examples listed in Table 3 are in Tone 2 in Lǐ Rǔzhēn, Lí Jǐnxī, and Yōuyàn. There are exceptions, many of which again appear to be remnants of the late Míng reading tradition. Xú Xiào's readings are in strong contrast to the other three in the Table 3 set, with only two examples corresponding to a Tone 2 reading. But the Tone 2 pronunciations were obviously well established in this set by Lǐ Rǔzhēn's time in the early nineteenth century.

Table 3: Tone 2 but with some variants or exceptions

	Pīnyīn		*Xú Xiào*	*Lǐ Rǔzhēn*	*Lí Jǐnxī*	*Yōuyàn*	*CDC*
48.	*chá*	察	3 上,4 去	2 阳	2 阳	2 阳	* chat[7]
49.	*dā, dá*	答	4 去	2 阳	1 阴,2 阳	1 阴,2 阳	* top[7], * tap[7]
50.	*dé*	德	3 上,4 去	2 阳,3 上	2 阳,4 去	2 阳	* tek[7]
51.	*fú*	幅	4 去	3 上	2 阳,4 去	2 阳	* fuk[7]
52.	*fú*	福	4 去	2 阳	2 阳,4 去	2 阳	* fuk[7]
53.	*gé*	格	4 去	2 阳	2 阳	2 阳	* kok[7]
54.	*gé*	阁	3 上,4 去	2 阳	2 阳	2 阳	* kok[7]
55.	*gé, jiè*	隔	4 去	1 阴,2 阳	2 阳	2 阳,4 去	* kak[7]

续 表

	Pīnyīn		*Xú Xiào*	*Lǐ Rǔzhēn*	*Lí Jǐnxī*	*Yōuyàn*	*CDC*
56.	*guó*	国	3 上,4 去	2 阳	2 阳	2 阳	* kwek⁷
57.	*jí*	籍	—	2 阳	2 阳	2 阳	* tsiak⁷
58.	*jí*	即	4 去	2 阳	2 阳	2 阳	* tsik⁷
59.	*jié*	结	4 去	2 阳	1 阴,2 阳,3 上	2 阳	* kiat⁷
60.	*jié*	节	4 去	2 阳	2 阳	2 阳	* tsiat⁷
61.	*jié*	劫	2 阳,4 去	2 阳	2 阳	2 阳	* kiap⁷
62.	*jú*	菊	4 去	2 阳	1 阴,2 阳,4 去	2 阳	* kiuk⁷
63.	*jú*	橘	4 去	2 阳	2 阳	2 阳	* kiut⁷
64.	*jué, jiào*	觉	3 上,4 去	2 阳	2 阳	2 阳	* k(i)ok⁷
65.	*jué*	决	4 去	2 阳	2 阳	2 阳	* kiot⁷
66.	*zé*	则	4 去	2 阳	2 阳	2 阳	* tsek⁷
67.	*zhú*	烛	1 阴, 3 上, 4 去	2 阳	2 阳	2 阳	* ciuk⁷
68.	*zhú*	竹	4 去	2 阳	2 阳,4 去	2 阳	* ciuk⁷
69.	*zhuó*	拙	4 去	1 阴,2 阳	1 阴,2 阳	2 阳	* ciot⁷
70.	*zú*	足	4 去	2 阳	2 阳,4 去	2 阳	* tsiuk⁷
71.	*zú*	卒	2 阳,4 去	1 阴	2 阳	2 阳	* tsut⁷

Lǐ Rǔzhēn, Lí Jǐnxī, and Yōuyàn all share Tone 3 pronunciations in the set of examples in Table 4, though Lǐ Rǔzhēn and Lí Jǐnxī do have some variants and one exception each. Significantly, Tone 3 is the predominate alternate in Xú Xiào in this set, in addition to the usual Tone 4 reading.

Table 4: All are Tone 3 but with some variants or exceptions

	Pīnyīn		*Xú Xiào*	*Lǐ Rǔzhēn*	*Lí Jǐnxī*	*Yōuyàn*	*CDC*
72.	*bǎi*	百	3 上,4 去	2 阳,3 上,4 去	3 上	3 上	* pak[7]
73.	*běi*	北	3 上,4 去	3 上	3 上	3 上	* pek[7]
74.	*bǐ*	笔	4 去	3 上	3 上	3 上	* pit[7]
75.	*chǐ*	尺	4 去	3 上	2 阳,3 上	3 上	* chiak[7]
76.	*fǎ*	法	3 上,4 去	4 去	1 阴,2 阳,3 上,4 去	3 上	* fap[7]
77.	*gǔ*	谷	3 上,4 去	2 阳,3 上	3 上	3 上	* kuk[7]
78.	*gǔ*	骨	3 上,4 去	2 阳,3 上	2 阳,3 上	3 上	* kut[7]
79.	*jiǎ*	甲	4 去	3 上,4 去	2 阳,3 上,4 去	3 上	* kap[7]
80.	*jiǎo*	脚	3 上,4 去	3 上	3 上	3 上	* kiok[7]
81.	*kě*	渴	3 上,4 去	3 上	3 上	3 上	* khot[7]
82.	*qǐ*	乞	—	3 上	3 上,4 去	3 上	* khit[7]
83.	*tǎ*	塔	3 上,4 去	3 上	3 上,1 阴	3 上	* thop[7]
84.	*tiě*	铁	3 上,4 去	3 上	3 上	3 上	* thiat[7]
85.	*xiě, xuè*	血	3 上,4 去	3 上	4 去	3 上	* xiot[7]
86.	*xuě*	雪	3 上,4 去	3 上	3 上,4 去	3 上	* siot[7]

Finally, in Table 5, Lǐ Rǔzhēn, Lí Jǐnxī, and Yōuyàn all predominantly correspond with Xú Xiào in having Tone 4 readings. Lǐ Rǔzhēn has two exceptions, while Lí Jǐnxī has no exceptions and only one example with variants. Yōuyàn stands out in this set as having absorbed a greater number of variants in Tone 3, which without doubt originates in the surrounding Héběi dialects in which Tone 3 reflexes predominate in *qīngrù* syllables.

Table 5: All are Tone 4 but with some variants or exceptions

	Pīnyīn		*Xú Xiào*	*Lǐ Rǔzhēn*	*Lí Jǐnxī*	*Yōuyàn*	*CDC*
87.	*bì*	璧	4 去	4 去	4 去	4 去	*piak^{7}
88.	*cè*	策	4 去	4 去	4 去	4 去	*chak^{7}
89.	*è, wù*	恶	4 去	—	4 去	4 去	*ok^{7}
90.	*fù*	复	4 去	2 阳	4 去	4 去	*fuk^{7}
91.	*gè*	各	3 上,4 去	4 去	1 阴,3 上, 4 去	4 去	*kok^{7}
92.	*huò, huǒ*	霍	3 上,4 去	4 去	4 去	3 上,4 去	*xuok^{7}
93.	*jì*	迹	4 去	2 阳迹	4 去	4 去	*tsiak^{7}
94.	*kè*	克	—	4 去	4 去	4 去	*khek^{7}
95.	*kè, qiě*	客	3 上,4 去	4 去	4 去	3 上,4 去	*khak^{7}
96.	*pì*	僻	4 去	4 去	4 去	4 去	*phiak^{7}
97.	*pò, pǎi*	迫	4 去	4 去	4 去	3 上,4 去	*phak^{7}
98.	*sè*	涩	1 阴,4 去	4 去	4 去	4 去	*shep^{7}
99.	*sè, shǎi*	色	3 上,4 去	4 去	4 去	3 上,4 去	*shek^{7}
100.	*shè*	摄	4 去	4 去	4 去	4 去	*shiap^{7}
101.	*shì*	适	—	4 去	4 去	4 去	*shiak^{7}
102.	*shù*	束	4 去	4 去	4 去	4 去	*shiuk^{7}
103.	*sù*	速	4 去	1 阴,4 去	4 去	4 去	*suk^{7}
104.	*sù*	粟	4 去	1 阴,4 去	4 去	4 去	*siuk^{7}
105.	*sù, xiǔ*	宿	3 上,4 去	2 阳,4 去	4 去	3 上,4 去	*sieu^{5}
106.	*tà*	踏	4 去	4 去	4 去	4 去	*thop^{7}, *thap^{7}

These example sets clearly reveal a strong correspondence between Lǐ Rǔzhēn, Lí Jǐnxī, and Yōuyàn in the distribution of *qīngrù* syllables (in morphemes and words) across the four tones. Though the phonological development is irregular and difficult to characterize geographically and synchronically, the lexical correspondence of the words and morphemes represented by each of the *qīngrù* syllables is clear, consistent, and highly regular with regard to the tone category that each has landed in. Thus it can be seen as a fingerprint of the Běijīng type.

The data reveal that the overall matching of lexical item and tone category can be seen to have been well established in Lǐ Rǔzhēn's time and has remained highly consistent for two centuries since, through Lí Jǐnxī's time and into the present day, as represented by the Yōuyàn dialect.

The characterization of this *qīngrù* patterning as a "fingerprint" is intended to focus simply on the coherence of the irregularity itself across time within the Běijīng dialect. We are not concerned here with explaining the specifics of exactly *what* dialects of *where* were behind the irregular developments and *how* that might have worked, whether it be through dialect contact or mixing or other process. Insightful discussion of those issues can be found, for example, in Wang 2016, Coblin 2006, Li 1999, and Hirayama 1995.

Pronunciations of differing origins for the morphemes and words in the *qīngrù* set, having arisen through varying processes of development, competed with each other within the Běijīng dialect speech community and eventually settled into the lexicon word by word and morpheme by morpheme, with generally a single pronunciation evolving into the most commonly accepted form for each. Though the many examples with competing variants in Tables 1 through 5 also illustrate that the process of competition has been ongoing to some degree and is still unsettled for some forms even in the present. But in the aggregate, the fingerprint pattern is highly consistent across time and space.

Geographically speaking, the area within which the Běijīng *qīngrù* fingerprint evolved in fact extends beyond the confines of the city of Běijīng. The author has argued elsewhere that the *qīngrù* pattern turns out to be rather widely shared across the dialects now classed as the Jì-Lǔ 冀鲁 type (Simmons 2018b: 24). So the speech community affected by this process of lexical settling and the resulting fingerprint in fact had a fairly large regional footprint.

5. Concluding remarks

From our comparative perspective, the patterning of the *rù* tone syllables in their distribution into the other tones in Běijīng is clear, neat, and overall basically unvarying between Lǐ Rǔzhēn and Lí Jǐnxī. The highly consistent correspondence between the two in the distribution of *rù* tone syllable pronunciations includes the highly irregular *qīngrù* category syllables. Though the path of the distribution of the *qīngrù* syllables into the non *rù* tones is hazy, the end result was a reshuffling that subsequently solidified into the present configuration in a process of lexical settling within the Běijīng speech community. After the pattern became fixed, the tones of the various words and morphemes represented by the *rù* syllables became the established new tone(s) of those syllables. Their "irregularity" now is only with reference to the more regular patterns of development in other dialects and earlier forms of Mandarin. We have labeled the Běijīng pattern a "fingerprint" for the dialect.

So when did the reshuffling take place and when did it become fixed in the new patterning? From the data examined in the present study the answer to this question can be narrowed to the following observations:

1. The lexical settling and formation of the fingerprint occurred after Xú Xiào's time in the late Míng.

2. It was probably influenced and catalyzed by the transition to Manchu rule in the seventeenth century and the resulting sociolinguistic changes that came in its wake across the Héběi region.

3. The basic pattern was then fairly well established toward the end of the

Qiánlóng reign in Lǐ Rǔzhēn's formative years in the late eighteenth century in the Qīng.

4. In overall perspective, it must have taken place primarily within the first century of Qīng rule.

REFERENCES

Primary

Lí Jǐnxī 黎锦熙　1924　"Jīng yīn rùshēng zìpǔ"《京音入声字谱》. *Dōngfāng zázhì*《东方杂志》21, L64 – L97.

Lǐ Rǔzhēn 李汝珍　1810　"Běiyīn rùshēng lùn"《北音入声论》. *Lǐ shì yīnjiàn*《李氏音鉴》. Scan of edition at Peking University Library digitized by China-America Digital Academic Library and online at ctext.org and archive.org.

Xú Xiào 徐孝　1602　"Chóngdìng Sīmǎ Wēn gōng děngyùntú jīng"《重订司马温公等韵图经》. *Hébìng zìxué Jíyùn*《合并字学集韵》, Hébìng zìxué piān yùn biànlǎn《合并字学篇韵便览》.

Secondary

Guō Lì 郭力　1997　"Gǔ qīngrù zì zài *Hébìng zìxué Jíyùn* zhōng de guī diào"《古清入字在〈合并字学集韵〉中的归调》. *Yǔyánxué lùncóng*《语言学论丛》19, 75 – 89.

Coblin, W. South　2006　"Aspects of Qīngrù Development in Modern Chinese". *Linguistic studies in Chinese and neighboring languages: Festschrift in honor of Professor Pang-Hsin Ting on his 70th birthday*. Ed. Dah-an Ho et al. Taipei: Institute of Linguistics, Academia Sinica, 2007, 273 – 288.

Li, Wen-Chao　1999　*A Diachronically-Motivated Segmental Phonology of Mandarin Chinese*. New York: Peter Lang.

Hirayama Hisao 平山久雄　1995　"Běijīng wényányīn jīchǔ fāngyán lǐ rùshēng de qíngkuàng"《北京文言音基础方言里入声的情况》. *Yǔyán yánjiū*《语言研究》1, 107 – 113.

Norman, Jerry　2006　"Common Dialectal Chinese." In *The Chinese Rime-Tables: Linguistic Philosophy and Historical-Comparative Phonology*, ed. David Prager Branner, Amsterdam: John Benjamins, 2006, 233 – 254; Chinese translation: "Hànyǔ fāngyán tōngyīn"《汉语方言通音》, translated by R. V. Simmons and Zhāng Yànhóng 张艳红, *Fangyan*《方言》2011, 2, 97 – 116.

Simmons, Richard VanNess　2018a　"Lǐ Rǔzhēn's Mixed Mandarin—A Pan-Dialectal Guānhuà and True Koiné." *Yǔyán yánjiū jíkān*《语言研究集刊》[Journal of Linguistic Research] 21, 277 – 322.

Simmons, Richard VanNess　2018b　"Zài tán Dōngběi fāngyán yǔ Běijīng fāngyán de guānxi—jīyú yímínshǐ hé rù pài sānshēng de kǎoliáng"《再谈东北方言与北京方言的关系——基于移民史和入派三声的考量》[On the Classification of the Beijing and Northwest Dialects with

Regard to the Evolution of the Rù Tone]. *Yǔyánxué lùncóng*《语言学论丛》58, 11 – 35.

Simmons, Richard VanNess 2017 "Whence Came Mandarin? Qīng Guānhuà, the Běijīng Dialect, and the National Language Standard in Early Republican China." *Journal of the American Oriental Society* 137, no. 1: 63 – 88. Chinese translation: "'Pǔtōnghuà' cóng hé ér lái? —Qīng Guānhuà, Běijīnghuà hé mínchū Guóyǔ"《"普通话"从何而来? ——清官话、北京话和民初国语》, translated by R. V. Simmons, Zhāng Yànhong 张艳红, and Shàn Xiùbō 单秀波. *Yǔyán guīhuà xué yánjiū*《语言规划学研究》(*Journal of Language Planning*), 2016. 2, 5 – 21.

Qián Zēngyí 钱曾怡, ed 2010 *Hànyǔ Guānhuà fāngyán yánjiū*《汉语官话方言研究》. Jǐnán 济南: Qílǔ shūshè 齐鲁书社.

Wáng Hóngjūn 王洪君 2016 "Pǔtōnghuà shěnyīn de yī ge nándiǎn—zhōnggǔ rùshēng zì de yìdú: lìshǐ, xiànzhuàng jí sīkǎo"《普通话审音的一个难点——中古入声字的异读: 历史、现状及思考》. *Yǔyán guīhuà xué yánjiū*《语言规划学研究》(*Journal of Language Planning*) 1, 3 – 22.

APPENDIX

Comparison table of Lǐ Rǔzhēn's and Lí Jǐnxī's *rù* tone pronunciations

Syllable 字	*Lǐ Rǔzhēn* 李音	*Lí Jǐnxī* 黎音
拔	bá	bá
跋	bá	bá
魃	bā	bá
捌	bā	bā
八	bā	bā, bá, bà
白	bái	bó, bò, bái
雹	báo, bé	—
骲	báo, bé	—
薄	báo, bó (<bé)	báo, bó, bò
北	běi	bò, běi
壁	bì	bì
弼	bì	bì
必	bì	bì
璧	bì	bì
毕	bì	bì
碧	bì	bì
跸	bì	bì

Syllable 字	*Lǐ Rǔzhēn* 李音	*Lí Jǐnxī* 黎音
邲	bì	bì
谧	bì	mì
笔	bǐ	bǐ
偪	bī	bì
逼	bī	bì
别	bié	bié, biè
瘪	biě	biě
鳖	biě	—
脖	bó	bó
驳	bó	bó
亳	bó	bò
箔	bó	bò
蘗	bó	bò
钵	bó	bō
博	bó	bó, bò
搏	bó	bó, bò
孛	bō	bò
拨	bō	bō
饽	bō	bō
不	bù	bù, bú
册	cè	cè
恻	cè	cè
策	cè	cè
测	cè	cè
察	chá	chá
锸	chā	chá
插	chā	chā
歃	chā	shà
敕	chì	chì
斥	chì	chì
赤	chì	chì
饬	chì	chì

Syllable 字	***Lǐ Rǔzhēn*** 李音	***Lí Jǐnxī*** 黎音
尺	chǐ	chǐ, chí
吃	chī	chī
出	chū	chū
矗	chuō	chú, chù
触	chuō	chuò
戳	chuō	chuō
绰	chuó, chuō	chuō, chuò
簇	cù	cù
踧	cù	cù
蹙	cù	cù
蹴	cù	cù
顣	cù	cù
撮	cù	cuò
错	cuó	cuò
妲	dá	dá
达	dá	dá
答	dá	dā, dá
笪	dá	—
搭	dā	dā
德	dé	dé, dè
得	dé	dé, dē, dè, děi
嫡	dí	dí
敌	dí	dí
狄	dí	dí
笛	dí	dí
籴	dí	dí
翟	dí	dí
荻	dí	dí
觌	dí	dí
迪	dí	dí
的	dí	dī, dí, dì
涤	dí	—

Syllable 字	*Lǐ Rǔzhēn* 李音	*Lí Jǐnxī* 黎音
滴	dī	dī
的	dì, dí	dī, dí, dì
叠	dié	dié
谍	dié	dié
瓞	dié	diè
跌	dié	diē
垤	dié	dié, diè
耋	dié	dié, diè
迭	dié	dié, diè
蝶	dié	dié, diě
毒	dú	dú
独	dú	dú
匵	dú	dù
椟	dú	dù
渎	dú	dù
牍	dú	dù
犊	dú	dú, dù
读	dú	dú, dù
督	dū	dū
额	é	é
乏	fá	fá
罚	fá	fá
阀	fá	fá
伐	fá	fā
筏	fá	fā
髪	fà	fà, fǎ
發	fā	fā, fá
法	fá, fà	fā, fá, fǎ, fà
佛	fó	fó
黻	fò	fú, fù
幅	fú	fú, fù
弗	fù	fù, fú

Syllable 字	*Lǐ Rǔzhēn* 李音	*Lí Jǐnxī* 黎音
拂	fù	fù, fú
髴	fù	fù, fú
艴	fù	—
匐	fú	fù
復	fú	fù
複	fú	fù
伏	fú	fú
服	fú	fú
茯	fú	fú
蝠	fú	fú
福	fú	fú, fù
覆	fú	fú, fù
腹	fú	fǔ, fù
菔	fú	—
挌	gé	gé
格	gé	gé
阁	gé	gé
隔	gé	gé
革	gé	gé
骼	gé	gé
鬲	gé	gè
胳	gé	gē, gé
葛	gé	gé, gě, gè
各	gè	gè, gé
割	gē	gē
搁	gē	gē
鸽	gē	gē
隔	gē, gé	gé
刮	guā	guā
聒	guā	guā
括	guā	kuò
适	guā	kuò

Syllable **字**	***Lǐ Rǔzhēn*** **李音**	***Lí Jǐnxī*** **黎音**
国	guó	guó
帼	guó	guō, guò
郭	guō	guō, guǒ
虢	guō	guó, guò
蝈	guō	—
郝	hǎo	—
合	hé	hé
曷	hé	hé
核	hé	hé
盍	hé	hé
褐	hé	hé
阖	hé	hé
覈	hé	hè
劾	hé	hé, hè
榼	hé	kē, kē
壑	hè	hè
纥	hè	hè
赫	hè	hè
鹤	hè	hè
龁	hè	hè
喝	hē	hē
黑	hēi	hè, hēi
斛	hú	hú
忽	hù	hū, hǔ
获	hù	huò
笏	hū	hū
滑	huá	huá
猾	huá	huá
活	huó	huó, huò
惑	huò	huò
或	huò	huò
藿	huò	huò

Syllable 字	*Lǐ Rǔzhēn* 李音	*Lí Jǐnxī* 黎音
豁	huò	huò
霍	huò	huò
濩	huò	—
彶	jí	jí
即	jí	jí
及	jí	jí
急	jí	jí
籍	jí	jí
级	jí	jí
脊	jí	jí
蒺	jí	jí
蝍	jí	jí
集	jí	jí
嫉	jí	jì
寂	jí	jì
蹟	jí	jì
迹	jí	jì
疾	jí	jí, jì
稷	jí	jí, jì
鲫	jí	jǐ, jì
勣	jí	jī, jì
捷	jí	jié
鶺	jí	—
戟	jǐ	jǐ
给	jǐ	jǐ, gěi
唧	jī	jī
屐	jī	jī
积	jī	jī
绩	jī	jī, jì
激	jī, jí	jì
击	jī, jí	jī
汲	jī, jí	jī, jí

Syllable **字**	***Lĭ Rŭzhēn*** **李音**	***Lí Jĭnxī*** **黎音**
甲	jiă	jiă, jiá, jià
夹	jiā	jiá, jiá, jià
袷	jiá, jiā	jiá
蛱	jiá, jiā	jiā
嚼	jiáo	jué, juè
脚	jiăo	—
傑	jié	jié
劫	jié	jié
孑	jié	jié
拮	jié	jié
杰	jié	jié
洁	jié	jié
碣	jié	jié
竭	jié	jié
节	jié	jié, jiè
诘	jié	jié, jiè
结	jié	jiē, jié, jiě
桀	jié	—
接	jiē	jiē
疖	jiē	jiē
揭	jiē	jiē, jié
棘	jié, jí	jì
桔	jié, jiè	jiè
局	jú	jú
橘	jú	jú
菊	jú	jū, jú, jù
鞠	jū	jú
绝	jué	juě
倔	jué	jué
厥	jué	jué
掘	jué	jué
决	jué	jué

Syllable 字	*Lǐ Rǔzhēn* 李音	*Lí Jǐnxī* 黎音
玦	jué	jué
诀	jué	jué
谲	jué	jué
駃	jué	jué
蹶	jué	jué, juě
爵	jué	jué
觉	jué	jué
角	jué	jué
克	kè	kè
客	kè	kè
刻	kè	kè, kē
尅	kè	kè, kē
酷	kè	kù
渴	kě	kě
殼	kē	kē
磕	kē	kē, ké
哭	kū	kū
窟	kū	kū
廓	kuò	kuò
濶	kuò	kuò
鞹	kuò	kuò
腊	là	là
蜡	là	là
辣	là	là
拉	lā	lā
烙	lào, luò	lè, lào
络	lào, luò	lè, lào
酪	lào, luò	lè, lào
落	lào, luò	lè, lào, là
乐	lè	lè
勒	lè	lè, lē
肋	lèi	lè

Syllable **字**	***Lǐ Rǔzhēn*** **李音**	***Lí Jǐnxī*** **黎音**
力	lì	lì
栗	lì	lì
历	lì	lì
立	lì	lì
笠	lì	lì
粒	lì	lì
雳	lì	lì
列	liè	liè
劣	liè	liè
烈	liè	liè
猎	liè	liè
裂	liè	liè
躐	liè	liè
六	liú	liù
碌	lù	lù
禄	lù	lù
辘	lù	lù
錄	lù	lù
录	lù	lù
陆	lù	lù
鹿	lù	lù
麓	lù	lù
戮	lù	—
律	lǜ	lǜ
略	luè	luè
绿	lǜ	lǜ
漉	lǜ	—
洛	luò	lè
骆	luò	lè, luò
麦	mài	mò, mài
没	méi, mò	mú, mò, méi
宓	mí	mì

Syllable 字	***Lǐ Rǔzhēn*** 李音	***Lí Jǐnxī*** 黎音
密	mí	mì
蜜	mí	mì
觅	mí	mì
滅	miè	miè
寞	mò	mò
末	mò	mò
沫	mò	mò
漠	mò	mò
脉	mò	mò
莫	mò	mò
貊	mò	mò
陌	mò	mò
墨	mò	mò
默	mò	mò
摸	mō	mō
木	mù	mù
沐	mù	mù
牧	mù	mù
目	mù	mù
睦	mù	mù
穆	mù	mù
苜	mù	mù
鶩	mù	—
纳	nà	nà
衲	nà	nà
讷	nà	—
匿	nì	nì
昵	nì	nì
溺	nì	nì
孽	niè	niè
聂	niè	niè
臬	niè	niè

Syllable 字	*Lǐ Rǔzhēn* 李音	*Lí Jǐnxī* 黎音
蹑	niè	niè
镊	niè	niè
臬	niè	niè
涅	niè	niē
捻	niē	niē
虐	nüè	nüè
诺	nuò	—
帕	pà	—
拍	pāi	pò，pāi
僻	pì	pì
辟	pì	—
癖	pǐ	pì
疋	pǐ	pī
匹	pǐ	pǐ，pī
霹	pī	pī
劈	pī	pī，pǐ
瞥	piē	piē，piè
撇	piē，piě	piē，piě
勃	pò	bò，bō
渤	pò	bò，bō
珀	pò	pò
粕	pò	pò
迫	pò	pò
魄	pò	pò
泼	pō	pō
仆	pú	pú
朴	pú	pú
濮	pú	pú
幞	pú	pù
璞	pú	pù
樸	pú	pú，bǔ
卜	pǘ	bǔ

Syllable 字	***Lǐ Rǔzhēn*** 李音	***Lí Jǐnxī*** 黎音
扑	pū, pú	pū
扑	pū, pú	pū
楫	qí	jì
辑	qí	jì
戢	qí	qì
缉	qí	qí, qì
泣	qì	qì
迄	qì	qì
讫	qǐ	qì
乞	qǐ	qǐ, qì
戚	qī	qī
柒	qī	qī
漆	qī	qī
七	qī	qī, qí
掐	qiā	qiā
恰	qiào	qià
跲	qiào	qià
妾	qiè	qiè
窃	qiè	qiè
切	qiē, qiè	qiē, qiè
屈	qū	qū
麯	qū	qū
曲	qǔ, qū	qǔ, qū
却	què	què
碏	què	què
确	què	què
阙	què	què
雀	què	què
缺	què	quē
鹊	què	què, quē
热	rè	rè
日	rì	rì

Syllable **字**	***Lǐ Rǔzhēn*** **李音**	***Lí Jǐnxī*** **黎音**
肉	ròu	rù, ròu
入	rù	rù
褥	rù	rù
辱	rù	rù, rǔ
弱	ruò	ruò
若	ruò	ruò
萨	sā	sā
靸	sā	sā
啬	sè	sè
涩	sè	sè
瑟	sè	sè
穑	sè	sè
色	sè	sè
杀	shā	shā, shà
煞	shà	shà
霎	shà	shà
勺	sháo	shúo, sháo, shuò
芍	sháo	shúo, sháo, shuò
摄	shè	shè
设	shè	shè
歙	shé	shè
涉	shé	shè
折	shé	shé
舌	shé	shé
十	shí	shí
拾	shí	shí
石	shí	shí
室	shì	shì
式	shì	shì
拭	shì	shì
轼	shì	shì
适	shì	shì

Syllable 字	***Lǐ Rǔzhēn*** 李音	***Lí Jǐnxī*** 黎音
释	shì	shì
饰	shì	shì
奭	shī	shì
失	shī	shī
湿	shī	shī
虱	shī	shī
识	shī, shí	shì
塾	shú	shú
孰	shú	shú
熟	shú	shú
秫	shú	shú
赎	shú	shú
菽	shú	shù
属	shú	shǔ
蜀	shú	shǔ
淑	shù	shù
术	shù	shù
述	shù	shù
叔	shū	shū, shú
刷	shuā	shuā
率	shuài, suò	—
朔	shuò	shuò
硕	shuò	shuò
说	shuō	shuō
塞	siē, siè	sè, sāi
俗	sú	sú, sù
束	sù	shù
夙	sù	sù
粟	sù	sù
肃	sù	sù
觫	sù	sù
速	sù	sù

Syllable 字	***Lǐ Rǔzhēn*** 李音	***Lí Jǐnxī*** 黎音
涑	sù	sù
宿	sú, sù, xiù	sù
索	suǒ	suǒ
缩	suō	suō
挞	tà	tà
榻	tà	tà
獭	tà	tà
踏	tà	tà
闼	tà	tà
塔	tǎ	tǎ, tā
忒	tè	tè
特	tè	tè
倜	tí	tī
剔	tī	tī
踢	tī	tī
铁	tiě	tiè
帖	tiě	tiě, tiē
贴	tiē	tiē
秃	tū	tū
橐	tuó	tuó
脱	tuō	tuǒ
托	tuō	tuō
挖	wā	wā
斡	wā	—
沃	wò	wò
勿	wù	wù
杌	wù	wù
物	wù	wù
兀	wū	wù
幄	wū	wù
渥	wū	wù
屋	wū	wū

Syllable 字	***Lǐ Rǔzhēn*** 李音	***Lí Jǐnxī*** 黎音
席	xí	xí
蓆	xí	xí
袭	xí	xí
昔	xí	xí, xì
习	xí	xí, xì
惜	xí	xī, xì
锡	xí	xī, xǐ
隙	xì	xì, qì
夕	xì	xì, xī
析	xì	xì, xī
息	xì	xī, xǐ
悉	xì	xī, xí
熄	xì	xī, xǐ
膝	xī	xí
肸	xī	xì
吸	xī	xī
噏	xī	xī
翕	xī	xì
皙	xī	xī, xǐ
挟	xiá	jiā, xié
柙	xiá	xiá
辖	xiá	xiá
狎	xiá	xiá, xià
狭	xiá	xiá, xià
瞎	xiā	xiā
削	xiāo	xuē
学	xiáo, xué	xué
协	xié	xié
叶	xié	xié
胁	xié	xié
燮	xié	xiè
泄	xiè	xiè

Syllable 字	***Lǐ Rǔzhēn*** 李音	***Lí Jīnxī*** 黎音
亵	xiè	—
歇	xiē	xiē
蠍	xiē	xiē
血	xiě, xuě	xiě, xuè
畜	xù	xù
续	xù	xù
蓄	xù	xù
戌	xù	xū
薛	xuē	xuē
雪	xuě	xuě, xuè
穴	xuò	xuè, xué
衄	xuò	—
恤	xuò	—
鸭	yā	yā
押	yā	yā, yá
药	yào	yào
藥	yào	yào
掖	yè	yè
业	yè	yè
液	yè	yè
腋	yè	yè
叶	yè	yè
谒	yè	yè
邺	yè	yè
檄	yí	jī
佚	yì	yì
佾	yì	yì
亿	yì	yì
奕	yì	yì
弈	yì	yì
弋	yì	yì
怿	yì	yì

Syllable 字	***Lǐ Rǔzhēn*** 李音	***Lí Jǐnxī*** 黎音
抑	yì	yì
斁	yì	yì
易	yì	yì
泆	yì	yì
溢	yì	yì
绎	yì	yì
翌	yì	yì
翼	yì	yì
臆	yì	yì
译	yì	yì
逸	yì	yì
镒	yì	yì
驿	yì	yì
鹢	yì	yì
益	yì	yì, yí
亦	yì	yì, yǐ
挹	yī	yì
一	yī	yī
壹	yī	yī
揖	yī	yī
鳦	yī	yī
乙	yī	yī, yǐ, yì
邑	yí, yì	yì
薁	yù	—
役	yù	yì
疫	yù	yì
欲	yù	yù
浴	yù	yù
狱	yù	yù
獄	yù	yù
玉	yù	yù
聿	yù	yù

Syllable 字	***Lǐ Rǔzhēn*** 李音	***Lí Jǐnxī*** 黎音
育	yù	yù
薁	yù	yù
郁	yù	yù
鬻	yù	yù
澳	yù	yù，ào
岳	yù	yuè
乐	yù	yuè
跃	yù	yuè
阈	yuè	yù，xù
刖	yuè	yuè
域	yuè	yuè
悦	yuè	yuè
月	yuè	yuè
越	yuè	yuè
軏	yuè	yuè
阅	yuè	yuè
约	yuē，yuè	yuē，yuè
匝	zá	zá
杂	zá	zá
仄	zè	zè
昃	zè	zè
则	zé	zé
择	zé	zé，zè
泽	zé	zé，zè
贼	zéi	zè
煠	zhá	—
闸	zhá	zhá
栅	zhà	zhà
札	zhā，zhá	zhá
扎	zhā，zhá	zhā
翟	zhaí	—
宅	zhaí	zuò，zhái

Syllable **字**	***Lǐ Rǔzhēn*** **李音**	***Lí Jǐnxī*** **黎音**
摘	zhaī	zuò, zhāi
窄	zhǎi	zè
摺	zhé	zhé
哲	zhé	zhè
折	zhé	zhé, zhè
蛰	zhé	zhé, zhí
陟	zhé	zhì
浙	zhè	zhè
螫	zhē	zhē
执	zhí	zhí
侄	zhí	zhí
殖	zhí	zhí
职	zhí	zhí
帙	zhí	zhì
秩	zhí	zhì
直	zhí	zhí, zhì
质	zhí	zhí, zhì
植	zhì	zhì
窒	zhì	zhì
掷	zhī	zhī
汁	zhī	zhī
隲(=骘)	zhī	zhī
隻	zhī	zhī
织	zhī	zhī, zhì
妯	zhóu	—
柚	zhóu	—
粥	zhōu	zhù, zhōu
轴	zhú	—
烛	zhú	zhú
竺	zhú	zhú
祝	zhú	zhù
竹	zhú	zhú, zhù

Syllable 字	*Lǐ Rǔzhēn* 李音	*Lí Jǐnxī* 黎音
嘱	zhǔ	zhǔ
术	zhū, shú	zhú, shú
凿	zhuó	—
筑	zhuó	zhú
逐	zhuó	zhú, zhù
擢	zhuó	zhuó
斫	zhuó	zhuó
濯	zhuó	zhuó
琢	zhuó	zhuó
镯	zhuó	zhuó
卓	zhuó	zhuò
啄	zhuó	zhuò
妁	zhuó	zhuò
焯	zhuó	zhuò
茁	zhuó	zhuò
酌	zhuó	zhuó, zhuò
捉	zhuō	zhuō
涿	zhuō	zhuō
拙	zhuō, zhuó	zhuō, zhuó
卒	zú	zú
族	zú	zú
足	zú	zú, zù
昨	zuó (<zé)	zuó

【附记】It is a pleasure and an honour to have this opportunity to be included in this tribute volume to Professor Shí Rǔjié on the occasion of his retirement. In addition to being a wonderful friend, Shí Rǔjié has been an inspiration and informal mentor to me since I first met him in the late 1980s. I deeply admire his erudition and command of dialectology. In over three decades of working together with Professor Shí on many and varied projects, I have learned much from him. His scholarly publications, especially his meticulous reference works (particularly on

Shāngē and traditional Wú dialect vocabulary) have been indispensable to me over the years. Our times together, in the field, in office settings, at conferences, and in friendly gatherings, in China, Japan, and the U. S., have also always been delightfully convivial, brightened by Professor Shí's good cheer and bright laughter. I look forward to many more years of shared friendship and scholarship with him.

苏州、宁波话舌尖圆唇元音的来源及其相关问题*

陈忠敏

（复旦大学中国语言文学系）

一、上海话老派、苏州话舌尖圆唇元音 ɥ 的音韵分布

上海话（指上海城市方言，下同）、苏州话都属于吴语太湖片方言，两种方言本来就较为接近。19 世纪中晚期为躲避太平天国战乱，苏州地区的人民大量移居上海租界，苏州话对当时的上海话有很大影响（陈忠敏待刊）。赵元任在 1928 年出版的《现代吴语的研究》里就说上海城里话“有新旧两派，新派分类近似苏州，旧派近似浦东，（两派人以“苏州音”“浦东音”互相指斥）”。可见苏州话对上海话的影响很大。苏州话和老派上海话都有 ɥ 韵母，所以有人认为上海话老派的 ɥ 韵母是受苏州话影响而产生。其实上海话老派方言此韵母的涵盖范围和音韵分合与苏州话不同。上海市区方言老派 ɥ 韵母只涵盖古遇摄合口三等知章组字，苏州话读 ɥ 韵母不仅有古遇摄合口三等知章组字韵母，还有古止摄、蟹摄开口三等知章组字韵母。请看表 1。

表 1　上海、苏州古遇摄合口三等，止摄、蟹摄开口三等知章组字韵母读音比较表

<table>
<tr><td></td><td>猪朱</td><td>支之</td><td>书输</td><td>施诗</td><td>树住</td><td>誓</td></tr>
<tr><td>上海老派</td><td>tsɥ^{1}</td><td>tsɿ^{1}</td><td>sɥ^{1}</td><td>sɿ^{1}</td><td>zɥ^{6}</td><td>zɿ^{6}</td></tr>
<tr><td>苏州话</td><td colspan="2">tsɥ^{1}</td><td colspan="2">sɥ^{1}</td><td colspan="2">zɥ^{6}</td></tr>
</table>

* 本文写作受国家社科基金重大项目“上海城市方言现状与历史研究及数据库建设”（批准号 19ZDA303）的资助，特此鸣谢。

另外，苏州话止摄合口三等精组、知章组字韵母也是读舌尖圆唇元音 ʮ 的，上海话老派则是读舌尖不圆唇元音 ʅ。如表 2：

表 2　上海话老派、苏州话古止摄合口三等精组、知章组字韵母读音比较

	嘴	吹	水	锤
上海老派	$tsʅ^{3}$	$ts^{h}ʅ^{1}$	$sʅ^{3}$	$zʅ^{6}$
苏州话	$tsʮ^{3}$	$ts^{h}ʮ^{1}$	$sʮ^{3}$	$zʮ^{2}$

所以上海话老派、苏州话 ʮ 韵的来源是不同的，有必要对两者做一番分析。

二、苏州话 ʮ 韵的来源以及原因

今苏州话 ʮ 韵根据与中古音的对应可以细分为四部分：

A 类，古遇摄合口三等知章组字韵母。如“猪朱” $tsʮ^{1}$。

B 类，古止摄、蟹摄开口三等知章组字韵母。如“支之” $tsʮ^{1}$、“誓” $zʮ^{6}$。

C 类，古止摄合口三等知章组字韵母。如“吹” $ts^{h}ʮ^{1}$。

D 类，古止摄合口三等精组字母。如“嘴” $tsʮ^{3}$、“髓” $sʮ^{3}$。

ʮ 的语音音征是[+舌尖，+圆唇]。所以考察 ʮ 的来源，也即研究 ʮ 从什么音变来的要考虑这个音的这两个语音音征的来源。[+舌尖音]较好解释，因为苏州话 ʮ 韵前不管是 A 类、B 类、C 类还是 D 类字，声母都是舌尖音，所以可以解释为舌尖音声母对后面元音发生了顺同化音变，使舌尖音声母的舌尖音征赋予后接元音。但是 ʮ 的圆唇音征的来源需要仔细考虑。

A 类字是古遇摄合口三等知章组字。韵母读圆唇的舌尖元音可以理解。古遇摄合口三等知章组字韵母原来是读 y 韵，受舌尖音声母的顺同化影响，韵母也变为舌尖元音，而圆唇音征则保留不变，所以顺理成章读为既有舌尖音征又有圆唇音征的 ʮ。上海话老派就是属于这种音变。

B 类字是古止摄、蟹摄开口三等知章组韵母的字。看得出古止摄、蟹摄开口三等字韵母在今苏州话是合流了。如“痔”=“示”=“誓” $zʮ^{6}$。合并后韵母读舌尖元音也是好理解的,跟 A 类字一样,这些字的声母都是舌尖音,受舌尖音声母的顺同化音变,后接高元音舌尖化,但是 ʮ 是个舌尖圆唇元音,开口韵圆唇化就不好理解了。这些字的韵母都是止摄、蟹摄开口三等字,所以从韵母的来源无法解释为什么会有圆唇音征。我们发现韵母圆唇的特点与声母有关。丁邦新根据陆基《注音符号 · 苏州同音常用字汇》一书的记音,指出 100 年前的苏州话古三等知章组声母是读卷舌音的(丁邦新 2003：48—49)。本文辑录丁书古止摄、蟹摄开口三等知章组韵母的字(按照原书不标声调),如:

tʂʯ　　置支枝吱肢知智蜘至致止趾址芷之芝只枳旨指脂志誌痣制

tʂʰʯ　　痴齿耻翅侈

ʂʯ　　尸诗施始试世势

ʐʯ　　池时痔持恃治示视迟嗜誓

与今天的苏州话相比较,这些字的声母发生了卷舌音变为平舌音的音变,韵母也随着声母平舌化而从卷舌舌尖圆唇元音 ʯ 变为非卷舌的 ʮ,即发生了 ʯ>ʮ 的音变。在 100 年前声母是卷舌的,韵母也是圆唇的舌尖后元音 ʯ。可见,韵母的圆唇特点与声母的卷舌是有关系的。所以我们要仔细分析卷舌音的发音和感知音征。

世界语言里卷舌音的发音差异相当大,名为卷舌音更多的是依据感知音征(Ohala 1985、Ladefoged 2001：212—213)。典型的卷舌音发音有三个收紧点,除了舌尖或舌尖前部与硬腭前部收紧点外,往往还有双唇圆唇收紧和舌根部与软腭或上咽腔壁收紧。如美式卷舌近音/r/发音,舌尖不管是卷舌状还是成束状都有这三种收紧点(Gick, Wilson & Derrick 2013：213 Figure 11.2)。见图 1。

它们分别位于双唇、硬腭端、上咽壁。根据物理学共鸣腔频率的微扰理论(perturbation theory),一端开一端闭的管道,三个最低的共鸣频率正好对应三种最低频率的体积声速(volume velocity)形成的驻波(standing wave)波长。体积速度最大处的驻波叫作波腹(antinode),体积速度最小处的驻波叫作波节(node)。如果在波腹处收紧,会降低此共振的频率。美式英语卷舌音的一个最为重要的声学音征是第三共振峰低。硬腭、咽腔上部,再加上双唇收紧,三处的收紧正好坐落在代表第三共振驻波的波腹处,起到降低第三共振峰的作用,特别是唇部处收紧,不仅使第三共振峰降低,还能使所有的共振频率都降低,因为唇

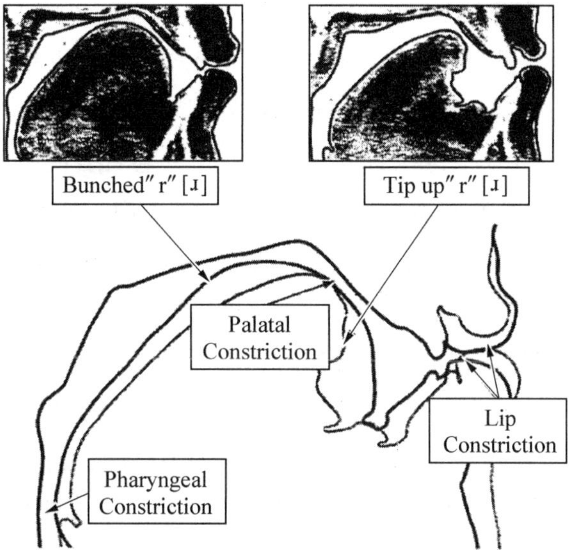

图 1　美式英语舌隆起的/r/和舌尖上翘的/r/三个收紧点示意图

部收紧恰好都落在所有驻波的波腹点上。见图 2。唇部的收紧还有拉长共鸣腔的作用,从而也起到降低所有共振峰的作用。

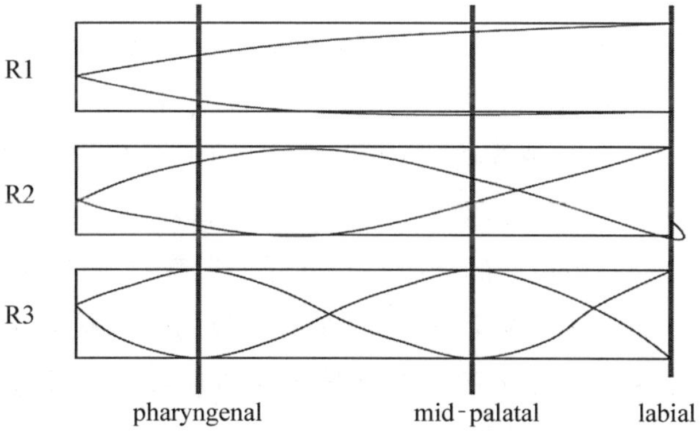

图 2　发/r/时微扰理论所示三个最低的共鸣频率对应三种最低频率的体积声速驻波波长图

美式英语卷舌的/r/和成束状的/r/不仅舌的形状不同,舌与硬腭拱型收紧处的位置也有很大差异。尽管如此,它们主要的声学特点却是相当一致：都是第三共振峰(F3)低。第三共振峰低所产生的音色是人们感知卷舌音最为重要的声学音征(Lisker 1957;O'Connor et al. 1957;Zhou et al. 2008)。

在印度诸多语言里卷舌辅音也有类似的现象。据雅克布逊等人报导,印度各语言里卷舌音与齿音(dental consonants)除了有舌尖与被动器官收紧点的区别外,还有两个发音动作的区别,即与齿音相比,发卷舌音时咽腔要收紧,双唇圆撮就会拉长共鸣腔(the elongation of resonating cavity)(Jakobson et al. 1952:34)。看来印度各语言的卷舌音也有相同的双唇收紧和咽腔收紧发音动作。

卷舌音段无论是擦音还是塞擦音擦音段能量集中区是在 2 500—4 700 Hz 间,舌尖前音无论是擦音还是塞擦音擦音段能量集中区在 8 000—12 000 Hz 间。两者的声学参数差异是非常大的。要达到这种声学差距,产生"降音性"(flat)听感效果,光凭发音收紧点位置的细微差异是远远不够的,卷舌音必须做出其他的协调动作以达到降低能量集中区中心频率的目的。如普通话卷舌音要有舌下腔,舌体后缩,舌根某部位跟软腭有收紧点等,才能有卷舌音的听感。有的语言或方言里卷舌音要有圆唇态(双唇收紧圆撮),以起到卷舌的音响效果。

我们回过头来讨论苏州话的卷舌音。虽然今天的苏州话已经没有卷舌音了,但 1928 年赵元任在《现代吴语的研究》里就明确指出苏州话老派发音有平舌音/ts ts^h s z/和卷舌音/tʂ $tʂ^h$ ʂ ʐ/两套声母,并说发卷舌一组声母时,伴随圆唇动作。当时的一些语言学家都注意到苏州话的卷舌音具有圆唇特点。如钱玄同在他的《苏州注音字母草案》(1925)里说"国语是舌尖向硬腭上卷,唇不圆;苏音是舌尖向齿后平伸,唇圆"。魏建功《吴歌声韵类》(1925)也说:"吴音(苏州话)没有翘舌叶声……照穿船审禅读像精清从心邪的圆唇。"叶祥苓(1980)说起苏州话能区别[tʂ]组和[ts]组声母的老派时有这样的记载:"苏州的[tʂ]组声母发音部位要比北京的[tʂ]组声母略靠前,同时带有明显的圆唇作用,因此在音色上跟[ts]组声母很容易区别。"今天的苏州郊县仍保留卷舌音声母,这种卷舌音也伴随圆唇动作(蔡佞 2009)。张家茂(1988)论文里记录苏州郊县卷舌音是在卷舌音音标后加 ɥ 上标符号来表示伴随圆唇动作。如/$tʂ^ɥ$ $tʂh^ɥ$ $ʂ^ɥ$ $ʐ^ɥ$/。苏州附近的老无锡话仍保留这套卷舌音,tʂ 组声母发音时"用舌叶抵住上齿龈,嘴唇圆撮"(《无锡市志·方言》1995:2919)。总结上述的描写可知原先苏州话卷舌音舌尖并非卷起,而且发音部位比北京话卷舌音靠前,但是圆唇音征却十分突出。舌尖靠前就跟平舌音(舌尖前音)发音部位相当接近,两者差异主要是平舌音不圆唇,卷舌音圆唇。舌尖发音部位接近可以用唇的圆唇/不圆唇来弥补,卷舌音特有的圆唇特点,也会使听觉有“降音性”(flat)卷舌音色的效果。这也就更加印证了卷舌音的命名更多的是依据感知音征,而非发音音征。唇部处收紧,不仅使第三共振峰降低,还能使所有的共振频率都降低。唇部的收紧还有拉长共鸣腔的作用,从而也能起到降低所有共振峰的作用。这些都跟卷舌音的“降音性”(flat)听感是相协调的。与北京话卷舌音比,苏州、无锡、常熟等地的卷舌音发音时舌尖并非上翘,前人也已经指出发音部位比北京的 tʂ 组声母略靠前,又有北京卷舌音没有的圆唇动作。所以从发音动作来看,也有人认为苏南吴语的这套声母并非是卷舌音,记为舌叶音 tʃ 更合适。不过对音类的命名不能光从发音角度来考虑,国际语音学会对音类的命名有明确的规定,得从发音动作和声音感知两个视角来命名音类:

> The phonetic description of consonants and vowels can be made with reference to how they are produced and to their auditory characteristics (*Handbook of the International Phonetic Association* 1999: 3-4).

与平舌音(舌尖前音)相比,这类音具有降音性(flat)音色,在听感上会有低沉、含混、浑厚的印象。所以卷舌音的命名更多的是依据感知音征。在苏南吴语并没有 tʃ 组和 tʂ 组声母的对立,两种不同记音只是记音人的习惯及审音的视角不同。本文从发音与听感互补效应来说明发卷舌音如果舌尖收紧点靠前,可以通过圆唇来弥补,仍然产生卷舌降音性听感效果,所以统称为卷舌音。

至此,我们可以说卷舌音的圆唇发音动作使得后接高元音同部位舌尖化、圆唇化:

*i > ʮ/ tʂ类声母____

以后苏州话卷舌音变为平舌音,后接元音也变为同部位的圆唇舌尖前元音 ʯ。也就是说今天 B 类字韵母读 ʯ 是原先卷舌音声母的圆唇音征转移到后接元音,其实质就是发生了顺同化音变。

B 类字韵母读 ʯ 得到解释后,C 类字韵母读 ʯ 也就可以迎刃而解了。C 类字韵母对应古止摄合口三等知章组字韵母,三等知章组字原先的声母是卷舌音,卷舌音的圆唇音征,再加上合口,圆唇特点更为显赫,所以韵母变为舌尖圆唇元

音 ʮ 则更有可能，不过 C 类字的韵母原先也应该读舌尖后圆唇元音 ʯ，以后随着声母从卷舌音变为平舌音，韵母也发生了 ʯ>ʮ 的音变。

D 类字属古止摄合口三等精组字。今苏州话有一个常用字“嘴”是读 tsʮ^{3} 的，韵母是 ʮ。一百年前苏州话的“嘴”的读音是 tʂʯ（丁邦新 2003），声母读卷舌音，韵母是舌尖后圆唇元音 ʯ。“嘴”的声母古音属精母，不可能是卷舌音。如何解释一百年前“嘴”读卷舌音声母？魏建功《吴歌声韵类》（1925）一百年前的一段话对我们有重要的启示：“吴音（苏州话）没有翘舌叶声……照穿船审禅读像精清从心邪的圆唇。”这段话告诉我们当时的苏州话精组声母与照系声母（主要是知三章组）不一样，照系声母不像国语的卷舌音，读音就是精组声母加圆唇。叶祥苓（1988）著作中也说苏州话的卷舌音跟北京话不同，“比北京的［tʂ］组声母略靠前，同时带有明显的圆唇作用”，说明苏州卷舌音从舌尖发音部位来看很接近 ts 发音部位。用音标可以用 ts^{u}表示，即：ts^{u} =tʂ。D 类字正好是 ts+ui，如果 ts^{u} 被感知为卷舌音，那么圆唇的卷舌音声母顺同化后接韵母 i，就变成了 ʯ。整个过程用音标公式可以表述为：

ts+ui>ts^{u}i> tʂʯ

这也可以解释现代苏州话没有 ts+u（u-）的组合，因为 ts+u（u-）的组合会被感知为卷舌音。

至此，总结苏州话 A 类、B 类、C 类和 D 类字韵母的音变如下：

A 类字音变：

y>ʯ/卷舌音____，卷舌音>平舌音，ʯ>ʮ/平舌音____

B 类字音变：

i>ʯ/卷舌音____，卷舌音>平舌音，ʯ>ʮ/平舌音____

C 类字音变：

ui>ʯ/卷舌音____，卷舌音>平舌音，ʯ>ʮ/平舌音____

D 类字音变：

ts+u>tʂ，i>ʯ/卷舌音____，卷舌音>平舌音，ʯ>ʮ/平舌音____

上述韵母音变都可以说是两个语音音征在起作用，一个是［+舌尖］，另一个是［+圆唇］。当然韵母本身也必须是前高元音才能发生此类音变。

苏州话原先的卷舌音声母与北京话的卷舌音不同，它的主要音征是圆唇，圆唇拉长了共鸣腔，所以尽管舌尖收紧部位比北京话的前，但是圆唇的作用能起到跟平舌音相区别的作用，给人以卷舌音的感知。当原先的卷舌音变为平舌音，此时卷舌音所附有的圆唇发音音征自然消失，但是在后接元音里还保留从以前卷舌音转移而来的圆唇音征。苏州话卷舌辅音圆唇音征的转移以及卷舌音的音变告诉我们，音类中的音征从一个音段感染到邻近音段是独立自主的，一旦转移到邻近音段，就跟来源音段脱离关系。当来源音段的性质变了，转移到邻近音段的圆唇音征是不会消失的。这样我们还可以根据转移后的音征来推测来源音段的性质。比如现代苏州话没有卷舌辅音，但是我们仍可以根据后接元音的原先非圆唇变为圆唇的读音，倒推原来的声母是卷舌音。如苏州话止摄、蟹摄开口三等字今韵母读圆唇音："指"tsʮ^{3}、"痴"ts^{h}ʮ^{1}、"世"sʮ^{5}、"治"zʮ^{6}。我们论证了它们来源于原先卷舌辅音圆唇音征的后移，所以可以根据现在的圆唇舌尖元音倒推原先这些字的声母是卷舌辅音。即："指"*tʂʮ^{3}、"痴"*tʂ^{h}ʮ^{1}、"世"*ʂʮ^{5}、"治"*ʐʮ^{6}。据此我们还可以推测，原先卷舌音声母的圆唇音征首先感染到后接元音，后接元音从不圆唇变为圆唇，然后才是卷舌音变为平舌音。两种变化时间上不能颠倒，否则就无法解释今天苏州话"指""痴""世""治"等止摄、蟹摄开口三等字为什么韵母读圆唇的ʮ。

三、宁波话ʮ韵及ʮ-韵头的来源以及原因

同为吴语太湖片方言的宁波话有跟苏州话相同的特点，其ʮ韵的分布范围与苏州话相同，也可以分为对应的A类、B类、C类、D类（现代宁波方言的记音据笔者1990—1992年初所做的田野调查，当时发音人都是宁波市区老派发音人）。

A类，古遇摄合口三等知章组字韵母。如"猪（猪肝）朱"tsʮ^{1}。

B类，古止摄、蟹摄开口三等知章组字韵母。如"支"tsʮ^{1}、"痴"ts^{h}ʮ^{1}、"世"sʮ^{5}、"滞"dzʮ^{6}。

C类，古止摄合口三等知章组字韵母。如"吹"ts^{h}ʮ^{1}、"水"sʮ^{3}。

D类，古止摄、蟹摄合口三等精组字韵母。如"嘴"tsʮ^{3}、"岁"sʮ^{1}。

与苏州话相比，宁波话 D 类增加了蟹摄合口三等精组常用字“岁”sɥ^{1}。止摄、蟹摄开合口三等韵在两地方言里都分别合韵。止摄蟹摄合口三等精组都可以用上述苏州话 D 类字韵母音变来解释。至此，可以说苏州、宁波两地读 ɥ 韵的音韵分布是高度一致的。根据苏州话的音变解释，可以推测宁波话早先也有卷舌声母，A 类、B 类、C 类字的声母原先是卷舌音，卷舌音的圆唇性和声母的舌尖音征顺同化后接高元音 i，后接元音也带有［+舌尖，+圆唇］特点，从而变为舌尖圆唇元音 ɥ。当然在卷舌音声母时，后接韵母是同部位的舌尖后圆唇元音 ʯ，以后随着声母变为平舌音，后接元音也随之变为舌尖前圆唇的 ɥ。

宁波话 ɥ 做韵头还有两个韵母 ɥəŋ 和 ɥœʔ。我们来看这两个韵母的古音分布。根据古音的音韵分布，可以有 ɥ-韵头的字分为三类：a 类、b 类、c 类（用拉丁字母小写以区别于上述苏州话、宁波话 ɥ 的分类）。

a 类，古深摄、臻摄开口三等知章组字韵母，如“神晨辰”zɥəŋ^{2}、“忍认任”（文读）zɥəŋ^{6}，“镇振震”ʦɥəŋ^{5}，“十拾入实日（文读）”zɥœʔ^{8}，“失室”sɥœʔ^{7}

b 类，古臻摄合口三等知章组字韵母，如“肫”ʦɥəŋ^{1}、“春椿”ʦʰɥəŋ^{1}、“唇纯醇”zɥəŋ^{2}、“瞬舜”sɥəŋ^{5}、“出”（文读）ʦʰɥœʔ^{7}

c 类，古臻摄合口三等精组字韵母，如“遵”ʦɥəŋ^{1}、“皴”ʦʰɥəŋ^{1}、“笋”sɥəŋ^{3}、“循巡”zɥəŋ^{6}

a 类字对应中古深摄、臻摄开口三等知章组字韵母，开口本不应该发展出圆唇的韵头 ɥ。根据上述苏州话、宁波话 B 类止摄、蟹摄开口三等知章组字韵母读 ɥ 的道理，可以推测开口三等知章组原先是卷舌音声母，卷舌音声母的圆唇特点滋生出圆唇的 ʯ。以后随着卷舌声母变为平舌音，舌尖后圆唇韵头 ʯ 也随之变为舌尖前圆唇元音 ɥ。所以宁波话的 a 类字韵母读 ɥəŋ。b 类字是臻摄合口三等知章组字，原先的卷舌音就有圆唇色彩，加上合口更容易顺同化变为舌尖后圆唇元音 ʯ，以后也随着卷舌声母平舌化，舌尖后圆唇韵头 ʯ 随之变为舌尖前圆唇元音 ɥ。c 类字声母是精组合口三等字，这种音变与苏州话、宁波话 D 类字的音变如出一辙。即 ʦ+u>tʂ，i>ʯ/卷舌音____，卷舌音>平舌音，ʯ>ɥ/平舌音____。

四、宁波话与之相关的声母性质及其演变

苏州话、宁波话 ɥ 韵母音韵分布及性质相当一致。根据前人对早先苏州话

卷舌音声母记录和现郊县卷舌音声母的描写,我们也推测同属北部吴语的宁波话早先三等知章组字声母也是卷舌音声母,且发音也具有圆唇特点。

早期宁波话三等知章组声母是否有独立的卷舌音/舌叶音是有争议的。徐通锵(1991)根据传教士的材料曾指出百年前宁波话有一套舌叶音声母 tʃ、$tʃ^h$、dʒ、ʃ、ʒ(传教士记音为 c、c'、dj、sh、j),与 ʨ 组声母、ʦ 组声母对立,并说舌叶音声母的消失是宁波方言百年来声母系统的变化之一。不过徐文对舌叶音声母的消失原因及在现代宁波话的演变途径并没有做详细的说明。胡方(2001)依据传教士穆麟德(Möllendorff)1901 年 *The Ningpo Syllabary*《宁波方言音节》发现精、知、章三组三等字读舌叶音 tʃ 组声母与宁波话的舌尖音 ʦ 组声母是互补的,因为“tʃ 组声母后面往往带有一个圆唇介音或元音”。换句话说 ʦ 组声母后没有圆唇介音或圆唇元音。这显然跟传教士的记载是矛盾的,也跟胡文内的记音有矛盾。如胡文里面就有传教士记录的国际音标转写:“宗”[ʦoŋ]“聪”[$ʦ^h$oŋ]“从”[dzoŋ]“桑”[sɔŋ]“上”[zɔŋ]。ʦ 组声母后是圆唇元音[o]或[ɔ]。不过,胡文敏锐看出 tʃ 组声母后面往往带有一个圆唇介音。袁丹(2015)则认为百年前宁波话精组字声母与知三章组声母在细音前合流,读音是腭化的 ʨ 组声母。如果是这样,百年前宁波话就形成了两组腭化声母,而且又有对立(都在细音前),因为在原书里有 Ky、K'y、Gy、Hy 这套腭化。如果前者拟音是舌面前部位(ʨ 组),后者是舌面中部位(c 组),两组腭化声母且完全对立,这在吴语区里是相当罕见的。另外如果百年前宁波话精组与知三章组读 ʨ 组声母,无法解释这批字中的古开口为什么在以后的宁波话里具有圆唇的读音,比如百年前宁波话“知致”如果读 ʨi,为什么现在是读 ʦʮ? 百年前“振镇”如果读 ʨiŋ,为什么现在读 ʦʮəŋ? 不圆唇音变为圆唇音其中的音变原因是什么? 早期构拟必须能解释以后的音变,这是历史语言学关于规则音变的原则。

根据上述苏州、宁波话相关声母的分析,我们认为百年前的宁波话知三章组及精组合口三等声母读卷舌音,读卷舌音的条件与苏州话完全一致。卷舌音具有圆唇动作使得开口字也带有圆唇动作。如上述宁波话的“知致”读 tʂʮ̨,“振镇”读 tʂʮ̨əŋ。到了现代宁波话卷舌音变为平舌音,声母平舌化后,ʮ̨ 也变为相应的舌尖前圆唇元音 ʮ,所以“知致”读 ʦʮ,“振镇”读 ʦʮəŋ,“岁水”读 sʮ。百年前宁波话具有卷舌音声母在穆麟德所著的《宁波方言音节》有很清楚的描写。

《宁波方言音节》里 c、c'、dj、sh、j 等五个声母（下面称为 c 组声母）较为特殊，原书作者把 sh、j 作为独体辅音声母看待，把 c、c'、dj 作为合体辅音（composed consonants）（如原书说 c =t+sh）看待。根据这样的安排，就知道 c、c'、dj 三个声母分别是清不送气塞擦音、清送气塞擦音和浊塞擦音，而 sh、j 是同部位的清浊擦音。显然作者把塞擦音看作合体辅音而把擦音作为独体辅音。原书的介绍“Introduction”有对独体辅音的描述。如在“Introduction”中的“The consonants”（b）项下是“The Linguals：t, d, s, z, sh, j, n, l, r”九个独体辅音的描写。其中 s, z, sh, j 是两组清浊相配的擦音，擦音 sh, j 的发音部位和性质可以比较 s, z 得到某些信息。作者对“s/z、sh/j”两组擦音的描写是：

> *s* is a voiceless, alveolar spirant, in the formation of which the tongue forms a grove running lengthways; *z* is the corresponding voiced spirant.
>
> *sh* is a voiceless for-lingual spirant formed with a breadthwise groove of the tongue; *j* is its corresponding voiced counterpart.

作者在描述“s/z”的时候说是一对“齿龈擦音，发音时舌形成一个纵向的凹槽（a grove running lengthways）”。很明显它们就是通常我们说的齿龈或舌尖前擦音[s/z]。

作者在说“sh/j”的时候时说它们是一对“舌前部清擦音，发音时舌形成一条横向面的凹槽（a breadthwise groove of the tongue）”。

两者比较，可以知道：第一，“s/z”和“sh/j”肯定发音部位不同，否则作者不会用不同的术语来命名。第二，根据作者描述发这两套擦音都有凹槽，但方向不同。“s/z”形成是舌的纵向凹槽，“sh/j”形成舌的横向凹槽。发音时舌尖微微上翘才可能形成舌横向凹槽。这一描写基本上就否认了“sh/j”是舌面前擦音 ɕ，因为发舌面擦音 ɕ/ʑ 不可能有舌的横向面凹槽；也基本上否定舌叶擦音 ʃ/ʒ，因为发舌叶擦音与齿龈擦音一样只可能有舌的纵向凹槽，而不是横向凹槽。舌尖微微上翘而形成舌横向面凹槽唯一的可能就是卷舌音。

对百年前宁波话的 c、c'、dj、sh、j，其他西方汉学家也有些描述可以说明就是卷舌音。英国外交官、汉学家庄延龄（Edward Harper Parker, 1849—1926）曾在 1884 年 *Chinese Review* 第 13 卷第 3 期写过 The Ningpo Dialect 一文（23 页），里面有对这组声母中单体擦音“Sh”的描写。他说：

Sh only appears before a very strange vowel which must be described as *ï*, being intermediate between *i* and *ü*, but yet not the same as the vowel in *tsz*. This vowel will be treated of under the finals: for the present it is enough to say that only pure *sh*, pure *ch*, and pure *j* precede this vowel. Thus 书世主知如绪 are pronounced (in pairs) *shï*, *chï*, and *jï*.

庄延龄 1884 年的记录应该跟穆麟德所记录的宁波话是同时代的。穆麟德 1897 年到宁波担任宁波海关官员，1901 年去世，所以不难推测，穆麟德的《宁波方言音节》写作年代应该在 1897 年至 1901 年间。庄的记录比穆麟德的略早十多年，但是也可以看作同时代记录。庄氏描写 sh 后的单元音韵母，但可根据韵母推测前面声母的发音部位和性质。他说这是一个很奇怪的元音，他用 *ï* 来标写。根据他的描述，这个元音是介于 i 和 y 之间，但是又不是 *tsz* [ʦɿ] 音节中的元音[ɿ]。余下的可能是 ɥ 和 ʮ。如果是 ɥ，前面的声母就是 ʦ 组声母，如果不是 ɥ，而是 ʮ，前面的声母就只能是 ʈʂ 组卷舌音声母。庄氏文内又说宁波话 ts 声母与 c 声母是清晰分别的：

Ts and *c* are pure, or at least clearly distinguishable, before all vowels …

上面这段话清楚告诉我们，声母 ts 与 c 不同。如果 c≠ts，那么 c 后面也不可能是 ɥ，余下的就是 ʮ，这样也可以推断前面的声母是卷舌音，其音值就是 ʈʂ。所以再次说明百年前传教士或西方官员用 c、c'、dj、sh、j 字母记录的宁波话是一套卷舌音声母，其对应音值分别是 ʈʂ、ʈʂʰ、dʐ、ʂ、ʐ。庄延龄文内所举的例字及标音"书世 *shï*、主知 *chï*、如绪 *jï*"就是 ʂʮ、ʈʂʮ、ʐʮ。

徐通锵(1991)、胡方(2001)、袁丹(2015)三文都指出百年前宁波话 c、c'、dj、sh、j 这套声母后都是接一个圆唇介音或圆唇元音，即使是古开口字也这样。如上文的"世知"卷舌音声母后接的舌尖后圆唇 ʮ，今宁波话卷舌音与舌尖前(平舌)音合并，韵母仍为圆唇的 ɥ。与前述苏州话一样，卷舌音的伴随圆唇动作顺同化后接介音或韵母，使之圆唇。构拟为卷舌音，其具有的圆唇伴随动作就好解释开口字为什么会有圆唇介音或圆唇元音了。

卷舌声母在《宁波方言音节》一书里基本上是知三章组声母，但是也有一些知二庄组声母也读卷舌音声母，读卷舌音声母只限于山摄合口二等以及宕江摄知二庄组字。如：Côn̄g 壮、C'ôn̄g 窗、Shôn̄g 双、Shün 闩、Djôn̄g 撞。这些字对应于百年前苏州话的卷舌音,且对应十分整齐。表3排列百年前苏州话(据丁邦新2003)、百年前宁波话(据《宁波方言音节》拟音)、今宁波话读音(声调不计)。

表3　百年前苏州话、宁波话及今宁波话字音对照图

	壮	窗	双	闩	撞	捉
百年前苏州话	tʂã	tʂ^{h}ã	ʂã	ʂø	ʐã	tʂoʔ
百年前宁波话	tʂɔ̃	tʂ^{h}ɔ̃	ʂɔ̃	ʂø	dʐɔ̃	—
今宁波话	tsɔ̃	ts^{h}ɔ̃	sɔ̃	sø	dzɔ̃	tsɔʔ

卷舌音声母由于声母有圆唇动作可以使后接元音圆唇化。比如江摄开口二等字"窗双捉"、宕摄开口三等字"壮床爽"都是开口韵,现在的宁波话里以及百年前的宁波话主元音都读圆唇,就是声母圆唇动作的顺同化作用。

卷舌音具有圆唇动作,当卷舌音变为平舌音后,圆唇动作还可能保留。张家茂在20世纪80年代调查苏州郊县方言时也发现这一现象。他说苏州西南郊离城约二十五千米的吴县藏书公社南部地区完好保存[tʂ^{ɥ}、tʂ^{hɥ}、dʐ^{ɥ}、ʂ^{ɥ}、ʐ^{ɥ}](右上标ɥ表示发卷舌音伴随圆唇动作),但是在近郊的横塘公社和书南区之间和藏书公社的中部是一个过渡区。过渡区里这套带有圆唇动作的卷舌音变为平舌音,同时保留圆唇动作。所以他记为[ts^{ɥ}、ts^{hɥ}、dz^{ɥ}、s^{ɥ}、z^{ɥ}],右上标的ɥ也是表示圆唇动作(张家茂1988)。宁波话卷舌音的演变大概与苏州类似,百年后卷舌音与平舌音合并,但是赋予后接元音的圆唇特征还保留着。

五、结　　语

苏州一带的方言以及原先宁波话具有卷舌音,两地方言的卷舌音都有圆唇动作。卷舌音变为对应的平舌音,圆唇动作仍保持着,说明语音演变中音类发生了变化,但是音类中的某些音征仍会保持。我们用语音音征来描述这种现象,把上述方言卷舌音描写成有卷舌音征和圆唇音征这两个音征(其他无关音征不列)。卷舌音的音类演变与音征变化可以用下列公式表达:

$$\text{卷舌音} \quad > \quad \text{平舌音}$$
$$\begin{Bmatrix}+\text{卷舌}\\+\text{圆唇}\end{Bmatrix} \qquad \begin{Bmatrix}-\text{卷舌}\\+\text{圆唇}\end{Bmatrix}$$

卷舌音变为平舌音,卷舌音征消失,但是圆唇音征保留。也就是说音类的变化与音征的转移不是同步的(陈忠敏待刊 b)。音征还可以独自转移,单独感染邻近音段,从而使邻近音段发生音变。如上述苏州、宁波方言的止摄开口知三章组字发生这些音变:tʂ^{u}i>tʂʯ>tsʮ。声母的舌尖音征、圆唇音征独自转移到邻近的音段,使得邻近音段也具有[+舌尖、+圆唇]音征,从而使邻近元音变为舌尖圆唇元音。为早先的苏州话、宁波话构拟具有圆唇音征的卷舌音声母,可以更好解释以后的音变。

参考文献

蔡佞　2009　《苏州沈巷方音特点及与苏州城区音的比较》,《方言》第 4 期。

陈忠敏　待刊 a　《上海城市方言的源头与其中的苏州话因素》。

陈忠敏　待刊 b　《音类的音征与语音演变》。

丁邦新　2003　《一百年前的苏州话》,上海教育出版社。

胡方　2001　《试论百年来宁波方言声母系统的演变》,《语言研究》第 3 期。

徐通锵　1991　《百年来宁波音系的演变——附论音变规律的三种方式》,《语言学论丛》,商务印书馆。

叶祥苓　1980　《苏州方言中[ʦ ʦ^{h} s z]和[tʂ tʂ^{h} ʂ ʐ]的分合》,《方言》第 3 期,204—208 页。

袁丹　2015　《从传教士文献和现代方言再论百年来宁波方言声母系统的演变》,《东方语言学》第 15 辑,85—101 页,上海教育出版社。

张家茂　1988　《苏州方言[tʂ^{ʮ}]组、[ts^{ʮ}]组和[ts]组的地域演变》,《吴语论丛》,53—59 页,上海教育出版社。

赵元任　1928/1956　《现代吴语的研究》,科学出版社。

庄申主编　1995　《无锡市志》,江苏人民出版社。

Gick, B., Wilson, I. & D. Derrick　2013　*Articulatory phonetics*. Massachusetts: Wiley-Blackwell Publishing.

International Phonetic Association　1999　*Handbook of the International Phonetic Association—A guide to the use of the International Phonetic Alphabet*. Cambridge: Cambridge University Press.

Jakobson, Roman. C. Gunnar M. Fant and Morris Halle　1952　*Preliminaries to speech analysis*. Cambridge: MIT Press.

Ladefoged, Peter　2001　*A course in phonetics* 4th edition. Wadsworth Publishing. Boston: Heinle & Heinle.

Lisker 1957 Minimal cues for separating /w, r, l, y/ in intervocalic position, *Word*. 13: 256-267.

Möllendorff, P. G. Von（穆麟德） 1901 *The Ningpo Syllabary*. Shanghai: American Presbyterian Mission Press.

O'Connor, J. D., L. J. Gerstman, A. M. Liberman, P. C. Delattre and F. S. Cooper 1957 Acoustic cues for the perception of initial /w, j, r, l/ in English. *Word*. 13: 24-43.

Ohala, John J. 1985 Around flat. In Victoria A. Fromkin (ed.), *Phonetic Linguistics: Essays in Honour of Peter Ladefoged*, pp. 223-241. Orlando, FL: Academic Press.

Zhou, X. C. Y. Espy-Wilson. M. Tiede, S. Boyce, C. Holland, and A. Choe 2008 A magnetic resonance imaging-based articulatory and acoustic study of "retroflex" and "bunched" American English /r/. *Journal of the Acoustical Society of America*, vol. 123: 4466-4481.

【附记】1984年夏,我从复旦分校中文系本科毕业,进入复旦大学中文系,师从许宝华、汤珍珠两位先生攻读现代汉语方言学方向研究生。那时石汝杰师兄尚未毕业,因为我们同出一个师门,所以我们俩接触的机会较多。当时研究生教学尚不规范,课程很少,学习、写论文全靠自己摸索。我很多语言学知识的获取多亏两位汝杰师兄(另一位是游汝杰师兄)帮助点拨。两位师兄常告诉我某些问题可以看什么书、什么文章。那时游汝杰师兄已毕业当老师,嫂夫人吴老师还没来上海,所以我与石师兄常去游大师兄的单人寝室讨论学术,有时我们也会结伴去市区钱乃荣师兄家交流。这种美好的时光令人怀念!以后石师兄复旦毕业回故乡苏州,在苏州大学任教。不过上海苏州较近,沪上一有什么学术活动他总不会缺席,还好几次来我家吃饭,落脚就宿。石师兄人到哪里,欢笑和热闹就到哪里,跟石师兄在一起总不会觉得寂寞。我父母也蛮喜欢与石师兄攀谈,我母亲有时会牵挂地说"苏州老倌蛮长辰光勿来了"。石师兄性情直率,对看不惯的事物、错误的学术观点会毫无隐讳提出批评,即使你是他的朋友、他的前辈,他也如此对待。这在你好我好大家好的"好人学术圈"里是一种异类,我十分欣赏他这种性格。假如学术讨论要顾及面子、顾及影响,明明知道是错的,却闭口是金、缄默不说,那么学术就不会进步。对被批评者而言,也不见得都会拒绝批评、讨厌评论。这里借用赵元任先生的原话:It is pleasanter to be contradicted by persons who know what you are talking about than to have agreement from those who are not interested in what you say. 但愿石师兄身体健康,笑口常开,学术之树常青,还能常常看到石师兄犀利的文笔。

吴语“鱼”的口语音*

陶 寰
（复旦大学中国语言文学系）

引 言

吴语许多方言里“鱼”的口语音为自成音节鼻音 ŋ̍,①与“五”的声韵相同。这个现象研究者几乎都视为理所当然,然而仔细考察之下,其实颇不寻常。

汉语方言自成音节鼻音的来源通常有三条途径(Shen 2007;盛益民 2017):一是“鼻音声母+高元音”,声韵母在锐钝一致的情况下,声韵母发生融合,如青田高湖方言“鹅我饿”有 ŋu～ŋ̍的互读,开化方言“疑”有 ȵi～ȵiŋ～ȵĩ～ȵ̍ 的互读。二是“高元音+鼻音韵尾”,如富阳“红洪虹”读 ŋ̍,台州路桥“红”读 ɦŋ̍,这两个方言通摄其他声母字都读 oŋ 韵母;厦门方言的“饭仓床酸秧”等字韵母为 ŋ̍;永安方言“饭、判、汉、万”等读 m̩,永安的桓韵其他声母字读-ɯm 韵母。都与主元音有关。三是重叠音节的首音节,如:上海方言“妈妈”说 $m̩^{55}ma^{31}$、“奶奶”说 $n̩^{55}na^{31}$,绍兴方言“娘娘姑妈、姨妈”说 $ȵ̍^{33}ȵiaŋ^{33}$。需要指出的是,这三者都是必要条件而非充分条件。

“鱼”中古为遇摄合口三等鱼韵疑母字,疑母按中古到现代吴语的语音演变

---

* 本文为国家社科基金重大项目“吴语语料库建设和吴语比较研究”(项目批准号:20&ZD301)的阶段性成果。本文写作过程中,得到了陈特、崔山佳、黄河、黄晓东、姜淑珍、雷艳萍、盛益民、史濛辉、王佳亮、叶晓锋、郁孙豪等学友的帮助,也承汪维辉、陈忠敏指正。论文在 2021 年第三届“一带一路”语言与方言学术研讨会和中国社会科学论坛(2021 年·语言学)——汉语方言学暨纪念李荣先生百年诞辰国际学术研讨会上报告,承蒙刘祥柏等与会专家的批评指教,在此一并表示感谢。

① 本文讨论不涉及声调,单字举例时均不标调。

规律,逢洪音声母读 ŋ-,逢细音读 ȵ-;合口三等韵母通常读细音,但鱼韵白读颇有例外。以上海方言为例:

赈拥有(财富)	锯	虚浮肿	许答应
ke	ke	he	he

鱼韵见系也有少数字读 i 韵母,如:去 tɕʰi、渠 ɦi。但无论哪个韵母,似乎都不符合成音节化的条件。当然,我们可以设想另外一条途径:ŋi>ȵi>ȵ̩>ŋ̍,舌面后声母在-i 前面发生腭化(ŋi>ȵi),由于声韵母都为锐音而发生成音节化(ȵi>ȵ̩),在ȵ̩和ŋ̍不构成对立的情况下,通常读为或记作ŋ̍(ȵ̩>ŋ̍)。这样的解释有一些旁证,比如上海郊区松江等方言当中,儿子说成ŋ̍$^{31-24}$ tsɿ$^{44-31}$,"儿"音ŋ̍,①"儿"是日母字,必定经历过从舌尖中/舌面前到舌面后的演变。但从太湖片吴语的情况来看,"鱼"读成音节鼻音的方言远多于"儿"读成音节鼻音的方言,另外,同为止开三的"二、耳"读ŋ̍的情况要少得多,来自泥(娘)母和疑母的"泥、疑、腻"等字没有成音节辅音的读法。因此,即便这条音变链存在,为何"鱼"发生成音节化也需要一个合理的解释。

总之,"鱼"读ŋ̍并不像表面上这么理所当然,本文需要对它在吴语中的读音做一番全面的梳理,以期寻求一个更为合理的语音史解释。文中语料尽可能取自公开发表的文献,优先选择单点同音字汇,由于涉及文献较多,文中不一一列举语料来源,如本人记音与他人有别,则随文说明。

一、吴语"鱼"的读音类型及地理分布

吴语"鱼"的语音形式主要是成音节辅音和高元音两大类,两大类中又有若干小类。具体情况如下:

1.1 自成音节鼻音ŋ̍

这种形式在吴语中分布最为广泛,遍布太湖片、台州片,也即习惯上所说的

① 松江的ȵ̩只出现在后一音节 n-声母之前,与ŋ̍不构成对立。其他吴语中此类情况甚多。

北部吴语，以及瓯江片的部分方言；但基本不见于婺州片和处衢片，也即习惯上所说的南部吴语。太湖片方言有：无锡、江阴青阳、苏州、昆山*①、吴江、太仓、上海、嘉定、松江、嘉兴、嘉善、平湖、桐乡、海盐、海宁（以上苏沪嘉小片），湖州、德清、安吉、长兴、余杭临平（以上苕溪小片），临安、绍兴、萧山②、上虞、诸暨、嵊州、新昌、余姚*、桐庐（以上临绍小片），宁波、镇海、慈溪、奉化、象山、定海（以上甬江小片）。

台州片方言有：临海、天台、三门、路桥、温岭、玉环、仙居*。

瓯江片方言有：龙湾永强、永嘉上塘③、平阳鳌江、平阳萧江④、苍南蒲城。各点之间比较分散。

处衢片方言有：衢州市区、上饶市区。

1.2　自成音节鼻音 n̩

“鱼”中古为疑母字，现代吴语中疑母洪音一般读 ŋ-声母，n/ȵ-声母或 n̩ 通常属于泥（娘）母和疑母细音的范畴，疑母读 n̩ 很可能跟上文所说的 ŋi>ȵi>n̩>ŋ̍ 的音变链存在着某种关联，因此需要单独讨论。

“鱼”读 n̩ 的现象在吴语中非常分散。江苏方面，《江苏语言资源资料汇编》记录的有高淳、昆山两地，不过两地的性质颇有不同，高淳的 n̩ 跟 ŋ̍ 存在音位对立，昆山则无。车玉茜（2005）记录的昆山城关“鱼”为 ŋ̍，王盈新（2011）记作 n̩，可见差异主要在于记录者的听感和音系处理。车玉茜把第二人称复数“n̩^{213}təʔ^{23}”和其他的 ŋ̍ 做了区分，王盈新则认为两者没有音位对立，n̩ 只出现在后一音节舌尖声母之前。n̩、ŋ̍ 的这种分布在北部吴语中是非常普遍的。

安徽方面，郑伟等（2012）记录的安徽当涂湖阳方言与高淳相同，而刘祥柏、陈丽（2017）记录的泾县查济方言只有 n̩ 没有 ŋ̍。

浙江方面，《浙江方言词》（p.267—268）记录的有余姚（太湖片）、仙居（台州

---

① 右侧加*的方言点有材料记录为 ŋ̍，也有材料记录为 n̩。本文依前者。理由见 1.2。
② 《浙江方言词》p.267 记录的语音形式为 ɦy，疑误；p.369 为 n̩。这里根据大西博子（1999）。
③ 永嘉“鱼”有 ȵʉ 和 ŋ̍ 两读，前者似乎更常见。
④ 颜逸明（2000：69），平阳萧江“鱼”有 ŋøy、ŋ̍ 两读。

片）、义乌（婺州片）、宣平（处衢片）。① 这些方言点n̩的性质也有差异，需要分别对待。肖萍（2011）记录的余姚是ŋ̍，但与n̩并不构成对立。仙居的“鱼”在俞健、吕军伟（2019）中是ŋ̍，且与n̩构成对立，但从历史演变的角度来说，十分混乱；胡方调查的仙居材料中只有ŋ̍。

义乌和宣平是仅见的两个读成音节辅音的南部吴语点，其中宣平（雷艳萍私人讨论）没有n̩和ŋ̍的对立。义乌的n̩与ŋ̍ʷ构成对立，不过义乌方言ŋ̍ʷ主要来自宕江摄，是由韵尾演变而来的，与其他吴语ŋ̍主要来自鼻音声母完全不同，因此从其他吴语的角度来看，义乌方言也不存在n̩和ŋ̍的对立。

根据上述讨论，n̩、ŋ̍不分且两种记音都有的有昆山、余姚、仙居，n̩、ŋ̍不分而音值为n̩的有义乌、宣平、泾县查济；n̩、ŋ̍对立而音值为n̩的方言只有高淳、湖阳两处，这两处都属于宣州片太高小片。

1.3 自成音节鼻音m̩

仅见于宣城（雁翅）一处，据沈明（2016），雁翅有m̩和n̩，但没有ŋ̍，“鱼渔蜈母姆女”读m̩，“尔”读n̩。

1.4 韵母为前高元音 y

“鱼”读 y 韵母的方言也不少，按声母是否为鼻音声母可分成两类：

读 ȵy 类的方言有：丹阳、金坛、宜兴、溧阳、海门四甲、启东吕四（以上太湖片毗陵小片），瑞安莘塍、平阳（以上瓯江片），金华、兰溪、浦江、东阳②、磐安、永康③、武义（以上婺州片），缙云、云和④、景宁、泰顺（以上处衢片）。

需要指出的是，安徽郎溪定埠方言与溧阳、宜兴相邻，“鱼”音 nɥ，是 ȵy 进一步舌尖化的结果。

读 ɦy/y 类的方言集中在毗陵小片，如：常州、武进、江阴、靖江、通州。此外

---

① 根据黄晓东（私下交流）提供的材料，金东区的鞋塘、塘雅、澧浦、源东、傅村一带也读n̩，这一片区域与义乌市相邻。

② 曹志耘等（2016：239）记作 ȵiʉ，相当于其他方言的 ȵy。

③《浙江方言词》p.268、370 记作 ɦy，曹志耘等（2016：316）音 ɲy。

④ 曹志耘、秋谷裕幸、太田斋、赵日新（2000：201）音 ɲy。

见于杭州、於潜、昌化、富阳。① 铜陵音 y。

瓯江片吴语永嘉上塘又音 ȵʉ，介于 u 和 y 之间，实际上平阳按郑张尚芳的记录也是 ȵʉ，瑞安音 ȵyʉ（叶晓锋 2008：21），②都可算作此类。

1.5 韵母为前高元音 i

见于苏州西山、乐清和汤溪岩下。

据蔡嵘（1999：268）和叶晓锋（2008：21），乐清境内说瓯江片吴语的虹桥、乐成、柳市、白象等地皆音 ȵi。汤溪岩下根据曹志耘等（2016：144）的记录，有 ȵi、ȵy 两读，前者更为常见（p.155），汤溪岩下的 y 韵几乎都是 i 韵的又读，颇疑其历史上曾经发生过 y>i 的音变，今天的 y 是后来重新产生的。因此汤溪的读音与其他婺州片方言是一致的，吴语中真正读 i 的只有苏州西山和乐清。

1.6 韵母为其他前元音

太湖片苏沪嘉小片沿长江的一部分方言和苏州东山，“鱼”不读成音节辅音而读前元音韵母 ei 或 ᴇ，除东山以外，这些方言在地理上连成一片，如：

江阴华士	张家港	常熟	启东	海门	崇明
ŋei	ŋei	ŋᴇ	ŋei	ŋei	ŋei

瓯江片吴语有 ŋøy（温州城区）、ŋyø（平阳萧江）、ȵyø（苍南灵江，姜淑珍私人交流）、ŋø（苍南宜山）等读音，与上述方言似无瓜葛。

处衢片青田、浦城南浦音 ŋe，也属此类。

1.7 韵母为后高元音 u

仅见于瓯江片吴语的文成。

---

① 《浙江方言词》p.267、369 记为 ȵy。

② 叶晓锋（2001：4）有说明，他的论文中除了乐清四个点之外，其他材料均来自郑张尚芳的调查。

1.8　韵母为 ɯ 类后元音

曹志耘、秋谷裕幸、太田斋、赵日新(2000)的记录中,一部分方言的主元音是ə,在我的调查记录中,这类韵母都为后高或后半高元音,下文统称为 ɯ 类。这种形式集中分布在处衢片吴语,也是处衢片吴语最典型的读音。例如:①

江山	常山	开化	杜泽	玉山	广丰
ŋə/ŋɯᵊ	ŋə/ŋɤ	ŋe/ŋɤ	ŋɤ	ŋə/ŋɤ	ŋɤ/ŋɯ
龙游	丽水	松阳	遂昌	庆元	龙泉
ŋəɯ/ŋɤu	ŋɤɯ	ŋɯə	ŋɤ/ŋɯ	ŋɤ/ŋɯ	ŋɤɯ

1.9　小结

从上述的描写可见,吴语"鱼"的读音常见的主要是四类:ŋ̍、y、ei 和 ɯ,其余读音少而零散。结合其分布区域来说,还是能找到大体的规律:ŋ̍主要分布在太湖片、台州片;y 在北部主要分布在与官话接壤的区域以及杭州周边,在南部主要分布在婺州片、瓯江片和邻近的处衢片;ei 分布在太湖片吴语的沿长江地区;ɯ 则分布在处衢片吴语。

从方言区的角度来说,太湖片、台州片以ŋ̍为主,婺州片以 y 为主,处衢片则以 ɯ 为主,瓯江片的形式非常复杂,几乎包括了吴语能够出现的各种类型,宣州片也是多种类型并存。各片都有一些其他读音,但分布相对零散。

二、"鱼"今音所反映的音韵地位

"鱼"中古在遇合三鱼韵疑母,这自然无需讨论,不过要弄清从这个源头到今天的变化轨迹,还需弄清楚它目前在各方言音系中所处的音韵地位,也即"鱼"的读音在共时音系中与其他字的关系。

① 江山、广丰斜线前读音为秋谷裕幸(2001)的记录;其余斜线前读音为曹志耘等《吴语处衢方言研究》的记录。斜线后为我的记录。两者的差别主要是发音人个体色彩和调查人记音习惯的不同造成的。

吴语“鱼”口语音的音韵地位主要是指它跟中古鱼韵、模韵、虞韵，止开三见系的分合关系。据此，我们可以把“鱼”的口语音分为“鱼韵独立”“鱼虞同韵”“鱼模同韵”和“鱼止同韵”四类。在有些方言中还会牵涉到歌韵疑母字、止合三日母字和侯韵疑母字，则不再细分。“鱼”的声母牵涉疑母、泥(娘)母和日母，并不复杂，本文不赘。

2.1 “鱼韵独立”类

此类分散在三片方言：长江沿岸、处衢片、瓯江片。瓯江片方言需要单独讨论。

2.1.1 太湖片苏沪嘉小片长江沿岸的方言“鱼”读 ei 韵母，属于鱼虞有别的层次，虞韵读 y(崇明)或 i(常熟、海门)。除“鱼”以外，见系其他声母也读 ei。例如：①

	常熟	张家港	崇明	海门
鱼	ŋE	ŋei	ŋei	ŋei
锯	kE	kei	kei	kei
去	k^hE	k^hei	k^hi	k^hi
遇	ȵi	ȵʮ	ȵy	ȵi
五	ɦŋ̍	ɦŋ̍	ɦn̩	ɦn̩
尔	—	—	ɦn̩	ɦn̩

值得注意的是，崇明、海门“去、渠”两字均不读 ei，而常熟(袁丹 2010)、张家港“去、渠”的韵母与“鱼”相同。苏沪嘉小片长江沿岸方言 kei、ŋei、hei 的组合为鱼韵独有，常熟、张家港则与侯韵合流，如常熟：“鱼、藕”读 ŋE，“许、吼”音 hE。

处衢片吴语的浦城、青田都读 e，详下。浦城与曾开一入声合流，如：“鱼、逆”音 ŋe，“去、克”音 k^he；青田合于咍韵，如：“鱼、呆”音 ŋe。

2.1.2 处衢片方言基本都是 ɯ 类，呈连续分布，虽然各点音值略有差异，但

① 常熟、张家港的第二人称读阳声韵，别有来源。张家港的 ʮ 对应为邻近方言的 y。

语音对应规律非常明确，应为同一来源。这个韵母在多数处衢片方言中只见于鱼韵，不与其他韵母合流，例如：①

	江山	常山	开化	杜泽	玉山	广丰	龙游
鱼	ŋə	ŋə	ŋe	ŋɤ	ŋə	ŋɤ	ŋəɯ
锯	kə	gə	kie	kɤ	kə	ke	kəɯ
去	kʰə	kʰə	kʰie	kʰɤ	kʰə	kʰɤ	kʰəʔ
五	ŋuə	ŋuʌʔ	ŋuo	ŋuɤ	ŋuə	ŋo	ŋ̍
尔	ŋiɛ	n̩	n̩	ȵieʔ	ȵi	ȵi	ŋ̍
	浦城	丽水	松阳	遂昌	庆元	龙泉	青田
鱼	ŋe	ŋɤɯ	ŋɯə	ŋɤ	ŋɤ	ŋɤɯ	ŋe
锯	ke	kɤɯ	kɯə	kɤ	kɤ	kɤɯ	ge
去	kʰe	kʰɤɯ	kʰɯə	kʰɤ	kʰɤ	kʰɤɯ	kʰi
五	ŋuo	ŋ̍	ŋuoᵊ	ŋuə	ŋuɤ	ŋou	ŋ̍ᵊ
尔	ŋi	ȵi	ȵi	ȵiɛ	ȵie	ȵi	ȵi

开化舌齿音字前化为 ie，见系字正在变化过程中，有 ɤ～ɯe～ie 的异读，"去、倮"两字倾向于读 ie，其他鱼韵见系字倾向于读 ɤ 或 ɯe，我所记录的开化，"锯"为 kɤ，"去"为 kʰie，韵母不同。整体来看，ɯ 类韵母的"鱼"都只来自鱼韵，与模韵、止开三均无瓜葛。至于龙游、丽水同侯韵，应为后来演变的结果。

2.1.3　雁翅的"鱼"说 m̩，同韵母字有"渔蜈母姆女"，跟"尔"对立，也就是说"鱼"字同侯韵明母，与止开三并未合流。至于鱼模的关系，仍不好判断：吴语通常读自成音节鼻音的"吴五午"等字，在雁翅读 vu，相当于其他吴语的文读，显然已经官话化了；"蜈"字能否代表模韵存在疑问，南部吴语的确有不少方言"蜈"音同"鱼"，那都是模韵读入鱼韵的结果，而不是相反，如：温州"蜈"="鱼"ŋøy≠"吴"ŋ̍；江山"蜈"="鱼"ŋɯᵊ≠"吴"ŋuᵊ。

① 常山"五"已促声化，不过"午"音 ŋuə。常山、青田"锯"读浊声母。龙游"去"促声化，但"倮"说 gəɯ。

2.2 “鱼虞同韵”类

此类主要的音值就是 y。y 类韵母是分散分布的，各处的来源都属于鱼虞同韵的层次，但形成的原因或许有所不同。

江苏、安徽境内的 y 类方言基本上都在吴语边缘地区，与官话接壤。这些方言大体上“鱼”都属于鱼虞合流的方言，但常州及附近方言通常还有“去”等几个字保留着鱼虞有别的层次，例如：

	丹阳①	金坛	溧阳	宜兴②	常州	江阴	靖江	四甲	通州
鱼	ȵy	ȵy	ȵy	ȵy	y	y	y	ȵy	y
遇	y	ȵy	y	y	y	y	y	y	y
去	k^ha	k^he	$tɕ^hy$	k^hai	$tɕ^hi$	k^hei	$tɕ^hy$	$tɕ^hy$	$tɕ^hy$

从列表中可见，保留鱼虞有别的读音多数(除常州)跟崇明等地一样，属于 ei 类；而长江以北的通州一带和安徽铜陵，已完全不见鱼虞分韵现象。

浙江境内，杭州方言有比较浓重的官话色彩，鱼虞完全合流；富阳等邻近地区方言的“鱼”应该受到了它的影响，但鱼韵见系的其他字还保留着鱼虞分韵的读音；於潜、昌化两处，本身处于吴语边缘地带，保留鱼虞分韵的字很少。例如：

	杭州	富阳③	於潜	昌化
鱼	ɦy	ɦy/ȵy	ɦy	ɦy
遇	ȵy	y	ȵy	ȵy
锯	tɕy	tɕi	kiu	ki
去	$tɕ^hi$	$tɕ^hi$	$k^hɯ$	$tɕ^hy$

① 蔡国璐(1995：94)“去”音 $k^hæ$。

② 叶祥苓、郭宗俊(1991：90)“遇”音 ȵy，“去”音 $k^hɛ$。黄河(2017：264)“去”为 $k^hɐi$。

③ “/”前为盛益民、李旭平(2018)的记录，他们不记 ɦ-声母，本文据吴语的习惯做了调整，“/”后为《浙江方言词》的记音。富阳鱼韵见系另有 ɛ 一读，如：“踞”音 kɛ，“许”音 hɛ。

婺州片方言除义乌以外，都读为 y 韵母，也属于鱼虞合流的层次。婺州片方言保留鱼虞有别的情况较多，但“鱼”不在其例，应该与声母条件有关。例如：

	金华	汤溪	兰溪	浦江①	东阳	磐安	永康	武义
鱼	ȵy	ȵi~ȵy	ȵy	ȵy	ȵiʉ	ȵy	ɲy	ȵy
雨	y	i	y	y	iʉ	y	y	y
锯	kɤ	kɯ	kɤɯ	kə̃/kɯ	kəɯ	kɐɯ	kəɯ	kɯ
去	kʰɯ	kʰəɯ	kʰi	tɕʰi/ʧʰi	kʰəɯ	kʰɐɯ	kʰəɯ	kʰɯ

处衢片的缙云、云和、景宁、泰顺四地“鱼”读 y，鱼虞合流，缙云跟婺州片邻接，其他几个方言的鱼韵见系字保留“鱼虞有别”的层次比较少，在处衢片吴语当中是非常特别的，与闽东方言较为相似。例如：

	缙云	云和	景宁	泰顺
鱼	ȵy	ɲy	ȵy	ȵy
雨	ȵy	y	y	y
锯	kɯ	ʧy	tɕy	ki
去	kʰɯ	kʰi	kʰi	tsʰɿ

2.3 “鱼模同韵”类

吴语的ŋ̍类基本上都属于“鱼模合韵”的类型。ŋ̍在吴语中普遍存在，但不同方言所辖字的多少是不一样的：一部分方言有n̩和ŋ̍的对立，ŋ̍的来源包括模韵疑母和“鱼”，钱塘江以北的太湖片吴语还包括“我”字，n̩的来源主要是止开三的日母字；大部分方言n̩和ŋ̍已经合流，ŋ̍的来源包括止开三日母字在内。因此，前者

① 《婺州方言研究》p.183、p.200“去”音 tɕʰi，p.188 音 ʧʰi。“锯”我的记录是 kʉ，相当于该书的 kɯ。

应该是更早期的状态。区分n̩和ŋ̍的方言比较分散，太湖片主要分布在苕溪小片和甬江小片，台州片两者有所区分，但规律性较差。例如：

	湖州①	安吉	长兴	德清下舍	奉化②	临海	路桥	仙居横溪
鱼	ŋ̍	ŋ̍	ŋ̍	ŋ̍	ŋ̍	ŋ̍	ŋ̍	ŋ̍
五	ŋ̍	ŋ̍	ŋ̍	ŋ̍	ŋ̍	ŋ̍	ŋ̍	n̩
儿	ȵi	n̩	n̩	n̩	n̩	ŋ̍	n̩	ŋ̍
尔你	n̩	n̩	n̩	n̩	n̩	n̩	n̩	n̩

苕溪小片鱼模韵跟止开三的分界十分明确，甬江小片跟台州片则比较错乱，宁海方言根据赵则玲（2015）的记录，“儿你（尔）”都已读为ŋ̍，但“蚁”仍为n̩，台州路桥（林晓晓 2012）“耳”音ŋ̍，都呈现出止开三向鱼模韵合并的态势。特别是表中仙居横溪方言的n̩和ŋ̍非常杂乱，模韵的“五”读n̩，支韵的“儿”读ŋ̍，呈现出交错分布的状况，具体原因不得而知，仙居城区根据胡方的记录n̩和ŋ̍没有区别。临绍小片方言中，诸暨南部的璜山、安华、东白湖等方言（钟文悦 2019），“鱼五”说ŋ̍，跟“尔”说n̩有区别，在直埠方言③（周斯文 2018）里“尔”与“五鱼”合流。但陈宅方言“鱼尔”为n̩，不同于“五”ŋ̍，似乎是“鱼止同韵”类型，跟周边方言都不相同，颇令人不解。

太湖片的多数方言现在虽然无法区分n̩和ŋ̍，但从一些儿化词的残迹来看，来自止开三日母的“儿”早期应该读n̩而不是ŋ̍。例如太湖片多数方言的“囡”音nø，“囡”是“女儿”的合音，“女”在太湖片吴语中读麻韵，如绍兴的孙女说“女孙”no$^{113-15}$sø$^{53-53}$，余杭一带“女儿”说 no^{55}ŋ̍^{31}。“囡”nø 的读音合乎山合一桓韵，不可能来自宕江曾梗通五摄，可见其原先的韵尾是-n。关于“囡”的详细讨论参

① 湖州（赤松祐子 1991）的“儿”音 ȵi，说n̩的有“耳尾你（尔）二”，均来自止摄，说ŋ̍的有“吴鱼五伍午我”，来自歌韵、模韵、鱼韵，两者的分野十分清楚。

② 奉化的材料记录有差别，王淼、赵则玲（2009）n̩有“你芋”二字，ŋ̍有“而鱼耳”三字。李莉（2017）n̩收“儿芋”二字，ŋ̍收“五鱼”二字。我们询问崔山佳老师的结果是，“五鱼”口语为ŋ̍，与“尔”n̩对立。

③ p.48 同音字表漏了“五”字，根据 p.13 音系部分增补。

见潘悟云(1995)。“虾”说 hø 的道理也是一样的。松江的“筷”音 kʰuɛ,符合山摄合口二等的读音,“筷”来自“快”kʰuɑ,中古在蟹摄合口二等夬韵,因此韵尾只能是-n,否则就会读入宕合一或梗合二。宁波的“猫鸭”的韵母都是 ɛ,也是儿化的残留(陈忠敏 1992;徐通锵 1996：329—340;汤珍珠等 1998：132、147),从演变规律看,符合中古咸山摄一二等的读音,换句话说,它原先的韵尾应为-n。更多的例证参见周志锋、胡方(2007：57—58)。与此相对,“端午”一词,北部吴语一般说 toŋ^{33}ŋ̍^{55},“端”读入通摄。“端”是山合一桓韵字,应该与“暖”同韵,读入通摄显然是因为韵尾受了“午”ŋ̍的同化;又,“甲鱼”绍兴说 kaŋ$^{53-33}$ɦŋ̍$^{31-53}$,“甲”受“鱼”的影响,*kaʔ>kaŋ,今音读同梗开二。由此可见,早期北部吴语的“儿”n̩和“午鱼”ŋ̍并不同音。

瓯江片方言“鱼”读ŋ̍类不多,ŋ̍主要来自歌韵、模韵和止开三。根据郑张尚芳(1983：110),温州市区方言的止开三早期也是读n̩的,与ŋ̍不混。晚清永嘉人谢思泽的《因音求字》中,永嘉方言的歌韵、模韵读ŋ̍,如“鹅饿吴五午”;止开三读n̩,如“儿宜疑二贰”(李雯雯 2019：85)。

以上方言都显示“鱼”的成音节读法ŋ̍产生于前,“儿尔”等字与之合并于后(n̩>ŋ̍),因而只能称为“鱼模同韵”而非“鱼模止同韵”,与2.4高淳等地的音变过程是不一样的。这些方言中“鱼”的韵母与鱼韵见系其他字的白读韵母都不同,应是“鱼”单独跟模韵合并以后的产物。

义乌、宣平两处“鱼”的音值为n̩,但包含了“五鱼二”等字,很难说它们属于“鱼止同韵”还是“鱼模同韵”,从这两个方言的地理位置来看,后者的可能性较大。

2.4 “鱼止同韵”类

本类的读音为n̩,见于宣州片太高小片、宣州片铜泾小片。高淳方言根据现刊的几种材料,有n̩也有ŋ̍,两者不仅有音位对立,来源也不一样。杨茂荣(2001)专门讨论了这个问题,从中可见,n̩来源于遇合三鱼韵(女鱼)、蟹开四齐韵(米泥倪)以及止开三(儿尔疑尼腻二耳),声母来自明母、泥(娘)母、日母和疑母;ŋ̍来自模韵(五)和痕韵(恩)。“鱼”与止开三合流而不同于遇合一。由于高淳方言

没有 ȵ-声母，口语也没有 ni、ny 这样的音节（张薇 2014），自身无法推断其早期形式。但邻近的湖阳方言（郑伟等 2012）中，“女”音 ȵy，“鱼儿泥米耳二”音 ȵ̩，显示“鱼”可能来自 *ȵi 而不是 *ȵy。由于这两处方言鱼虞同韵，主体都读 y 韵，湖阳“鱼”“女”不同音说明“鱼”或许保留了早期的口语读音。

查济方言自成音节鼻音除“鱼渔女语”，主要来自止开三、蟹开三四的日母（儿耳二）、疑母（艺蚁疑）和泥（娘）母（泥尼），没有模韵字，所以也属于此类。从查济 i 韵母和 y 韵母的来源来看，i 韵母包括了鱼虞韵、止合三这些其他北部吴语读 y 的字；y 韵母包括部分鱼虞韵字和侯尤韵字，怀疑它曾经发生过 *y>i 的音变。

2.5 瓯江片方言

瓯江片方言“鱼”一般都读高元音，从音值上来看差异并不很大，但音韵地位的推断却出乎意料地复杂，因此需要单独讨论。温州各点“鱼”的读音如下：①

	温州	乐清	永嘉	瑞安	平阳昆阳	苍南宜山	文成	蒲城
鱼	ŋøy	ȵi	ŋ̍	ȵy	ȵy	ŋø	ŋu	ŋ̍
锯	køy	tɕʰi	ʦʮ	ku	tɕy	tɕy	ku	kɯ
去	kʰei/kʰi	tɕʰi	kʰei	kʰei	kʰi	kʰi	kʰi	kʰɯ
愚	ȵy	ȵy	ȵy	ȵy	ȵy	ȵy	ȵy	ȵy
五	ŋ̍	ŋ̍	ŋ̍	ŋ̍	ŋ̍	ŋ̍	ŋu	ŋ̍
我	ŋ̍	ŋ̍	ŋ̍	ŋ̍	ŋ̍	ŋ̍	ŋ̍	ŋ̍
儿	ŋ̍	ŋ̍	ŋ̍	ŋ̍	ŋ̍	ŋ̍	ŋ̍	ŋ̍
尔	ȵi	ȵi	ȵi	ȵi	ȵi	ȵi	ȵi	ȵi

① 颜逸明（2000：95）永嘉未见“鱼”字，p.172 音 ŋ̍，《浙江方言词》是 ȵʉ，叶晓锋（2008）ŋ̍、ȵʉ 都有，而他最近为本文提供的调查材料则是 ŋø。《浙江方言词》（p.369）瑞安为 ȵyʉ，平阳为 ȵʉ。记音虽略有不同，但不影响韵类的分合。

从表中可见，温州市区和苍南宜山属于“鱼韵独立”类型：市区“锯鱼”韵母为 øy，模韵见系（除疑母）为 u，疑母读 ŋ̍，虞韵见系为 y；宜山“鱼”字与鱼韵其他字韵母有别，也不同于模、虞、支等韵。

乐清鱼韵见系读 i 韵母，同止开三和齐韵，虞韵见系为 y，模韵见系为 u，属于“鱼止同韵”类。

永嘉、文成、蒲城“锯鱼”韵母同“五”，不同于虞、支两韵，属于“鱼模同韵”类。不过，根据叶晓锋的调查，永嘉的“鱼愚”同音，读 ŋø，不同于“五”，属于“鱼虞同韵”类。

瑞安、平阳昆阳都属于“鱼虞同韵”类。但是据颜逸明（2000：69）的记录，平阳萧江“鱼”说 ŋyø，不同于“虞愚”的 ȵy（p.65），是“鱼韵独立”的类型。

温州地区方言内部的一致性较高，通话也无太大的困难，“鱼”的读音从表面上看较为相似，但实际的韵类分合却有很大的差别，吴语其他地区的四种类型在这儿全部出现。对这种现象，下文再做详细讨论。

2.6 小结

吴语的“鱼”字可以分为“鱼韵独立”“鱼模同韵”“鱼虞同韵”“鱼止同韵”等四种类型，而且跟音值类型有着比较整齐的对应关系，如下表：

鱼止同韵	鱼虞同韵	鱼模同韵	鱼韵独立
i、n̩（≠ŋ̍）	y	u、ŋ̍	其他高元音

吴语中模韵读 u、虞韵读 y、止摄读 i 是十分普遍的现象，它们占据高元音的三个位置应该由来已久；“鱼”字口语音的这几种类型反映了它不同的演变轨迹，瓯江片方言的复杂性就是很好的例证。

三、“鱼”的音变过程

吴语“鱼”字的口语音究竟怎样演变而来，是如何形成这种复杂的局面的？这两个问题涉及鱼韵早期的读音、自然音变和接触音变，接触音变的直接结果便是语音的历史层次。

3.1 吴语鱼韵的构拟

音韵学研究中鱼韵一直是关注的焦点，主要是因为陆法言在《切韵》序里面批评“支脂鱼虞，共为一韵”①的现象，此后学者构拟中古音系的时候，都把鱼虞两韵分开。当然，《切韵》时代也并非所有方言都能区分两韵，与陆法言同时代的颜之推在《颜氏家训·音辞篇》中说：“北人以庶为戍，以如为儒……北人之音，多以举、莒为矩。”明确把鱼虞相混的现象归为“北人”的语音现象。按潘悟云（2002[1983]：50）的考证，《切韵》时代鱼虞两韵合流现象分布在河南及周边地区，但长江以南的汉语方言中两韵区别十分清楚，北方也有一些地区两韵不混。那么吴语中两韵的区分究竟如何？陆游在《老学庵笔记》中明确指出：“吴人讹‘鱼’字，则一韵皆开口。”说明“吴人”所说的吴语鱼虞两韵的差别在于是否开口。梅祖麟（2001：12）由此逆推，将鱼韵的“江东南朝音”构拟为 * iə。陈忠敏（2003）和潘悟云（2002、2009）都认为，现代处衢片吴语中的 ə 多为高元音后增生的后滑音而非主元音，故鱼韵的主元音应为高元音，应构拟为 * ɯ，-i-介音也是后来产生的，这样比较容易解释鱼韵在很多吴语中演变为 i，再演变为 ɿ 或 ei 的现象。这个构拟和解释显然比梅祖麟要合理得多，本文从其说。

与此同时，《切韵》各家的拟音中鱼韵的主元音均为圆唇（除郑张尚芳），开口比虞韵略大，这样能够解释后世多数汉语方言中鱼虞合韵的变化。表中李荣的 å 就是国际音标的 ɔ（转引自潘悟云 2000：83、86）。

	高本汉	董同龢	李荣	王力	邵荣芬	陆志韦	蒲立本	周法高	郑张尚芳	潘悟云
鱼	i̯wo	jo	iå	ĭo	iɔ	io	i̯o	io	ɨʌ	iɔ
虞	i̯u	juo	io	ĭu	io	ɪwo	i̯ou	iuo	ɨo	iU

但到了晚唐五代，鱼虞便已合流（王力 1987：287）。从上古的鱼部 ** a 到中古的鱼韵，吴语和以《切韵》为代表的中古音都经历了一个后高化的过程，只是主

① 亦有人引作“支脂鱼虞，共为不韵”，如梅祖麟（2001）。

元音有非圆唇和圆唇的区别,后高化到顶点之后便造成了“鱼虞有别”和“鱼虞合韵”的不同格局。

3.2 吴语鱼韵的历史层次

吴语的开口和官话的合口接触的结果造成吴语鱼韵存在着较为丰富的历史层次,这个问题讨论的文章甚多,如梅祖麟(2001)、秋谷裕幸(2002)、陈忠敏(2003)、郑伟(2008)、潘悟云(2009)、施俊(2013)。其中陈忠敏(2003)讨论最为详细,结论也比较可信,本文打算在他的基础上进一步讨论,指出其中存在的不合理之处。陈忠敏(2003:36—37)认为,吴语的鱼韵有四个层次,A、B、C 属于白读层,D 属于文读层:

一、A 层次,来源于 ** ua,①处衢片吴语的一些知庄组和泥(娘)母字保留这个层次。潘悟云(2009)称之为读入麻韵的层次。

二、B 层次,来源于 * ɯ,本文第一节中 ɯ 类都属于这个层次。

三、C 层次,来源于 * i,更早的来源仍是 ** ɯ,第一节中除 ɯ 类和 y 类以外都属于这个层次。

四、D 层次,即第一节的 y 类。

其中浙西南的处衢片吴语四个层次都有,处衢片的丽水地区、婺州片的金华地区等有 B、C、D 三个层次,温州地区、台州地区和整个北部吴语只有 C、D 两个层次。

从本文列举的材料来看,这段论述可议之处尚多,但本文不打算对鱼韵的层次做全面的检讨,只把焦点集中在鱼韵见系字上,故 A 层次略去不谈。B、C、D 三个层次都出现在鱼韵见系,B、C 两个层次按陈忠敏的说法都属于口语层,它们的关系是怎样的呢?

从整个吴语来看,鱼韵见系基本属于一个层次的方言,在吴语中主要分布在南北两侧——处衢片龙衢小片的一些方言和太湖片长江沿岸方言,以江山为例:

徐	齒盛放	除脱	苎	锯	傢他	琚姓	鱼	墟集市	许答应
zɿᵊ	tɯᵊ	dɯᵊ	dɯᵊ	kɯᵊ	ŋɯᵊ	gɯᵊ	ŋɯᵊ	hɯᵊ	hɯᵊ

---

① 原始形式构拟为 ** a 更为合理。

江山一带在 ʦ 组声母后变成 ʅ^{ə},①与 ɯ^{ə}不构成层次关系,是吴语中鱼韵读音最整齐的,处衢片其他方言的情况参见 2.1.2。长江沿岸方言例见 2.1.1,其统一的读法只见于见系,与其他声母后的读音不同,当然这种差异完全可以用不同条件下的语音分化来解释,与层次无关。按陈忠敏的看法,处衢片吴语属于 B 层次而长江沿岸方言属于 C 层次,这个结论是可以接受的。

如前所述,这种现象在吴语中并不普遍。陈忠敏在开化等南部吴语中发现了“锯”“去”不同韵的现象,他(2003: 27)认为,鱼韵早期的读音是 *ɯ,但在北部吴语和衢州发生了 *ɯ>i 的音变,这个音变逐渐扩散,“读-ɯ 的 B 层次和来源于-i 的 C 层次互相竞争,造成两个层次的字在如此小的方言群里呈现不规则的交叉现象”。仅就开化方言而言,这个看法无疑是正确的。问题在于,如上文第 2 节各方言点材料所示,吴语大多数方言鱼韵见系字都存在“锯”“去”不同韵的现象,如果加上“鱼”字,吴语的鱼韵见系字共有三类:“锯”类字、“去”类字和“鱼”。“锯”类通常包括“赔裾下摆锯许”,“去”类包括“去倶”。② “锯”类前元音后元音都有,通常开口略大,无-i-介音;“去”类以读-i 或-ie 等前元音为常。由于“锯、去”都是白读,声母又都来自见系,缺少语音分化的条件,我们认为这两类字的读音应分属不同的层次,也就是说,北部吴语鱼韵见系的 e/ei 与 i 没有演变关系,说它们同属一个层次(C 层次)是值得商榷的(p.34)。前提既不存在,那么把北部吴语“鱼”的早期形式构拟成 *ŋi 也就缺乏依据了。

把北部吴语鱼韵的早期形式构拟为 *i,还会带来另外的问题:由于止开三的脂之两韵占据着 i 的位置,因此会造成“鱼”和止开三合流(如“宜便宜蚁疑”等常用字,宣州片吴语正是如此),但从多数吴语的实际情况来看,鱼韵见系“锯鱼许”等字的白读音跟止开三合流的情况并不常见,反倒是与蟹开一的咍韵关系密切,蟹开一咍来自上古之部,主元音正是 **ɯ,中古时已前化并裂变为 əi 或 ɐi(潘悟云 2000: 83、86)。另一点是关于音变,本文开头已经指出,ŋ̍ 应该来自 ŋu,*ŋi>ŋ̍ 是为“鱼”特设的音变链,找不到其他的证据证明该音变的合理性。

---

① 处衢片吴语鱼韵精组的 ʅ^{ə}并非如陈忠敏(2003: 22)来自 i 或 i^{ə}的舌尖化,江山的“树”有 ʥiɯ~ʣɯ~ʣʅ 的异读,可见 ɯ、ʅ 在舌尖声母后面是可以交替的,日语、韩语也有此类现象。

② 值得注意的是,汤溪方言“倶”音 gɯ,与“锯”同韵母,而不同于“去”k^{h}əɯ(曹志耘等 2016: 383)。显示出这两个层次交替的复杂性。

要探究“鱼”的演变，源头还需要追溯到吴语鱼韵早期的读音 *ɯ。ɯ 本身是个不稳定的元音，它的演变方向比 i、u 等标准元音更多、更复杂，这一点我们的看法跟陈忠敏（2003：27）是一样的。但 ɯ 究竟经历了怎样的后续演变，还应该进行更为仔细的讨论，在这个问题上瓯江片吴语可以给我们很好的启示。

3.3 ɯ 演变的类型

瓯江片吴语内部有很强的一致性，除文成方言以外，其他方言之间通话难度不大，说明这些方言的分化时间很晚，温州市区方言的向心力也比较强。具体到鱼韵见系特别是“鱼”字，情况反而比其他方言区更为复杂，“鱼”虽然都读高元音但是舌位前后相差很大。尽管如此，由于缺乏语言接触方面的证据——无论是移民、周边方言还是权威方言，都解释不了 ȵi、ŋu 的来源，这些不同的读音似乎只能看作是各方言自身演变的结果，也就是从原始形式 *ɯ 出发，经历了不同的演变途径，并造成了音类归并上面的差异。其演变途径大体可归纳为以下 3 条：

① 前化：*ɯ>(ɨ)>i，如乐清。

② 圆唇化：*ɯ>u，如文成，瑞安的“锯”也有同样的音变。

③ 前化+圆唇化：*ɯ>ʉ>øy>ø；*ɯ>ʉ>y/yʉ。温州市区 øy 的早期形式根据郑张尚芳（2008：64、80）应为 ʉ。

ɯ 并非高频元音，要找到同类的演变并不容易，不过有一些旁证可以作为参考。闽语鱼韵见系的白读音也有 ɯ、i、u、y 四种读音，例如：①

	泉州	厦门	潮州	海口	莆田	福州②	建瓯	永安
鱼	hɯ	hi	hɯ	hu	hi	ŋy	ŋy	ŋy
锯	kɯ	ku	kɯ	ku	ki	køy	ky	ky
去	k^hɯ	k^hi	k^hɯ	hu	k^hi	k^hɔ	k^hɔ	k^hɯ

① 表中永安方言的材料来自庄初升赠送的“闽语字音对照表”，本人的调查记录也是如此。
② y 和 øy 是不同声调下的变体。

闽语的历史层次比较复杂，不在本文讨论之列。除了厦门的“锯”可能来自文读层次，其他闽南方言这三个字的韵母都属于口语层。海南闽语跟闽南方言关系最为密切，海口闽语的鱼韵见系字都读为 u 韵母，对照泉州等地的鱼韵读音，显示它可能经历了 * ɯ>u 的音变。这个音变也发生在雷州半岛和其他海南闽语中。

二等的中古介音为 * -ɯ-，婺州片吴语假开二麻韵普遍保留着介音，在不同的方言里有-ɯ-/-ɤ-、-i-、-u-、-y-等不同的读音：

	金华	义乌	浦江	东阳	武义	磐安
爬	bɤa	bɯa	bia	buo	buɑ	bɤə
麻	mɤa	mɯa	mia	muo	muɑ	mɤə
茶	dzuɑ	dzuɑ	dʑyɑ	dzuo	dzuɑ	dzuə
沙	suɑ	siɑ	ʃyɑ	sɑ	ɕia	sa
加	kuɑ	kɔ	tɕiɑ	kuo	kuɑ	kuə
哑	uɑ	ɔ	iɑ	uo	uɑ	uə

麻韵的主元音是 a，对介音的影响相对较小，声母对介音演变的影响较大，最主要是锐钝声母后面的演变不一致，不过东阳、武义两地在锐钝声母后都变成-u-介音。

以上例子至少说明，ɯ 演变成其他高元音的可能性都是存在的。在之前的研究中，研究者或多或少都忽略了圆唇化这个演变方向，这是本文需要着重强调的一点。

除了演变为其他高元音，ɯ 尚有三条“出位”的演变途径：

④ 前裂变：* ɯ>ᵊɯ>əɯ/ɤɯ，如婺州片的一些方言。

⑤ 后裂变：* ɯ>ɯᵊ>ɯə>ɤ/ə，如处衢片方言。

⑥ 融合（鼻音成音节化）：（** ŋɯ>）* ȵi>n̩，如高淳；（** ŋɯ>）* ŋu>ŋ̍，如太湖片、台州片多数方言。

这 6 条基本穷尽了 ɯ 作为高元音的演变途径，至于今天吴语中其他的读音，应该需要更长的音变链,这里就不做讨论了。

3.4 “鱼”的音变推测

基于以上的认识,我们再来看“鱼”字的读音类型和音韵地位,基本上都可以用这几条音变链来解释。需要特别指出的是,尽管“鱼”也是见系声母,由于疑母是鼻音声母,“鱼”字韵母的演变方式跟其他见系声母有所不同,应属于自然音变(分化)而非接触音变(层次)。

“鱼韵独用”类的来源非常清楚,① 处衢片由*ɯ 裂变而来,江山等地是:*ŋɯ>ŋɯᵊ,在一部分方言里,ə/ɤ 逐渐占据主元音位置,ɯ 与主元音音值接近而合并或者介音化以至于消失。② 处衢片边缘地区和婺州片少数方言是:*ŋɯ>ŋᵊɯ>ŋɤɯ/əɯ。③ 瓯江片方言上一小节已有说明:*ŋɯ>ŋʉ>ŋøy,不仅有前化,同时还有圆唇化的过程。温州的模韵见系为 u,ŋ-声母后进一步演变为ŋ̍;虞韵见系为 y,ŋ-腭化为 ȵ,韵母不变,说明“鱼”的演变起点不可能是 u 或者 y。④ 太湖片长江沿岸方言演变路径不容易确定,这些方言的“鱼”跟止摄、蟹开一咍都没有合流,其演变的源头不可能是 i,参照温州话的演变可以推测*ŋɯ>ŋɨ>ŋei,在苏州西山进一步前化为 i;但考虑到常熟一带“鱼”“藕”同韵,也可能是*ŋɯ>ŋᵊɯ>ŋeɯ>ŋei。

“鱼止同韵”类有两种情形,① 乐清应该是*ŋɯ>ŋi>ȵi。ɯ 前化为 i 可参考泉州的 ɯ 跟厦门、漳州的 i 之间的关系,汉语史上之部也发生过相同的音变。② 宣州片太高小片吴语,则经历过 ȵi>ȵ̩ 的音变。

“鱼模同韵”类应该经历了*ŋɯ>ŋu 的音变,再从 ŋu 演变为ŋ̍或者m̩。第一步音变的直接例证是文成方言。相比见系的其他声母,疑母较容易使后面的元音产生圆唇化音变。吴闽语中,上古歌部(中古果开一歌韵)的疑母字不少方言今音为合口呼,如:温州的“蛾”mai<*ŋuai、福州的“我”ŋuai、处衢片吴语的“饿”ŋuai/ŋuəi,它们的早期阶段大概是*oi,其他歌部字一般读 ai,显然疑母是导致主元音圆唇化并与其他声母字分化的语音条件。由于这个原因,“鱼”读 u 韵母的范围要比其他鱼韵见系字范围更大。

“鱼虞同韵”类以往都认为是文读音,是官话影响的结果。结合瓯江片吴语来看,鱼虞同韵有两种可能:一种如杭州话和一些与官话接壤的吴语,鱼韵基本上没有白读层或者只有极个别的白读音,这些方言的鱼虞同韵很可能是官话影响所造成的。另一部分方言,特别是南部吴语,如婺州片、瓯江片和处衢片的一些方言,鱼韵的白读层次保存完好,很难想象鱼这样一种在南方更为常见的动物名称会改用官话读音,我们认为这些方言的“鱼”尽管读 y 韵母,跟虞韵合流,但并非方言接触的产物,而是自身演变的结果。鱼韵在瓯江片吴语当中的确存在着发生“前化+圆唇化”的音变。潘悟云(2009:162)也持同样的看法。

四、结　　语

吴语的“鱼”字从语音形式上来说可以分为 8 类,从其音韵地位来讲,可以分为“鱼韵独立”“鱼模同韵”“鱼止同韵”和“鱼虞同韵”四种类型,这四种类型在分布上也各自连成一片。按以往研究来看,“鱼虞同韵”属于吴语文读层次,其他三类则是“鱼虞有别”的白读层次。

从本文的考察结果来看,鱼韵丰富复杂的读音主要是自身演变的结果,反映出高元音演变的多样性。早期吴语鱼韵读 *ɯ,造成吴语高元音呈现 i、y、ɯ、u 四分的格局,相对其他三个元音,ɯ 是一个不稳定的元音,在多数方言里“鱼”字的韵母分别发生了前化、圆唇化、前化+圆唇化三种不同的变化,从而跟其他读为高元音的韵类发生了合并。具体说来就是:不变则保持“鱼韵独立”,前化造成“鱼止同韵”,圆唇化导致“鱼模同韵”,前化+圆唇化的结果是“鱼虞同韵”。“鱼虞同韵”层次既有接触音变造成的,也有方言自身演变的,不能一概而论。元音的高顶出位和与鼻辅音的融合造成鼻音成音节化也是方言中常见而且重要的两种音变(朱晓农 2004),这是造成吴语“鱼”字语音形式多样化的另一股重要力量。

吴语“鱼”的共时表现和音变过程可归纳如下:

音韵地位	鱼韵独立			鱼模同韵		鱼止同韵		鱼虞同韵
语音表现	ɯ	əɯ/ei/øy	ɯᵊ	u	m̩/ŋ̍	i	n̩	y
音变类型	不变	前裂变	后裂变	圆唇化	融合	前化	融合	前化+圆唇化

在地理分布上，“鱼韵独立”类分布在太湖片沿长江一带方言和南部吴语的处衢片，两者的差别在于元音前化与否；“鱼止同韵”类分布在宣州片太高小片；“鱼模同韵”类分布在太湖片吴语大部分和台州片，是吴语中最占优势的一种类型；“鱼虞同韵”类分布在婺州片和处衢片少数地方。瓯江片方言拥有所有的演变类型。

当然，我们也必须承认，疑母与其他见系声母发生韵母分化的例子在汉语方言里并不多见，疑母导致元音圆唇化也需要更多的观察。

参考文献

《江苏语言资源资料汇编》编委会（编） 2015 《江苏语言资源资料汇编》第十五册“字音卷（老年）”、第十七册“词汇卷（上）”，凤凰出版社。

鲍士杰 1998 《杭州方言词典》，江苏教育出版社。

北京大学中国语言文学系语言学教研室（编） 1989 《汉语方音字汇》（第二版），文字改革出版社。

蔡国璐 1995 《丹阳方言词典》，江苏教育出版社。

蔡国妹 2016 《莆仙方言研究》，厦门大学出版社。

蔡嵘 1999 《浙江乐清方言音系》，《方言》第4期，266—276页。

曹志耘 1996 《金华方言词典》，江苏教育出版社。

曹志耘 2017 《徽语严州方言研究》，北京语言大学出版社。

曹志耘等 2016 《吴语婺州方言研究》，商务印书馆。

曹志耘、秋谷裕幸、太田斋、赵日新 2000 《吴语处衢方言研究》，［日本］好文出版。

车玉茜 2005 《昆山方言研究》，苏州大学硕士学位论文。

陈承融 1979 《平阳方言记略》，《方言》第1期，47—74页。

陈江雨 2020 《海南屯昌闽语语音研究》，海南师范大学硕士学位论文。

陈泽平 1998 《福州方言研究》，福建人民出版社。

陈忠敏 1990 《鄞县方言同音字汇》，《方言》第1期，32—41页。

陈忠敏 1992 《宁波方言“虾猪鸡”类字声调变读及其原因——兼论汉语南方方言表小称义的两种语音形式》，《语言研究》第2期，72—77页。

陈忠敏 2003 《吴语及邻近方言鱼韵的读音层次——兼论“金陵切韵”鱼韵的音值》，载《语言学论丛》（第二十七辑），商务印书馆。

赤松祐子 1991 《湖州音系》，［日本］《均社论丛》17号，33—56页。

大西博子 1999 《萧山方言研究》，［日本］好文出版。

杜进 2016 《定埠方言语音研究》，安徽师范大学硕士学位论文。

杜依倩 2007 《海口（老派）方言同音字汇》，《方言》第2期，147—162页。

方松熹 1993 《舟山方言研究》，社会科学文献出版社。

傅国通、方松熹、蔡勇飞、鲍士杰、傅佐之 1985 《浙江吴语分区》，浙江省语言学会《语言学年刊》第三期方言专刊,《杭州大学学报》增刊。
傅国通、方松熹、傅佐之　1992　《浙江方言词》,浙江省语言学会(内部发行)。
海宁市史志办公室、海宁市史志学会(编)　2009　《海宁方言志》,浙江人民出版社。
胡明扬　1992　《海盐方言志》,浙江人民出版社。
胡松柏等　2009　《赣东北方言调查研究》,江西人民出版社。
黄河　2017　《社会地理语言学视野下的微观方言研究——以宜兴方言为个案》,北京大学博士学位论文。
黄晓东　2007　《浙江临海方言音系》,《方言》第1期,35—51页。
黄晓东　2018　《浙江海盐方言音系》,《方言》第2期,141—154页。
江苏省和上海市方言调查指导组(编)　1960　《江苏省和上海市方言概况》,江苏人民出版社。
江喜昌　2021　《江苏常州金坛吴方言研究》,广西师范大学硕士学位论文。
李莉　2017　《奉化方言语音研究》,北京外国语大学硕士学位论文。
李如龙　2001　《福建县市方言志12种》,福建教育出版社。
李雯雯　2019　《〈因音求字〉音系研究》,温州大学硕士学位论文。
林连通(主编)　1993　《泉州市方言志》,社会科学文献出版社。
林伦伦　2006　《粤西闽语雷州话研究》,中华书局。
林齐倩　2015　《苏州郊区方言研究》,苏州大学博士学位论文。
林晓晓　2012　《浙江台州路桥方言同音字汇》,《方言》第2期,142—154页。
刘俐李、侯超等　2013　《江阴方言新探》,世界图书出版公司。
刘祥柏、陈丽　2017　《安徽泾县查济方言》,中国社会科学出版社。
卢今元　1986　《吕四方言记略》,《方言》第1期,52—70页。
马重奇　1993　《漳州方言同音字汇》,《方言》第3期,199—217页。
梅祖麟　2001　《现代吴语和“支脂鱼虞,共为不韵”》,《中国语文》第1期,3—15页。
潘悟云　1995　《“囡”所反映的吴语历史层次》,《语言研究》第1期,146—155页。
潘悟云　2000　《汉语历史音韵学》,上海教育出版社。
潘悟云　2002[1983]　《中古汉语方言中的鱼和虞》,载《著名中青年语言学家自选集·潘悟云卷》,安徽教育出版社;原载《语文论丛》(第2辑),上海教育出版社。
潘悟云　2002　《吴语中麻韵与鱼韵的历史层次》,载丁邦新、张双庆主编《闽语研究及其与周边方言的关系》,香港中文大学出版社。
潘悟云　2009　《吴语鱼韵的历史层次》,《东方语言学》第2期,151—165页。
秋谷裕幸　2001　《吴语江山广丰方言研究》,爱媛大学法文学部综合政策学科。
秋谷裕幸　2002　《早期吴语支脂之韵和鱼韵的历史层次》,《中国语文》第5期,447—451页。
秋谷裕幸、曹志耘　1998　《浙江庆元方言音系》,《方言》第1期,23—36页。
阮咏梅　2013　《温岭方言研究》,中国社会科学出版社。
沈明　2016　《安徽宣城(雁翅)方言》,中国社会科学出版社。
盛益民　2017　《鼻音的成音节化和去成音节化》,《语言研究》第3期,62—72页。
盛益民、李旭平　2018　《富阳方言研究》,复旦大学出版社。
施俊　2013　《南部吴语韵母的历史层次及其演变》,浙江大学博士学位论文。
施俊　2021　《义乌方言研究》,复旦大学出版社。

太田斋、曹志耘　1998　《浙江云和方言音系》,《方言》第 4 期,290—303 页。
汤珍珠、陈忠敏、吴新贤　1997　《宁波方言词典》,江苏教育出版社。
陶国良(主编)　2007　《南通方言词典》,江苏人民出版社。
汪平　1996　《苏州方言语音研究》,华中理工大学出版社。
汪平　2010　《吴江市方言志》,上海社会科学院出版社。
王洪钟　2011　《海门方言研究》,中华书局。
王力　1987　《王力文集》(第十卷《汉语语音史》),山东教育出版社。
王淼、赵则玲　2009　《奉化方言同音字汇》,《台州学院学报》第 2 期,40—45 页。
王太庆　1983　《铜陵方言记略》,《方言》第 2 期,99—119 页。
王文胜　2018　《遂昌方言研究(稿)》,未刊。
王盈新　2011　《昆山方言语音研究》,南京大学硕士学位论文。
肖萍　2011　《余姚方言的语音特点》,《宁波大学学报》第 4 期,72—76 页。
肖萍、郑晓芳　2014　《鄞州方言研究》,浙江大学出版社。
谢斐　2009　《浙江上虞百官镇方言音系》,浙江师范大学硕士学位论文。
谢留文　2016　《江苏高淳(古柏)方言同音字汇》,《方言》第 3 期,272—286 页。
谢留文　2017　《江苏高淳(古柏)方言》,中国社会科学出版社。
徐通锵　1996　《历史语言学》,商务印书馆。
徐越　2001　《吴语嘉善方言研究》,黄山书社。
徐越　2016　《浙江吴音研究》,浙江大学出版社。
许宝华、陶寰　1997　《上海方言词典》,江苏教育出版社。
许宝华、陶寰　2018　《松江方言研究》,复旦大学出版社。
颜逸明　2000　《浙南瓯语》,华东师范大学出版社。
杨茂荣　2001　《高淳方言中自成音节的鼻辅音[m][n][ŋ]》,《南京师范大学文学院学报》第 2 期,91—95 页。
姚小烈　2007　《铜陵方言语音研究》,广西民族大学硕士学位论文。
姚志贤　2016　《浙江桐乡方言语音研究》,黑龙江大学硕士学位论文。
叶祥苓、郭宗俊　1991　《宜兴方言同音字汇》,《方言》第 2 期,88—98 页。
叶晓锋　2008　《温州方言语音研究》,上海师范大学硕士学位论文。
游汝杰、杨乾明　1998　《温州方言词典》,江苏教育出版社。
俞光中　1988　《嘉兴方言同音字汇》,《方言》第 3 期,195—208 页。
俞健、吕军伟　2019　《浙江仙居(横溪)方言同音字汇》,《龙岩学院学报》第 1 期,25—36 页。
袁丹　2010　《江苏常熟梅李方言同音字汇》,《方言》第 4 期,325—337 页。
张惠英　1993　《崇明方言词典》,江苏教育出版社。
张惠英、顾晓东、王洪钟　2014　《崇明方言大词典》,上海辞书出版社。
张薇　2014　《高淳方言语音研究》,南京大学博士学位论文。
张振兴　1992　《漳平方言研究》,中国社会科学出版社。
浙江省桐庐县志编纂委员会、北京师范学院中文系方言调查组　1992　《桐庐方言志》,语文出版社。
郑伟　2008　《太湖片吴语音韵演变研究》,复旦大学博士学位论文。

郑伟、袁丹、沈瑞清　2012　《安徽当涂湖阳吴语同音字汇》,《方言》第 4 期,314—325 页。
郑张尚芳　1983　《温州方言歌韵读音的分化和历史层次》,《语言研究》第 2 期,108—120 页。
郑张尚芳　2008　《温州方言志》,中华书局。
钟文悦　2019　《诸暨南部地区方言音韵比较研究》,华东师范大学硕士学位论文。
周长楫　1991　《厦门方言同音字汇》,《方言》第 2 期,99—118 页。
周斯文　2018　《诸暨市直埠镇方言语音研究》,厦门大学硕士学位论文。
周志锋、胡方　2007　《北仑方言》,中国文史出版社。
朱晓农　2004　《汉语元音的高顶出位》,《中国语文》第 5 期,440—451 页。
诸萍　2016　《高淳方言研究》,南京林业大学硕士学位论文。
Shen, Zhongwei(沈钟伟)　2007　Syllabic nasals in Chinese Dialects,《中国语言学集刊》第 1 期。

【附记】 许宝华、汤珍珠两位先生门下有两个叫“汝杰”的学生,本科时候即闻其名,直到 1991 年参加汉语方言学会年会的时候才有缘识荆。后来又知道,石汝杰师兄跟我同一天生日,师兄弟的缘分不浅。

石汝杰师兄深度近视,眼睛一直眯着,是一副笑脸,也爱开玩笑;不过一到讨论学术问题,他就言辞犀利,极少场面话。少不更事的时候,正事没少挨他批评,但他实际上对我的成长抱有期望,邀请我参加《明清吴语词典》的编写,在我申请项目的时候给予支持。

石师兄是文献吴语方面的专家,近代白话小说搜罗甚夥。有一次送他回苏州,在火车站广场的地摊上,他又淘了几本旧书,其中有《绿牡丹》。这些书他都有,不过只要有不同的版本(哪怕是现在不同出版社的版本),他习惯都备上一本,以便比对。他熟悉文献又心细如发,出版物的各种瑕疵在他的烛照之下暴露无遗。有一年他回复旦做讲座,主题是关于赵元任先生的著作——《现代吴语的研究》。一上讲台,他就从包里掏出三四种不同出版社不同时期出版的《现代吴语的研究》,娓娓叙述各书的质量问题。

他的学术源于他对书、对学术的热爱和痴迷,也源于他对吴语、对吴文化的热爱和骄傲。这是一个苏州人的本色。

仙居方言同音字汇

胡　方
（中国社会科学院语言研究所）

仙居县地处浙江省台州市西部丘陵山地，仙居方言属于吴语台州片（《中国语言地图集》1987）。本文记音基于作者1998年至1999年间在仙居的数次田野调查，发音人一：张炳卓，68岁（1931年生），世居仙居城关，退休会计，中专文化；发音人二：张宝妹（女），55岁（1944年生），世居仙居城关西门，教师，师范文化；发音人三：张宝南，59岁（1940年生），世居仙居城关西门，工人，高中文化。

一、声韵调

声母（34个）

ɓ	pʰ	b	m	ʔm	f	v		
ɗ	tʰ	d	n	ʔn			l	ʔl
ts	tsʰ	dz			s	z		
tɕ	tɕʰ	dʑ	ȵ	ʔȵ	ɕ	ʑ		
k	kʰ	ɡ	ŋ	ʔŋ	h	ɦ		
ʔ								

说明：

1. 有两个内爆音声母ɓ、ɗ，对应于中古汉语的全清声母、其他吴语的p、t二母。

2. 鼻边音呈系统地与阴、阳调类相拼；不过，ʔm、ʔn、ʔȵ、ʔŋ只拼阴调类，与拼阳调类的 m、n、ȵ、ŋ 互补。

3. 与北部吴语相比，零声母的喉塞音明显；不过，喉塞音在语流中也可以自然脱落，实现为零声母。

韵母（44 个）

ɿ	i	u	y
a	ia	ua	ya
ɛ		uɛ	
	ie		
ø			yø
o			
ɤu	iɤu		
ao	iao		
ã		uã	
ɔ̃		uɔ̃	yɔ̃
	iɪŋ		
ɤŋ		uɤŋ	
			yøŋ
oŋ			yoŋ
aʔ	iaʔ	uaʔ	yaʔ
	iɪʔ		
ɤʔ			
			yøʔ
oʔ		uoʔ	yoʔ
ɔʔ		uɔʔ	yɔʔ
m	ŋ		

说明：

1. a 较后，近 ɑ，而且在 ao、iao、aʔ、iaʔ、uaʔ、yaʔ 诸韵中偏高，近 ʌ。

2. ɛ 略有动程，实际上，ɛ 为 ɛe，uɛ 为 uɛe。

声调(7 个)

阴平	334	阴上	324	阴去	55	阴入	5
		阳上	213	阳去	22	阳入	2

说明:

1. 中古阳平与阳上合并,因今调形与阴上一致,因而我们定为阳上调。
2. 中古次浊上声字及部分匣、云、以母上声字今读阴上。

二、连读变调

下表总结了仙居方言的二字组连读变调。前、后字的声调按照中古 8 个声调为条件排列,而不是今音的 7 个声调,因为后字阳平的连读变调有自身的特点,并没有与阳上完全合并。

仙居方言二字组连读变调

<table>
<tr><th></th><th>1</th><th>2</th><th>3</th><th>4</th><th>5</th><th>6</th><th>7</th><th>8</th></tr>
<tr><td>1</td><td rowspan="6">33 - 334</td><td rowspan="2">51 - 21</td><td rowspan="6" colspan="2">33 - 324</td><td rowspan="2" colspan="2">55 - 55</td><td rowspan="6" colspan="2">33 - 5</td></tr>
<tr><td>2</td></tr>
<tr><td>3</td><td rowspan="2">33 - 324</td><td rowspan="2" colspan="2">33 - 55</td></tr>
<tr><td>4</td></tr>
<tr><td>5</td><td rowspan="2">51 - 21</td><td rowspan="2" colspan="2">55 - 55</td></tr>
<tr><td>6</td></tr>
<tr><td>7</td><td rowspan="2">3 - 334</td><td rowspan="2" colspan="3">3 - 324</td><td rowspan="2" colspan="2">3 - 55</td><td rowspan="2" colspan="2">3 - 5</td></tr>
<tr><td>8</td></tr>
</table>

仙居方言的连读变调属于前变型,以表中的二字组变调为例,后字基本上保留单字调,前字中和为一个中平调 33 或 3。不符合这一规律的是后字阳平,以及后字去声的部分情况。后字阳平:在前字上声、入声的条件下与后字上声合并,实现为 33 或 3 - 324;但是在前字平声、去声的条件下并没有如单字调一

样与后字阳上合并，而是前后字均变调，实现为 51－21。后字去声在前字上声、入声的条件下符合规律，实现为 33 或 3－55；但是在前字平声、去声的条件下实现为55－55，即前字并不是实现为中平调，而是后字的本调 55 向前逆向蔓延至前字。仙居方言的连读变调值得注意的一个地方是除了前字中和之外，后字也中和，即阴高阳低的单字本调在二字组连调后字的情况下中和为同一个调值。

仙居方言三字组及以上的多字组变调基本遵循中和调 33 或 3 向左蔓延的规则，上述不符合规律的二字组变调型也是在前面加上中和调 33 或 3。

吴语台州片方言除了语音-音系层面的变调之外，还有形态构词层面的声调变化现象，李荣（1978）称之为“变音”。台州片方言的变音其实就是儿化构词现象。台州片吴语“儿”的字音一般为［ŋ］，以临海方言为例，如果发生儿化的词的最后一个字是入声音节，那么入声的喉塞尾脱落，入声音节与-ŋ 发生音节重组，同时，这个音节变读为急降的［51］调；如果发生儿化的词的最后一个字是舒声音节，那么不发生音段层面的音节重组，只改变该音节的声调为［51］调（胡方 2022）。温岭方言的儿化更加复杂，分为升变调［15］与降变调［51］两种情况（李荣 1978）。仙居方言则比临海还要简单，只有声调变化，与临海一样，也是降变调［51］，但是没有音节重组，即末字入声的词不发生儿化变调；也就是说，仙居方言的儿化变调只有“变调”，没有“变音”。

三、同 音 字 汇

与中古调类保持对应，本文将仙居方言的七个声调编号为①③④⑤⑥⑦⑧。如有文白异读的情况，下划单线表示白读音，下划双线表示文读音。小称变调的字在该字之后加*号表示，不另列调，表明这些字可以在单用或作连读尾字时读作 51 调，表示小称变调。

ɿ

ts　①猪知蜘支枝肢栀资姿咨脂兹滋辎之芝　③礎柱下石煮紫纸只~有姊旨指子梓滓止趾址　⑤智致至置志痣

ts^h　①雌疵撕痴嗤　③扯鼠此侈耻齿　⑤刺翅次

dz ④苧池驰迟雉痔持 ⑥箸筷子稚治

s ①梳筛斯厮施私师狮尸屍司丝思诗鲥市恃 ③死矢屎使史驶始 ⑤絮被~赐四肆试

z ④锄匙是氏瓷糍兹慈磁似祀巳士仕柿耳而 ⑥薯豉豆~自示视嗜字伺寺嗣饲侍饵

i

ɓ ①蓖 ③彼鄙比 ⑤蔽闭臂秘泌庇痹

p^h ①批披丕 ⑤譬屁

b ④陛皮疲脾被婢琵枇肥 ⑥敝弊币毙鐾避备篦

m ④迷眉楣霉 ⑥谜媚寐未味

ʔm ③米弥靡美尾

f ①非飞妃 ③匪榧 ⑤废肺吠痱费翡

v ④肥微 ⑥未

ɗ ①爹低啼哭哭~~ ③底抵

t^h ①梯 ③体 ⑤替涕剃屉

d ④堤题提蹄啼鸡~弟* ⑥第递

l ④犁黎离篱璃梨*厘狸 ⑥例厉励丽隶荔利痢吏泪

ʔl ③礼李里裏理鲤

tɕ ①饥肌基机讥饥 ③姐*鸡几茶~己纪几 ⑤借祭际挤剂济制製稽计继系~鞋带髻寄冀记既

$tɕ^h$ ①妻栖溪欺 ③且启企起杞岂 ⑤砌契器弃气汽

dʑ ④奇骑岐徛立技妓祁鳍其棋期旗祈 ⑥滞忌

ȵ ④倪宜仪谊尼疑沂凝 ⑥谜艺义议二贰腻毅

ʔȵ ③蚁拟

ɕ ①西犀牺嬉熙希稀 ③写洗玺徙喜嬉* ⑤细婿世势戏

ʑ ④齐脐荠 ⑥谢誓逝

ɦ ④野奚兮携移夷姨饴 ⑥夜易肆异

ʔ ①伊医衣依 ③倚矣已以 ⑤系繫连~係缢意

u

ɓ ③补谱 ⑤布佈怖

p^h ①铺 ③普浦甫

b ④蒲*脯部簿* ⑥步捕埠孵~小鸡

f ①夫肤敷俘麸 ③府腑俯斧抚殕食上生白毛*辅 ⑤付赋赴讣富副

v ④符扶芙无巫诬父釜武舞侮鹉戊浮阜 ⑥腐~败傅附务雾

ɗ ①都 ③堵赌肚猪~ ⑤妒

t^h ③土吐~痰 ⑤唾吐呕~兔

d ④徒屠途涂图杜肚腹~ ⑥度渡镀

n ④奴娱 ⑥卧误悟

ʔn ③努

l ④卢炉芦庐驴* ⑥路赂露鸬

ʔl ③鲁橹卤

ts ①租 ③祖组阻

ts^h ①粗初 ③杵楚 ⑤醋措

s ①苏酥疏蔬 ③所数动词 ⑤素诉塑数名词

z ④锄 ⑥助

k ①姑孤 ③古估牯股鼓 ⑤过故固锢雇顾

k^h ①枯箍 ③苦 ⑤库裤

h ①呼 ③虎浒 ⑤戽

ɦ ④蜈吾梧胡湖狐壶葫鬍 ⑥互护腐豆~

ʔ ①乌污 ③伍户沪坞 ⑤恶可~

y

l ④驴* ⑥虑滤

ʔl ③吕旅屡履

tɕ ①诸诛蛛株朱硃珠追 ③主嘴 ⑤著拄驻註注蛛铸赘醉

$tɕ^h$ ①趋 ③取娶吹炊 ⑤处趣脆

dʑ ④除储厨柱槌锤 ⑥署住

ȵ ④渔愚虞娱危 ⑥御禦遇寓

ʔȵ ③女语蕊

ɕ ①书舒须鬚需输虽绥 ③暑黍髓水 ⑤絮庶恕输运~岁税锐

ʑ ④徐序叙绪如汝聚殊竖儒乳随垂谁 ⑥树睡瑞遂隧穗坠

k ①居车~马炮拘驹龟归 ③举矩轨癸鬼 ⑤据锯句鳜桂季贵

k^h ①枢区驱 ⑤去

g ④渠巨拒距瞿跪逵葵 ⑥俱具惧柜

h ①靴墟虚嘘 ③许

ɦ ④於淤余馀与预豫于盂榆愉逾愈为作~维惟遗唯违围 ⑥誉芋喻裕为~什么位胃谓猬

ʔ ①吁迂 ③雨宇禹羽椅伟 ⑤喂慰

a

ɓ ①班斑颁扳 ③跛~足摆板版 ⑤爸拜扮

p^h ①攀 ⑤破派盼襻

b ④排牌簰筏罢爿 ⑥稗败办

m ④埋蛮馒* ⑥骂卖迈慢漫幔万旧蔓

ʔm ①妈* ③买晚*挽

f ①帆藩翻番 ③反 ⑤泛贩

v ④凡范範犯烦繁 ⑥晚饭万

ɗ ①耽丹单 ③胆掸 ⑤戴动词带担旦

t^h ①拖他坍滩摊 ③毯坦 ⑤太泰炭叹

d ④谈痰淡檀坛弹~琴诞 ⑥大大~夫;~黄但弹子~蛋

n ④拿奈难~易 ⑥难患~

ʔn ③乃奶

l ④蓝篮兰拦栏 ⑥赖癞滥缆烂

ʔl ①拉 ③览揽榄懒

ts ①斋抓新 ③斩盏 ③⑤债蘸赞濽溅

ts^h ①钗差出~餐 ③铲 ⑤蔡灿

dz ④暂 ⑥寨惭站赚绽栈

s ①三杉衫珊山删 ③洒傻要散鞋带~了伞产 ⑤散分~疝

z ④豺柴谗馋残 ③解减碱简裥柬拣 ⑤介界芥尬疥届戒鉴谏涧

kʰ ①揩嵌铅 ③楷舰

ŋ ④涯崖岩颜 ⑥雁

ʔŋ ③眼

h ③蟹*喊 ⑤苋

ɦ ④鞋函咸鹹衔闲 ⑥械懈陷

ʔ ①倭挨打 ③骇矮馅限 ⑤隘晏晚

ia

l ④良凉量~长短粮梁粱 ⑥亮谅辆量数~

ʔl ③两

tɕ ①浆张疆僵薑礓缰姜 ③者蒋奖桨长生~涨掌 ⑤酱将帐账胀

tɕʰ ①枪昌菖羌腔 ③抢厂 ⑤畅创唱倡

dʑ ④长~短肠场丈仗杖强

ȵ ④娘仁*果核 ⑥酿让

ʔȵ ③仰

ɕ ①箱厢湘襄镶商伤香乡 ③想鲞赏晌享响 ⑤相饷向

ʑ ④墙详祥象像橡常尝裳偿上~山壤攘嚷 ⑥匠尚上~面让新

ɦ ④耶羊*洋烊杨阳扬疡 ⑥夜新样

ʔ ①央秧殃 ③也养痒

ua

k ①乖官棺观参~冠衣~鳏关 ③寡剐拐管馆 ⑤怪卦贯灌罐观寺~冠~军惯

kʰ ①夸宽 ③侉垮款 ⑤跨快筷

g ④怀

h ①欢 ⑤唤焕

ɦ ④怀槐淮桓完丸顽幻还环 ⑥坏玩换患宦

ʔ ①蛙洼歪豌弯湾 ③缓皖碗腕

ya

tɕ ①抓 ⑤借

tɕ^h ⑤笡斜

dʑ ④茄*

ɕ ⑤泻卸

ʑ ④邪斜

ɦ ④爷

ɛ

ɓ ①杯碑卑悲 ③簸动词 ⑤簸米~贝辈背

p^h ①胚坯 ⑤沛配

b ④培陪赔裴倍 ⑥佩背~诵焙瓣

m ④梅枚媒煤 ⑥妹*昧

ʔm ③每

ɗ ①堆 ⑤戴姓对碓

t^h ①胎台天~,~州苔舌~推 ③腿 ⑤态退瞳

d ④台苔抬待怠殆 ⑥代袋贷队兑

ʔn ③耐

l ④来雷 ⑥内累~积;连~类

ʔl ③儡累劳~垒

ts ①灾栽 ③宰 ⑤再载最醉

ts^h ①猜催崔搀 ③彩采睬 ⑤菜翠

s ①腮鳃衰 ⑤赛碎帅

z ④才材财裁纔在罪 ⑥粹

k ①该 ③改 ⑤锯概溉盖丐

k^h ①开 ③凯 ⑤去慨

ɡ　④渠他

ŋ　④呆　⑥碍艾外

h　③海

ɦ　④孩　⑥害

ʔ　①哀　③亥埃蔼　⑤爱

uɛ

k　①圭闺规诡　③轨　⑤会~计刽桧绘

k^h　①盔魁奎亏　③傀　⑤块

ɡ　④窥跪　⑥溃~脓

h　①恢灰麾挥辉徽　③贿毁　⑤悔晦讳

ɦ　④桅回茴匯(小孩)乖危为作~苇　⑥会惠慧卫伪为~什么位魏纬汇

ʔ　①煨萎威　③委　⑤秽畏

ie

ɓ　①鞭编边蝙　③贬扁匾　⑤变遍

p^h　①篇偏　⑤骗片

b　④便~宜辨辩汴辫*　⑥便方~

m　④绵棉眠　⑥面麵

ʔm　③免勉娩缅渑

ɗ　①掂颠　③点典　⑤店

t^h　①添天　③舔　⑤掭

d　④甜田填佃　⑥电殿奠垫

l　④廉镰簾连联怜莲　⑥敛殓练炼楝

ʔl　③脸

tɕ　①尖瞻占~卜兼搛煎氈犍肩坚　③检剪茧*　⑤占剑箭溅战颤荐见

$tɕ^h$　①歼籤签谦迁笺千牵　③浅遣　⑤欠歉

dʑ　④钳*俭钱乾~坤虔件键　⑥健腱

ȵ　④严辇言年　⑥验念谚

ʔȵ ①黏沾粘拈研 ③染俨碾捻撵

ɕ ①杴仙鲜膻搧轩掀先 ③陕险癣显 ⑤线扇宪献

ʑ ④潜渐蟾践蝉禅~宗善膳前 ⑥贱饯羡单姓禅~让

k ①甘柑泔干肝干~湿 ③秸麦~感敢橄竿杆秆擀赶 ⑤幹

ɦ ④炎盐阎檐嫌涎延筵贤弦沿 ⑥艳焰盐腌砚现

ʔ ①淹阉阎蔫食物不新鲜焉烟 ③掩演 ⑤厌堰燕嚥宴

ø

ɓ ①般搬 ⑤半

p^h ①潘 ⑤判

b ④盘伴拌 ⑥绊叛

m ④瞒

ʔm ③满

ɗ ①丢端 ③短 ⑤断决~锻

t^h ①贪 ⑤探

d ④潭谭团糰断~绝 ⑥段缎椴

n ④南男

l ④鸾 ⑥乱恋

ts ①锥簪专砖 ③转 ⑤钻

ts^h ①参汆川穿 ③惨喘 ⑤窜篡串

dz ④撰传~达椽篆 ⑥传~记

s ①酸闩拴宣喧 ③选 ⑤算蒜

z ④蚕*全泉船 ⑥旋

k^h ①堪龛刊 ③坎砍 ⑤勘看

ŋ ⑥岸

h ①蚶*酣 ⑤鼾罕汉

ɦ ④含寒韩 ⑥撼憾汗焊翰

ʔ ①庵安鞍按 ③揞手覆,~住旱 ⑤暗案

yø

ȵ ④元原源 ⑥愿

ʔȵ ③软阮

k ①捐 ③捲 ⑤眷卷绢

k^h ①圈圆~ ③圈猪~犬 ⑤劝券

g ④拳权颧 ⑥倦

h ⑤楦

ɦ ④圆员缘袁辕园援玄悬 ⑥院县眩

ʔ ①冤渊 ③宛远 ⑤怨

o

ɓ ①波菠坡玻巴芭疤 ③把 ⑤霸欛坝

p^h ①颇剖 ⑤破怕

b ④婆爬琶杷菩 ⑥耙

m ④魔摩馍麻痳蟆 ⑥磨

ʔm ③马码

ɗ ①多 ③朵躲 ⑤剁

t^h ①拖 ③妥椭 ⑤唾

d ④驼驮拿舵惰 ⑥大驮~背

n ④挪 ⑥糯

ʔn ①拿 ③哪那

l ④罗锣箩骡螺脶手指文

ʔl ①啰~唆 ③裸摞虏

ts ①楂山~渣遮 ③左 ⑤佐诈榨炸~弹蔗做

ts^h ①搓叉杈差~别,~不多车~辆 ⑤锉岔错

dz ④茶搽查调~

s ①蓑梭唆沙纱赊奢 ③锁琐捨 ⑤赦舍晒

z ④坐蛇佘社 ⑥座射麝

k ①歌哥*锅戈家加嘉傢瓜佳 ③果裹假真~ ⑤个贾假放~架驾嫁稼价挂

k^h ①科窠棵 ③可 ⑤颗课搭捕,捉,拿住

ŋ ④蛾*鹅*俄讹牙芽衙 ⑥饿卧砑

ʔŋ ③我雅瓦

h ①虾鱼~*花 ③火伙 ⑤货

ɦ ④河何荷和禾霞瑕遐华划~船 ⑥贺夏春~暇桦画话

ʔ ①窝虾~蟆:青蛙鸦丫桠蜗 ③祸龌~龊下夏姓厦哑 ⑤亚

ɤu

m ④谋矛 ⑥茂贸谬

ʔm ③牡母拇

f ③否

v ④浮妇负

ɗ ①兜 ③斗抖陡 ⑤鬥

t^h ①偷 ③敨展开,透气 ⑤透

d ④头投 ⑥豆逗

l ④楼流刘留榴硫琉 ⑥漏陋溜馏

ʔl ③缕篓*搂

ts ①邹 ③走 ⑤奏皱绉

ts^h ⑤凑

dz ⑥骤

s ①搜飕馊 ③叟 ⑤嗽瘦漱

z ④愁

k ①勾钩沟 ③狗苟 ⑤够构购勾~当

k^h ①抠 ③口 ⑤叩扣寇

g ④厚

ŋ ④牛

ʔŋ ③藕偶

h ③吼

ɦ ④侯喉猴* ⑥候

ʔ ①欧瓯 ③呕殴後后 ⑤怄

iɤu

m ⑥廖

tɕ ①周舟州洲鸠阄*纠~缠 ③酒肘帚九久韭*纠~正 ⑤昼咒灸救究

tɕʰ ①□箍(桶)秋抽丘 ③丑醜 ⑤臭

dʑ ④囚泅绸稠筹纣仇酬求球仇姓臼舅*咎 ⑥宙旧柩

ʔȵ ③纽扭

ɕ ①修羞蒐收休 ③手首守朽 ⑤兽秀绣宿星~锈兽

ʑ ④受柔揉 ⑥就袖寿授售

ɦ ④尤邮由油游犹悠诱 ⑥又佑柚釉

ʔ ①忧优 ③有友酉莠右 ⑤幽幼

ao

ɓ ①包胞 ③褒保堡宝饱 ⑤报豹

pʰ ①泡抛 ③跑 ⑤炮泡~在水里

b ④袍抱鲍 ⑥暴爆刨曝

m ④毛茅锚 ⑥冒帽貌

ʔm ①猫* ③卯

ɗ ①刀叨 ③祷岛倒打~ ⑤到倒~水

tʰ ①滔 ③讨 ⑤套

d ④掏桃*逃淘陶萄涛道稻 ⑥盗导

n ④挠 ⑥闹

ʔn ③脑恼

l ④劳捞牢唠 ⑥涝

ʔl ③老

ts ①遭糟 ③早枣*蚤澡爪找 ⑤灶罩笊

tsʰ ①操抄钞 ③草騲炒吵 ⑤糙躁

dz ⑥掉

s ①骚臊梢捎 ③扫嫂*稍

z ④曹槽皂造巢

k ①高膏篙羔糕交郊胶 ③稿*绞铰搅搞 ⑤告教校~对较酵窖觉睡~

k^h ①敲 ③考巧 ⑤烤靠犒

ŋ ④熬 ⑥傲鳌

ʔŋ ③咬

h ①蒿 ③好~坏 ⑤好喜~耗孝

ɦ ④豪壕毫肴淆 ⑥号效校学~;上~

ʔ ①坳 ③浩袄懊~恼 ⑤奥懊~悔

iao

ɓ ①膘标彪 ③表錶

p^h ①飘漂 ⑤票漂~亮

b ④瓢嫖

m ④苗描鳔 ⑥庙妙

ʔm ③藐渺秒

ɗ ①刁貂雕 ③鸟 ⑤钓吊

t^h ①挑 ⑤跳粜

d ④条调~和 ⑥调~动;音~

l ④燎聊辽撩寥瞭 ⑥疗料

ʔl ③了

tɕ ①焦蕉椒朝今~昭招沼骄娇矫浇 ③剿缴侥 ⑤照诏叫

$tɕ^h$ ①锹缲用手工超 ③悄 ⑤俏窍

dʑ ④樵朝~代潮赵兆乔侨桥荞 ⑥召轿

ȵ ④饶尧 ⑥绕~线尿

ɕ ①消宵霄硝销烧枵嚣萧箫 ③小少多~晓 ⑤笑鞘少~年

ʑ ④韶绍扰绕围~ ⑥邵

k^h ①缲用机器

ɦ　④摇谣窑姚　⑥耀鹞

ʔ　①妖腰幺~二三吆　③邀舀杳　⑤要

ã

ɓ　①浜

p^h　①烹

b　④彭棚蚌　⑥膨

m　④盲虻萌　⑥孟

ʔm　③猛

ʔn　③打

ʔl　③冷

ts　①争筝睁

ts^h　①撑　⑤牚*椅子~儿

dz　⑥锃杆塞

s　①生牲笙甥　③省

k　①更~换,五~粳庚羹耕　③更~加耿

k^h　①坑　⑤炕

g　④哽埂

ŋ　⑥硬

h　①夯亨

ɦ　④行~为衡　⑥行品~

ʔ　①樱　③杏幸

uã

k　③梗茎

h　⑤轰

ɦ　④横

ɔ̃

ɓ　①帮邦

p^h ⑤胖

b ④滂旁螃庞棒 ⑥傍

m ④忙芒茫芒 ⑥忘望看

ʔm ③榜莽蟒网绑 ⑤谤

f ①方肪芳妨 ③仿~效纺仿相似彷访 ⑤放

v ④房防亡 ⑥妄望

ɗ ①当~时,应~ ③党挡 ⑤当~作,典~

t^h ①汤 ③倘躺趟 ⑤烫

d ④堂棠螳唐糖塘 ⑥荡宕

n ④囊

l ④郎廊狼螂 ⑥浪

ʔl ③朗

ts ①赃脏庄装章樟 ⑤葬壮障瘴

ts^h ①仓苍疮

s ①桑霜孀 ③磉柱下石嗓搡爽 ⑤丧

z ④藏隐~床常新尝新裳新偿新 ⑥藏西~脏状

k ①冈岗刚纲钢缸江扛豇 ③讲 ⑤杠降下~

k^h ①康糠 ③慷 ⑤抗囥藏旷矿

ɡ ④港耩~地

ŋ ④昂

ɦ ④行~列,银~航杭降~伏,投~ ⑥巷

ʔ ①肮 ③项

uɔ̃

k ①光 ③广

h ①荒慌 ③谎晃

ɦ ④黄簧皇蝗王 ⑥旺

ʔ ①汪 ③枉往

yɔ̃

tɕ ①桩

tɕ^{h} ①匡筐眶窗 ③闯

dʑ ⑥撞

ɕ ①双 ⑤况

ɡ ④狂

iɪŋ

ɓ ①彬宾槟冰兵 ③禀丙*秉饼 ⑤殡鬓柄併合~

p^{h} ①拼姘 ③品 ⑤聘

b ④贫频凭平坪评瓶*屏萍並 ⑥病

m ④民鸣明盟名铭 ⑥命

ʔm ③闽悯敏抿皿

ɗ ①登灯丁钉*铁~疔 ③等顶鼎 ⑤凳镫澄水浑,~一~瞪钉动词订

t^{h} ①听厅汀 ③艇挺

d ④藤亭停廷庭蜓锭 ⑥定

l ④林淋邻鳞磷陵凌菱灵零铃伶翎 ⑥吝令另

ʔl ①拎 ③领岭

ts ①针斟津珍真诊尊遵曾姓增憎贞侦 ③枕疹 ⑤浸进晋镇振震

ts^{h} ①侵亲村 ③寝忖 ⑤亲~家趁衬寸

dz ④沉陈尘臣 ⑥阵

s ①心森参人~深辛新薪身申伸孙僧 ③沈审婶损 ⑤渗信讯逊迅

z ④寻葚甚秦尽神辰晨肾人仁忍存曾~经层 ⑥任责~慎赠

tɕ ①今金襟巾斤筋征蒸京荆惊精晶睛正~月征经 ③锦紧仅谨拯境景警竟井整颈 ⑤禁证症敬镜正政径

tɕ^{h} ①钦称卿清蛏*轻青蜻倾 ③请 ⑤揿秤庆顷

dʑ ④琴禽擒勤芹近澄惩橙*擎鲸呈程逞 ⑥妗*劲剩竞郑

ȵ ④壬任姓吟人银仍扔凝迎宁 ⑥赁纫刃认韧

ɕ ①欣升兴~旺声星腥 ③省反~醒 ⑤衅胜兴高~性姓圣

ʑ ④乘绳承丞情晴静靖成城诚 ⑥净盛

k ①跟根

k^h ③恳垦啃肯

ɦ ④淫寅蝇盈赢形型刑荥营茔

ʔ ①音阴因姻洇殷应~当,~用鹰莺鹦英婴缨萤 ③饮引隐影颖 ⑤印应~对,响~孕映

ɤŋ

ɓ ①奔锛崩 ③本

p^h ①喷

b ④盆笨朋

m ④门 ⑥闷问

f ①分芬纷 ③粉 ⑤粪奋

v ④焚坟文纹蚊*闻愤忿吻刎 ⑥份问

ɗ ①敦墩蹲盹① ⑤顿

t^h ①吞 ⑤褪

d ④屯豚饨臀囤沌盾腾誊疼 ⑥钝遁邓

n ④能 ⑥嫩

ʔn ③暖热

l ④仑伦沦轮 ⑥论

ʔl ③卵

h ①荤 ③很

ɦ ④痕恒 ⑥恨

ʔ ①恩

uɤŋ

k ③滚 ⑤棍

① 盹,作为菜肴,文读;若是鸡、鸭等吃饱了,盹鼓出来,视之曰,白读。

k^h ①昆崑坤 ③捆 ⑤困

h ①昏婚

ɦ ④魂馄

ʔ ①温瘟* ③浑混稳

yøŋ

tɕ ①肫 ③準准 ⑤俊

$tɕ^h$ ①春 ③蠢

ȵ ⑥润

ɕ ①旬 ③笋*榫 ⑤殉舜

ʑ ④循巡唇纯莼醇 ⑥顺

k ①均钧君军

k^h ③菌

g ④裙 ⑥群郡

h ①熏勋薰嗅用鼻子闻 ⑤训

ɦ ④匀云雲 ⑥闰熨韵运晕泳咏

ʔ ③允尹永

oŋ

ɓ ⑤迸

p^h ③捧

b ④篷蓬

m ④蒙 ⑥梦

ʔm ③懵

f ①风枫疯丰封峰蜂锋 ⑤讽

v ④冯逢缝~衣服奉 ⑥凤俸缝一条~

ɗ ①东冬 ③董懂 ⑤冻栋

t^h ①通 ③统 ⑤痛

d ④同铜桐筒童瞳桶动 ⑥洞

n　④农脓　⑥齈多涕鼻疾

l　④笼聋隆龙　⑥弄名词

ʔl　③拢弄动词陇垅

ts　①棕鬃宗　③总综织布机上的~　⑤粽踪纵

ts^h　①聪匆葱从~容

s　①鬆　⑤送宋

z　④从崇

k　①公蚣工功　⑤攻贡汞

k^h　①空　③孔控

h　①掏烘　③哄

ɦ　④弘宏红洪鸿虹　⑥閧

ʔ　①翁　⑤瓮

yoŋ

tɕ　①中当~忠终弓躬宫钟盅恭供　③种~类肿拱巩　⑤中射~众种~树

$tɕ^h$　①囱充冲　③宠恐　⑤铳

dʑ　④琼迥虫穷重　⑥仲共

ȵ　④浓

ɕ　①兄嵩松春胸凶兇

ʑ　④戎绒从跟~松茸　⑥诵颂讼

ɦ　④荣熊雄融容蓉熔庸　⑥用

ʔ　①雍　③甬勇涌　⑤拥

aʔ

ɓ　⑦百柏伯迫檗

p^h　⑦帕拍魄用手撕开泼拨

b　⑧薄~荷蚌~壳：河蚌白帛钹

m　⑧陌麦脉末沫抹

t^h　⑦塌

d ⑧沓一~纸

n ⑧纳捺

l ⑧瘌劣勒

ts ⑦摘责劄用针~眨~眼札扎

tsʰ ⑦拆皴策册

dz ⑧泽择宅

s ⑦栅~栏索绳~

z ⑧杂

k ⑦格革隔

kʰ ⑦咳客磕恰掐~脖子渴

ŋ ⑧额

h ⑦吓~一跳赫喝

ɦ ⑧合盒洽匣箱~辖管~核审~

ʔ ⑦阿轭扼

iaʔ

ɓ ⑦鳖憋

pʰ ⑦撇

b ⑧别

m ⑧灭篾

ɗ ⑦跌

tʰ ⑦帖贴铁

d ⑧叠碟牒蝶谍

l ⑧掠猎列烈裂

tɕ ⑦接摺劫挟~菜哲折~断浙节结洁鲫

tɕʰ ⑦妾怯彻歇揭切

dʑ ⑧撤辙杰

ȵ ⑧聂镊蹑业热孽捏

ɕ ⑦胁薛泄~露设歇屑

ʑ　⑧捷摄涉舌截

k　⑦合十~一升蛤鸽割葛镰刀

ɦ　⑧叶页协

ʔ　⑦噎

uaʔ

k　⑦括包~,~耳光刮郭

kʰ　⑦阔

h　⑦豁~嘴,~口,~然霍藿

ɦ　⑧获划或

ʔ　⑦挖握沃滑猾

yaʔ

k　⑦决诀

kʰ　⑦缺

h　⑦血

ɦ　⑧穴

iɪʔ

ɓ　⑦笔毕必逼碧璧壁

pʰ　⑦匹僻辟劈

b　⑧鼻弼

m　⑧密蜜墨旧觅

ɗ　⑦得德的目~滴嫡

tʰ　⑦踢剔

d　⑧特笛敌狄籴

l　⑧立笠栗肋力历

tɕ　⑦只旧急级给供~吉即织职积迹脊戟绩击激

tɕʰ　⑦缉辑泣揖作~讫乞赤斥尺戚

dʑ ⑧蛰及直值殖植极掷剧屐木~寂

ȵ ⑧惹日匿逆溺

ɕ ⑦靥酒~吸蝎悉膝新息熄媳识式饰惜昔适释锡析

ʑ ⑧席~子食蚀籍藉席夕石

kʰ ⑦刻克

h ⑦黑

ɦ ⑧逸翼亦译易交~液腋

ʔ ⑦乙一抑益

ɤʔ

ɓ ⑦钵拨不北

m ⑧没

f ⑦佛勿

v ⑧佛物

ts ⑦只~有卒则隻执汁质

tsʰ ⑦撮一~米测侧七漆膝旧猝

dz ⑧侄秩

s ⑦些率~领塞色啬涩湿瑟虱失室

z ⑧贼集习袭十什~锦菜拾入疾实

yøʔ

k ⑦桔菊

kʰ ⑦屈

g ⑧掘

oʔ

pʰ ⑦卜扑仆倒瀑~布

b ⑧勃仆

m ⑧墨默木目穆牧

f　⑦福幅蝠複腹覆复

v　⑧服伏

ɗ　⑦啄督

tʰ　⑦脱秃

d　⑧夺突独读牍犊毒

l　⑧捋~袖律率鹿禄六陆绿录

ʔl　⑦粒

tsʰ　⑦促

s　⑦速束

z　⑧族

uoʔ

k　⑦骨国谷穀

kʰ　⑦窟~窿哭酷旧

h　⑦忽

ɦ　⑧核果~或惑

ʔ　⑦屋

yoʔ

tɕ　⑦捉竹筑祝粥烛嘱足

tɕʰ　⑦黢~黑出吃麴曲触

dʑ　⑧朮白~,苍~逐轴局

ȵ　⑧肉玉狱

ɕ　⑦戍戌恤蟀肃宿缩叔蓄束粟

ʑ　⑧术述熟淑俗辱褥蜀属赎续

ɦ　⑧域疫役欲慾浴

ʔ　⑦哕气~住,~牢郁育

ɔʔ

ɓ　⑦八博剥驳

pʰ ⑦樸朴

b ⑧拔薄泊雹

m ⑧抹~布,~桌子袜莫膜幕寞摸

f ⑦法发

v ⑧乏伐筏罚缚

ɗ ⑦答搭笃

tʰ ⑦搨~本獭讬托

d ⑧踏达铎踱

n ⑧诺

l ⑧腊蜡镴辣落烙骆酪洛络乐略

ts ⑦作~坊,工~窄

tsʰ ⑦插擦察

s ⑦萨杀

z ⑧闸炸用水~铡~刀凿昨

k ⑦夹袂峡甲胛肩~各阁搁胳~膊觉知~角

kʰ ⑦恰掐用手指~确榷壳酷

ŋ ⑧鄂鹤嶽岳乐音~

h ⑦瞎郝吓恐~

ɦ ⑧狭学

ʔ ⑦鸭押压恶善~

uɔʔ

kʰ ⑦廓扩

ɦ ⑧活镬锅

yɔʔ

tɕ ⑦缀点~拙倔脾气~雀着~衣酌脚桌卓琢

tɕʰ ⑦鹊绰宽~却戳

dʑ　⑧着睡~,附~浊镯

ȵ　⑧月虐疟~疾

ɕ　⑦刷雪说削朔

ʑ　⑧绝勺芍若弱

ɦ　⑧悦阅越曰粤药钥躍

ʔ　⑦约

m

ɦ　④模摹无　⑥暮慕墓募

ʔ　③某亩母*

ŋ

ɦ　④吴鱼*儿

ʔ　③五午尔耳

参考文献

胡方　2022　《临海方言同音字汇》,载胡方、杨蓓主编《汉语方言研究的多维视角:游汝杰教授八秩寿庆论文集》,上海教育出版社。

李荣　1978　《温岭方言的变音》,《中国语文》第2期,96—103页。

中国社会科学院、澳大利亚人文科学院编　1987　《中国语言地图集》,朗文出版(远东)有限公司。

【附记】石汝杰先生是从我的母校复旦大学中文系毕业的前辈学者,与我的硕士导师游汝杰先生同名,虽然两位汝杰老师的个性很不同,但总是感觉格外亲切,以至于我已经回忆不起来最初是在什么场合见到石老师的。但是我清楚地记得我正式参加的第一个学术会议便是石老师在苏州大学工作期间主办的"第二届国际吴方言学术研讨会"(2001年3月24—25日),那还是我在香港城市大学读博士期间。而我的博士导师徐云扬先生恰好在香港中文大学举办过首届国际吴方言学术研讨会,那是1988年。因此,时隔13年之久重启国际吴方言学术研讨会,大家都非常兴奋。那也是组织得相当完美的一场高水准学术会议,以至于之后的很多年，我一直都怀念与感慨。更重要的是，从第二届之后，国际吴方言学术研讨会便按照大概两年一届的频次延续了下来。所以，石老师当年的这个“第二届”功劳不小。

后来，石老师去了日本任教，我也到了北京工作。不过，我们在学术会议的场合还是会不时地见面。进入微信时代之后，我们也会在朋友圈偶尔互动或者聊几句。我很晚才知道石老师祖籍鄞县，跟我是隔育王岭(岭上有阿育王寺)相邻的宁波同乡。从石老师对我在微信朋友圈里贴的家乡风物的反应来看，宁波应该只是石老师户口登记本上的“祖籍”而已，苏州才是他真正的家乡。宁波自古以来就是中华文明与文化向日本传播的前哨堡垒，鄞县的阿育王寺与天童禅寺都有着直接影响日本佛教的悠久历史。石老师晚年在日本执教，传播汉语文化，冥冥中似乎也是传承了这一超过千年的传统。如今石老师已经从日本熊本学园大学荣休，愿石老师退休后的日子依旧快乐常伴，而且不会因疫情影响而思乡，毕竟日语借了我们的“吴音”，听上去也算是一种乡音了。

一代移民的上海方言声母塞音 VOT 特征的习得研究*

平悦铃

（复旦大学中国语言文学系）

一、引　言

（一）上海城市方言与上海乡村方言

上海城市方言（Shanghai urban dialect），即现在国内外通称的“上海话”，是随着1843年开埠后上海城市化的进程而迅速崛起的一种城市方言，通行于繁华的中心城区。20世纪50—80年代通行于当时的市区范围，所以前辈研究者将其称之为“上海市区方言”。

上海乡村方言（Shanghai rural dialect），即“上海本地老闲话”，简称为“本地话”，指的是七百多年前就形成的，到20世纪80年代末一直通行于原郊区范围，包括了当时的十个郊区方言以及浦东音系方言（许宝华、汤珍珠1988）。下文如无特殊说明，所说的“上海话”“上海方言”指的就是上海城市方言。

（二）移民来源地的选择

1843年开埠前，在上海这个地域就已经生活着大量的当地人，在1810年（嘉庆十五年），上海县人口就有52万余人，所以“本地”族群一直是一个大族群，在

* 基金项目：国家社会科学基金重大项目“上海城市方言现状与历史研究及数据库建设”（19ZDA303）。

上海城市方言的形成过程中一直起着重要的作用(邹依仁 1980)。

从开埠到中华人民共和国成立,上海经历了三次人口快速增长,第一次是太平天国进军上海的时期,两租界人口合计净增长达 11 万人。第二次突然增加是在 1937 年全国性抗战爆发后,整个上海地区人口净增加了 10 万。第三次突然增加是中华人民共和国成立前夕,内地人口大量流入上海,上海地区人口从 1945 年的 330 余万突然增加到 1949 年初的 540 余万(邹依仁 1980)。

上海地区人口的快速增长主要是由于人口从内地大量迁入的缘故,本地籍贯的人数少,外地籍贯的人数多。迁入的非本籍人口最多的是江苏和浙江。江苏省移民来源地选择苏南的苏州和苏北的扬州、盐城三地,浙江省移民来源地选择宁波和绍兴两地。下面分别说一下选择各点的具体原因:

(1) 苏州

选择苏州,是因为在上海城市方言的形成过程中,特别是在萌芽期和形成期,苏州话对上海话的影响巨大。

(2) 苏北

苏北移民人数众多,是生活在上海城区范围人数最多的族群。正好与后面的宁波族群可作一对照,两个都是人数众多的外来族群,但一个威望低,一个威望高,他们在上海城市方言的形成过程中各自会有怎样的表现?

(3) 宁波

宁波移民是上海另一个人数众多的移民族群。由于他们从事的职业地位较高,在上海的族群威望和族群自信力也较高。

(4) 绍兴

绍兴移民是上海人数不是很多的移民族群,而且绍兴方言也不是当时(20 世纪 50 年代以前)吴语的代表方言。选择绍兴可与苏州作对比。两个族群人数都不算多,但苏州在上海城市方言的萌芽期和形成期有着文化上的优势地位,而绍兴则没有。

(5) 本地

前面 1—4 都是外来族群,最后 5 是本土族群,这也是一个人数众多的族群。指一直生活在这方水土的居民。本地族群的祖辈都是上海乡村方言的使用者,随着城市化的进程,150 年来,他们一代又一代经历着上海方言的各种演变,最后都成为上海城市方言的使用者。

综上，本项目确定了如下五个来源地：本地、宁波、绍兴、苏北、苏州。第一个是本地族群，后四个是外来族群。本地、宁波、苏北，是人数众多的三大族群，宁波威望高，苏北威望低，而本地具有本土优势。苏州、绍兴是人数相对较少的两个族群，苏州有文化优势，绍兴无。

（三）“一代移民”

（1）外来族群的“一代移民”

本人出生在其他地方（宁波、绍兴、苏北、苏州），12 岁后才从其他地方来到上海定居生活。本人母语不是上海城市方言，而是来源地（宁波、绍兴、苏北、苏州）方言，但会说带口音的上海城市方言。俗称“老宁波”“老绍兴”“老苏北”“老苏州”。

（2）“本地一代”

为了能与外来族群作相应的对比，如何定义好“本地一代”颇有难度。“本地一代”指 12 岁前生活区域还是通行上海乡村方言，而到了 12 岁后生活区域才开始通行上海城市方言。本人 12 岁前不说上海城市方言，母语是上海乡村方言，到了 12 岁后才开始说上海城市方言。

（四）“塞音三分”

声母位置的塞音三分是吴语区别于其他汉语方言的重要特征，正如赵元任（1956）指出的：“以有帮滂並、端透定、见溪群三级分法为吴语的特征。”而在非吴语来源地的移民方言（如苏北方言）里不是三分的，有些吴语来源地方言里爆发音的具体音质也有所不同。

本文主要考察一代移民习得上海方言声母塞音 VOT 值的具体情况。

二、来源地方言的声母塞音

来源地方言的塞音情况如表 1：

表 1　来源地方言里的声母塞音

来源地	塞音（双唇、舌尖、舌根）
本　地	p-ph-pɦ、t-th-tɦ、k-kh-kɦ/ɓ-ph-pɦ、ɗ-th-tɦ、k-kh-kɦ
宁　波	p-ph-pɦ（bɦ）、t-th-tɦ（dɦ）、k-kh-kɦ（gɦ）
绍　兴	p-ph-pɦ、t-th-tɦ、k-kh-kɦ
苏　北	p-ph、t-th、k-kh
苏　州	p-ph-pɦ、t-th-tɦ、k-kh-kɦ

来源地方言里，除了"苏北"属于江淮官话外，其他四种都是吴语，具有吴语所谓"塞音三分"的特点。基本都是"p-ph-pɦ、t-th-tɦ、k-kh-kɦ"模式，即赵元任（1956）所谓的"第一类—第三类—第六类（第七类）"。第一类是强不送气清音（p，t，k），第三类是送气清音（ph，th，kh），第六类是清音浊流（pɦ，tɦ，kɦ）。第七类是"在未爆以前声带已经颤动成乐音的"。有关第七类，赵元任（2002）提道："江苏的所谓浊塞音声母，在大部分闭塞时间通常是清音，继之以浊的送气。相应的字在浙江话里总的说来浊得更充分。"这类以"清音浊流"出名的声母在词中位置却是真正的浊音。

"本地话"里有种情况就是还保留了古百越语的内爆音，即赵元任（1956）的第九类，对应于吴语通常情况下的清不送气音。此类音倒是真正的浊音，声带在未爆破前就开始颤动了。

三、实验材料、实验方法与采样参数

（一）实验材料

宝宝——泡泡——抱抱（/p/1+/p/2——/ph/1+/ph/2——/b/1+/b/2）

带带——太太——汏汏（/t/1+/t/2——/th/1+/th/2——/d/1+/d/2）

教教——考考——搞搞（/k/1+/k/2——/kh/1+/kh/2——/g/1+/g/2）

（二）实验方法

将以上词语放入载体句"迭个/特个/搿个/是 xxx。（这是 xxx。）"读一遍。

用 cool-editor 软件采录,采样率 20 000 Hz。然后用 PRAAT 软件作声学分析。

(三) 声学参数: VOT 值

在观察各类移民习得上海话声母塞音情况时,要分词首和词中位置。可通过多种声学参数观察习得情况,但本文只观察并采样声母辅音的 VOT 值。VOT 指"The interval between the release of a closure and the start of the voicing(辅音除阻与声带振动起始点间的时间)"(ladefoged 2001)。

虽说在区分"清音浊流"类塞音时不是唯一的观察参量(陈忠敏 2010),但 VOT 还是一个重要的判定塞音类型的声学特征。比如判定"一代本地"是否将内爆音转换成相应的肺部动力塞音,VOT 值是否从负值转换成正值;判定"一代宁波"和"一代绍兴"的浙江吴语"清音浊流"塞音音色是否变得更"清"一点等。

四、一代移民声母塞音 VOT 数据

10 个一代移民来自五个不同来源地,对他们的声母塞音作声学实验,测量 VOT 值,所得的实验数据见表 2.1—2.2。

表格统一说明如下: bd 为本地;nb 为宁波;sx 为绍兴;sb 为苏北;sz 为苏州。m 为男;f 为女。/p/1 代表位于词首位置的音节含有的/p/音位,如"宝宝"中的第一个音节的声母辅音;/p/2 代表位于词中位置的音节含有的/p/音位,如"宝宝"中的第二个音节的声母辅音;其他音位照此法标记。

表 2.1 一代移民声母塞音 VOT 值(ms)-1

编号	背景	性别	年龄	/p/1	/p/2	/ph/1	/ph/2	/b/1	/b/2	/t/1	/t/2	/th/1	/th/2
1	bd	m	75	-137	27	146	149	33	-25	23	22	65	/
2	nb	m	83	24	45	109	112	85	-80	48	17	127	84
3	nb	f	78	7	9	69	52	12	-81	11	11	53	60
4	sx	f	73	14	14	94	106	49	-75	26	36	70	81

续 表

编号	背景	性别	年龄	/p/1	/p/2	/ph/1	/ph/2	/b/1	/b/2	/t/1	/t/2	/th/1	/th/2
5	sx	m	83	15	36	66	77	32	-93	12	7	79	74
6	sb	f	77	14	25	71	81	16	-63	11	17	78	48
7	sb	m	87	13	-76	49	-69	22	-58	10	-71	48	-65
8	sz	f	77	9	21	107	39	12	-39	12	18	92	42
9	sz	f	78	5	10	61	60	26	-68	10	13	78	68
10	sz	m	72	6	9	58	62	18	24	8	11	72	68

表 2.2 一代移民声母塞音 VOT 值(ms)-2

编号	背景	性别	年龄	/d/1	/d/2	/k/1	/k/2	/kh/1	/kh/2	/g/1	/g/2
1	bd	m	75	12	-65	56	32	96	84	53	22
2	nb	m	83	16	-52	26	35	142	133	38	-40
3	nb	f	78	46	-51	18	22	84	71	19	-38
4	sx	f	73	5	-28	16	17	126	74	/	/
5	sx	m	83	12	-62	18	34	86	98	28	-42
6	sb	f	77	21	/	29	42	101	92	19	26
7	sb	m	87	11	-76	43	-38	92	67	19	-25
8	sz	f	77	9	0	14	28	74	82	21	-33
9	sz	f	78	9	-61	19	12	101	44	17	-70
10	sz	m	72	17	21	35	36	112	80	27	29

五、一代移民声母塞音 VOT 值分析

VOT 值是判定辅音类型的很重要的一种参数，特别是在区分“带声

(voiced)—不带声(unvoiced)”“送气(asperated)—不送气(unasperated)”的语音特征上很有用,只是在遇到不同发声类型(phonation type)时较难加以有效区分。

(一)/p/1、/p/2、/t/1、/t/2、/k/1、/k/2 六个音位的习得

从一代移民的情况看,习得/p/1、/p/2、/t/1、/t/2、/k/1、/k/2 六个音位时,基本都是 0<VOT<60,与一般的不送气塞音的 VOT 特征相符。例外的情况分析如下:

本地一代(编号 1)的/p/1 的 VOT<0,因为他的这个音位还保留了上海乡村方言中的内爆音[ɓ]。但他的/t/1 音位同其他来源地的一代移民一样,VOT>0,说明他没有保留上海乡村方言中的内爆音[ɗ],而是与其他来源地移民一样都是[t]了。见图 1 和图 2:

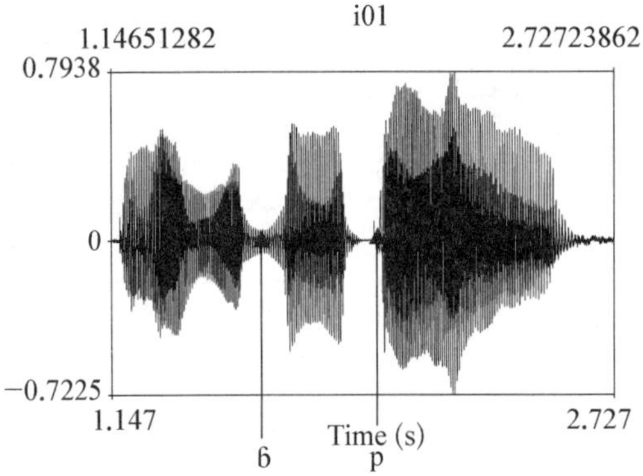

特个是宝[ɓɔ]宝[pɔ]。(这个是宝宝)

图 1 一代本地(编号 1)的/p/音位

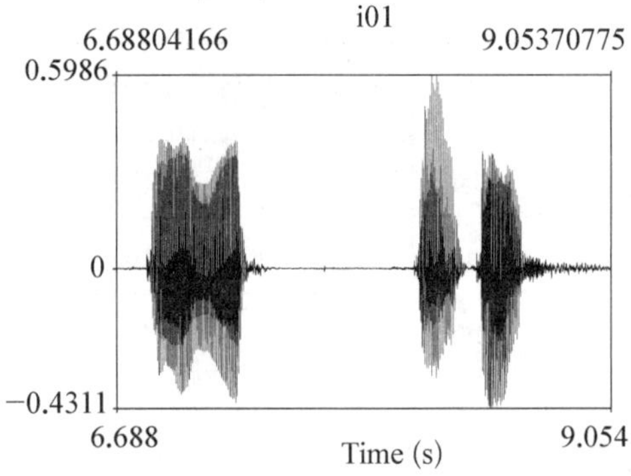

特个是带[tA]带[tA]。(这个是带带)

图 2 一代本地(编号 1)的/t/音位

有意思的还有一代苏北移民(编号 7),他的/p/2、/t/2、/k/2 的 VOT<0,为什么会小于零呢?推测如下:因为官话中的塞音如赵元任指出的,其实比吴语的塞音更软,记成[b̥、d̥、g̥]更合适。在词中位置,就会直接弱化为浊音(赵元任 2002)。所以,一个苏北移民(编号 7)还保留了官话中清塞音的发音特点,较软,在词中弱化为浊音。因此他的/p/2、/t/2、/k/2 的 VOT<0。见图 3。

而且,这个一代苏北(编号 7)在读载体句“迭个/特个/搿个是________”时不能使用上海城市方言的格式,只会用苏北方言的格式“这个是________”。因此基本上他还是在使用母语苏北方言。

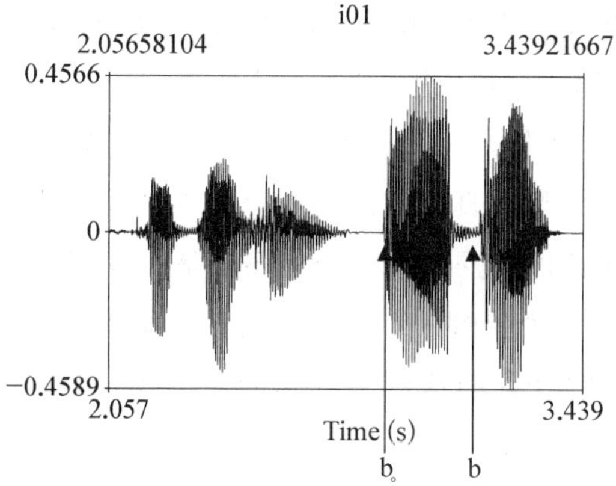

这个是宝[b̥ɔ]宝[bɔ]。(这个是宝宝)

图 3　一代苏北(编号 7)的/p/音位

(二) /ph/1、/ph/2、/th/1、/th/2、/kh/1、/kh/2 六个音位的习得

10 个一代移民在习得这六个音位时,VOT>40。所以同相应的不送气塞音比,VOT 值不仅大于零,而且大于相应的不送气塞音。

例外情况仍然来自一代苏北(编号 7),他的/ph/2、/th/2、/kh/2 的 VOT<0。他的这三个音位从音质来说是带声的浊音,声带在成阻、持阻阶段一直在颤动。见图 4:

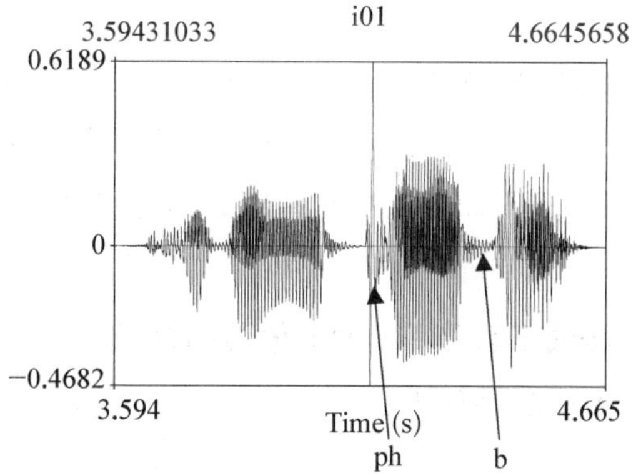

这个是泡[phɔ]泡[bɔ]。(这个是泡泡)

图 4　一代苏北(编号 7)的/ph/音位

因此,这个男性一代苏北移民在上海方言清送气塞音习得时,词中位置仍然采用了苏北方言,弱化成带声的浊辅音。

(三) /b/1、/b/2、/d/1、/d/2、/g/2、/g/2 六个音位的习得

上海城市方言的这六个音位里，/b/1、/d/1、/g/1 就是赵元任先生所谓的"清音浊流"，从 VOT 值来看，同/p/1、/t/1、/k/1 一样，都是大于零，小于相应的送气清音。/b/2、/d/2、/g/2 则是真浊音，即 VOT<0，在成阻、持阻段声带已经颤动了。

从 10 个一代移民的情况看，VOT 值的表现基本都符合这类塞音。连男性一代苏北也符合。除了一个男性一代苏州（编号 10），他的/b/2、/d/2、/g/2 的 VOT>0，说明他在词中位置的这套塞音同词首一样，都变成"清音浊流"的了。请看图 5：

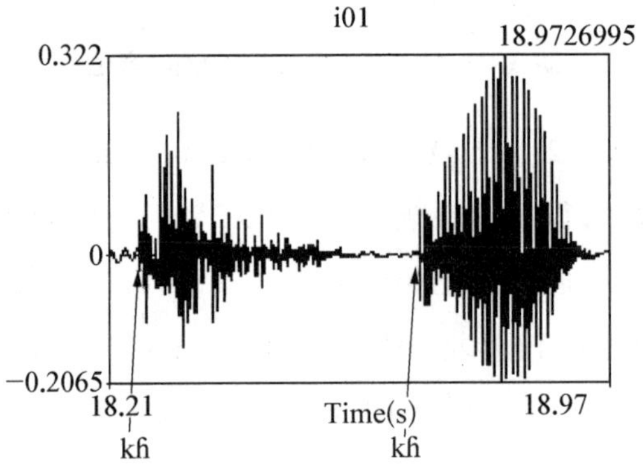

图 5　一代苏州（编号 10）的"搞[kɦɔ]搞[kɦɔ]"

除了这个男性一代苏州（编号 10），其他九个人的这套塞音，词首位置和词中位置都符合上海城市方言的特征。说明这套独特的塞音的 VOT 特征，非但来自吴语区的外来移民掌握了，而且来自官话区的苏北移民也掌握了。

(四) 各地一代移民三套塞音 VOT 值习得的分析

五地一代移民的情况总结如下：

(1) 一代本地

/p/1 音位 VOT<0，仍然保留上海乡村方言的形式，读成内爆音[ɓ]。/g/2 音位 VOT>0，读成了清塞音。

(2) 一代宁波

两位一代宁波移民，所有的 18 个音位 VOT 值都符合上海城市方言的特征。

（3）一代绍兴

两位一代绍兴移民，所有的 18 个音位 VOT 值也都符合上海城市方言的特征。

（4）一代苏北

两位苏北移民情况不尽相同，编号 6 是位女性苏北移民，她的 18 个音位 VOT 值基本符合上海方言的特征，只有/g/2 音位的 VOT>0，不是个真浊音。

编号 7 是位男性苏北移民，他基本保留了苏北官话方言的语音特征，塞音发音较软，记成[b̥、d̥、g̥]更合适。在词中位置，就会直接弱化为浊音。而且，他的/ph/2、/th/2、/kh/2 的 VOT<0。这三个音位从音质来说是带声的浊音，声带在成阻、持阻阶段一直在颤动，气感也不强。不过，他的/b/1、/b/2、/d/1、/d/2、/g/1、/g/2 六个音位的 VOT 值倒是完全符合上海方言的特征。因此，这位男性一代苏北移民没能习得上海方言清不送气塞音和清送气塞音的 VOT 特征，但第三套“浊”塞音的 VOT 特征，无论在词首还是在词中倒都习得了。

（5）一代苏州

三位一代苏州移民，其中两位女性移民的 18 个音位的 VOT 值都符合上海城市方言的特征。一位男性苏州移民在第三套塞音处于词中位置时，即/b/2、/d/2、/g/2 的 VOT>0，都变成了清不送气塞音。

六、结　　论

从以上分析可看出：

浙江来的一代移民在习得上海方言三套塞音的 VOT 特征时最没有问题，从浙北来的宁波和绍兴一代移民，说的母语和上海城市方言同属北部吴语，本来就具有声母塞音三分的特征。

一代本地人容易出现的问题是保留内爆音。虽说上海本地人的上海乡村方言，从语言系属来说同上海城市方言最近，但由于它至今保留了壮侗语底层（陈忠敏 1995），所以在习得/p/音位时还保留古老的底层语言形式——内爆音（以前曾有不同的命名法，现在有了此规范术语）（朱晓农 2006）。

一代苏州移民基本都习得了上海城市方言。特别是男性，塞音的 VOT 特征更趋新潮,位于词中的第三套塞音失去"带声"特征。也可能是因为他比较年轻点。

一代苏北移民,女性基本习得了上海方言塞音的VOT特征,男性清不送气塞音和清送气塞音都没有习得,但是第三套"浊"塞音的发音方法无论在词首位置,还是词中位置,他都习得了。

总体上来说,一代移民的母语在语言系属上离上海城市方言越近,越容易习得上海城市方言的VOT特征,如浙北移民比苏北移民容易;女性比男性容易,如苏北女性比苏北男性习得得更好。

七、附　　录

表3　被调查人情况

编号	移民背景	性别	出生年份	年龄[1]	出生地	入沪年份[2]	在沪居住地[3]	文化程度	职业
1	本地	男	1940	75	浦东杨思	1953	浦东南市(杨思)	大本	工程师
2	宁波	男	1932	83	宁波镇海	1945	虹口	小学	店员
3	宁波	女	1937	78	宁波北仑	1952	虹口	小学	工人
4	绍兴	女	1942	73	绍兴城区	1954	虹口	中专	技术员
5	绍兴	男	1932	83	绍兴马山	1948	卢湾	私塾	工人
6	苏北	女	1938	77	扬州邗江	1954	虹口	扫盲班	工人
7	苏北	男	1928	87	盐城阜宁	1949	虹口	小学	工人
8	苏州	女	1938	77	苏州城区	1956	虹口	大本	翻译
9	苏州	女	1939	78	苏州吴县	1952	黄浦	小学	工人
10	苏州	男	1943	72	苏州吴江	1958	闸北	大专	企业管理

说明:1. 项目调查时间在2015年,被调查人的年龄据此确定。2."本地"的入沪年份指原属乡村范围的居住区域划入市区的时间。3."在沪居住地"指20世纪60年代至80年代上海城区范围的10个区,即:黄浦、卢湾、静安、南市、徐汇、长宁、虹口、杨浦、闸北、普陀。

参考文献

陈忠敏　2010　《吴语清音浊流的声学特征及其研究方法——以上海话为例》,《语言研究》第 3 期。
陈忠敏　1985　《作为古百越语底层的先喉塞音在今现代南方方言里的表现和分布》,《民族语文》第 3 期。
平悦铃　2006　《汉语方言爆发音声学特征研究》,《语言科学》第 3 期。
王轶之、陈忠敏　2016　《吴语全浊声母的感知研究——以上海话为例》,《语言研究》第 2 期。
许宝华、汤珍珠　1988　《上海市区方言志》,上海教育出版社。
邹依仁　1980　《旧上海人口变迁的研究》,上海人民出版社。
赵元任　1956　《现代吴语的研究》,科学出版社。
赵元任　2002　《中国方言当中爆发音的种类》,《赵元任语言学论文集》,商务印书馆。
赵元任　2002　《吴语对比的若干方面》,《赵元任语言学论文集》,商务印书馆。
朱晓农　2006　《内爆音》,《方言》第 1 期。
Ladefoged, P.　2001　A Course in Phonetics (fourth edition), MA: Heinle & Heinle.

【附记】石老师是特别带喜气的一个人,他那爽朗的笑声特别有标志性,未见其人,先闻其声,听到这样的笑声,马上就知道我们可爱的石老师来了。

我与石汝杰老师最难忘的经历是在二十多年前,那时我还在读博。当时,我对吴语吴江话的声调产生了浓厚兴趣,想去吴江实地调查。石老师听说后,人虽在苏州,却马上与我电话联系,让我去时就找他,还答应为我安排当地的接待人员。

那天我出了苏州站就和石老师联系,他一会儿就出现了,领着我熟门熟路地去汽车站,还陪着我一起坐长途汽车去吴江松陵镇。到了松陵,他之前就联系好的当地联络人已经在等着我们了。这位联络人早就安排好我住的当地旅店,石老师亲自看着我在旅店安顿好,还请我们吃了顿晚饭,才放心地离去。晚饭时他还说:"现在条件艰苦点没关系,等你到老太太时再讲究点吧。"现在我也年过半百,但这些亲切的话语还时时浮现在耳畔。

后来我结婚时,石老师还热心地做了证婚人。而且,在以后的人生道路上,只要碰上石老师,就永远充满笑声与快乐。直到现在,石老师在我们微信群里也总是最热心的一位,他总能上传很多珍贵书籍的电子版,让我隔三差五地特别开心地忙着下载与转发。他还上传了很多珍贵的老照片,往往照片主人自己都找不出来,他都能一一上传到群里。

石老师真是一位热情热心的前辈学者,对学弟学妹们特别关爱,哪里有石老师,哪里就有欢声笑语。

吴语中宕江摄入声字的读音及其历时含义

郑　伟
（华东师范大学中文系）

中古宕江曾梗通诸摄入声字的演变，一直是音韵学与方言学界较为关注的问题。对此问题的讨论大致缘于元代周德清编《中原音韵》（1324）所收的上述韵摄的异读，以及所谓“入派四声”的现象，包括清入声字的归派等问题的讨论。随着对汉语方言史研究的深入，学界对这些问题的认识也逐步加深。例如就宕江摄入声（本文主要关注药觉韵开口字）而言，多数学者主张，在《中原音韵》里，读入萧豪韵的，是现代北京话白读（本地音）的来源，反映了幽燕系北方官话的读音层次；读入歌戈（车遮、鱼模）韵的，是北京话文读（外来音）的来源，反映了汴洛系中原官话的读音层次。集中讨论过该问题的论著至少有：Hashimoto（1970—1971）、薛凤生（1986）、忌浮（1991）、刘淑学（2001）、高晓虹（2000）、耿振生（2003）、王福堂（2006）、王洪君（2006）、沈钟伟（2006）、董建交（2007）、叶宝奎等（2008）、张卫东（2010）、张玉来（2016）等。以上这些学者的研究，基本上廓清了《中原音韵》以来官话方言文白层次的形成及演变问题。但我们也看到，目前对药觉韵字演变的研究，几乎都集中在淮河以北的广大北方地区，而包括吴语在内的南方地区，其药觉韵字的分合演变及层次问题，还缺少具体的讨论。本文试图从分析吴语药觉韵的分合及其文白异读入手，综观具有代表性的汉语南北方言，尝试建立《中原音韵》萧豪、歌戈并收与南方方言的历史联系。

一、吴语中宕江摄入声字的读音类型

宕开三入声药韵有精系知系见系声母字，江开二入声觉韵有帮系知系见系声母字。总的来说,吴语宕江摄的入声可分为-oʔ/-ioʔ(或习惯上记作-yoʔ)、-aʔ/-iaʔ(或习惯上记作-yaʔ)两个层次。从韵母的文白对比角度来看,药韵字白读和文读都有-(i)aʔ或-(i)oʔ,觉韵字的白读层是-(i)oʔ,文读层是-(i)aʔ。①

1.1 北部吴语药觉韵字及其今读

先看-oʔ/-ioʔ类读音,北部吴语具有该层次的方言有:宜兴、金坛、靖江、常州、海门、余杭、德清、平湖、苏州、嘉定、常熟、上海、南汇、嘉兴、萧山、象山、宁波、杭州、镇海、宁海、定海、奉化、昆山、松江、江阴、童家桥、绍兴、黎里、罗店、余姚、诸暨、崇仁等。在具体音值上各方言略有差异,包括-oʔ/-ioʔ,也有-ɔʔ/-iɔʔ(常州)、-oʔ/-yoʔ(桐庐)、-ɔʔ/-yoʔ(定海)、-ɒʔ(南汇)、-øʔ(奉化)等。下面看几个具体的方言例字:②

表 1 北部吴语代表方言药韵字的读音

	略	削	绰	勺	弱	若	脚	疟	药
靖江	liɑʔ	siɑʔ	—	ɕʑiɑʔ	ɕʑiɑʔ	—	tɕiɑʔ	—	ɦiɑʔ
宜兴	lioʔ	ɕioʔ	dzoʔ著	zoʔ	zoʔ	zoʔ	—	ȵioʔ	ɦioʔ
常州	liaʔ	ɕiaʔ	tsʰoʔ	zoʔ	zaʔ	zaʔ	tɕiaʔ	ȵiaʔ	ɦiaʔ
苏州	liaʔ	siaʔ	—	zoʔ	zɑʔ	zɑʔ	tɕiaʔ	ŋoʔ~子;~疾	ɦiaʔ
南汇	liAʔ	siAʔ	—	zAʔ芍	zAʔ	—	ʔɟiAʔ	ŋoʔ	ɦiAʔ
萧山	liaʔ	ɕiaʔ	tsʰoʔ	zoʔ	zoʔ	zoʔ	tɕiaʔ	—	ɦiaʔ
杭州	liɐʔ	ɕiɐʔ	tsʰɔʔ	zɔʔ	zɔʔ,zuɔʔ	ɹuɔʔ	tɕiɐʔ	ȵyɐʔ	ɦiɐʔ
绍兴	liaʔ	ɕiaʔ	tsʰaʔ	dzoʔ	zoʔ	zoʔ	tɕiaʔ	ȵiaʔ	ɦiaʔ

① 为了描述方便,下文在表示这两种类型的韵母时,有时略去介音,直接写作-oʔ、-aʔ;主元音在音值上的细微变化,如[o]变[ɔ]、[a]变[ɑ]等,也不再详细解释。入声字的调类和调值对本文的讨论没有影响,所以也略去不标。

② 表格中的短横表示此处没有合适的字音材料可比;若有文白异读,上行为白读,下行为文读;没有明显文白对比的异读,用逗号隔开,列在同一行。下文同此。

续　表

	略	削	绰	勺	弱	若	脚	疟	药
桐庐	liʌʔ	siʌʔ	$ts^hʌʔ$	zʌʔ	zʌʔ	zʌʔ	tɕiʌʔ	—	ɦiʌʔ
宁波	lieʔ	ɕieʔ	$ts^hoʔ$	zoʔ,ʑieʔ	ʑieʔ	ȵyoʔ箬	tɕieʔ	ȵyøʔ	ɦieʔ

就-oʔ层次的辖字范围来看,北部吴语各个方言的表现也不完全一致。毗陵小片方言的宜兴例字最多,而且在各系声母后面均有分布,可谓独树一帜;据我们的观察,大部分吴语的药韵字读-oʔ的通常为章系声母字,其他声系的字一般读-aʔ韵;但也有个别例外,如崇仁"钥"ɦiɔʔ,"爵"常州 tɕiɔʔ、罗店 tɕioʔ。有些方言的药韵开口字似乎没有明显的-oʔ层次,如无锡、桐庐等。① "勺"字在吴语中常常和一等精系字"凿"字同韵读-oʔ(张琨 1985: 22)。

再看药韵读-aʔ的层次。在北部吴语的范围内,几乎所有方言的药韵都有-aʔ类今读。宜兴方言比较特殊,基本都读-oʔ,但也有个别字读-aʔ(绰 $ts^haʔ$)。宜兴读-oʔ的还有: 掠 lioʔ | 爵嚼 tɕioʔ | 鹊雀却 $tɕ^hioʔ$ | 钥 ɦioʔ | 约 ioʔ。

-aʔ的读法在各吴语方言的分布没有声母条件的限制。有些方言读-ɑʔ(靖江),主元音稍稍高化则为-(i)ʌʔ(南汇)、-iɐʔ(杭州)或-(i)əʔ(镇海)。

总的来说,吴语的宕开三入声药韵字没有明显的文白异读,除了"疟"字,它在南北吴语中均有文白异读。如上海、南汇、温州等方言"疟~疾"字白读是 ŋoʔ,文读是 ȵiaʔ。

具体来说,靖江的精知章组字的声母都读舌面音,和见系字一样读作 tɕ-,因此只有读-iɑʔ的药韵字。宁波的药韵字除了读-ieʔ,同时还有-iaʔ的异读,例如: 掠略 liaʔ | 脚爵酌着 tɕiaʔ | 雀鹊却 tɕhiaʔ | 着 dziaʔ | 虐疟 ȵiaʔ | 削 ɕiaʔ | 嚼若弱 ʑiaʔ | 药钥跃 ɦiaʔ | 约 iaʔ。相信-ieʔ和-iaʔ只是同个层次的离散式变化,并无读音来源的不同。

接下来看江开二入声觉韵字的读音。觉韵在吴语里都有读-oʔ的层次,并且不受声母条件的限制:

① 桐庐"跃"的白读为 ɦiɔ6,这种舒声读法大概是根据北京话类推的后起读音。

表 2　北部吴语代表方言觉韵字的读音

	常州	苏州	德清	绍兴	桐庐	杭州	鄞县
剥	pɔʔ	poʔ	poʔ	poʔ	pəʔ	pɔʔ	poʔ
戳	tsʰɔʔ	tsʰoʔ	tsʰoʔ	tsʰoʔ	təʔ	tsʰɔʔ	tsʰoʔ
	—	—	—	—	tɕʰyəʔ	—	—
镯	dzɔʔ	zoʔ	zoʔ浊	dzoʔ	dʑyəʔ	dzɔʔ	dzoʔ浊
觉	kɔʔ	koʔ	—	koʔ	kʌʔ角	kɔʔ	kʰoʔ确
	tɕiaʔ	tɕioʔ	tɕyoʔ	tɕioʔ	tɕiʌʔ	tɕiɔʔ	—
确	—	—	kʰoʔ	kʰoʔ	kʰəʔ 或 kʰʌʔ	—	kʰoʔ
	tɕʰiaʔ	tɕʰioʔ	tɕʰyoʔ	tɕʰioʔ	tɕʰyəʔ	tɕʰyɐʔ	—
岳	ŋɔʔ	ŋoʔ	ŋoʔ	ŋoʔ	ŋʌʔ	—	ŋoʔ
	—	—	—	—	jiʌʔ	ɦiɐʔ	—
学	ɦɔʔ	ɦoʔ	ɦoʔ	ɦoʔ	ɦʌʔ	—	jyoʔ
	ɦiaʔ	ɦioʔ	jyoʔ乐：音~	ɦioʔ	jiʌʔ乐：音~	ɦiɐʔ	—

北部吴语中觉韵字比药韵字有着更丰富的文白异读，白读的基本读音为-oʔ类韵母，文读基本上是-ioʔ或-iaʔ类韵母。如常州：觉 kɔʔ白/tɕiaʔ文｜学 ɦɔʔ白/ɦiaʔ文｜狱 ɦiɔʔ。其中觉韵有-iaʔ类文读的方言占多数。如南汇：觉 ʔɟiAʔ｜确 cʰiAʔ｜乐音~ ɦiAʔ；丹阳：确 tɕʰiɑ｜学 ɕʑiɑ；富阳：觉 tɕyoʔ｜确 kʰoʔ白；上海：觉 tɕyɪʔ｜确 tɕʰioʔ/tɕʰyɪʔ｜岳 ɦyɪʔ；新昌：觉 tɕioʔ｜确 tɕʰioʔ｜乐音~ ɦiaʔ｜岳 ɦyəʔ。

还有一些北部吴语中觉韵见系声母字的文读层也是-ioʔ。如德清：学 jyoʔ｜确 tɕʰyoʔ；宜兴：觉 tɕiɔʔ｜确 tɕʰiɔʔ｜学 ɦiɔʔ；苏州：觉角 tɕioʔ｜确 tɕʰioʔ｜学 ɦioʔ。

桐庐觉韵的白读有-ʌʔ或-əʔ（-əʔ对应于苏州等方言的-oʔ）两种表现，两者在不同类型的声母后均可出现，所以不是条件变体。如“确”字白读 kʰəʔ或 kʰʌʔ、文读 tɕʰyəʔ。觉韵字的文读为-iʌʔ或-yəʔ，分别对应于苏州的-iɒʔ和德清的-yoʔ。如“濯”白读 dzʌʔ~衣、文读 dʑyəʔ。

杭州的觉韵字基本读音层是-ɔʔ/-iɔʔ,舌面音声母字白读-ɔʔ,文读-iɐʔ。如:觉~得kɔʔ白/tɕiɔʔ文;角 kɔʔ白/tɕiɐʔ文;确 $tɕ^hyɐʔ$。杭州方言受北宋南迁的汴洛官话影响过甚,其见开二的诸多舌根音白读都是晚近时候从邻近吴语借来的,所以现在无法明确说哪些白读是原有的,哪些是借来的。

综上,北部吴语的宕摄入声药韵和江摄入声觉韵都有读-(i)oʔ、-(i)aʔ 两个层次,所以可以说,这两个读音层都是药觉合流的层次。文白异读在声韵调不同的层面均有体现,所以我们在判定文白色彩时,需要综合考虑,不能只执一端(王福堂 2006)。另外,文白异读只是相对的概念,在只有一个读音的情形下,理应作为白读处理。比如“弱”在宜兴、常州分别读 zoʔ、zaʔ,说起来都是白读,虽然韵母属于不同层次,但就声母而言,日母字读 z-在吴语里是文读音。药韵字在韵母层面有文白对比的只有在舌根音声母后面,-oʔ 是文读,-iaʔ 是白读;又因为舌根音声母涉及腭化与否,所以在声母层面,药韵舌根音声母字读 ŋ-是白读,腭化的 ȵ-是文读。觉韵字是二等字,其见系字也涉及腭化问题,当声母为舌根音形式时,不论韵母表现如何,-oʔ 抑或-aʔ,都是白读音;当声母为舌面音形式时,则视具体情形来定,比如上海“确”字 $tɕ^hioʔ$、$tɕ^hyɪʔ$ 都是文读,前者是老文读(新白读),后者则是更新的文读音。

1.2 南部吴语药觉韵字及其今读

下面再来看药觉韵字在南部吴语里的表现:

表 3 南部吴语代表方言药觉韵字的读音比较表

	药韵字					觉韵字			
	略	削	箬①	脚	药	戳	镯	角	学
磐安	lia	ʃya	ȵyən	tɕyə	yə	$ts^hʌo$	dʑiʌo	kuə	uə
金华	liəʔ	tɕiəʔ	ȵiəʔ	iəʔ	iəʔ	$tɕ^hyɤ$	dʑioʔ	koʔ	oʔ

① 其中磐安、东阳、永康三处的“箬”是带儿尾形成的小称音。

续 表

	药韵字					觉韵字			
	略	削	箬	脚	药	戳	镯	角	学
汤溪	lɤ	sɤ	ȵio	tɕio	io	tɕʰio	dʑio4	kuo	uo
浦江	lyo	ʃyo	ȵyo	tɕyo	yo	tɕʰyo	dʒyo	ko	o
东阳	liəʔ	ɕiəʔ	nian	tɕiʉoʔ	iʉoʔ	tsʰouʔ	dʑiouʔ	kuoʔ	uoʔ
永康	liɒ	ɕiɒ	ɲiɑ	kiɒ	iɒ	tsʰuə	dzuə	kɒ	ɒ
武义	liɑo	ɕiɑoʔ	ȵiɑo	tɕiɑoʔ	iɑo	tsʰuoʔ	dzuo	kɑoʔ	ɑo
龙游	liɔʔ	zɔʔ	ȵyəʔ	tɕiɔʔ	iɔʔ	tsʰɔʔ	dzɔʔ	kɔʔ	uɔʔ
开化	liɛʔ	ɕiɛʔ	ȵiɛʔ	tɕiɔʔ	iɛʔ	tɕʰiɔʔ	dʑiɔʔ	kɔʔ	ɔʔ
玉山	liɐʔ	ɕiɐʔ	ȵiɐʔ	kiɐʔ	iɐʔ	tɕʰiʌʔ	dʑiʌʔ	kʌʔ	ɦʌʔ
云和	lieʔ	ʃiɑʔ	ɲiɑʔ	tʃiɑʔ	iɑʔ	tʃʰioʔ	dʒioʔ	koʔ	oʔ
常山	liaʔ	ɕiaʔ	ȵiaʔ	tɕiaʔ	iaʔ	tsʰʌʔ	dzʌʔ	kʌʔ	ɦʌʔ
遂昌	liaʔ	ɕiaʔ	ȵiaʔ	tɕiaʔ	iaʔ	tɕʰiɔʔ	dʑiɔʔ	kɔʔ	ɔʔ
庆元	liɑʔ	ɕiɑʔ	ȵiɑʔ	tɕiɑʔ	iɑʔ	tɕʰioʔ	tɕioʔ	koʔ	xoʔ
温州	liɛ	ɕia	ȵia	tɕia	jia	tɕʰyo	dʑyo	ko	ɦo

由上表可见,南部吴语的药觉韵开口细音字也有两种表现:(1)药觉相混型,如汤溪、龙游都合并为-ioʔ,其中汤溪的-ɤ 是药韵失去三等介音读洪音的表现,-uo 是觉韵见系字由开变合的表现。(2)药觉有别型,如磐安、金华、开化、玉山、云和、常山、遂昌、庆元、温州等。上引十一个浙南吴语,药觉不混型居多数,而且通常是药韵读-iaʔ,觉韵读-ioʔ,似乎也未见觉韵读-aʔ 韵的情形(常山的-ʌʔ 对应于遂昌的-ɔʔ、庆元的-oʔ),这点和北部吴语有别。

值得注意的是,这些宕江摄的舒声韵,看起来似乎也有与其入声药觉韵相对应的-aŋ、-oŋ 两个层次:

表 4　南部吴语阳江韵字的读音比较表

	量	浆	装	尝	棒	撞	江	降
金华	liɑŋ	tsiɑŋ	tɕyɑŋ	ʑiɑŋ	pɑŋ	dʑyɑŋ	kɑŋ	ɑŋ
汤溪	lɤ	tsɤ	tɕiɑo	ʑio	bao	dʑiɑo	kuo	uo
常山	lʌ̃	tɕiã	tʌ̃	ʑiã	biã	dzõ	kõ	tɕiã
遂昌	liaŋ	tɕiaŋ	tɕiaŋ	ʑiaŋ	bɔŋ	dʑiɔŋ	kɔŋ	ɔŋ
温州	li	tɕyɔ	tɕyɔ	ji	buɔ	dʑyɔ	kuɔ	guɔ

通过比较后可以看出，南部吴语阳韵字的这两个层次实际上是演变阶段，而非来源不同的层次，比如温州话阳韵的各个音值表现以声母为分布条件：

阳韵：-i/知章组_ | -yɔ/庄组_

江韵：-uɔ/帮组_ | -yɔ/庄组、见系洪音_　-i/见系细音_

上文讨论了宕江摄的入声在吴语中的演变，总的来说，北部吴语药觉韵的-oʔ和-aʔ 都是两者的相混层次，但除了个别药韵字，-oʔ 可以算是药觉有别的层次，即药韵基本上只读-aʔ，觉韵字读-oʔ 或-aʔ 都比较普遍，另外还有-yɪʔ 这样的新文读。南部吴语的药韵字-oʔ 比北部吴语更为常见，同时也是宕江摄入声的合并层（汤溪、龙游、开化等），而-aʔ 属于药觉有别层。

二、其他方言中宕江摄入声字的基本读音

下面利用《汉语方音字汇》（2003）所记录的方言材料，按药觉韵的读音类型将南北方言共 11 个点（北京、广州未列入）列出，并作分类讨论：

表 5　汉语代表方言药觉韵入声字的读音比较表

	掠	脚	疟	药	剥	镯	觉	学
济南	luɤ	tɕye	ye	ye	pa	tʂuɤ	tɕye	ɕye
	—	—	—	—	pɤ	—	—	—

续 表

	掠	脚	疟	药	剥	镯	觉	学
西安	luo	tɕyo	yo	yo	po	pfo	tɕyo	ɕyo
	—	—	—	—	—	tsuo	—	—
太原	lieʔ	tɕieʔ	nieʔ	ieʔ	paʔ	tsuaʔ	tɕyəʔ	ɕieʔ
	—	tɕyəʔ	ieʔ	yəʔ	pəʔ	tsuəʔ	—	ɕyəʔ
武汉	nio	tɕio	io	io	po	tsou	tɕio	ɕio
	—	—	nio	—	—	tso	—	—
成都	nyo	tɕyo	yo	yo	po	tso	tɕyo	ɕyo
长沙	lio	tɕio	ȵio	io	po	tso	tɕhio	ɕio
双峰	liʊ	tʊ	ȵiʊ	iʊ	pʊ	tsʊ	tʊ	xʊ
	—	—	—	—	—	tɕiʊ	—	ɕiʊ
南昌	liɔk	tɕiɔk	ȵiɔk	iɔk	pɔk	ts^hɔk	kɔk	hɔk
	—	—	—	—	—	—	—	hɔk
梅县	liɔk	kiɔk	ȵiɔk	iɔk	pɔk	tsuk	kɔk	hɔk
福州	luɔʔ	kyɔʔ	ŋyɔʔ	yɔʔ	puɔʔ	sɔʔ	kœyʔ	ɔʔ
	—	—	—	—	—	—	kauʔ	xouʔ
建瓯	liɔ	kiɔ	ŋiɔ	iɔʔ	pu	sɔ	ka	ɔ
	—	—	—	—	pɔ	—	—	xa

北方官话，如济南、西安的药觉韵主体上读入《中原音韵》歌戈韵，但也有少数入萧豪韵。如济南白读“约 iɔ | 钥 yɔ | 嚼 tɕiɔ”、西安白读“摸 mau”（张玉来 2016：4）。长江以南的官话、湘方言（如武汉、成都、长沙、双峰等），只有歌戈韵的读法。有独立入声的北方方言（如太原晋语）和南方客、赣、闽方言，因为入声独立，且带塞音韵尾，所以和《中原》入派三声的情形不一样，但这些方言在音类

格局上和《中原》一样，即有药觉合并的现象。另外，从主元音的表现来看，则与歌戈韵*-(i)o的特点一致。从文白异读的角度来看，药觉韵在福州、建瓯方言中的文读与萧豪韵*-(i)a(u)的特点一致。如福州"觉"、建瓯"学"的念法。

表6　汉语代表方言药觉韵入声字的读音比较表(续一)

	掠	脚	疟	药	剥	镯	觉	学
合肥	lyɐʔ	tɕyɐʔ	lyɐʔ	yɐʔ	pɐʔ	tʂuɐʔ	tɕyɐʔ	ɕyɐʔ
扬州	liaʔ	tɕiaʔ	liaʔ	iaʔ	paʔ	tsuaʔ	tɕiaʔ	ɕiaʔ
阳江	liɛk	kiɛk	jiɛk	jiɛk	p^{h}ɔk	tʃɔk	kɔk	hɔk
潮州	liaʔ	kieʔ	ŋiak	ieʔ	pak	tsuak	kak	oʔ
	—	kiok	—	—	—	ts^{h}ok	—	hak

以上所列合肥、扬州(江淮官话)、阳江(粤语)及潮州(闽语)四个方言，其中江淮官话的药韵和觉韵合流为-(i)aʔ。阳江方言中药韵字的韵母高化：*-iak > -iɛk，觉韵字读-ɔk(< *-ok)，故而药觉不混；潮州药韵的文白层次此处无法仔细讨论，但至少可见-iak("疟药"-ieʔ < *-iaʔ)、-iok("脚")两个白读层次，而觉韵白读-oʔ("学")是药觉合并的层次。

表7　汉语代表方言药觉韵入声字的读音比较表(续二)

	掠	脚	疟	药	剥	镯	觉	学
苏州	liɒʔ	tɕiɒʔ	ŋoʔ	jiɒʔ	poʔ	zoʔ	koʔ	ɦoʔ
	—	—	ȵiɒʔ	—	—	—	tɕioʔ	jioʔ
温州	liɛ	tɕia	ŋoʔ	jia	po	dʑyo	ko	ɦo
	—	—	ȵia	—	—	—	—	—
厦门	liaʔ	kioʔ	giɔk	ioʔ	pak	soʔ	kauʔ	oʔ
	liɔk	kiɔk	liɔk$_{新}$	iɔk	pɔk	siɔk	kak	hak

上文说明了北部吴语的-aʔ、-oʔ 两韵都是药觉相混的层次，南部吴语只在-oʔ 层次上有合流现象。厦门药韵的白读也有-ioʔ（“脚药”）、-iaʔ（“掠”）两个层次（但“略”字读 lioʔ$_{\text{白}}$/liɔk$_{\text{文}}$），觉韵白读为-oʔ（“镯”），看来厦门方言药、觉韵的合并至少在-oʔ 韵有所体现，这点和温州、潮州的情形相同。

下面对汉语方言宕江摄入声层次的形成原因作些讨论。

（1）地域特征。宕江摄在中唐以后开始相混，《中原音韵》所见药觉韵的合并模式是：幽燕系官话并为“萧豪”韵*-au，汴洛系官话并为“歌戈”韵*-o。这是药觉韵字在北方的演变情形，但同时也反映了早期北方话中药觉韵的不同合并类型：

歌戈韵：药 *jɐk → iɒk → iɑk → iɔk → iok → io

觉 *ɣɔk → ɨok → iok → io

↘ ok → o

萧豪韵：药 *jɐk → iak → iau

觉 *ɣɔk → ɨɑk → iak → iau

↘ ɑk → ak → au

也就是说，药觉韵字在北方官话有两种演变方向，体现于《中原音韵》的入声两类归派方式。最近张玉来（2016）主张“《中原》萧豪/歌戈两韵入声字的又读现象，是入声韵尾在混同并消失的过程中逐渐产生的离散性的共时又读”，“萧豪/歌戈的又读不是 ao 变成了 o，也不是 o/uo 变成了 ao，因为 ao > o 或 o > ao 在音理上都不好解释”，即不认为药觉韵字在《中原》萧豪、歌戈并收是来源不同的层次。但事实上，也有学者将南方方言药觉韵字的读音与《中原》的演变格局相比较。如刘纶鑫（1991）就指出赣方言中药觉韵字的韵母今读跟《中原》的歌戈韵相近，可视作文读音。

总之，北方官话以外的入声保留且带塞音尾的方言，其药觉韵字的演变也体现了音变的方向性：

音变（a）：药 *jɐk → iɒk → iɑk → iɔk → iok → ioʔ

觉 *ɣɔk → ɨok → iok → ioʔ

↘ ok → oʔ

音变（b）：药 *jɐk → iak → iaʔ

觉 *ɣɔk → ɨɑk → iak → iaʔ

↘ ɑk → ak → aʔ

（2）时代特征。药觉合流的歌戈型音变（a）在吴语里是白读，药觉合流的萧豪型音变（b）则是文读（如苏州的“疟”ŋoʔ/ȵiaʔ），其中北部吴语和《中原音韵》药觉韵字的萧豪、歌戈并收一致性更高，即药觉韵字既在-（i）oʔ 层合并，也在-（i）aʔ层合并，且前者为白读，后者为文读。按照“白”早“文”晚的一般情形，歌戈型的-oʔ 韵读音层在吴语的产生年代应早于萧豪型的-aʔ 韵读音层；扬州、合肥等有音变（b），说明这部分江淮官话中药觉韵字的-aʔ 和吴语文读层的-aʔ 属于相同的历史层次。

南部吴语、闽南方言作为保守型方言，只在歌戈型的音变（a）上体现药觉合并，表明（b）层次的药觉合并比（a）层次的药觉合并发生得更晚，因此音变（b）对温州、厦门等方言未能产生影响，而只能在北部吴语的文读层和江淮官话等方言中找到一些踪迹。另外，客、赣、湘、西南官话以及中原官话等，这些方言和吴语的白读层一致，说明音变（a）在大部分汉语方言的产生年代都应该较为接近。

三、结　　论

中古宕江摄入声药觉韵字在《中原音韵》“萧豪”*-au、“歌戈”*-o 两韵并收，关于其性质，归结起来，主要是叠置式和离散式音变两种对立看法。如果是现代方言，这两种音变方式都可以文白异读的形式来体现。北方官话入声字韵尾消失后，药觉韵字和其他舒声调字发生合并，《中原》便是如此，所以北方官话药觉韵字的读音与《中原》有可比之处。至于南方方言，由于入声独立且带塞音韵尾，不可能跟舒声韵字发生音类合并，但也有药觉合并。合并后的读音，从其主元音的表现来看，不出《中原》的“萧豪”型*-aʔ、“歌戈”*-oʔ 型两类。南方方言中至少有两种不同性质的药觉韵合并。上文仔细分析了吴语百余个方言的具体表现，北吴的药觉合并既有歌戈型，也有萧豪型，分别以白读音和文读音为常态。由此可以推论，包括吴语在内的南方方言中歌戈型的药觉合并早于萧豪型的药觉合并，亦即*-oʔ 的时代层次早于*-aʔ。继而我们再作更大范围的观察，来证明此种推论：第一，南吴、闽南话比北吴保守，只有歌戈型的药觉合并，缺少萧豪型的药觉合并。第二，江淮官话形成的年代较晚，其药觉合并表现为萧豪型，与北吴的文读同类。第三，部分闽语的萧豪型药觉合并出现在文读音。第四，西南官话、湘方言等南方型方言，其药觉合并的音值以歌戈型为常态。以上诸点，都可以证明上面的推论。其他非官话的南方方言，也是歌戈型的药觉合并居多，而萧豪型的药觉合并的表现没有歌戈型丰富，且萧豪型的读音常常以文读音的形式体现。

有学者从近代南北官话的文献资料入手，主张“从韵母角度看，宕江二摄入声字，元初北方幽燕官话全归萧豪韵（《蒙古字韵》，1308），而南方官话全归歌戈韵（《洪武正韵》《西儒耳目资》）。《中原音韵》（1324）虽然与《蒙韵》几乎同时，但由于受南方官话的影响，发生了‘两韵并收’：在原本萧豪韵一读基础上，部分字增加了歌戈韵一读”（张卫东 2010：92）。《蒙韵》与《中原》相比，前者可看作是北方标准语的读书音，后者则是标准语的口语音。读书音相对比较正统，不易受外来影响，所以内部同质性强；口语音比较随意，更易受到异质因素的干扰，进而形成文白层次。

认为《中原音韵》的音韵格局透露出了南方官话的若干特点，也有其他证据。比如庚青、东钟的“两韵并收”便是一例（杜俊平、郑伟 2018）。本文对吴语及其他代表方言中药觉韵的异读及其文白性质的讨论，也支持以下观点：“歌戈”型是南方方言中较早形成的药觉合并层的白读音，“萧豪”型则是更为晚近从北方官话传入南方的、且同样反映药觉合并的文读音。

附录：吴语材料来源　四甲、海门（鲍明炜等《南通地区方言研究》，江苏教育出版社 2002 年），苏州（叶祥苓《苏州方言志》，江苏教育出版社 1988 年），丹阳、童家桥、溧阳、金坛、江阴、靖江、盛泽、黎里、周浦、罗店、霜草墩、松江、嘉兴、双林、绍兴、诸暨、崇仁、太平、余姚（钱乃荣《当代吴语研究》，上海教育出版社 1992 年），杭州（个人调查，赵庸提供语料），宜兴（叶祥苓等《宜兴方言同音字汇》，《方言》1991 年第 2 期），无锡（曹晓燕《无锡方言研究》，苏州大学 2003 年硕士学位论文），上海（许宝华等《上海市区方言志》，上海教育出版社 1988 年），嘉定（汤珍珠、陈忠敏《嘉定方言研究》，社科文献出版社 1993 年），南汇（陈忠敏《南汇音系》，复旦大学 1987 年硕士学位论文），桐乡、嘉善、平湖、海宁、湖州、德清、长兴、安吉、余杭、临安、嵊县、奉化、象山、镇海（傅国通等［1985］及未刊之调查字表，部分点同时参考了徐越《浙北杭嘉湖方言语音研究》，中国社会科学出版社 2008 年），海盐（胡明扬《海盐方言志》，浙江人民出版社 1992 年），萧山（张洁《萧山方言同音字汇》，《方言》1997 年第 2 期），富阳（盛益民提供语料），新昌（张明辉提供语料），桐庐（桐庐县志编委会《桐庐方言志》，语文出版社 1992 年），绍兴（王福堂《绍兴方言同音字汇》,《方言》2008 年第 1 期),临海(黄晓东《浙江临海方言音系》,《方言》2007 年第 1 期),宁波(徐通锵未刊之《方言调查字表》),鄞县(陈忠敏《鄞县方言同音字汇》,《方言》1990 年第 2 期),余杭、宁海、昌化(郑张尚芳未刊之调查字表),定海(方松熹《舟山方言研究》,社科文献出版社 1993 年)。磐安、金华、汤溪、龙游、温州(曹志耘《南部吴语语音研究》,商务印书馆 2002 年),开化、玉山、云和、常山、遂昌、庆元(曹志耘等《吴语处衢方言研究》,日本好文出版 2000 年),浦江、东阳、永康、武义(曹志耘等《吴语婺州方言研究》,商务印书馆 2016 年)。

参考文献

北京大学中文系语言学教研室　2003　《汉语方音字汇(第二版重排本)》,语文出版社。

董建交　2007　《明代官话语音演变研究》,复旦大学博士学位论文。

杜俊平、郑伟　2018　《〈中原音韵〉庚青、东钟两韵并收字与宋元以来南方官话》,《语言研究》第 3 期。

忌浮　1991　《十四世纪大都方言的文白异读》,《中原音韵新论》,北京大学出版社。

高晓虹　2000　《方言接触与北京话入声字的历史层次》,北京大学博士学位论文。

耿振生　2003　《北京话文白异读的形成》,《语言学论丛》第 2 辑,商务印书馆。

刘纶鑫　1991　《释〈中原音韵〉的重出字》,《中原音韵新论》,北京大学出版社。

刘淑学　2001　《中古入声字在河北方言中的读音研究》,河北大学出版社。

沈钟伟　2006　《北方官话探源》,何大安等编《山高水长:丁邦新先生七秩寿庆论文集》,"中研院"语言学研究所。

王福堂　2006　《文白异读中读书音的几个问题》,《语言学论丛》第 32 辑,商务印书馆。

王洪君　2006　《北京话清入归调的层次与阶曲线判定法》,《语言学论丛》第 33 辑,商务印书馆。

薛凤生　1986　《北京音系解析》,北京语言学院出版社。

杨耐思　1990　《〈中原音韵〉两韵并收字读音考》,《王力先生纪念文集》,商务印书馆。

叶宝奎、郑碧娇　2008　《〈中原音韵〉的文白异读与入声韵的演化》,《厦门大学学报》第 6 期。

张琨　1985　《论吴语方言》,《史语所集刊》56 本 2 分。

张卫东　2010　《论〈中原音韵〉的萧豪歌戈"两韵并收"》,《语言学论丛》第 41 辑,商务印书馆。

张玉来　2016　《论〈中原音韵〉萧豪/歌戈韵入声字又读的音变性质》,《语文研究》第 2 期。

Hashimoto, Mantaro J.　1970 - 1971　Nasal and stop endings in ancient Chinese. *Monumenta Serica* Vol. XXIX, 206 - 222.

【附记】石汝杰教授是名重海内外的吴语研究专家,在中国、日本等地均有多种宏著刊行,嘉惠学林。拙著《吴方言比较韵母研究》(2013)系在本人的博士学位论文(2008)和博士后出站报告(2011)基础上编撰而成,书稿亦曾申请了 2011 年度商务印书馆语言学出版基金。石老师当时是出版社延请的两位评审专家之一。吴语历史语法研究方面，石老师主持编写的《明清吴语词典》(2005)和专书《明清吴语和现代方言研究》(2006)等，对我的启发和指导尤多，后来我在这片园地做了一点耕耘，陆续发表了一些论文，申请了国家社科基金项目，石老师还促成了拙著《吴语虚词及其语法化研究》(2017)的出版。这正说明了学术界"前人栽树、后人乘凉"难得的传统。借这次机会，再次向石汝杰教授表示衷心的感谢。

《弦索辨讹》与《度曲须知》所见苏州方言的卷舌声母*

史濛辉

（复旦大学现代语言学研究院）

一、背　　景

老派苏州方言存在/ʦ-/与/tʂ-/①两套成系统的对立声母。从中古来源看，读舌尖声母的字主要来自精组及知二庄，读卷舌声母的字大部分来自知三章（包括日母），例如：增 tsən^{1} = 争 tsən^{1} ≠ 真$_{\sim假}$ tʂən^{1}｜操$_{体\sim}$ ts^{h}æ^{1} = 抄$_{\sim写}$ ts^{h}æ^{1} ≠ 超$_{高\sim}$ tʂ^{h}æ^{1}｜僧$_{\sim道}$ sən^{1} = 参$_{人\sim}$ sən^{1} ≠ 深 ʂən^{1}｜从 zoŋ^{2} = 崇 zoŋ^{2} ≠ 虫 ʐoŋ^{2}（据陆基 1935 年所著《注音符号 · 苏州同音常用字汇》，以下简称《字汇》）。丁邦新（2003）对《字汇》进行了详尽的整理与分析。赵元任（1928/1956：31）最先报道，

* 本文受上海市浦江人才项目“实验语音学视野下吴语的清浊声母与阴阳调”（21PJC022）支持。表 4 的材料由复旦大学中文系李心然同学整理；写作过程中得到了蔡佞、陈忠敏、董建交、顾国林、盛益民、宋华强、陶寰等诸位师友的帮助与指教，特此致谢。文责自负。

① 关于该卷舌声母的语音性质，可参看凌锋、林齐倩（2012）和林齐倩（2015）的分析，大致可以确定是舌叶/舌面前-齿龈后音。丁启阵（2006）及蔡佞（2010）对《字音表》的拟音都用的舌叶组/ʧ-/。唇形可能也很重要，卷舌声母发音时伴有圆唇动作（张家茂 1988）。魏建功（1925—1926/2010：196）说：“吴音［苏州话］没有翘舌叶声，所以庄初床山读像精清从心邪，乃故翘舌叶为平舌叶，自齿槽移向前面齿龈处成阻。照穿船审禅读像精清从心邪的圆唇，也是没有翘舌叶声，改做平舌叶而忽变其唇之状态，舌亦自硬颚前近齿了。”钱玄同（1928/1956：337）说：“国音是舌尖向硬颚上卷，唇不圆；苏音是舌尖向齿后平伸，唇圆。所以苏州读这类音，实在是圆唇的ㄗ［/ts/］、ㄘ［/ts^{h}/］、ㄙ［/s/］等音。若求精密，应该就ㄗ、ㄘ、ㄙ等母加圆唇符号。”但具体音质并不妨碍音位归纳，为行文方便，避免读者困惑，本文统一将卷舌声母记为/tʂ-/。

“在苏州(旧派)把知照的三等字读如国语的舌尖后音,以辨知兹,招糟”。“知”和“招”都读/tʂ-/声母,“兹”和“糟”都读/ʦ-/声母。赵元任进一步指出,旧派这种区别新派已经消失。显然,《字汇》系统反映了赵元任所说的“旧派”苏州方言的面貌。今苏州方言只存在舌尖声母,原先的卷舌声母统统变成了舌尖声母,与原有的舌尖声母合并成一类,上文所举各组的三个字都已同音。以下声调不影响分析,皆略去。

除了《字汇》外,对于苏州方言卷舌声母较详细的记载还见于两份材料,分别是1892年由苏州传教协会(The Soochow Missionary Association)编写的《苏州话字音表》(*A Syllabary of the Soochow Dialect*,以下简称《字音表》)和叶祥苓(1980)根据一名时年六十四岁的男性发音人的调查结果。《字音表》是目前所知最早的用现代语言学方法记录苏州方言的同音字表。丁启阵(2006)和蔡佞(2010)都认为《字音表》体现了19世纪末苏州方言的语音面貌,本文采用蔡佞(2010)的拟音。此外,19世纪中叶(1877)陆懋修所著的苏州方言字书《乡音字类》也反映/ʦ-/与/tʂ-/的对立。根据李军(2008)的研究,《乡音字类》所反映的情况与《字汇》完全一致;但《乡音字类》只收读书音,不收口语音,《字汇》两者兼收,反映的情况远比《乡音字类》丰富,故本文使用《字汇》。胜浦方言是苏州东部远乡的口音,有系统的卷舌声母,可作为共时方言参照,本文使用顾国林(2018)的记音,其中/ʅ/都记为/ɥ/,本文统一为/ʅ/。

三份材料对大部分字的记载是一致的,仅在一些韵摄的个别字音上有出入,具体情况如表1所示。

纵向来看,《字音表》和《字汇》的表现更一致,一般是两者中读卷舌音的字到了叶文中变成了舌尖音;但也有反过来的情况,如“惹琢戳”在《字汇》和叶文中都是卷舌音,《字音表》却是舌尖音;也有《字音表》和叶文的记载一致,但和《字汇》不同,如“射朔”。但总体而言,以上这些差异不影响卷舌声母与舌尖声母分布的大趋势——读舌尖声母的字主要来自精组及知二庄,读卷舌音的字大部分来自知三章(石汝杰2019)。三份材料中,以《字汇》记录的字最多,体系性也最强,以下讨论主要参考《字汇》,兼顾另两份材料。

表 1　三份材料卷舌声母不一致的字(据蔡佞 2010 调整)

材料	假开三麻					止开三支之		流开三尤		山开三仙	宕开三药	江开二觉			曾开三职	通合三东
	扯	射①	奢	社	惹	氏	齿	绸	收	展	芍	琢	戳	朔	直	众
《字音表》(1892)	tʂʰɒ	ʐoʔ	ʂe	—	zɒ	zɿ	tsʰɿ	dʐəY	ʂəY	tʂœ̃	ʐɒʔ	tsoʔ	tsʰoʔ	soʔ	dʐəʔ	tʂoŋ
《字汇》(1935)	tʂʰɑ	zoʔ	ʂY	ʐY	ʐɑ	—	tʂʰʮ	ʐY	ʂY	tʂø	ʐɑʔ	tʂoʔ	tʂʰoʔ	ʂoʔ	ʐəʔ	tʂoŋ
叶祥苓(1980)	tsʰɑ	ʐoʔ	sY	zY	ʐɑ	ʐʮ	tʂʰʮ	zY	sY	tsø	zɑʔ	tʂoʔ	tʂʰoʔ	soʔ	zəʔ	tsoŋ

表 2 是根据《字汇》整理的古知三章声母今读卷舌声母与韵母的搭配情况。卷舌声母所配韵母范围很广,涉及所有拥有知三章声母的韵摄。

表 2　《字汇》所载知三章读卷舌声母的环境

所配韵母	中古来源	例　　字
ɑ	假开三麻	扯啥惹
ʮ	遇合三鱼虞/蟹开三祭/止开三支脂之合三支脂	书朱住/制滞/支迟诗吹水
æ	效开三宵	超赵烧绍绕
Y	假开三麻/流开三尤	者奢射社/抽绸周手柔
ø	咸开三盐/山开合三仙	沾陕染/展传战船善然
ən	深开三侵/臻开三真合三谆/曾开三蒸/梗开三清	砧沉深甚任/珍尘人春纯润/蒸绳承仍/贞逞郑正声成
ã	宕开三阳	张畅长章昌商尚让

① “射”在《字汇》中共有三个读音:/zo/太阳~过来、/zoʔ/~箭、/ʐY/。读/zoʔ/的来源较难确定,“射”字另有昔韵来源,但苏州方言昔韵没有读/oʔ/的层次。有两个可能,或是来自麻韵/zo/音的促声化音变;抑或该音本字并非“射”。此处暂放入麻韵,并不影响我们的分析。/ʐY/一读系苏州麻三一些字的文读音读入尤韵,还有“社”和“舍宿~”。

续 表

所配韵母	中古来源	例　　字
oŋ	通合三东钟	中虫终宠钟舂
əʔ	咸开三叶/深开三缉/山开三薛/臻开三质合三术/曾开三职/梗开三昔	摄涉/蛰湿十入/彻浙舌/侄质失日术苍术出/直职食实式识日/掷炙斥适石
ɑʔ	宕开三药	着酌绰芍弱
oʔ	通合三屋烛	粥叔肉触赎辱

二、《弦索辨讹》与《度曲须知》体现的苏州方言

本文认为,《字汇》所反映的这套卷舌声母可能在明朝中后期苏州一带的口语中就已经存在了。这个结论主要来自对明末度曲家沈宠绥(？—1645)所著《弦索辨讹》和《度曲须知》这两部曲律经典的分析。两书依据《中国古典戏曲论著集成》第五集(中国戏剧出版社,1959 年)中所录影印本。

《弦索辨讹》专为弦索歌唱者指明应用之字音与口法,书中列举整套《西厢》及十套当时盛行的杂曲,逐字音注,以示轨范。《弦索辨讹》一书示范多而说明少,稍后所著《度曲须知》二卷则就南北戏曲中念字之格律、技巧与方法等理论问题展开详细论述。沈氏写这两部书专为纠正当时吴人唱北曲时的字音错误。他在《度曲须知·凡例》中就开门见山地说要"正吴中之讹音"。在《弦索辨讹·序》中又进一步说"以吴侬之方言,代中州之雅韵,字理乖张,音义径庭,其为周郎赏者谁耶?"之后他又在《度曲须知·方音洗冤考》中阐明自己恪宗"中原韵"的观点:"愚窃谓音声以中原为准,实五方之所恪宗。今洛土吴中,明明地分隅正,且同是江以南,如金陵等处,凡呼文、武、晚、望诸音,已绝不带吴中口法,其他近而维扬皖城,远而山陕冀燕蜀楚,又无处不以王、吴之音呼忘、无之字,则统计幅幁,宗房、扶音者什一,宗王、吴音者什固八九矣。"这段话以近乎统计学的方法斥责了吴人唱曲时保留吴音的"痼疾"。这里的"中原韵"指周德清的《中原音韵》,但所用反切都来自王文璧增注的《中原音韵》,这些反切与王文璧的《中州音韵》如出一辙(尉迟治平 1991;李小凡 2009;李惠绵 2010;陈宁 2014)。

《弦索辨讹》和《度曲须知》这两部书能反映当时北曲字音的实际情况。如《度曲须知》大部分章节都是对北曲字音的综合性说明与分析，李晋生(1984)据此对当时北曲的声韵调系统进行了全面的构拟。更重要的是，这两部书还反映了大量当时吴语口语的实际情况。沈氏编书是为了“正吴中之讹”，都是针对以吴音唱北曲的毛病而发的。古屋昭弘(1982/2014)和石汝杰(1991)都认为，这里的“吴音”主要是指当时以苏州府城为中心地区的方音。因为沈氏在谈吴音时，常用“苏城、吴中、吴下、吴俗”等，他说要“以苏人之谱，砭苏音之病”(《度曲须知・鼻音抉隐续篇》)，而在谈到其他方音时则都指明了地点。故而《弦索辨讹》和《度曲须知》能为我们了解明末苏州方言的语音面貌提供很大帮助。

总体而言，我们大致可以通过三种方式了解当时吴语(苏州地区)的语音面貌。

第一，口法记认。《弦索辨讹》共有六种表示演唱时吐字口法的记认，这些记认旨在提醒吴人唱北曲时改去乡音。故我们可以认为，拥有某类记认的字恰恰是当时口语中缺乏该记认代表特征的。“左旁记认”和“右旁记认”各三种。“左旁记认”分别是：闭口□、撮口○、鼻音△；“右旁记认”分别是：闭口张唇■、穿牙缩舌●、阴出阳收▲。李惠绵(2007)认为，“闭口”和“鼻音”在辨认韵尾/m/和/ŋ/；“撮口”在辨认介音/u/和/y/；“闭口张唇”在辨认主元音/a/；“穿牙缩舌”在辨认卷舌声母(下详)。“阴出阳收”意图提醒吴人在辨认声母清擦音特征的同时保持吴语本有阳平调的发音特性(史濛辉 2016a)。

第二，列举比较。这类材料主要列举吴人唱北曲时因受吴语影响而容易唱错的字，常以这样的形式出现：A，叶 B(或反切)，不作/非 C(或反切)。根据古屋昭弘(1982/2014)的看法，其中 B 表示《中原音韵》的音，C 则表示吴语或者从吴语类推得到的北方音。我们可以反推知：在当时吴语中，A 和 C 同音或共享某个语音特征。如“贞、桢，叶征，不作真”(《度曲须知・北曲正讹考》)，说明当时苏州方言中/n/和/ŋ/作为韵尾的区别已经消失，“贞桢”已然与“真”同音。又如“暂，兹监切，非慈监切”(《度曲须知・北曲正讹考》)，说明当时苏州方言保留浊音，但在《中原音韵》中已然清化，故沈氏要求将“暂”唱成“兹监切”。

第三，吴俗土音。该类材料以描写的方式指出吴音的读法，常以这样的形式出现：俗呼/有 X；另有土音 X；土音唱 X；呼 A 为 B。如“吴音有积久讹传者，如师本叶诗，俗呼思音；防本叶房，俗呼庞音。”（《度曲须知 · 北曲正讹考》）今苏州方言“师思”依然同音，为/sɿ/；“防庞”为/bɑ̃/。又如“吴俗呼无字，不作巫音，另有土音，与闭口音相似。”（《度曲须知 · 收音总诀》）今苏州方言依然读为/m̩/，即闭口音。

通过以上三种方式所反映的情况，我们大致可以了解明朝中后期苏州方言的面貌。

三、“穿牙缩舌”与卷舌声母

与卷舌声母相关的材料主要体现在第一类“右旁记认”的“穿牙缩舌”中。《弦索辨讹 · 右旁记认》“穿牙缩舌●”例载：“如愁字、楚字等类，须从牙出，舌尖微敛，不可实唱土音。”沈氏对“穿牙缩舌”的解释描摹性极强。所谓“穿牙”即“卷舌”（“彼之卷舌，即我穿牙”《度曲须知 · 翻切当看》），“穿牙”与“开牙”相对，“穿牙为争，开牙则为增”（《度曲须知 · 同声异字考》）。这对区别特征体现了[卷舌]特征的有无，“穿牙”有[卷舌]特征，“开牙”则无，“争”“增”之别即为此。沈氏进一步说明了“愁楚”这类字具体的发音方法，声音应从牙齿间穿过（“须从牙出”），舌尖向上升起稍往后翘（“舌尖微敛”）（李晋生 1984；李惠绵 2007）。沈氏更指出，不可以按照方言中的发音来唱（“不可实唱土音”）。可见，当时苏州话中“愁楚”两字并非卷舌音，但唱成所谓“土音”到底是什么样呢？

石汝杰（1991，1996/2006，2005/2006）的一系列文章已经显示：现代苏南吴语的语音面貌在明末已经形成，明末苏州方言的音系跟今日苏州话非常接近。《度曲须知 · 同声异字考》列举了当时口语中已然混同（即“同声”）、但唱曲时按《中原音韵》需要区分的字（即“异字”）。表 3 按《中原音韵》韵摄列出了《度曲须知 · 同声异字考》中所有“穿牙缩舌”字及其对举字（以“A 非 B”形式对举，故 A 与 B 在口语中同音）。

表3 《度曲须知·同声异字考》所列“穿牙缩舌”字及其对举字

韵摄	穿牙缩舌	对举字
江阳	双、窗、妆、床	桑、仓、赃、藏
鱼模歌戈	初、疏、锄、阻、数、所	粗、苏、殂、祖、素、琐
皆来	筛、差、柴、揣、斋、帅	腮、猜、才、采、哉、赛
寒山	盏、山、疝	趱、跚、散
萧豪	抄、哨、爪、巢、梢、炒	操、噪、早、曹、骚、草
家麻	查	咱兹沙切
庚青	生、争	僧、增
尤侯	搜、愁、瘦、瘦、皱	收赊周切、绸同酬，长柔切、兽、溂桑奏切、奏

从中可见，“穿牙缩舌”字都是庄组字(《中州音韵》“哨，双罩切”，《集韵》“所教切”，亦为此音)。对举字绝大部分是精组字，有三个例外——“收绸①兽”，都是中古尤韵章组字。《字音表》(1892)和《字汇》(1935)都记为卷舌/tʂ-/组声母，叶祥苓(1980)的记载中都是舌尖/ts-/组声母。这三个章组字不是很好解释，一个可能是此时流摄的部分字的/i/介音还未完全消失，而北方方言已然消失，沈氏要求在唱曲时摒弃/i/介音，只唱卷舌音。这也可以解释为什么“瘦”字出现了两次，分别与“兽”与“溂桑奏切”对举，可能前者说的是介音问题，后者说的是舌尖声母问题。尤侯韵的这种现象在明末传教士官话材料中也有所体现，如在《西儒耳目资》中，“收兽”等擦音声母字都有带介音的异读(/ieu/)(董建交 2021：76)。

根据以上材料，我们大致可以认为：当时口语(“土音”)中庄组字和精组字同音，都是舌尖声母，而在唱曲时这些庄组字需要唱成卷舌音才是正确(“正音”)的。故“愁楚”这类庄组字在明末应已与精组合并，读成舌尖音/ts-/。

第一节中已经说明：从中古来源看，老派苏州方言舌尖声母与卷舌声母大致体现为知二庄与知三章的区别。那么《弦索辨讹》所录曲谱中的“穿牙缩舌”记认是否也体现类似的区别呢？根据沈宠绥两部书的标注体例，我们的工作假

① “绸”按“酬”的读音。

设如下：凡有“穿牙缩舌”记认的字，可以认为在当时口语中均不作卷舌音，而是舌尖音（故要唱成卷舌音），凡未加注明的其他知照系字，当时口语本作卷舌音，故无须矫正。以下工作承接史濛辉（2016b）的小规模抽样调查。根据这个工作假设，我们先对《弦索辨讹》中带有“穿牙缩舌”记认的字进行了统计，随后又统计了属于中古知照系声母、却没有“穿牙缩舌”记认的字。① 结果如表 4 所示，例字按中古韵摄排列。

表 4 《弦索辨讹》所有知照系字与“穿牙缩舌”记认的关系

声母来源	有“穿牙缩舌”记认		无“穿牙缩舌”记认	
	个数	例　　字	个数	例　　字
知二	13	茶搽｜罩｜赚湛②｜绽｜桩｜幢撞卓｜拆宅摘	0	无
庄	95	诈叉差查踷③槎乍沙纱洒｜阻初楚助疏梳所雏数｜斋抓钗柴筛寨｜师士仕事使史揣衰帅率｜巢梢｜皱搊瞅愁僽骤㑳搜瘦｜斩蘸谗馋煠霎搀忏衫｜参岑涩｜盏扎察潺僝山讪杀煞栈删拴｜榛衬齓｜庄装妆壮床状霜爽｜窗双捉｜侧色｜窄生笙争铮筝挣策栅	1	臻
知三	10	缀｜豸追坠｜辿｜中忠衷宠重	60	除诛蛛株拄伫厨④住｜滞｜知池驰迟持治｜朝超潮召｜抽绸稠俦｜沾辄｜砧沉蛰｜展澈缠转传篆｜珍趁陈尘阵｜张帐着畅长场肠丈仗｜敕澄直值｜呈程掷｜竹畜虫逐轴

① 一些字并非每次出现都带有记认，因“集中应注字面，有一曲几见者，止于每套之首音注一□［注：疑为缺字，或为记认之图例］，余可类推，故不重复”（《弦索辨讹 · 凡例》），又“集中右旁记认、但摘紧关字面。……又愁字、锄字等类，既系穿牙，则亦天然阴出，故字旁但记●不记▲。……恐一字而右旁两用记认，似涉冗杂，……览者详之”（《弦索辨讹 · 西厢上卷》）。故一字凡带记认一次，即算“穿牙缩舌”字。

② 《中州音韵》监咸韵“痴滥切”。

③ “踷”右旁已标■，故未标●，沈氏注明“叶查”，按“查”算入“穿牙缩舌”类，见第 167 页。

④ 第 31 页“厨”标为●，应为▲之误，“厨”在第 38 页标为▲，左旁记认都为○。

续 表

声母来源	有“穿牙缩舌”记认		无“穿牙缩舌”记认	
	个数	例　字	个数	例　字
章(含日母)	18	赘｜纸是吹垂睡瑞蕊水谁｜终众充钟种冲茸冗	178	遮者扯麝奢赊舍惹｜诸处书舒署如朱珠主注姝树儒｜世势誓｜支枝肢只咫施翅脂指至尸视之止志嗤诗试时市侍｜招照烧少饶娆桡｜周舟州丑收手首守酬受寿授柔揉｜褶闪蟾染｜针枕执深沈审湿甚十①拾任稔入｜战颤折舌扇设禅善然热专砖拙川穿喘串船说软｜真诊振嗔瞋神实身伸失室辰臣人刃认日准春出唇顺术舜润｜章掌障灼敞唱伤赏晌常嫦尝裳上尚嚷攘若弱｜证症织职称乘升胜识拭承②丞仍｜征整正政炙赤尺声圣适成城诚盛石｜俶肉属

四、分析与讨论

《弦索辨讹》中带有“穿牙缩舌”记认的知照系字与没有“穿牙缩舌”记认的知照系字拥有明显的互补关系，呈现知二庄与知三章的区别。我们可以反推，知二庄的这些字在当时都不带卷舌特征，是舌尖音/ts-/，故在唱北曲时要学习“中原音”唱成“穿牙缩舌”；而知三章的这些字在当时已带有卷舌特征，是卷舌音/tʂ-/，故在唱北曲时不需要“穿牙缩舌”。

按照这样的规律，知二庄的字理应都带“穿牙缩舌”记认，只有一个反例，即“臻”字。该字仅出现一回——“急管繁弦闹嚷嚷，急管繁弦齐臻臻”(第148页)。“臻”并非口语常用字，疑按口语常用字“真”或“珍”读成了卷舌音，故未标“穿牙缩舌”。

《字汇》中也有知二庄读卷舌声母的情况，如表5所示。与《弦索辨讹》对比可知，如“霜窗卓”这些字读卷舌声母或是其他原因造成的，明末口语中应为舌尖声母，是符合规则的。最有可能的原因是文读音的影响。《字汇》明确指出“爽”

---

① 第29页“十”标为●，应为▲之误，其余各处皆标为▲，见第55、64、77、113、115、179页。

② 第103页“谁承望”之“承”标为●，应为▲之误，同一例子在第150页标为▲。

读/ʂã/是在“人逢好事精神爽”中，另可读/sɑ̃/是在“爽快”中。其他 14 个字没有异读，但根据所给的注释，都是出现在相对较正式或书面的环境中，如“壮”的“强壮”（“壮”口语中表示肥胖）；“霜”和“朔”都出现在表示农历的时间词中，与“霜”同一音韵地位的“孀”就只有舌尖声母/sɑ̃/的读法；“板刷”是较晚才兴起的工具；“戳”表示“戳子”。还有一些常用字，如“捉缩窗”，不符合规律的原因不是特别清楚。总体而言，知二庄读卷舌声母可能与文读的关系更为密切，但仍待更多材料验证。

表 5 《字汇》所载知二庄读卷舌声母的环境

中古来源	韵母今读	例字（数量）
宕开三阳	ã	爽人逢好事精神~（1）
宕开三阳/江开二江	ɑ̃	庄姓装壮强~疮闯床~铺霜~降/桩撞幢窗双（12）
山合二鎋	əʔ	刷板~（1）
江开二觉/通合三屋	oʔ	桌半~卓琢雕~啄瘃戳打一个~子捉朔~望搠横~枪嗍嘴里~进去/缩（11）

接着来看知三章读为舌尖声母的情况。《弦索辨讹》中知三 10 个字与章（含日母）18 个字共计 28 个字不符合互补分布的规则。这些字不应该带“穿牙缩舌”记认，但沈宠绥标了，说明这些字在当时应该不带卷舌特征，是舌尖音。首先剔除“讪”，该字《中州音韵》寒山韵“之山切”，非口语常用字，很有可能按“山”读成了舌尖音，故带“穿牙缩舌”记认。表 6 罗列了剩下 27 字的韵摄来源及其在三份材料中的记音与在胜浦方言中的读音。

表 6 《弦索辨讹》带“穿牙缩舌”记认的知三章字及其读音

摄	韵	“穿牙缩舌”/ts-/	《字音表》（1892）	《字汇》（1935）	叶祥苓（1980）	胜浦
蟹	合三祭	缀	—	tsE	tsE	tsai文 tʂʯ白
		赘	—	tsE	tsE	—

续 表

摄	韵	“穿牙缩舌”/ts-/	《字音表》(1892)	《字汇》(1935)	叶祥苓(1980)	胜浦
止	开三支	豸	—	ʐʯ	—	—
		纸	tsɿ	tsɿ	tsɿ	tsɿ
		是	zɿ	zɿ	zɿ	zɿ
	合三支	吹	tʂʰʯ	tsʰE文 tʂʰʯ白	tsʰE文 tʂʰʯ白	tsʰai文 tʂʰʯ白
		垂	dze	zE	zE	zai
		睡瑞	dze	zE	zE	zai
		蕊	—	—	ʐE文 ȵiY白	ʐai
	合三脂	追	tse	tsE	tsE	tsai
		坠	—	—	zE	zai文 ʐʯ白
		谁	—	zE	zE	zai
		水	ʂʯ	sE文 ʂʯ白	ʂʯ	ʂʯ
通	合三东	中忠衷终	tʂoŋ	tʂoŋ	tʂoŋ	tʂoŋ
		充	tʂʰoŋ	tʂʰoŋ	tʂʰoŋ	tʂʰoŋ
		众	tʂoŋ	tʂoŋ	tsoŋ	tʂoŋ
	合三钟	钟种	tʂoŋ	tʂoŋ	tʂoŋ	tʂoŋ
		宠冲	tʂʰoŋ	tʂʰoŋ	tʂʰoŋ	tʂʰoŋ
		重	dʐoŋ	ʐoŋ	ʐoŋ	ʐoŋ
		茸冗	—	—	—	—

这些字共有三个来源：蟹合三祭(缀赘)、止开三支(豸纸是)合三支(吹垂睡瑞蕊)脂(追坠谁水)、通合三东(中忠衷终充众)钟(钟种宠冲重茸冗)。除了“豸纸是”3个开口字外，其余24个都是合口字。

先看止开三的字。“豸”仅在《字汇》中出现,读为卷舌声母,释例为“虫豸”,是符合互补规则的。“纸是”二字在所有材料中都一致读成舌尖音,可见止开三的这些章组字读舌尖声母的年代至迟可追溯至明朝中后期。《字汇》记录了更多止开三章组读舌尖音的字,除了“纸是”,还有“眵屎鲥莳市”。但如表 7 所示,止开三章组字读舌尖还是卷舌并不是由系统内部条件决定的,可能与文白读的关系更为密切。“支”作为量词口语一般用“管”;“指”在表示“指头”时是促化形式/tsiəʔ/;“时间”口语一般说“辰光”,胜浦的白读音出现在“几时”中。所有材料都显示,/ʮ/只与卷舌声母/tʂ-/共现,①是文读音;/ɿ/只与舌尖声母/ts-/共现,是白读音。

表 7　止开三章组字的读音

材　　料	支—纸支 (声母同,声调异)		指—屎脂 (声调同,声母异)		时—鲥之 (声母、声调皆同)	
《弦索辨讹》	卷舌	舌尖	卷舌	—	卷舌	—
《字音表》(1892)	tʂʮ	tsɿ	tʂʮ	sɿ	ʐʮ	—
《字汇》(1935)	tʂʮ	tsɿ	tʂʮ	sɿ	ʐʮ	zɿ
叶祥苓(1980)	tʂʮ	tsɿ	tʂʮ	ʂʮ②	ʐʮ	zɿ
胜浦	tʂʮ	tsɿ	tʂʮ	sɿ	ʐʮ文,~间 zɿ白,几~	—

这种声韵组配与文白读的对应在《字音表》与《字汇》中有更为广泛且系统的体现,试看表 8。绝大部分字都是宕梗摄的知三章字:宕摄是卷舌声母配前低元音,舌尖声母配后低元音;梗摄是卷舌声母配央元音,舌尖声母配低元音。唯一一个非宕梗摄字是“射”,但也是文读为卷舌声母,白读为舌尖声母。日母字也存在类似的情况:文读是卷舌声母/ʐ/配读字音的折合形式,没有介音;白读则是鼻音声母/ȵ/配该韵摄主体层的读音,有介音。

① 《字汇》第 48 页将/ʐʮ/写为/ʑʮ/,应是手民之误。

② 叶氏该字记音或误,目前所见苏州方言材料“屎”皆为/sɿ/。蔡佞(2010)也注意到了这点。

表 8 《字音表》与《字汇》知三章字的文白异读情况

《字音表》(1892)					
例字	文读	白读	例字	文读	白读
章障	tʂaŋ	tsɔŋ	长偿脏仗	dʐaŋ①	dzɔŋ
绕	ʐæ	ȵiæ	仁	ʐən	ȵin
《字汇》(1935)					
章	tʂã	tsɑ̃	菖阊	tʂʰã	tsʰɑ̃
唱	tʂʰã	tsʰɑ̃	伤赏	ʂã	sɑ̃
尚上	ʐã	zɑ̃	盛	ʐən	zã
赤	tʂʰəʔ	tsʰɑʔ	石	ʐəʔ	zɑʔ
射	ʐY	zo			
绕	ʐæ	ȵiæ	染	ʐø	ȵiE
人仁	ʐən	ȵin	让	ʐã	ȵiã
日	ʐəʔ	ȵiəʔ	肉	ʐoʔ	ȵyoʔ

基于以上对文白的理解,接着来看蟹止摄的合口字。我们大致可以推断表 6"缀吹坠水蕊"5 个字可能也与文白有关。"蕊"是日母字,文读音是卷舌音/ʐ/,白读音是鼻音/ȵ/,符合表 8 的分布。沈氏以白读音为准,故要求"穿牙缩舌"。但是,"缀吹坠水"四字的白读音为卷舌声母,文读音反而是舌尖声母,这正好与表 8 的分布相反,呈现"文白杂配"。这是因为,如果我们坚持认为当时这些字读/ʦ-/类舌尖声母,则这些字主要是韵母/ᴇ/(胜浦为/ai/)与/ɥ/承担了文白的区别功能。文白异读的最小单位可以不是整个音节,而是一个音节的音类(声母、

① 《字音表》中有两个塞擦音音位/dz/和/dʐ/,但已明确指出一般人都分别发成/z/和/ʐ/,塞擦音只保留在读书人口中。这表明当时口语里这两个塞擦音实际已经变为擦音(蔡佞 2010)。

韵母或声调)(杨秀芳 1993;王洪君 2006b;陈忠敏 2003,2007)。但结合表 6 与表 7,我们也可以认为这里承担文白功能的是区别特征。蟹止摄开口三等的文读具有[圆唇]特征(/tʂʮ/),白读则无(/tsɿ/);合口三等的文读没有[圆唇]特征(/tsᴇ/,胜浦为/tsai/),白读则有(/tʂʮ/)(王洪君 2006a 认为/tʂʮ/的更早形式是/tʂy/)。因发声限制,拼合关系必须调整方能符合[圆唇]特征,这便使得原来的舌尖声母/ts-/变成了卷舌声母/tʂ-/,而在其他情况下保留舌尖声母/ts-/。这就是蟹止摄合口"吹水"呈现看似"文白杂配"样子的原因。这些白读音中的卷舌声母,实际是沾染了[圆唇]特征(具体音理详见陈忠敏本论文集中的讨论)。这样一来还可以解释,为什么止合三的精母字"嘴"材料中都记为/tʂʮ/,没有任何理由可以推测卷舌声母有精母字的来源。① 因此,这类卷舌声母可能与系统中那些同文读直接相关的卷舌声母不是一回事,是一种声韵拼合关系的和谐(/tʂʮ/),实际并非"文白杂配"。

最后来看通合三的字。结合表 4,《弦索辨讹》通合三的知三章字体现了舒声读舌尖声母(除"虫"),入声读卷舌声母的格局("竹畜虫逐轴俶肉属")。但这些字无论舒促在后世记录及胜浦方言中都读卷舌音(除叶祥苓 1980 的"众"字)。

综上所述,《弦索辨讹》与《度曲须知》中知照组声母通过"穿牙缩舌"记认所反映的舌尖声母与卷舌声母的对立与后世《字汇》等材料所反映的格局大致是一致的,即知二庄读舌尖声母,知三章读卷舌声母。违反这条规则的现象基本都可以通过文白区别加以解释:知二庄读卷舌声母应与文读有关,知三章读舌尖声母应与白读有关。这种违反规则的现象在后世文献记录及如今依然保存舌尖与卷舌声母对立的方言中仍然存在。但与《弦索辨讹》相比,具体例字有同有异。其中,最为一致的是蟹止摄的知三章字读舌尖声母。根据这些现象,我们可以推断:苏州老派方言知二庄读舌尖声母与知三章读卷舌声母的对立在明朝中后期就已存在。

---

① 苏州方言的/ʮ/有三类来源,除了(1) 蟹开三祭(如"制"),止开三支脂之(如"知尸治");(2-1) 止合三支脂(如"吹水"),(2-2) 止合三支精组字("嘴髓尿");还有(3) 遇合三鱼虞(如"猪诸蛛朱")。/ʮ/为鱼虞韵的文读层,鱼韵白读层端知系为/i/(如"驴蛆")或/ɿ/(如"猪梳")、见系为/E/(如"锯许")。

五、余　论

丁邦新(2003)与王洪君(2006a)对苏州方言舌尖声母与卷舌声母的性质有不同的看法。丁邦新认为,卷舌声母保留早期读音;舌尖声母是晚期从邻近吴语移借的。王洪君则认为,卷舌声母是本地高层方言保留的早期读音,舌尖声母是本地底层方言的自然演变。卷舌声母主要和社会集团(评弹艺人)有关(叶祥苓1980;张家茂、石汝杰 1987:2;张家茂 1988)。陈忠敏(2007)进一步认为这些字的文白区分主要由韵母承担,而同卷舌和舌尖声母的对立无关。但有两个问题值得继续思考:

第一,历时上如何看待诸如《弦索辨讹》等材料所反映的苏州方言呢?这种"集团语言分层"是什么时候存在的呢?评弹艺术在吴地生根已久,这种分层不太可能是近期的产物。如果我们坚持沈宠绥"正吴中之讹音"的原则,那么就必须承认大量没有出现"穿牙缩舌"记认的字在实际语言中存在卷舌音的读法。第二,从地理分布上看,如果舌尖与卷舌声母的对立只是使用集团的差别,那么为什么如今苏州周边如旧吴县地区、无锡、常熟,都存在这种区别,且有各自的演变呢?我们很难假设这些地方完全接纳了高层集团的读音而抛弃底层集团的读音,否则类似常熟方言知三章和见系字相混的后续演变(袁丹 2013)将很难解释。

因此,最好综合几位先生的意见来看待。首先,舌尖声母与卷舌声母,或者说知二庄和知三章对立的格局至少在明朝中后期的苏州方言中已然存在。其次,从具体例字及异读来看,卷舌声母与文读音关系更密切,或因评弹艺术的作用,使其成为高层(有师承的评弹艺人)言语社团的重要特征,共时上与低层言语社团形成叠置,这能解释为何大部分字并不存在一字两读的文白层次(王洪君2006a)。但我们不可忽视苏州方言自身的变化,尤其是蟹止摄合口三等的一些字(如苏州的"吹水嘴";胜浦的"缀坠")呈现的看似"文白杂配"的现象,其卷舌声母应是为符合[圆唇]特征而出现的,可能需要同那些与文读(高层社会集团)关系更密切的卷舌声母区分对待。何大安(2008/2009:337)说:"他[沈宠绥]的努力,表面上是为方音洗冤;字里行间,却是要倾力证明北音之正。我们今天知道,吴语和北音都有各自的演变规律和过程,也都各得其正。”蟹止摄合口的这些变化,恰能说明这一点。

老派苏州方言知二章与知三章的这种对立在近代语音史及南方方言中的地位是值得继续深究的议题。

参考文献

蔡佞　2010　《19 世纪末的苏州话》,载上海市语文学会、香港中国语文学会合编《吴语研究》第 5 辑,117—126 页,上海教育出版社。

陈宁　2014　《“阴出阳收”考辨》,第二届“音韵与方言”青年学者论坛。

陈忠敏　2003　《重论文白异读与语音层次》,《语言研究》第 3 期,43—59 页。

陈忠敏　2007　《语音层次的定义及其鉴定的方法》,载丁邦新主编《历史层次与方言研究》,135—165 页,上海教育出版社。

陈忠敏　2022　《苏州、宁波话舌尖圆唇元音的来源及其相关问题》,本论文集。

丁邦新　2003　《一百年前的苏州话》,上海教育出版社。

丁启阵　2006　《一百年前苏州话的舌尖塞擦音及塞音声母》,载《唇舌集:音韵方言新论》,80—94 页,中国书籍出版社。

董建交　2021　《近代官话音韵演变研究》,商务印书馆。

古屋昭弘　1982　《〈度曲须知〉にみえる明末の吴方言について》,《东京都立大学人文学报》第 269 号。又《〈度曲须知〉所见的明末吴方言》,载游汝杰、王洪钟、陈轶亚主编《吴语研究》第 7 辑,2014 年,24—33 页,上海教育出版社。

顾国林　2018　《苏州胜浦方言字音表(稿)》。

何大安　2008　《〈方音洗冤考〉的是与非》,《长庚人文社会学报》第 1 卷第 1 期,1—18 页。又载《汉语方言与音韵论文集》,2009 年,台北。

李惠绵　2007　《从音韵学角度论明代昆腔度曲论之形成与建构》,《中国文哲研究集刊》第 31 期,75—119 页。

李惠绵　2010　《沈宠绥体兼南北的度曲论》,《台大中文学报》第 33 期,295—340 页。

李晋生　1984　《沈宠绥与明代北曲字音》,《中国社会科学院研究生院学报》第 1 期,70—75 页。

李军　2008　《〈乡音字类〉所反映的十九世纪中叶苏州话读书音》,《方言》第 1 期,40—46 页。

李小凡　2009　《吴语的“清音浊流”和“阴出阳收”》,《语文研究》第 3 期,37—44 页。

林齐倩　2015　《苏州郊区方言研究》,苏州大学博士学位论文。

凌锋、林齐倩　2012　《苏州车坊方言舌尖前后音的发音分析》,第十届中国语音学学术会议。

钱玄同　1925　《苏州注音字母草案》,《国语周刊》第 28 期。又载《钱玄同文集》(第三卷),1999 年,331—343 页,中国人民大学出版社。

石汝杰　1991　《明末苏州方言音系资料研究》,《铁道师院学报》第 3 期,66—71 页。

石汝杰　1996　《〈山歌〉的语言分析》,《北陆大学纪要》第 19 号,201—209 页。又《〈山歌〉的语音和语法问题》,《明清吴语和现代方言研究》,2006 年,164—181 页,上海辞书出版社。

石汝杰　2005　《明清吴语词典》前言，载石汝杰、宫田一郎主编《明清吴语词典》，4—21 页，上海辞书出版社。又《明清时代吴语的历史和文献——〈明清吴语词典〉前言》，《明清吴语和现代方言研究》，2006 年，141—163 页，上海辞书出版社。

石汝杰　2019　《19 世纪末苏州方言的舌尖后音声母》，《熊本学园大学 文学・言语学论集》第 25 卷第 2 号・第 26 卷第 1 号合并号，1—18 页。

史濛辉　2016a　《再论"阴出阳收"——从语言接触的角度看》，*Bulletin of Chinese Linguistics*（《中国语言学集刊》）第 9 卷第 1 期，42—57 页。

史濛辉　2016b　《苏州方言中的官话成分》，载郑伟主编《边界方言语音与音系演变论集》，172—188 页，中西书局。

王洪君　2006a　《层次与演变阶段——苏州话文白异读析层拟测三例》，《语言暨语言学》第 7 卷第 1 期，63—86 页。

王洪君　2006b　《文白杂配与析层拟测》，载何大安、张洪年、潘悟云、吴福祥编《山高水长：丁邦新先生七秩寿庆论文集》，351—370 页，"中研院"语言学研究所。

魏建功　1925—1926　《吴歌声韵类》，《国学周刊》1925 年第 10—13 期、1926 年第 1、2 期。又载蒋绍愚、张渭毅选编《魏建功文选》，2010 年，173—199 页，北京大学出版社。

杨秀芳　1993　《论文白异读》，载《王叔岷先生八十寿庆论文集》编辑委员会编《王叔岷先生八十寿庆论文集》，823—849 页，大安出版社。

叶祥苓　1980　《苏州方言中[ts tsʻ s z]和[tʂ tsʻ ʂ ʐ]的分合》，《方言》第 3 期，204—208 页。

尉迟治平　1991　《"北叶〈中原〉，南遵〈洪武〉"析义——〈中原音韵〉和南曲曲韵研究之二》，载《〈中原音韵〉新论》，198—210 页，北京大学出版社。

袁丹　2013　《语音的共时变异与历时演变——苏州、常熟、无锡知三、章组字读[tʂ]声母的来源》，《语言学论丛》第 47 辑，174—192 页，商务印书馆。

张家茂　1988　《苏州方言[tʂʮ]组、[tsʮ]组和[ts]组的地域演变》，载复旦大学中国语言文学研究所吴语研究室编《吴语论丛》，52—59 页，上海教育出版社。

张家茂、石汝杰　1987　《苏州市方言志》，苏州市地方志编纂委员会办公室。

赵元任　1928/1956　《现代吴语的研究》，科学出版社。

Committee of the Soochow Literary Association　1892　*A Syllabary of the Soochow Dialect*. Shanghai：American Presbyterian Mission Press.

【附记】苏州出了许多汉语方言研究的大家，石汝杰先生就是其中一位。我真正和石老师相识应在 2011 年，当时在做《海上花列传》语气词的课题，完成后向石老师请教，石老师一下子就指出了一处引文错误，并语重心长地告诫："做材料要认真再认真，小心再小心。"此后，我和他逐渐热络，交流也多了起来。那时石老师已赴日本，微信才推出不久，并不普及，我们只能通过邮件和 QQ 联系。我总是期待石老师回国，因为他总会赠予不少自己的论文专著及一些稀见的书籍资料，每次我都"满载而归"。近些年网络资料日趋充盈，石老师几乎每周都会在微信上给大家提供电子书籍。这十年来,但凡碰到吴语文献方面的问题,我都想着找石老师请益,也总有许多收获,心里很是感激。

其实我不知道我和石老师是不是很早就见过面,我们曾住同一条街上——仓街,他家在街北面,我家在街中段,也就相隔四百来米。这条街在现存最古老、最完整的都市地图——《平江图》(南宋绍定二年,即 1229 年)上已然存在,时名"东营街",为宋时吴中威果二十八营驻地。有清一代,长洲、元和两县官仓多设此处,故名"仓街"。更巧的是,我们还曾就读同一所中学、同一所大学。这种时空的交叠,难免会让我对石老师有一种天然的亲切感。学界师友都说,我长得和石老师颇似,看着现在的他就能想象出四十年后的我来,大家看看像吗?我想,石老师更是我学术上努力的方向与榜样。最后附上他在 2012 年 11 月 22 日来信中的一段话作结,以此不断鞭策自己:"希望你能多多学习,把苏州话和吴语的研究做下去。只要踏实、努力,一定能成功。希望在你们年轻人身上。"

石汝杰先生与笔者,2015 年 1 月于石汝杰先生苏州寓所(陈榴竞女士摄)

闽东区方言的{男阴}义词及其相关的词语 *

秋谷裕幸

(日本爱媛大学法文学部)

一、引　　言

表示{男阴(penis)}的词虽然不在 Morris Swadesh 的 200 核心词表当中，但它属于人类语言的基本身体部位词应该是没有问题的。

另外，像{男阴}这种不雅之词往往成为引起例外性语音词汇演变的原因。所以研究语言历史时不能忽略这些词语。我们首先重温一段李荣(1994：161)的话：

> 这类禁忌字常常引起字音的更改与语汇的变化。前者造成语音演变规律的例外，后者导致方言间说法的差别。①

基于这个基本认识，本文研究闽东区方言里的{男阴}②义词③及其相关的

---

* 本文写作得到日本学术振兴会基盘研究(C)(负责人：秋谷裕幸，项目号：16K02681)的资助。本文初稿在汉语方言比较和地理研究论坛(陕西师范大学，2018 年 12 月 1 日)宣读。蒙多位专家提出问题、意见和建议。文章写作过程中多承陈泽平教授和张屏生教授指教。在此统致谢忱。

① 关于不雅之词所引起的例外性语音演变，也可以参看平山久雄(1992)。

② 本文用大括号{　}表示意义，而双引号如"屦脬""卵袋"表示实际的词语。引用其他研究者的论著时，笔者自己重新认定本字。

③ 有些方言中{成年人的男阴}和{小孩的男阴}说法不一样，此时本文专门研究{成年人的男阴}。{阴茎}和{男阴}是两个不同的概念。有些方言区分{阴茎}和{男阴}，如闽南区厦门方言。参看本文第 5 章。秋谷裕幸(2005、2008、2018a、2020)或秋谷裕幸、陈泽平(2012)等笔者曾经发表过的调查报告当中都有{阴茎}这一词条，词汇对照编号 132。不过，调查时笔者问发音人的其实都是{男阴}，即男性生殖器的统称。所以本文把调查报告当中的{阴茎}都改成了{男阴}，这一点是很需要强调的。

{阴囊(scrotum)}义词和{睾丸(testicle)}义词的现状和历史。在闽东区方言以及其他闽语方言当中,这三个词往往成一组。

本文也是笔者正在编纂的《闽东区方言比较词典——身体部位部分》的部分内容。关于编纂汉语方言比较词典的设想,请参看秋谷裕幸(2017)。

表1是本文所根据的闽东区方言的谱系分类(秋谷裕幸 2010b:70)。① 字下加单线的是本文中的称呼。目前笔者尚未构拟原始闽东区方言音系。由于原始宁德方言相当接近原始闽东区方言,构拟原始闽东区方言之前暂时主要使用原始宁德方言音系替代原始闽东区方言音系。参看秋谷裕幸(2018a:709—712)。

表1　闽东区方言的谱系分类

区	片	小　片	代　表　点
闽东区	北片	福宁小片	寿宁南阳、福鼎白琳、福安穆阳、周宁咸村、宁德虎浿、宁德九都、周宁、霞浦长春、屏南、古田杉洋
		浙江小片	泰顺三魁、苍南炎亭
	南片	福州小片	古田大桥、闽清、闽侯、福州、长乐、永泰
		福清小片	福清

二、{阴　　囊}

为论述方便起见,我们首先讨论{阴囊}义词。

2.1　现状

闽东区方言中表示{阴囊}的词语可以分成两大类,下文分别称作"羼"类和"卵袋"类。"羼"类以双音节的"羼脬"为主:②

(1)"羼"类

(1-1)"羼"原始闽东 *li[n]^{6}

① 该文把屏南城关方言归属福州小片。现在把它改属福宁小片。

② [　]内是实际音值。没加括弧的音标是单字音,声调用数字标出调类,"-"表示不能恢复单字音的声母或调类。写不出本字的音节用方框"□"表示。

南片福州小片　福州 neiŋ^{6}[neiŋ^{242}]

(1－2)“𡳞脬”原始闽东*li[n]^{6}p^{h}a^{1}

北片福宁小片　福安 niŋ$^{-44}$-ma^{-443}[niŋ^{44}ma^{443}]；虎狈 lem^{-22}p^{h}aʔ^{8}[lem^{22}maʔ^{3}]；九都 lem^{-44}p^{h}a^{1}[lem^{44}p^{h}a^{44}]；杉洋 liŋ$^{-22}$p^{h}a^{1}[liŋ^{22}p^{h}a^{433}]；屏南 liŋ$^{-44}$p^{h}a^{1}[liŋ^{44}p^{h}a^{443}]

南片福州小片　大桥 liŋ$^{-33}$p^{h}a^{1}[liŋ^{33}p^{h}a^{55}]；闽清 liŋ$^{-55}$p^{h}a^{1}[liŋ^{55}p^{h}a^{55}]；福州 neiŋ^{6}p^{h}a^{1}[niŋ^{55}p^{h}a^{55}]

南片福清小片　福清 liŋ$^{-55}$p^{h}a^{1}[liŋ^{55}p^{h}a^{52}]

(1－3)“𡳞脬袋”

北片福宁小片　咸村 nim^{-33}-ma^{-35}tɔi^{6}[nim^{33}ma^{35}lɔi^{11}]

(2)“卵袋”*lɔn^{6}tɔi^{6}

(2－1)“卵袋”

北片福宁小片　寿宁 lɔŋ^{6}tɔi^{6}[lɔŋ^{44}tɔi^{223}]

北片浙江小片　泰顺 lɔ̃^{6}tɔi^{6}[lɔ̃^{33}tɔi^{42}]

(2－2)“卵袋□taŋ^{1}”

北片浙江小片　苍南“卵袋□”lø^{0}dø^{6}taŋ^{1}[lø^{0}dø^{11}taŋ^{44}]

(3) 其他

北片浙江小片　苍南“卵卵□”lø$^{-0}$lø$^{-11}$taŋ^{1}[lø^{0}lø^{11}taŋ^{44}]

2.2　分析

2.2.1　“𡳞”类

2.2.1.1　本字

𡳞,①《字汇》寅集·尸部:“力刃切,音吝。闽人谓阴也。”②

---

① 严修鸿(2002: 188)认为真正的本字是“引”。

② 一部分客家话也用“𡳞”表示{男阴}。比如梅县方言说“𡳞子”lin^{3}ɛ^{3}。参看温昌衍(2002: 253)、严修鸿(2002: 188)。在客家话里,“𡳞”的调类是上声,与《字汇》的去声不一致。能区分阳上和阳去的闽南区方言中“𡳞”的调类则是阳上。比如潮州方言{男阴}说“𡳞”laŋ^{4}。正如严修鸿(2002: 188)所指出,《字汇》的“力刃切”是以阳上已归入阳去的闽语方言为基础而设计的反切。

脬,《说文》:“膀光也。从肉,孚声”;《广韵》平声肴韵匹交切:“腹中水府。”福州方言{膀胱}说“尿脬”niu^{6}p^{h}a^{1}。这个词里的“脬”仍保存着{膀胱}义。北方方言中也有“尿脬”出现。比如中原官话汾河片韩城方言{膀胱}说“尿脬”ȵiɑo^{5}p^{h}uɤ^{1},①晋语吕梁片石楼方言也说“尿脬”ɲiɑɔ^{5}p^{h}ɑɔ^{0}。那么,用“羼脬”表示{阴囊}是“脬”发生词义演变的结果。相同的词义演变也发生在吴语处衢片。比如常山方言{阴囊}说“卵脬”loŋ^{4}p^{h}ɔ^{1}。这是平行词义演变的结果还是源于同一个来源,今后要继续研究。

2.2.1.2 “羼”“羼脬”和“羼脬袋”的先后

大多数闽东区方言说“羼脬”。福州方言还可以单说“羼”neiŋ^{6}。而在闽南区方言中“羼”表示{男阴}。比如,厦门方言{男阴}说“羼”lan^{6}。这当为“羼”原来的用法。福州用它表示{阴囊}乃是词义演变的结果。另外,莆仙区、闽南区和琼文区把{阴囊}叫作“羼脬”,与大多数的闽东区方言相同。比如,厦门方言说“羼脬”lan^{6}p^{h}a^{1}。所以虽然是单音节形式,福州的“羼”不一定是最早的形式。也有可能是“羼脬”脱落“脬”的结果。

“羼脬袋”显然是“羼脬”的进一步发展,大概是受了“卵袋”类的影响而形成的,即:羼脬+卵袋 → 羼脬袋。加了“袋”字后,该形式增大了它的可论证性。说话者在一定的程度上可以解释{阴囊}为什么叫作“羼脬袋”,因为{阴囊}的形状和功能均与{袋子}相同。②

总之,“羼”和“羼脬”早于“羼脬袋”。“羼”和“羼脬”的先后目前难以确定。但单说的“羼”不一定是最早的{阴囊}义词。

2.2.1.3 原始闽东区方言形式的构拟

“羼”的声母可拟作 *l。福州方言不分[l]和[n],本文中标作[n]。福安和咸村都能分[l]和[n]。不过这两个方言都把“羼”的声母读作[n],与众不同。由于{阴囊}义词属不雅之词,所以往往发生这样或那样的例外语音演变。“羼”的声母改读为[n]可以理解为这种例外演变的结果。

“羼”一般很少单说。但福州方言还可以单说,此时读作阳去。据此“羼”的

① “脬”的韵母特殊。

② 藏缅语族当中我们也能观察到{阴囊}和{袋子}之间的联系。参看 James Matisoff(2008:207—208)。

调类可以拟作 *6。

虽然广义的宁德方言即虎狈、咸村、九都三地的韵母彼此之间不对应，但是从其他方言的读音来看，“屧”的主要元音可以拟作 *i。本文所研究的闽东区方言中只有虎狈、咸村、九都三地方言才能区分鼻尾[m]、[n]和[ŋ]，而“屧”的鼻尾均为[m]。多数闽南区方言也能区分三个鼻尾。这些方言里“屧”的鼻尾则均为[n]。参看 2.2.1.2 里所举的厦门音。[n]尾也符合《字汇》的“力刃切”。我认为广义宁德方言里“屧”的鼻尾[m]应该是受了后字“脬”之声母[p^h]的同化而形成的读音。①

于是，本文把“屧”的原始闽东区方言形式拟作 *li[n]^6。由于 n 尾的构拟参照了外部证据，所以把它用方括号括起来。

“脬”的原始形式可以拟作 *p^ha^1。

总之，单说“屧”的原始形式是 *li[n]^6，“屧脬”的原始形式则是 *li[n]$^6p^ha^1$。“屧脬袋”的时间深度还不到原始宁德方言的层级，所以本文不构拟它的原始形式。

2.2.2 “卵袋”类

2.2.2.1 来历

这一类仅分布在北片浙江小片及其毗邻的北片福宁小片寿宁方言里。这些最靠北的闽东区方言的北面有吴语瓯江片和处衢片分布。而这些方言里的{阴囊}义词常含有“袋”字。比如瓯江片温州方言说“卵袋”lø^{4}de^6，处衢片遂昌方言说“卵袋脬”lyɜ̃^{4}dei^6p^hɐɯ^1。闽东区的“卵袋”类当为从吴语中引进的外来词。它的早期读音可以拟作 *lɔn^{6}tɔi^6。

2.2.2.2 “卵袋□taŋ^1”

北片浙江小片苍南方言说“卵袋□”lø^{0}dø^{6}taŋ^1。“卵”表示{蛋}时读作 lø̃^{1}。轻声的 lø^{0}大概是一种弱化读音。“□”taŋ^{1}表示{㖏子}。这是一个很明显的吴语词。比如瓯江片温州方言说 taŋ^1，太湖片苏州方言说 tən^1(翁寿元 1992：74)。邻近的瓯江片苍南龙港方言{阴囊}说“卵子□”lø^{3}tsɿ^{3}taŋ^1，{㖏子}说“□”taŋ^1。

---

① 一部分闽南区方言和琼文区方言中也发生了同样的同化现象。比如闽南区雷州方言{阴茎}说“屧”laŋ^4，{阴囊}则说“屧脬”lem^2p^ha^1。请注意雷州方言音系里不存在[n]尾。

苍南方言除了“卵袋□”lø^{0}dø^{6}taŋ^{1}以外，还可以说“卵卵□”lø^{0}lø$^{-11}$taŋ^{1}，当为“卵袋□”lø^{0}dø^{6}taŋ^{1}的变体。

2.3 本章小结

原始闽东区方言里的{阴囊}义词可以拟作“脶脬”*li[n]^{6}p^{h}a^{1}。此外，也有可能存在单说的“脶”*li[n]^{6}。分布在北片寿宁、泰顺和苍南方言里的“卵袋”类是引自吴语的外来词。

三、{睾　丸}

接着讨论{睾丸}义词。

3.1 现状

{睾丸}义词也可以分成两大类，下文分别称作“脶”类和“卵袋”类，以前者为主：

(1)“脶”类

(1－1)“脶核子”*li[n]^{6}hɔt^{8}tʃi^{3}

北片福宁小片　杉洋 liŋ$^{-44}$xɔuk^{8}tɕi^{3}[liŋ^{44}ŋɔuk^{4}tɕi^{41}]；屏南 liŋ$^{-44}$xɔ̱k^{8}tsi^{3}[liŋ^{44}ŋɔ̱k^{1}tsi^{41}]①

南片福州小片　福州 neiŋ^{6}xouʔ^{8}tsi^{3}[niŋ^{21}ŋouʔ^{52}tsi^{33}]；大桥 liŋ$^{-52}$houk^{8}tɕi^{3}[liŋ^{52}ŋouk^{1}tɕi^{41}]

南片福清小片　福清 liŋ$^{-335}$xɔ̱ʔ^{8}tɕi^{3}[liŋ^{335}ŋɔ̱ʔ^{3}tɕi^{322}]

(1－2)“脶脬子”*li[n]^{6}p^{h}a^{1}tʃi^{3}

北片福宁小片　福安 niŋ$^{-22}$-ma^{-34}tʃi^{3}[niŋ^{22}ma^{34}ji^{443}]；虎浿 lem^{-11}p^{h}aʔ^{8}tʃi^{3}[lem^{11}ma^{23}ʒi^{41}]；

咸村 nim^{-33}-ma^{-35}tʃei^{3}[nim^{33}ma^{35}ei$^{\underline{11}}$]；九都 lem^{-11}p^{h}a^{1}tɕi^{3}[lem^{11}p^{h}a^{24}tɕi^{41}]

---

① [ɔ̱]表示舌位介乎[o]和[ɔ]之间的元音。下同。

(1－3)“屧脬核”

南片福州小片　闽清 $li\eta^{-11}p^{h}a^{1}x\underline{ɔ}uk^{8}[li\eta^{11}p^{h}a^{11}x\underline{ɔ}uk^{5}]$

(2)“卵袋”类

(2－1)“卵袋子”

北片福宁小片　寿宁 $lɔ\eta^{6}tɔi^{6}tsi^{3}[lɔ\eta^{44}tɔi^{44}tsi^{41}]$;苍南 $lø^{0}dø^{6}tsɿ^{3}[lø^{0}dø^{11}tsɿ^{35}]$

(3) 其他

北片浙江小片　苍南“卵卵子” $lø^{0}lø^{-11}tsɿ^{3}[lø^{0}lø^{11}tsɿ^{35}]$

北片浙江小片　泰顺“阴子” $ɪ\eta^{1}tɕi^{3}[ɪ\eta^{33}tɕi^{455}]$

3.2 分析

3.2.1 “屧”类的原始闽东区方言形式

“屧核子”分布在闽东区南片及其毗邻的北片方言,“屧脬子”则分布在北片,构成较为明显的南北对立。它们的早期读音分别可以拟作 $^{*}li[n]^{6}hɔt^{8}tʃi^{3}$ 和 $^{*}li[n]^{6}p^{h}a^{1}tʃi^{3}$。这两个词当中“子”和“核”都代表了{圆形物}。

“屧脬子”的结构较为清楚,即:

“屧脬”{阴囊}+“子”{圆形物} → “屧脬子”{睾丸}

“屧核子”则重复了两个表示{圆形物}的成分“核”和“子”,说明其中一个是后来增加的成分。

此处值得我们关注的是(1) 莆仙区和闽南区的{睾丸}义词和(2) 吴语的{睾丸}义词。莆仙区和闽南区多数方言中的{睾丸}义词是“屧核”。比如莆仙区仙游方言说“屧核” $lɛ\eta^{-11}huoʔ^{8}$,闽南区厦门方言说“屧核” $lan^{6}hut^{8}$,闽南区揭阳方言说“屧核” $la\eta^{4}huk^{8}$。吴语里的{睾丸}义词则很复杂,但往往含有“子”字。比如处衢片遂昌方言说“卵袋子” $ly\tilde{ə}^{4}dei^{6}tsɿɤ^{3}$,瓯江片苍南龙港方言说“卵子” $lø^{3}tsɿ^{3}$。

上述情况说明,对闽东区方言而言,“核”更有可能是固有成分,“子”则是外来成分。

据此,本文认为原始闽东区方言的{睾丸}义词是“屧核” $^{*}li[n]^{6}hɔt^{8}$,与莆仙区和闽南区相同。陈学雄(2017)所记福清市海口镇的方言把{睾丸}义词除了“屦核子”[liŋ^{44} ŋoʔ^{44}tsi^{43}]以外还可以说成“屦核”[liŋ^{44} ŋoʔ^{44}](附录第2页),当为旧词的保存。闽清方言的“屦脬核”[liŋ^{11} pʰa^{11}xɔ̱uk^{5}]也可以代表“屦核”还没有接受“子”的阶段。只是插入了“屦脬”的“脬”字。

根据这个构拟,我们可以得到一组平行的词语,即:

{阴囊}　*li[n]^{6}pʰa^{1}“屦脬”

{睾丸}　*li[n]^{6}hɔt^{8}“屦核”

3.2.2　“卵袋”类

这一类都是“卵袋子”。其结构和“屦脬子”相同,即:

“卵袋”{阴囊}+“子”{圆形物} → “卵袋子”{睾丸}

“卵袋”和“子”大概都是引自吴语的外来成分。

苍南方言的苍南 lø^{0}lø$^{-11}$tsɿ^{3}“卵卵子”当为 lø^{0}dø^{6}tsɿ^{3}“卵袋子”的变体。

3.2.3　“阴子”

浙江小片泰顺方言的“阴子”ɪŋ^{1}tɕi^{3}较为特殊。陶寰(2015:243)所记苍南方言也可以说“阴子”[iŋ^{44} tsɿ^{45}]。吴语瓯江片温州方言的{睾丸}义词之一是“阴袋子”iaŋ^{1}de^{6}tsɿ^{3}。泰顺和苍南方言的“阴子”大概与此有关。

3.3　本章小结

原始闽东区方言里的{睾丸}义词可以拟作*li[n]^{6}hɔt^{8}“屦核”,与{阴囊}义词*li[n]^{6}pʰa^{1}“屦脬”成一组。分布在北片寿宁和苍南方言里的“卵袋子”和泰顺方言的“阴子”都是来自吴语的外来词。

四、{男　　阴}

最后讨论{男阴}义词。和{阴囊}义词和{睾丸}义词相比,它要复杂得多。

4.1　现状

(1)“□”*nɔi^{2}类

(1-1)“□”*nɔi^{2}

北片福宁小片　周宁 nɔi^{2}[nɔi^{21}]

(1－2)“□鸟$_{1}$”*nɔi^{2}tʃɛu^{3}

北片福宁小片　福鼎白琳 noi^{2}tseu^{3}[noi^{31}tseu^{45}];屏南 nɔi^{2}tsᴇu^{3}[nɔi^{11}tsᴇu^{41}]

(1－3)“□鸟$_{2}$”*nɔi^{2}tʃiau^{3}

北片福宁小片　咸村 nɔi^{-33}tʃau^{3}[nɔi^{33}iau$^{\underline{33}}$]专指成人的;杉洋 nɔi^{-11}tɕiau^{3}[nɔi^{11}iau^{41}]

南片福州小片　福州 nøy^{-33}-iu^{-33}[nøy^{33}iu^{33}]专指成人的;大桥 noi^{-11}-iɐu^{-41}[noi^{11}iɐu^{41}]

南片福清小片　福清 nɔ̱y^{-33}-ʑiu^{-322}[nɔ̱y^{33}ʑiu^{322}]

(1－4)“□鸟$_{其他}$”

北片福宁小片　虎须 nɔi^{2}-ou$^{-\underline{41}}$[nɔi^{23}ou$^{\underline{41}}$]专指成人的

(2)“鸟”类

南片福州小片　闽清“鸟团” tsiɐu^{3}kiɐŋ^{3}[tsiɐu^{24}iɐŋ^{322}]

南片福州小片　闽清“鸟鸟团”tsiɐu^{3}tsiɐu^{3}kiɐŋ^{3}[tsiɐu^{11}iɐu^{24}iɐŋ^{322}];福州“鸟鸟团”tsɛu^{3}tsɛu^{3}kiaŋ^{3}[tsɛu^{21}zɛu^{24}iaŋ^{31}](《词汇》第 256 页)

(3)“□”pa^{5}类①

北片福宁小片　霞浦长春“□□团” pa^{-33}pa^{-34}kiaŋ^{3}[pa^{33}pa^{34}kiaŋ^{42}]

南片福州小片　福州“□□” pa^{5}pa^{5}[pa^{21}βa^{213}]统称

(4)“□”mit^{7}类

北片福宁小片　虎须“□团” mit^{7}kian^{3}[mit^{5}kian$^{\underline{52}}$]统称

北片福宁小片　九都“□□” mit^{7}ku^{1}[mit^{5}ku^{44}]

北片浙江小片　泰顺“□□” lou^{-42}pɪʔ^{7}[lou^{42}pɪʔ^{5}]

(5)“□”*nik 类

北片福宁小片　福安“□鸟” neiʔ^{8}tʃeu^{3}[neiʔ^{4}tʃeu^{42}～neiʔ^{4}jeu^{42}]

北片福宁小片　杉洋“□团” nik^{7}kɛiŋ^{3}[nik^{4}kɛiŋ^{51}]

(6)“屟”类

北片福宁小片　福安“屟□”niŋ$^{-44}$-ɲøi^{-221}[niŋ^{44}ɲøi^{221}];周宁“屟□”[ni^{55}nui^{44}]

---

① 本字也许是“欛”。《词汇卷》图 073 写成“把”。不过,闽东区方言一般不用“欛”。

(7) 其他

北片福宁小片　寿宁“□□”$ku^{2}tsy^{5}$[$ku^{211}tsy^{335}$]

北片浙江小片　苍南“卵脬” $lø^{-44}p^{h}ɔ^{1}$[$lø^{44}p^{h}ɔ^{44}$]

参考文献:《闽东》第 58 页、《词汇》第 256 页、《词汇卷》图 073、《闽北》第 288—289 页。①

4.2 分析

4.2.1 “□” $^{*}nɔi^{2}$类

这是闽东区方言中最主要的{男阴}义词。北片福宁小片周宁方言仍可以单说。这应该是最古老的形式。其他方言一般都用双音节形式。

4.2.1.1　前字

这一类双音节形式的前字读音在闽东区方言中十分稳定,原始闽东区方言形式可以拟作$^{*}nɔi^{2}$。本字未详。

除了闽东区以外,这个词还分布在闽北区,而且是闽北区方言中表示{男阴}义的最主要的词。秋谷裕幸(2008: 288)写道:

> 多数闽北区方言用这个词。例如建瓯: □no^{21};松溪: □$nuei^{31}$;渭田: □$nuæ^{31}$;莒口: □noi^{41};五夫: □nui^{32};峡阳: □$nuai^{41}$。它的音韵地位可以确定为果摄合口一等平声戈韵泥母或蟹摄开口一等平声咍韵泥母、蟹摄合口一等平声灰韵泥母,闽北区的调类为浊平 B。

这些方言中这个词都单说。原始闽北区方言形式可以拟作$^{*}noi^{?}$,原始调类不明。

此外,一部分吴语处衢片方言所用的{男阴}义词大概也是同源词: 开化: □due^{2};常山: □due^{2};玉山: □$duɐi^{2}$,都单说。原始吴语处衢片西北小片形式可以拟作$^{*}duəi^{2}$。参看秋谷裕幸(2003: 89—92)。原始闽东区$^{*}n$和原始处衢片西北小片$^{*}d$的对应还有一例,即“暖”。原始闽东区为$^{*}nuɔn^{3}$,原始处衢片西北小

① 主要参考文献的简称如下: 林寒生《闽东方言词汇语法研究》—《闽东》;《汉语方言词汇》(第二版重印本)—《词汇》;《汉语方言地图集 · 词汇卷》—《词汇卷》;秋谷裕幸《闽北区三县市方言研究》—《闽北》。

片则为 *dɨŋ^{4}。参看秋谷裕幸(2003：102—103)。①

4.2.1.2　后字

后字当为“鸟”。{鸟类}义词和{男阴}义词在汉语史上常有接触。参看平山久雄(1992：6、14—16)、汪维辉(2018：232—242)等研究。②

问题是{鸟儿}义词里的“鸟”音和{男阴}义词里的“鸟”音不太一致。闽东区方言中至少有三个不同的“鸟”音，即“鸟$_1$”*tʃɛu^{3}、“鸟$_2$”*tʃiau^{3} 和“鸟$_3$”*tʃiu^{3}。

以下是用“□”*nɔi^{2}类方言里的{鸟儿}义词：

(1)“鸟$_1$”*tʃɛu^{3}类

(1-1)“鸟$_1$”*tʃɛu^{3}

南片福州小片　福州 tseu^{3}[tseu^{33}]；大桥 tseu^{3}[tseu^{41}]

北片福宁小片　福鼎白琳 tseu^{3}[tseu^{45}]；屏南 tsᴇu^{3}[tsᴇu^{41}]

(1-2)“鸟$_1$团”*tʃɛu^{3}kian^{3}

南片福清小片　福清 tsᴇu^{3}kiaŋ^{3}[tsᴇu^{11}iaŋ^{52}]

北片福宁小片　杉洋 tɕiau^{3}kɛiŋ^{3}[tɕiau^{11}uɛiŋ^{544}]

(2)“鸟$_3$”*tʃiu^{3}类

(2-1)“鸟$_3$团”*tʃiu^{3}kian^{3}

北片福宁小片　虎狈 tʃiu^{3}kian^{3}[tʃiu^{35}ian$^{\underline{52}}$]；咸村 tɕiu^{-55}kian^{3}[tɕiu^{55}ian$^{\underline{11}}$]；
杉洋 tɕiu^{-11}kɛiŋ^{3}[tɕiu^{11}uɛiŋ^{544}]

可见{鸟儿}义词里的“鸟”音和{男阴}义词里的“鸟”音相同的只有福鼎白琳方言和屏南方言。另外，《寿宁县志》第 758 页所记寿宁城关方言{阴茎}说“□鸟”nɔi^{2}tsɛu^{3}[nɔi^{11}tsɛu^{42}]。此处“鸟”音也与{鸟儿}义词的“鸟”音相同。比如{鸟窝}说“鸟窠”tsɛu^{3}k^{h}uo^{1}[tsɛu^{55}k^{h}uo^{33}](第 755 页)。用的读音都是“鸟$_1$”。

此外，虎狈方言{麻雀}说“粟鸟”ts^{h}uoʔ^{7}tʃiɐu^{3}[ts^{h}uo^{45}iɐu$^{\underline{52}}$]。这个词里的“鸟”音是“鸟$_2$”。这是闽东区方言当中{鸟类}义词使用“鸟$_2$”的唯一例子，与

---

① 该书中认为 *dɨŋ^{4}是有音无字。

② 藏缅语族当中却看不出这种词义接触。参看 Matisoff(2008：179—210)。

“□鸟$_{2}$”*nɔi^{2}tʃiau^{3}里的“鸟$_{2}$”音一致。

莆仙区和闽南区方言中{鸟儿}义词里的“鸟”和{男阴}义词里“鸟”同音。比如莆仙区仙游方言{男阴}说“屦鸟”lɛŋ$^{-11}$tɕiɐu^{3}，{鸟儿}说“鸟”tɕiɐu^{3}；闽南区厦门方言{阴茎}说“屦鸟”lan^{6}tsiau^{3}，{鸟儿}说“鸟”tsiau^{3}。

对口语词来说，仙游的iɐu、厦门的iau与闽东区的*ɛu对应。比如：

	吊	料	□{饿}
仙游	tiɐu^{5}	liɐu^{6}	iɐu^{1}
厦门	tiau^{5}	liau^{6}	iau^{1}
福州	tau^{5}	nau^{6}	eu^{1}
原始闽东	*tɛu^{5}	*lɛu^{6}	*ɛu^{1}

那么，“鸟$_{1}$”*tʃɛu^{3}最有可能是闽东区的固有读音。*nɔi^{2}tʃiau^{3}“□鸟$_{2}$”里的“鸟$_{2}$”音*tʃiau^{3}乃是来自莆仙区或闽南区的读音。

闽东区方言{肚子}说“腹肚”。南片方言中“肚”字的读音应该来自莆仙区或闽南区。参看秋谷裕幸（2018b：512）。南片方言中“桥”的读音亦如此，用的也是来自莆仙区或闽南区的读音。参看王育德（1969/1987：475）、秋谷裕幸（2010a：213）。“鸟$_{2}$”*tʃiau^{3}也是从莆仙区或闽南区引进的外来成分，这是很有可能的。

{鸟儿}义词“鸟$_{3}$团”*tʃiu^{3}kian^{3}里的“鸟$_{3}$”来历不清楚。一个可能的解释是它与普通话的“鸟”音niǎo相同，为了避讳的目的稍微改变了韵母音值，即*tʃɛu^{3}>*tʃiu^{3}。

北片福宁小片虎浿方言的{男阴}义词是“□鸟”nɔi^{2}ou$^{-\underline{41}}$[nɔi^{23}ou$^{\underline{41}}$]。后字“鸟”音的来历也不明确。

4.2.1.3 小结

这一类最古老的说法应该是单说的“□”*nɔi^{2}，与多数闽北区方言以及一部分吴语处衢片方言相同。

双音节的“□鸟$_{1}$”*nɔi^{2}tʃɛu^{3}和“□鸟$_{2}$”*nɔi^{2}tʃiau^{3}都是稍微晚一点的词。其中更接近原始闽东区方言阶段的是“□鸟$_{1}$”*nɔi^{2}tʃɛu^{3}。“□鸟$_{2}$”*nɔi^{2}tʃiau^{3}里的“鸟$_{2}$”*tʃiau^{3}则是引自莆仙区或闽南区方言的外来成分。这很清楚地表明

“□”*nɔi^{2}>“□鸟$_{1}$”*nɔi^{2}tʃɛu^{3}或“□鸟$_{2}$”*nɔi^{2}tʃiau^{3}的双音节化是受了莆仙区方言或闽南区方言中“屭鸟”一词的影响而发生的。

4.2.2 “鸟”类

这一类分布在南片福州小片的闽清方言和福州方言。“鸟”的读音都与{鸟儿}义词的“鸟”相同。比如闽清方言{鸟儿}说“鸟”tsiɐu^{3}[tsiɐu^{322}]。“鸟”的本义是{鸟儿},{男阴}义则是派生义。“鸟”类分布范围很小而且用的是“鸟”的派生义。这很清楚地说明这一类缺乏时间深度。

4.2.3 “□”pa^{5}类

据《词汇卷》图 073,这一类集中分布在南片,即福州、闽侯、永泰、长乐、福清,闽侯、永泰和长乐方言均属福州小片。该图的福清调查点是龙江街道。此外,北片福宁小片霞浦长春方言也用这一类。这也许是通过海路从南片进入霞浦方言的词语。

4.2.4 “□”mit^{7}类

这一类大概和{麻雀}义词有关。

北片浙江小片泰顺方言说“□□”[lou^{42}pɪʔ^{5}]。这个方言{麻雀}说“□□团”[lou^{42}pɪʔ^{5}kie^{455}]。这个词兼指{小孩的男阴}。本文认为“□□”[lou^{42}pɪʔ^{5}]源于{麻雀}义词。代表了早期福安方言的 *Diccionario Español =Chino*, *Dialecto de Fu-an*① 所记的{麻雀}义词是“黄□”bung^{2}peit^{7}(第 540 页)。后字“□”peit^{7}当与泰顺的“□”pɪʔ^{7}同源。

北片福宁小片咸村方言{麻雀}说“□□”on^{-44}pit^{7}[on^{44}mit^{5}]②,{小孩的男阴}和{小麻雀}则都说“□□团”on^{-11}pit^{7}kian^{3}[on^{11}mit^{5}kian$^{\underline{11}}$]。连读音[mit^{5}]的声母[m]是[p]在鼻尾后发生声母类化的结果。“□”pit^{7}也与泰顺的“□”pɪʔ^{7}同源。南片福州小片大桥方言{麻雀}说“黄□团”[uoŋ^{11}mik^{3}kiaŋ^{52}],北片福宁小片杉洋方言{黄莺}说“黄□”[uoŋ^{11}mik$^{\underline{35}}$]。这两个词里[mik]的[m]应该也来自早期的*p,均与泰顺的“□”pɪʔ^{7}同源。

---

① 关于这部词典,参看秋谷裕幸(2012)。

② 前字有可能是“黄”。但咸村方言的“黄”字音是[uŋ^{322}],与[on^{44}]相差较远。而且发音人认为[on^{44}mit^{5}]的前字读音与“文”[on^{322}]相近。

综上所述,"□"mit⁷指{男阴}是词义演变的结果。

问题是虎溳方言的"□囝"mit⁷ kian³[mit⁵ kian⁵²]和九都方言的"□□"mit⁷ku¹[mit⁵ku⁴⁴]当中"□"mit⁷出现在前字,缺乏发生声母类化的条件。本文暂且认为是原来在"□"mit⁷的前面有一个阳声韵的字而它促使后字"□"mit⁷发生声母类化以后脱落了。

和"鸟"类一样,"□"mit⁷类的分布范围很小而且用的应该也是派生义。说明这一类{男阴}义词的时间深度恐怕也不够深。①

4.2.5 "□" *nik 类

福安方言 neiʔ 的前身是 *nip、*nit、*nik 或者 *niaʔ,杉洋方言 nik 的前身则是 *nip、*nit、*nik,所以两者可能源于同一个来源,此处暂且把它写作 *nik。只是调类彼此之间不对应。福安方言"□鸟"neiʔ⁸ tʃeu³ 里的 tʃeu³ 来自原始闽东区方言 *tʃɛu³,即"鸟₁"。请注意福安方言{鸟儿}不说"鸟"或"鸟囝",而说"雀囝"tʃiʔ⁷kieŋ³[tʃiʔ⁵jieŋ⁴²]。

4.2.6 "屦"类

闽东区方言的{男阴}义词有一个显著的特点,即一般不用"屦"这个语素。唯一的例外是北片福宁小片福安方言的"屦□"niŋ⁻⁴⁴-ɲɵi²²¹[niŋ⁴⁴ ɲɵi²²¹],很值得注意。福宁小片周宁方言{男阴}义词除了"□"nɔi²[nɔi²¹]以外还可以说"屦□"[ni⁵⁵nui⁴⁴]。"屦"[ni⁵⁵]的声母[n]不合乎"力刃切",和福安方言的"屦"[niŋ⁴⁴]一样。周宁的"屦□"[ni⁵⁵nui⁴⁴]可以和{阴囊}义词"屦脬袋"[ni⁴⁴ma⁴⁴tɔi²¹³]比较,都脱落了"屦"的鼻尾。"屦□"[ni⁵⁵nui⁴⁴]和福安的"屦□"[niŋ⁴⁴ ɲɵi²²¹]大概是同一个词。只是周宁的[55 44]只能是"上声+阴平"或"阴去+阴平"的连读调,福安的[44 221]则只能是"阳去+阳平"的连读调,②两者不一致。

4.2.7 "□□"ku²tsy⁵

北片福宁小片寿宁方言说"□□"ku²tsy⁵。在其他方言中目前尚未发现与此

---

① "□"mit⁷也许不指{麻雀}等{较小的鸟}。闽北区方言中表示{一点儿}的词一般是"□mi+子"。比如武夷山方言说"□子"mɜi⁷(<* mi⁷)tɕie⁰。那么"□"mit⁷也有可能泛指{较小的东西}。不过,闽东区方言中不存在带有[m]声母的{一点儿}义词,所以本文不取这个观点。

② 撰写本文时,笔者再一次核实了福安方言的录音材料。两次录音后字确实都读阳平。

相似的词语。

4.2.8 “卵脬”

北片浙江小片苍南方言说“卵脬”[lø^{44}p^{h}ɔ^{44}]。这显然是从周围的吴语瓯江方言中引进的外来词。比如温州方言说“卵脬”lø^{4}p^{h}uɔ^{1}，苍南龙港方言也说“卵脬”lø^{3}p^{h}ɔ^{1}。

4.3 原始闽东方言里的{男阴}义词

在闽东区分布得最广的显然是“□”*nɔi^{2}类词，除了北片浙江小片以外都有分布。我们有理由构拟这一类的原始闽东区方言形式。再说，“□”*nɔi^{2}类词在闽北区方言中甚至在一部分吴语处衢片方言中也有分布。说明这一类{男阴}义词很可能追溯到早于原始闽东区方言的阶段。所以，本文暂时认为单说的“□”*nɔi^{2}是原始闽东方言里的{男阴}义词。请注意，这不是最后的结论。我们将在第6章继续讨论原始闽东方言里的{男阴}义词的问题。

五、闽东区方言中{男阴}{阴囊}{睾丸}义词体系的形成

本文所构拟原始闽东区方言里的{男阴}、{阴囊}和{睾丸}义词如下：

	{男阴}	{阴囊}	{睾丸}
原始闽东区	“□”*nɔi^{2}	“𡳞脬”*li[n]^{6}p^{h}a^{1}	“𡳞核”*li[n]^{6}hɔt^{8}

{阴囊}和{睾丸}都用语素“𡳞”，{男阴}则不用它。闽东区方言和莆仙区、闽南区方言都属沿海闽语。而莆仙区和闽南区方言的情况和闽东区的这种情况不尽相同。由于现在没有原始莆仙区方言和原始闽南区方言的词汇体系，所以下面以仙游方言代表莆仙区方言，以厦门和揭阳方言代表闽南区方言：

	{男阴}	{阴囊}	{睾丸}
莆仙区仙游	“𡳞鸟”lɛŋ$^{-11}$tɕiɐu^{3}	“𡳞脬”lɛŋ$^{-12}$p^{h}ɔ̃^{1}	“𡳞核”lɛŋ$^{-11}$huoʔ^{8}
闽南区厦门	“𡳞”lan^{6}①	“𡳞脬”lan^{6}p^{h}a^{1}	“𡳞核”lan^{6}hut^{8}

① 厦门方言中“𡳞鸟”lan^{6}tsiau^{3}是指{阴茎}。

闽南区揭阳	“屛”laŋ^{4}	“屛脬”laŋ^{4}p^{h}a^{1}	“屛核”laŋ^{4}huk^{8}

可见,三个词共享语素“屛”。我们接着观察闽北区政和镇前方言和建瓯迪口方言的情况:

	{男阴}	{阴囊}	{睾丸}
政和镇前	“□□”noi^{9}ku^{6}	“□帕皮”noi^{9}p^{h}a^{5}p^{h}oi^{2}	“□帕卵”noi^{9}p^{h}a^{5}ɬuiŋ^{6}
建瓯迪口	“□”noi^{9}	“□帕”noi^{9}p^{h}a^{5}	“□核”noi^{9}hoi^{4}

三个词共享语素“□”noi^{9}。它与闽东区的“□”*nɔi^{2}同源。而闽北区方言中不存在“屛”。表示{男阴}的语素“屛”可视为沿海闽语的词汇特点之一。

当然,这三个词并不一定共享同一个语素。以下是吴语处衢片广丰方言的情况:

	{男阴}	{阴囊}	{睾丸}
广丰	“朘”tsuɐi^{1}	“卵子皮”lã^{4}tsɿə^{3}bi^{2}	“卵子”lã^{4}tsɿə^{3}

尽管如此,考虑到闽东区南邻莆仙区和闽南区,西连闽北区这种地理环境,原始闽东区方言中{男阴}、{阴囊}和{睾丸}义词的体系可以并有必要理解为方言接触的产物。即:

	{男阴}	{阴囊}	{睾丸}
闽北区迪口:	“□noi^{9}”	“□noi^{9}帕”	“□noi^{9}核”
原始闽东区:	“□*nɔi^{2}”	“屛脬”	“屛核”
莆仙区仙游:	“屛鸟”	“屛脬”	“屛核”

六、“□”*nɔi^{2}和“屛”*li[n]^{6}的先后

第5章指出原始闽东区方言的“屛”*li[n]^{6}和沿海闽语一致,而“□”*nɔi^{2}则与闽北区方言一致。两者都是指{男阴}义。那么,哪一个是闽东区方言的固有词呢?

目前学者共同认为闽语首先要分成沿海闽语和山区闽语。① 闽东区方言与闽南区方言、莆仙区方言、琼文区方言都属于沿海闽语,闽北区方言则属山区闽

① 首先认识到这一分界的应该是潘茂鼎等(1963:479—481)。

语。根据这个分类可以推测,“屦”*li[n]^{6}更有可能是闽东区方言的固有词,“□”*nɔi^{2}则是引自闽北区方言的借词。此处值得关注的是福安方言的{男阴}义词“屦□”niŋ$^{-44}$-ɲəi^{-221}[niŋ^{44} ɲəi^{221}]和周宁方言的“屦□”[ni^{55} nui^{44}],因为它们都含有“屦”。这是否是一种残存现象?这个问题今后需要继续研究。①

“屦”*li[n]^{6}是固有词,“□”*nɔi^{2}则是外来词。这一观点有一个难点。以下是原始闽东区方言、原始闽北区方言(秋谷裕幸 2019:305)以及原始吴语处衢方言(西北片)(秋谷裕幸 2003)当中{男阴}义词和{暖}义词“暖”的读音:

	原始闽东	原始闽北	原始处衢(西北)
{男阴}	*nɔi^{2}	*noi$^{?}$	*duəi^{2}
“暖”	*nuɔn^{3}	*doiŋ^{4}	*dɨŋ^{4}

{男阴}义词*noi$^{?}$在闽北区方言中的调类是阳平乙或者相当于阳平乙的调类。不过,这些调类当中一般极少出现 n 声母。再说,原始闽东方言中声母均为*n,原始吴语处衢方言(西北片)中则为*d。原始闽北方言中*n 和*d 的表现有可能是不规则的语音对应。这些情况似乎表示原始闽北区方言中*noi$^{?}$不是固有词而是借自闽东区方言的外来词。

总之,原始闽东区方言中“□”*nɔi^{2}和“屦”*li[n]^{6}的先后目前只好存疑。

七、结　　论

闽东区方言中{男阴}义词及其相关的{阴囊}义词和{睾丸}义词分别追溯到原始闽东区方言的“□”*nɔi^{2}、“屦脬”*li[n]^{6}p^{h}a^{1}和“屦核”*li[n]^{6}hɔt^{8}。“□”*nɔi^{2}和“屦”*li[n]^{6}都表示{男阴}。这个体系是以闽东区方言的地理环境为背景而形成的。“□”*nɔi^{2}和“屦”*li[n]^{6}的先后目前还不明确。

---

① 周长楫(1998:222)记录厦门方言中另外一个{男阴}义词:“屦□”lan^{6}sui^{1}[lan^{21} sui^{55}]。根据张屏生教授的调查,这个词所指的有可能是{龟头},在台湾闽南区方言当中较为常用。{龟头}宜兰方言说“屦□”[lan^{11} sui^{55}],鹿港方言说“屦□”[lan^{11} sui^{33}](均由张屏生教授调查,他写作“屦鑵”)。这个词有点像福安的“屦□”[niŋ^{44} ɲəi^{221}]和周宁的“屦□”[ni^{55}nui^{44}],值得注意。

方言材料来源

古田大桥、古田杉洋、福州：秋谷裕幸、陈泽平(2012)；寿宁、福安、屏南、福清：秋谷裕幸(2020)；霞浦长春、福鼎白琳：秋谷裕幸(2010a)；泰顺三魁、苍南炎亭：秋谷裕幸(2005)；宁德虎浿、周宁咸村、宁德九都：秋谷裕幸(2018a)；周宁：陈贵秀(2016)；厦门：周长楫(1998)；潮州、梅县：北京大学(2005)；揭阳：蔡俊明(1991)；雷州：张振兴、蔡叶青(1998)；政和镇前、建瓯迪口：秋谷裕幸(2008)；开化、常山、玉山、遂昌：曹志耘等(2000)；广丰：秋谷裕幸(2001)；温州：游汝杰、杨乾明(1998)；韩城：秋谷裕幸、徐鹏彪(2016)。闽清、仙游、武夷山、石楼、苍南龙港：秋谷裕幸的田野调查。

参考文献

北京大学中国语言文学系语言学教研室　1995　《汉语方言词汇》(第二版)，语文出版社。

蔡俊明　1991　《普通话对照 潮州方言词汇》，香港中文大学中国文化研究所吴多泰中国语文研究中心。

曹志耘主编　2008　《汉语方言地图集》，商务印书馆。

曹志耘、秋谷裕幸、太田斋、赵日新　2000　《吴语处衢方言研究》，好文出版。

陈贵秀　2016　《周宁方言研究》，北京语言大学博士学位论文。

陈学雄　2017　《汉语福清方言の记述言语学的研究》，神户市外国语大学博士学位论文(神户)。

李荣　1994　《禁忌字举例》，《方言》第 3 期。

林寒生　2002　《闽东方言词汇语法研究》，云南大学出版社。

潘茂鼎、李如龙、梁玉璋、张盛裕、陈章太　1963　《福建汉语方言分区略说》，《中国语文》第 6 期，475—495 页。

平山久雄　1992　《中国语における避讳改词と避讳改音》，《未名》(第十号)，神户大学文学部。

秋谷裕幸　2001　《吴语江山广丰方言研究》，《爱媛大学综合政策研究丛书 1》，爱媛大学法文学部综合政策学科。

秋谷裕幸　2003　《吴语处衢方言(西北片)古音构拟》，好文出版。

秋谷裕幸　2005　《浙南的闽东区方言》，《语言暨语言学》专刊甲种之十二，“中研院”语言学研究所。

秋谷裕幸　2008　《闽北区三县市方言研究》，《语言暨语言学》专刊甲种十二之二，“中研院”语言学研究所。

秋谷裕幸　2010a　《闽东区福宁片四县市方言音韵研究》，福建人民出版社。

秋谷裕幸　2010b　《论闽东区方言的分区》，载余霭芹、柯蔚南主编《罗杰瑞先生七秩晋三寿庆论文集》，香港中文大学中国文化研究所吴多泰中国语文研究中心。

秋谷裕幸　2012　《〈班华字典—福安方言〉音系初探》，《方言》第 1 期。

秋谷裕幸　2017　《编纂汉语方言比较词典的设想——以〈闽东区方言比较词典〉为例》，《语言研究集刊》(第十七辑)，上海辞书出版社。

秋谷裕幸　2018a　《闽东区宁德方言音韵史研究》，《语言暨语言学》专刊系列之六十，“中研院”语言学研究所。

秋谷裕幸 2018b 《闽东区方言的"肚子"和"肚脐"》,《语言研究集刊》(第二十一辑),上海辞书出版社。
秋谷裕幸 2019 《原始闽北区方言里的*ə》,《语言暨语言学》21(3)。
秋谷裕幸 2020 《闽东四县市方言调查研究》,上海教育出版社。
秋谷裕幸、陈泽平 2012 《闽东区古田方言研究》,福建人民出版社。
秋谷裕幸、徐鹏彪 2016 《韩城方言调查研究》,中华书局。
寿宁县地方志编纂委员会 1992 《寿宁县志》,鹭江出版社。
陶寰 2015 《蛮话词典》,中西书局。
汪维辉 2018 《汉语核心词的历史与现状研究》,商务印书馆。
王育德 1969/1987 《闽音系研究》,东京大学博士学位论文。载《台湾语音の历史的研究》,第一书房。
温昌衍 2002 《客家方言的特征词》,载李如龙主编《汉语方言特征词研究》,厦门大学出版社。
翁寿元 1992 《无锡(薛典)方言单音词汇释》,《方言》第1期。
严修鸿 2002 《汉语南方方言里白读中所见以母古读的层次》,《中国语学研究 开篇》(vol.21),好文出版。
游汝杰、杨乾明 1998 《温州方言词典》,江苏教育出版社。
张振兴、蔡叶青 1998 《雷州方言词典》,江苏教育出版社。
周长楫 1998 《厦门方言词典》(第二版),江苏教育出版社。
Matisoff, James A. 2008 *The Tibeto-Burman Reproductive System: Toward an Etymological Thesaurus*. Berkeley/Los Angeles/London: University of California Press.

【附记】石汝杰教授是我最早结识的中国学者之一。他赠给古屋昭弘老师的硕士学位论文《川沙音系》上写的日子是1986年8月,所以我们大概是在80年代的最后几年里认识的。早在1989年10月,他在日本出版了与夫人陈榴竞女士合著的《〈山歌〉索引》(东京:好文出版),作为《开篇》单刊2。石汝杰教授常呆在日本积极参加各种研讨会,与日本学者进行学术交流。我们交流的机会自然也很多,我从他身上学到了不少有学术价值的东西。日本学者研究汉语方言总离不开中国学者的帮助和指导。在很多情况下,这是无私提供给日本学者的。石汝杰教授首先实践这一点,并为汉语方言学领域的日中学术交流打下了一个良好的基础。

1993年我来到爱媛大学开始教书。之后我们在中国交流的机会更多了。当然,在日本国内也常有机会见面。2002年2月石汝杰教授和夫人陈榴竞女士来爱媛松山旅游,我和我太太接待他们。当时陈泽平教授在爱媛大学任教,左思民教授正好也在松山。2月8日晚6个人在我家聚餐。这是我这一辈子最开心最难忘的聚餐之一,记忆犹新。我太太到现在还常常提起20年前这一天的晚餐,问我石汝杰教授和左思民教授的近况。为纪念我们的友谊,在此贴出一张那天晚上的照片(见彩插第6页上图)。

连城客家话亲属的合称*

项梦冰
（北京大学中国语言学研究中心暨计算语言学教育部重点实验室/
北京大学中国语言文学系）

本文讨论连城客家话亲属的合称，所记为福建省连城县新泉镇新泉村的方言，也就是笔者的母语。连城客家话的声韵调请参看项梦冰（1997：3—7）。本文实际上是项梦冰（2004/2008）第四节"合称"部分的核查和改写。

亲属的合称指对具有亲属关系的几个人（至少两个）的集合指称，如北京话的"爷儿俩、娘儿俩、爷儿仨、娘儿几个"等。也就是说，亲属的合称形式用于指称由两个以上具有亲属关系的人构成的集合体，属名词性成分（名词或名词性词组）。

文中的方言词语以"【 】"出条，同义的说法以"〖 〗"出条并缩一字。例句不加"【 】"。合音字用下加线表示，如"亲家婆"[$ts^{h}iuə^{33}$ $p^{h}au^{55}$]。可有可无的成分放在圆括号内。"/"表示任选成分。词语或句子前的星号"*"表示不合法。

一、不含数词的合称

不含数词的合称可以分为词和词组两类。

* 本文的调查研究工作获国家社科基金重大项目"汉语方言母语深度调查研究"（编号21&ZD303）、中国社会科学院语言研究所重大工程项目"现代汉语母语方言重点调查"（2021—2025）的资助，谨致谢忱。

1. 合称词

1.1 并列式合称词

常用的合称词又可分为并列式和偏正式两小类。先看并列式。

【公婆】kuaŋ^{33}p^{h}au^{55}夫妻。地道的说法

〖夫妻〗føə^{33}ts^{h}i^{33}转文的说法,少用:~唔和

【兄弟】ɕia^{33}t^{h}ai^{33}兄弟。地道的说法

〖兄弟〗feŋ^{33}t^{h}i^{11}转文的说法,少用:~团结,相依共荣

【姊妹】tsi^{51}møə^{3}姐妹,兄妹,姐弟。连城客家话没有"*兄妹""*姐弟"一类的说法①

【姊嫂】tsai^{51}sau^{51}妯娌,姑嫂:~之间|~都无事讲(妯娌/姑嫂都不讲话,指关系不好)

"姊妹"的"姊"[tsi^{51}]韵母属于新白读层(平行的字如:糍 ts^{h}i^{55}|死 si^{51}|四 si^{3}),"姊嫂"的"姊"[tsai^{51}]韵母属于旧白读层(平行的字如:篦 p^{h}ai^{11}|腻 nai^{11})。有些客家话表示妯娌的"姊嫂","姊"字的韵母往往属于文读层,例如:增城程乡话 tsɿ^{31}sau^{31}|威远 tsɿ^{53}sau^{53}(分别据王李英 1998:49,崔荣昌 2011:上册 406);或者是跟连城客家话新白读层相当的层次,例如:增城长宁话 tsi^{31}so^{31}(据王李英 1998:49)。

并列式合称词的特点是:① 可以受数词修饰(直接修饰或带"子"尾后修饰,"子"尾式少用),但转文的说法"夫妻"[føə^{33}ts^{h}i^{33}]、"兄弟"[feŋ^{33}t^{h}i^{11}]一般不受数词修饰,属于惰性词(语法能力很弱的词)。

【两(子)公婆】tia^{51}(tsai^{51})kuaŋ^{33}p^{h}au^{55}夫妻俩

【两/三/四/五……(子)兄弟】tia^{51}/sa^{33}/si^{3}/aŋ^{51}…(tsai^{51})ɕia^{33}t^{h}ai^{33}兄弟俩/兄弟仨/兄弟四个/兄弟五个……(可以是胞亲或堂亲,一般不用于表亲)

【两/三/四/五……(子)姊妹】tia^{51}/sa^{33}/si^{3}/aŋ^{51}…(tsai^{51})tsi^{51}møə^{3}姐妹俩、兄妹俩、姐弟俩/姐妹仨、兄妹仨、姐弟仨/姐妹四个、兄妹四个、姐弟四个/姐妹五个、兄妹五个、姐弟五个……(可以是胞亲、堂亲或表亲)

---

① 实际上,普通话的词语换上连城客家话的读音都可以变成一套转文的说法,例如:兄妹 feŋ^{33}møə^{3}|姐弟 tsi^{51}t^{h}i^{11}("姐"当地见字读"姊"[tsi^{51}],是训读)。本文说没有某种说法的时候都是指口语里不用(没有)。若非必要,下文不繁列转文的说法。

【两/三/四/五……姊嫂】tia^{51}/sa^{33}/si^{3}/aŋ^{51}…tsai^{51} sau^{51} 妯娌俩、姑嫂俩/妯娌仨、姑嫂仨/妯娌四个、姑嫂四个/妯娌五个、姑嫂五个……数词不能带“子”尾

“公婆”只能受“两(子)”修饰,即使在一夫多妻的时代也没有“三(子)公婆”“四(子)公婆”一类的说法,其他理论上不受限,但实际听到的数词一般不会超过十几。

② 可以受数量词“一伙(子)”的修饰,“一伙(子)~”所指至少有三人。加“子”的说法少用。

【一伙(子)公婆】i^{35}føə^{51}(tsai^{51})kuaŋ^{33}p^{h}au^{55} 夫妻俩跟父亲和或母亲的合称,夫妻俩跟儿子和或女儿的合称

【一伙(子)兄弟】i^{35}føə^{51}(tsai^{51})ɕia^{33}t^{h}ai^{33} 兄弟几个(可以是胞亲或堂亲,一般不用于表亲)

【一伙(子)姊妹】i^{35}føə^{51}(tsai^{51})tsi^{51}møə^{3} 姐妹几个,姐弟几个,兄妹几个(可以是胞亲、堂亲或表亲)

【一伙(子)姊嫂】i^{35}føə^{51}(tsai^{51})tsai^{51}sau^{51} 妯娌几个,姑嫂几个

③ 前后两个语素(分别以 A、B 代表)结合紧密,没有“A 合 B”的说法(“合”[ku^{35}]《广韵》入声合韵古沓切 相当于普通话的连词“和”):*公合婆|*兄合弟|*姊合妹|*姊合嫂。

客家话的“姊嫂”“两姊嫂”“一伙姊嫂”等不少学者记作“子嫂”“两子嫂”“一伙子嫂”等(例如黄雪贞 1995:167、228),非是。

1.2 偏正式合称词

【表兄】piu^{51}ɕia^{33} 表兄弟;也可指个体的表兄、表弟。连城客家话不说“*表弟”(无论“弟”用文读音[t^{h}i^{11}]还是白读音[t^{h}ai^{33}]都不说)

【表妹】piu^{51}møə^{3} 表姐妹;也可指个体的表姐、表妹。连城客家话不说“*表姊”(可能是为了回避表示妓女的同音词“婊子”[piu^{51}tsi^{51}])

〖表姊妹〗piu^{51}tsi^{51}møə^{3} ‖ 少用,一般说“表妹”

【堂兄弟】t^{h}a^{55}ɕia^{33}t^{h}ai^{33} 堂兄弟

【堂姊妹】$t^ha^{51}tsi^{51}mø\partial^3$ 堂姐妹，堂兄妹，堂姐弟

“表兄”“表妹”由“表”加不能单说的单音节语素构成，可称为甲类；“堂兄弟”“堂姊妹”是由“堂”加可以单说的并列式合称构成，可称为乙类。偏正式合称词的特点是：① 都不能直接受数词的修饰，但是可以受带“子”尾的数词修饰。

【两/三/四/五……子表兄】$tia^{51}/sa^{33}/si^3/a\eta^{51}\cdots tsai^{51}piu^{51}\c{c}ia^{33}$ 表兄弟俩/表兄弟仨/表兄弟四个/表兄弟五个……

【两/三/四/五……子表妹】$tia^{51}/sa^{33}/si^3/a\eta^{51}\cdots tsai^{51}piu^{51}mø\partial^3$ 表姐妹俩，表姐弟俩，表兄妹俩/表姐妹仨，表姐弟仨，表兄妹仨/表姐妹四个，表姐弟四个，表兄妹四个/表姐妹五个，表姐弟五个，表兄妹五个……

〖两/三/四/五……子表姊妹〗$tia^{51}/sa^{33}/si^3/a\eta^{51}\cdots tsai^{51}piu^{51}tsi^{51}mø\partial^3$ 少用，一般说“两/三/四/五……子表妹”

【两/三/四/五……子堂兄弟】$tia^{51}/sa^{33}/si^3/a\eta^{51}\cdots tsai^{51}t^ha^{55}\c{c}ia^{33}t^hai^{33}$ 堂兄弟。罕用，一般说“两兄弟”（两人）、“一伙（子）兄弟”（多人）

【两/三/四/五……子堂姊妹】$tia^{51}/sa^{33}/si^3/a\eta^{51}\cdots tsai^{51}t^ha^{51}tsi^{51}mø\partial^3$ 堂姐妹，堂兄妹，堂姐弟。罕用，一般说“两姊妹”（两人）、“一伙（子）姊妹”

② 都可以受数量词“一伙（子）”的修饰，“一伙（子）～”所指至少有三个人。

【一伙（子）表兄】$i^{35}fø\partial^{51}(tsai^{51})piu^{51}\c{c}ia^{33}$ 表兄弟几个

【一伙（子）表妹】$i^{35}fø\partial^{51}(tsai^{51})piu^{51}mø\partial^3$ 表姐妹几个，表姐弟几个，表兄妹几个。少用，一般说“一伙（子）姊妹”

〖一伙（子）表姊妹〗$i^{35}fø\partial^{51}(tsai^{51})piu^{51}tsi^{51}mø\partial^3$ 罕用，一般说“一伙（子）姊妹”（多）或“一伙（子）表妹”（少）

【一伙（子）堂兄弟】$i^{35}fø\partial^{51}(tsai^{51})t^ha^{55}\c{c}ia^{33}t^hai^{33}$ 堂兄弟几个。少用，一般说“一伙（子）兄弟”

【一伙（子）堂姊妹】$i^{35}fø\partial^{51}(tsai^{51})t^ha^{51}tsi^{51}mø\partial^3$ 堂姐妹几个，堂兄妹几个，堂姐弟几个。少用，一般说“一伙（子）姊妹”

2. 合称词组（例多不穷举）

【爹嬷】$tu^{33}mu\partial^{51}$ 祖父祖母

【爷母】iuə^{55}mai^{33}父母，爹娘

〖爷娘〗iuə^{55}ȵia^{55}只见于习语：早死～无人教召教训（骂人无教养）

【子女】tsai^{51}ɳʮə^{51}子女

【兄弟姊妹】ɕia^{33}t^{h}ai^{33}tsi^{51}møə^{3}兄弟姐妹

【新妇子女】saŋ^{33}p^{h}ai^{33}tsai^{51}ɳʮə^{51}指自己的后代及其配偶（女性后代限于未出嫁的）

【外爹外嬷】ŋuə^{11}tu^{33}ŋuə^{11}muə^{51}外祖父外祖母

【爹太嬷太】tu^{33}t^{h}uə^{3}muə^{51}t^{h}uə^{3}曾祖父曾祖母

【爹太瞻嬷太瞻】tu^{33}t^{h}uə$^{3-11}$tɕie^{33}muə^{51}t^{h}uə$^{3-11}$tɕie^{33}高祖父高祖母

"兄弟姊妹""新妇子女"指称的通常最少三人，"子女"最少两人，"爹嬷""爷母""外爹外嬷""爹太嬷太"等都是两人。合称词组除"爷娘"外都可以加"合"[ku^{35}]转换成显性的词组。

【爹合嬷】tu^{33}ku^{35}muə^{51}祖父和祖母

【爷合母】iuə^{55}ku^{35}mai^{33}父亲和母亲

【子合女】tsai^{51}ku^{35}ɳʮə^{51}儿子和女儿

【兄弟合姊妹】ɕia^{33}t^{h}ai^{33}ku^{35}tsi^{51}møə^{3}兄弟和姐妹

【新妇合子女】saŋ^{33}p^{h}ai^{33}ku^{35}tsai^{51}ɳʮə^{51}子女和媳妇

【外爹合外嬷】ŋuə^{11}tu^{33}ku^{35}ŋuə^{11}muə^{51}外祖父和外祖母

【爹太合嬷太】tu^{33}t^{h}uə^{3}ku^{35}muə^{51}t^{h}uə^{3}曾祖父和曾祖母

【爹太瞻合嬷太瞻】tu$^{33-11}$t^{h}uə^{3}tɕie^{33}ku^{35}muə^{51}t^{h}uə$^{3-11}$tɕie^{33}高祖父和高祖母

必要时还可以用这些显性词组跟数量词组"N个人"（N代表数目字）构成同位性偏正结构。例如：

爷合母两个人身体都还健（父亲和母亲两个人身体都挺健康）。

iuə^{55}ku^{35}mai^{33}tia^{51}ə^{35}ȵieŋ^{55} ʂaŋ^{33}t^{h}i^{51}tie^{33}va^{55}k^{h}ie^{11}.

子合女六个人一下都有细人已（儿子和女儿六个人全都有孩子了）。

tsai^{51}ku^{35}ɳʮə^{51}tiuʔ^{5}ə^{35}ȵieŋ^{55}i^{35}hu^{11}tie^{33}iau^{33}sai^{3}ȵieŋ^{55}ə^{3}.

佢爹太合嬷太两个人都恁长命（他的曾祖父和曾祖母两个人都很长寿）。

tɹʮə^{55}tu^{33}t^{h}uə^{3}ku^{35}muə^{51}t^{h}uə^{3}tia^{51}ə^{35}ȵieŋ^{55}tie^{33}a^{3}tɹ^{h}ʮa^{55}mia^{11}.

新妇合子女五个人都着厦门打工(子女和媳妇五个人都在厦门打工)。

saŋ³³pʰai³³ku³⁵tsai⁵¹ɳʮə⁵¹aŋ⁵¹ə³⁵ȵieŋ⁵⁵tie³³te³⁵hu¹¹maŋ⁵⁵tuə⁵¹kuaŋ³³.

不带连词“合”[ku³⁵]的隐性词组,通常双音节的不能跟数量词组“N个人”(N代表数目字)构成同位性偏正结构(例如“爷合母两个人”比较顺口,“爷母两个人”就相当别扭),但是四音节或四音节以上的可以,不过不如显性词组常用。

合称词组的特点是既不能受数词修饰,也不能受数量词“一伙”的修饰,不管它们是否带“子”尾。例如没有“*两(子)爹嬷”“*三(子)子女”“*一伙(子)子女”一类的说法。

二、包含数词的合称

包含数词的合称有两类。一类由数词、带“子”尾的数词、数量词“一伙(子)”加合称词构成,已见前文1的介绍。另一类是由带“子”尾的数词、数量词“一伙子”加非合称亲属词构成。

2.1 带“子”尾的数词加非合称亲属词(例多不穷举)

【两子亲家】tia⁵¹tsai⁵¹tsʰeŋ³³ku³³ 亲家公俩;亲家公和亲家母俩

【两子亲家婆】tia⁵¹tsai⁵¹tsʰiuə³³pʰau⁵⁵ 亲家母俩

【两/三/四/五……子姊郎】tia⁵¹/sa³³/si³/aŋ⁵¹…tsai⁵¹tsi⁵¹laŋ⁵⁵ ① 跟姐夫的合称,根据人数确定具体的数词;② 连襟俩/连襟仨/连襟四个/连襟五个……(都还没有孩子或多数还没有孩子,否则要叫“三/四/五……子姨丈”;连襟俩中一个有孩子通常说“两子姨丈”不说“两子姊郎”)

【两/三/四/五……子爹】tia⁵¹/sa³³/si³/aŋ⁵¹…tsai⁵¹tu³³ 跟祖父或外祖父的合称、跟祖翁(丈夫的爷爷)的合称,均根据人数确定具体的形式

【两/三/四/五……子嬷】tia⁵¹/sa³³/si³/aŋ⁵¹…tsai⁵¹muə⁵¹ 跟祖母或外祖母的合称、跟祖姑(丈夫的奶奶)的合称,均根据人数确定具体的形式

【两/三/四/五……子公】tia⁵¹/sa³³/si³/aŋ⁵¹…tsai⁵¹kuaŋ³³ 跟祖父、外祖父的兄弟或堂兄弟的合称,根据人数确定具体的形式

【两/三/四/五……子婆】tia^{51}/sa^{33}/si^{3}/aŋ^{51}…tsai^{51}p^{h}au^{55}跟祖父、外祖父的兄弟或堂兄弟的配偶的合称，根据人数确定具体的形式

【两/三/四/五……子爷】tia^{51}/sa^{33}/si^{3}/aŋ^{51}…tsai^{51}iuə^{55}爷儿俩/爷儿仨/爷儿四个/爷儿五个……；跟公公的合称，根据人数确定具体的形式

【两/三/四/五……子母】tia^{51}/sa^{33}/si^{3}/aŋ^{51}…tsai^{51}mai^{33}娘儿俩/娘儿仨/娘儿四个/娘儿五个……；跟婆婆的合称，根据人数确定具体的形式

〖两/三/四/五……子娘〗tia^{51}/sa^{33}/si^{3}/aŋ^{51}…tsai^{51}ȵia^{55}"两/三/四/五……子母""两/三/四/五……子娘"都有人用，难分伯仲。但"母"能单用(例如"这事要问我母母亲/婆婆"[tʂa^{11}sai^{11}iu^{3}maŋ^{3}ŋuə^{55}mai^{33}])，而"娘"不能单用(例如不能说"*这事要问我娘")

【两/三/四/五……子丈人爷】tia^{51}/sa^{33}/si^{3}/aŋ^{51}…tsai^{51}tɹ^{h}ɥa^{55}meŋ^{55}iuə^{55}跟岳父的合称，根据人数确定具体的形式

〖两/三/四/五……子丈人老〗tia^{51}/sa^{33}/si^{3}/aŋ^{51}…tsai^{51}tɹ^{h}ɥa^{55}meŋ^{55}lau^{51}

【两/三/四/五……子丈人母】tia^{51}/sa^{33}/si^{3}/aŋ^{51}…tsai^{51}tɹ^{h}ɥa^{55}meŋ^{55}mai^{33}跟岳母的合称，根据人数确定具体的形式

〖两/三/四/五……子丈人娘〗tia^{51}/sa^{33}/si^{3}/aŋ^{51}…tsai^{51}tɹ^{h}ɥa^{55}meŋ^{55}u^{33}

【两/三/四/五……子大伯】tia^{51}/sa^{33}/si^{3}/aŋ^{51}…tsai^{51}t^{h}uə^{11}pu^{35}跟伯父的合称，根据人数确定具体的形式

【两/三/四/五……子伯(母)】tia^{51}/sa^{33}/si^{3}/aŋ^{51}…tsai^{51}pu^{35}(mai^{51})跟伯母的合称，根据人数确定具体的形式

【两/三/四/五……子叔】tia^{51}/sa^{33}/si^{3}/aŋ^{51}…tsai^{51}ʂɥə^{35}跟叔父的合称，根据人数确定具体的形式

【两/三/四/五……子(叔)母】tia^{51}/sa^{33}/si^{3}/aŋ^{51}…tsai^{51}(ʂɥə^{35})mai^{51}跟婶母的合称，根据人数确定具体的形式

【两/三/四/五……子表叔】tia^{51}/sa^{33}/si^{3}/aŋ^{51}…tsai^{51}piu^{51}ʂɥə^{35}跟表叔的合称，根据人数确定具体的形式

【两/三/四/五……子表叔母】tia^{51}/sa^{33}/si^{3}/aŋ^{51}…tsai^{51}piu^{51}ʂɥə^{35}mai^{51}跟表婶的合称，根据人数确定具体的形式

【两/三/四/五……子姑】tia^{51}/sa^{33}/si^{3}/aŋ^{51}…tsai^{51} køə^{33}跟姑姑的合称,根据人数确定具体的形式

【两/三/四/五……子姑丈】tia^{51}/sa^{33}/si^{3}/aŋ^{51}…tsai^{51} køə^{33} tɹ^{h}ɥa^{33}跟姑父的合称,根据人数确定具体的形式

【两/三/四/五……子舅】tia^{51}/sa^{33}/si^{3}/aŋ^{51}…tsai^{51} k^{h}iau^{33}跟舅舅的合称,根据人数确定具体的形式

【两/三/四/五……子舅母】tia^{51}/sa^{33}/si^{3}/aŋ^{51}…tsai^{51} k^{h}iau^{33} mai^{51}跟舅母的合称,根据人数确定具体的形式

【两/三/四/五……子姨】tia^{51}/sa^{33}/si^{3}/aŋ^{51}…tsai^{51} i^{55}跟姨母的合称,根据人数确定具体的形式

【两/三/四/五……子姨丈】tia^{51}/sa^{33}/si^{3}/aŋ^{51}…tsai^{51} i^{55} tɹ^{h}ɥa^{33}①跟姨夫的合称,根据人数确定具体的形式;②连襟俩/连襟仨/连襟四个/连襟五个……(都有孩子或多数有孩子,没有孩子要叫“两/三/四/五……子姊郎”,少数有孩子可叫“三/四/五……子姊郎”或“两/三/四/五……子姨丈”)

“两子姨丈”“两子姊郎”指连襟俩时,实际上是从儿称谓(子女管对方叫“姨丈”)和从妻弟妻妹称谓(妻弟妻妹管对方叫“姊郎”)。

“母”字有[mai^{33}](如:两子~|两子丈人~)和[mai^{51}](如:两子伯/叔/舅~)两种发音,调类分属白读层和文读层。参看项梦冰(2004/2008)对“母”字的讨论。

“丈人—”说法中的“丈人”两字发音特殊(“丈”字声调特殊,“人”字声母特殊)。下面对比连城客家话和其他五个客家话岳父岳母的说法(梅县据黄雪贞1995:221、谢留文1998:177;惠东、武平城关、武平民主乡坪畲村据罗美珍、林立芳、饶长溶2004:232。用小字注明原本用字,“娘”是俗写,词源不明,都只标调类,用1、2、3分别代表阴平、阳平、上声):

连城新泉　丈人爷/老 tɹ^{h}ɥa^{2} meŋ^{2} iuə^{2}/lau^{3}|丈人母/娘 tɹ^{h}ɥa^{2} meŋ^{2} mai^{1}/u^{1}

武平民主乡坪畲村 丈人(老佬)ts^{h}ɔŋ^{1} ŋin^{2} lo^{3}|丈母娘姨 ts^{h}ɔŋ^{1} mo^{1} ɔi^{1}

武平城关　丈人(老佬)ts^{h}ɔŋ^{1} miŋ^{2} lɔ^{3}|丈母娓婆 ts^{h}ɔŋ^{1} mi^{1} p^{h}o^{2}

梅县　丈人老佬 ts^{h}oŋ^{1} ŋin^{2} lau^{3}|丈母里婆 ts^{h}oŋ^{1} ni^{1} p^{h}o^{2}

惠东　丈人老$_{佬}$ tsʰoŋ^{1} ŋin^{2} lau^{3}｜丈人婆 tsʰoŋ^{1} ŋin^{2} pʰo^{2}

于都　丈人(老$_{佬}$)tʂʰɔ̃^{1} ȵiẽ^{2}(lɔ^{3})｜丈母(娘)tʂʰɔ̃^{1} · məŋ (ȵiɔ̃^{2})

很明显,客家话岳父岳母说法的读音例外跟词形趋同和语流音变有关。词形趋同指的是岳母的词形“丈母—”受岳父词形的影响变为“丈人—”(比较武平城关和惠东岳母的说法)。语流音变指的是“丈”“人”的语音同化或异化:连城客家话“丈”字受后字声调的同化由阴平改读阳平;“人”字因异化作用(前字-ŋ 后字 ŋ-)变为 * min(→ 武平城关 miŋ^{2}→ 连城新泉 meŋ^{2})。① 梅县的“母”发生的是同化作用(* mi$^{1}_{比较武平城关的说法}$ → * ŋi$^{1}_{受前字韵尾-ŋ的同化}$ →ni$^{1}_{ŋi变ni的旁例如:蚁ni^{1}｜宜ni^{2}}$)。于都的“母”跟声母鼻音成分的右扩展有关(* mu →* mũ→* muŋ → məŋ,旁例如“肉”:ȵiəŋ^{6}←* ȵiuŋ^{6}←* ȵiũ^{6}←* ȵiu^{6})。

连城客家话公公叫“家官”[ku^{33}kua^{33}],婆婆叫“家娘”[ku^{33}ȵia^{55}],都是背称,当面无论自己还是外人一般都采取从夫称谓的办法,因此没有“* 两/三/四/五……子家官/娘”[tia^{51}/sa^{33}/si^{3}/aŋ^{51} …tsai^{51} ku^{33} kua^{33}/ȵia^{55}]、“* 一伙(子)家官/娘”[i^{35}føə^{51}tsai^{51}ku^{33}kua^{33}/ȵia^{55}]的说法。

本节所列的这 21 项合称中(计入同义形式是 24 项),“子”是必现成分。这一点跟有些客家话不同。例如于都客家话可以说“两姨丈”[liɔ̃$^{35-31}$i^{44}tʂʰɔ̃^{42}](姐姐的丈夫和妹妹的丈夫之间的亲戚关系,谢留文 1998:185,“亲”原误排为“新”,释义改为“连襟俩”更准确简洁),连城客家话必须说成“两子姨丈”[tia^{51}tsai^{51}i^{55}tɹʰʮa^{33}],“* 两姨丈”是非法的。就层次切分而言,“子”属前不属后,例如:

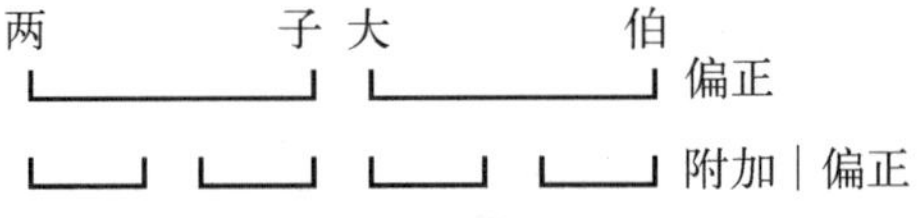

也就是说,“子”是附着在数词“两”后的词尾,而不是表示儿子义的实语素。本小节所列 21 个词项中,“* 子—”都不成结构(例如“* 子亲家”“* 子姊郎”“* 子爷”“* 子姨丈”等都是非法形式)。除“—子爷”“—子母”两项可能涉及儿子义

① 从实际发音看,齐齿韵前的 ŋ-实际音值跟韵尾-ŋ 不同,是舌面中鼻音(黄雪贞 1995 引论:5)。不过两者是互补的。从本文所举的引起异化的例子看,[ŋ ɲ]在本地人的音感中大概也是不区分的。

外,其他都跟儿子义无涉。即使像"两子爷""两子母"这一类说法,表示的也可能是女儿和父亲俩、女儿和母亲俩(当然也可能是儿子和父亲俩、儿子和母亲俩)。

21 个词项中,"两子亲家""两子亲家[$ts^hiuə^{33}$]婆""—子姊郎"是平辈的合称,其他都是跟长辈的合称。可见带"子"尾的数词可以比较自由地跟指长辈的非合称亲属词结合,其限制不是语法性的,而是事理性的。例如"两/三/四/五……子爹/嬷太曾祖父/母"语法上是可接受的形式,可是四世同堂而且还要用到最老一辈和最小一辈的合称,本地人几乎都没有这方面的经验。遑论更高辈分的"两/三/四/五……子爹/嬷太瞻高祖父/母"了。平辈只限于所列的三条(亲家|亲家[$ts^hiuə^{33}$]婆|姊郎)。① 指晚辈的非合称亲属词以及大部分指平辈的非合称亲属词,都不能构成"两/三/四/五……子~"类合称,例如不能说"*两/三/四/五……子老伯哥哥""*两/三/四/五……子侄女"等。

跟长辈的合称如何释义值得稍加讨论。下面先引黄雪贞(1995: 228)几条梅县客家话"两子—"的说法(有用例的略去):

【两子阿公】$lioŋ^{31}tsɿ^{31}a^{44}kuŋ^{44}$ 祖父与孙子

【两子爷】$lioŋ^{31}tsɿ^{31}ia^{11}$ 父子俩

【两子家娘】$lioŋ^{31}tsɿ^{31}ka^{44-35}ŋioŋ^{11}$ 婆媳俩

【两子阿舅】$lioŋ^{31}tsɿ^{31}a^{44}k^hiu^{44}$ 舅甥俩

【两子丈人老佬】$lioŋ^{31}tsɿ^{31}ts^hoŋ^{44-35}ŋin^{11}lau^{31}$ 女婿与丈人

这类合称的特点是形式上只出现表示长辈的字眼儿(阿公、爷、家娘、阿舅、丈人老),而合称的另一方并不在词形上表现出来,集合性是由带"子"尾的数词(两子)②和长辈亲属称谓所蕴含的关系来确定的。也就是说,这类合称只凸显长辈,晚辈是隐含的。因此,在给这类合称释义时,仍然以隐含晚辈比较便宜,而不像黄雪贞(1995: 228)那样,长辈、晚辈都在释义中出现。下面以连城客家话

① "亲家""亲家婆"是一种对称性关系名词,跟其他指平辈的非合称亲属词不同。真正的例外可能只有"姊郎"一个。

② 梅县客家话的"两子—"中"子"的性质跟连城客家话的同类说法是相同的,属前不属后,不是表儿子义的实语素(本文所引梅县客家话的 5 项"两子—"中只有"两子爷"1 项跟儿子义有关)。极端的例子是"两子家娘",其成员都是女性。

为例,比较两种不同释义方式的差别:

两子爹 a 跟爷爷的合称

b 爷爷跟孙子或孙女的合称

两子伯 a 跟伯母的合称

b 伯母跟其丈夫的弟弟的儿子或女儿的合称/伯母跟其丈夫的侄子或侄女的合称

a 隐含晚辈,言简意赅,“跟爷爷的合称”可以包含孙子跟爷爷的合称及孙女跟爷爷的合称两种情况,“跟伯母的合称”可以包含侄子跟伯母的合称及侄女跟伯母的合称两种情况。b 不隐含晚辈,不仅大费笔墨,而且也非常考验读者的理解反应能力。

2.2 数量词“一伙子”加非合称亲属词

这类合称至少含三人。例如(“子”是必有成分):

【一伙子亲家】i^{35}føə^{51}tsai^{51}ts^{h}eŋ^{33}ku^{33}亲家公、亲家母几个;亲家公、亲家母和女儿、女婿几个

〖一伙子亲家婆〗i^{35}føə^{51}tsai^{51}ts^{h}iuə^{33}p^{h}au^{55}

【一伙子姊郎】i^{35}føə^{51}tsai^{51}tsi^{51}laŋ^{55}跟姐夫的合称;连襟几个的合称(都还没有孩子或大部分还没有孩子,否则要叫“一伙子姨丈”)

【一伙子爹】i^{35}føə^{51}tsai^{51}tu^{33}跟祖父或外祖父的合称;跟祖翁(丈夫的爷爷)的合称

【一伙子嬷】i^{35}føə^{51}tsai^{51}muə^{51}跟祖母或外祖母的合称;跟祖姑(丈夫的奶奶)的合称

【一伙子公】i^{35}føə^{51}tsai^{51}kuaŋ^{33}跟祖父、外祖父的兄弟或堂兄弟的合称

【一伙子婆】i^{35}føə^{51}tsai^{51}p^{h}au^{55}跟祖父、外祖父的兄弟或堂兄弟的配偶的合称

【一伙子爷】i^{35}føə^{51}tsai^{51}iuə^{55}跟父亲的合称;跟公公的合称

【一伙子母】i^{35}føə^{51}tsai^{51}mai^{33}跟母亲的合称;跟婆婆的合称

〖一伙子娘〗i^{35}føə^{51}tsai^{51}ȵia^{55}“一伙子母”“一伙子娘”都有人用,难

分伯仲(参看“〖两/三/四/五……子娘〗”的说明)

【一伙子丈人爷】i^{35}føə^{51}tsai^{51}tɹ^{h}ɥa^{55}meŋ^{55}iuə^{55}跟岳父的合称

〖一伙子丈人老〗i^{35}føə^{51}tsai^{51}tɹ^{h}ɥa^{55}meŋ^{55} lau^{51}

【一伙子丈人母】i^{35}føə^{51}tsai^{51}tɹ^{h}ɥa^{55}meŋ^{55}mai^{33}跟岳母的合称

〖一伙子丈人娘〗i^{35}føə^{51}tsai^{51}tɹ^{h}ɥa^{55}meŋ^{55}u^{33}

【一伙子大伯】i^{35}føə^{51}tsai^{51}t^{h}uə^{11}pu^{35}跟伯父的合称

【一伙子伯(母)】i^{35}føə^{51}tsai^{51}pu^{35}(mai^{51})跟伯母的合称

【一伙子叔】i^{35}føə^{51}tsai^{51}ʂɥə^{35}跟叔叔的合称

【一伙子(叔)母】i^{35}føə^{51}tsai^{51}(ʂɥə^{35})mai^{51}跟婶母的合称

【一伙子表叔】i^{35}føə^{51}tsai^{51}piu^{51}ʂɥə^{35}跟表叔的合称

【一伙子表叔母】i^{35}føə^{51}tsai^{51}piu^{51}ʂɥə^{35}mai^{51}跟表婶的合称

【一伙子姑】i^{35}føə^{51}tsai^{51}køə^{33}跟姑姑的合称

【一伙子姑丈】i^{35}føə^{51}tsai^{51}køə^{33}tɹ^{h}ɥa^{33}跟姑父的合称

【一伙子舅】i^{35}føə^{51}tsai^{51}k^{h}iau^{33}跟舅舅的合称

【一伙子舅母】i^{35}føə^{51}tsai^{51}k^{h}iau^{33}mai^{51}跟舅母的合称

【一伙子姨】i^{35}føə^{51}tsai^{51}i^{55}跟姨的合称

【一伙子姨丈】i^{35}føə^{51}tsai^{51}i^{55}tɹ^{h}ɥa^{33}①跟姨夫的合称;②连襟几个的合称(都有孩子或多数有孩子;都没有孩子要叫“一伙子姊郎”,少数有孩子可叫“一伙子姊郎”或“一伙子姨丈”)

能够进入“一伙子____”格式的非合称亲属词,条件跟“两/三/四/五……子____”格式相同,即只能是指长辈的,指平辈的限于“亲家”“亲家[ts^{h}iuə^{33}]婆”“姊郎”三词,指晚辈的都不可以,例如不能说“*一伙子老伯$_{\text{哥哥}}$”“*一伙子侄女”等。

三、补充说明和讨论

3.1 习语性合称

只搜集到如下两条:

【姊嫂叔母】tsai^{51}sau^{51}ʂʮə^{35}mai^{51}指同宗的亲戚(女性限于未出嫁的)及其配偶,也指周围邻居

【两子老(老)】tia^{51}tsai^{51}lau^{51}lau^{51}夫妻俩。含俏皮的意味。较少用于比较年轻的夫妇,尤其是新婚夫妇

“姊嫂叔母”虽属并列结构,但结合紧密,没有“*姊嫂合叔母”的说法,意思也不是“姊嫂”跟“叔母”的简单相加。“老老”单用时指丈夫(老公[lau^{51}kuaŋ^{33}])或妻子(老婆[lau^{51}p^{h}au^{55}]),例如“<u>尔个</u>老老去哪角?”[ȵia^{55}lau^{51}lau^{51}ʂʮə^{3}nai^{11}kau^{35}](你丈夫/妻子去哪儿了)。从来源说,“老老”应当是“老公老婆”的缩略,不过前头不加“两子”的“老老”通常为丈夫义或妻子义,合称义只能出现在“两子老老”的说法里。“两子老”是“两子老老”的减省说法。

“姊嫂叔母”可以受“一伙(子)”的修饰,即“一伙姊嫂叔母”“一伙子姊嫂叔母”都能说(意思相同)。没有“*两/三/四/五……(子)姊嫂叔母”的说法。也没有“*一伙(子)老老”的说法(两人的合称不能用“一伙”或“一伙子”修饰)。

3.2 “三/四/五……(子)—”和“一伙(子)—”的使用频率

合称人数达三人或更多时,比较常用的说法是“一伙(子)—”,而“三/四/五……(子)—”则相对少用,尤其数字越大,使用的机会越少。下面分非家庭成员使用和家庭成员使用两种情况来看。

非家庭成员一般用“一伙(子)—”表达超过两人的合称,“三(子)—”“四(子)—”亦可为用,但“五(子)—”“六(子)—”或更大的数字就非常罕见。原因很简单:“一伙(子)—”不必点数,而“三/四/五……(子)—”必须点数,而且日常语言也没必要那么准确。

对家庭成员(不管是否在合称的范围里)而言,合称的人数是一种已知信息,在人数少时,用“一伙(子)—”或“三/四(子)—”都可以,甚至“三/四(子)—”还较为常用,不过“五(子)—”似乎就用得少了,遑论更大的数字。

3.3 合称形式选择中的性别和亲密度、熟悉度因素

以“三子爷”“三子母”为例。它们的所指都包含了九种情况。

三子爷:① 父亲和两个儿子;② 父亲和两个女儿;③ 父亲和一个儿子一个

女儿;④ 父亲母亲和一个儿子;⑤ 父亲母亲和一个女儿;⑥ 父亲和一个儿子一个儿媳;⑦ 父亲和一个女儿一个儿媳;⑧ 父亲和两个儿媳;⑨ 父亲母亲和一个儿媳

三子母: ① 母亲和两个儿子;② 母亲和两个女儿;③ 母亲和一个儿子一个女儿;④ 父亲母亲和一个儿子;⑤ 父亲母亲和一个女儿;⑥ 母亲和一个儿子一个儿媳;⑦ 母亲和一个女儿一个儿媳;⑧ 母亲和两个儿媳;⑨ 父亲母亲和一个儿媳

在①②③⑥⑦⑧这六种情况中,"三子爷"和"三子母"意思不同,不能互相替换;在④⑤⑨这三种情况中,"三子爷"和"三子母"的意思相同,不过即便如此,"三子爷"和"三子母"也不是在任何情况下都可以自由替换。如果是合称中的父亲或母亲使用(例如"俺三子爷/母"[a^{55} sa^{33} $tsai^{51}$ $iuə^{55}$/mai^{33}]咱们爷/娘儿仨),[①]父亲只能用"三子爷",母亲只能用"三子母";如果是子女或儿媳使用,通常也是男性用"三子爷",女性用"三子母",但说话人为了凸显亲密关系时,男性可以用"三子母",女性可以用"三子爷"。如果是外人使用(例如"尔三子爷/母"[$ŋ^{55}$$sa^{33}$$tsai^{51}$$iuə^{55}$/$mai^{33}$]你们爷/娘儿仨),通常也是男性用"三子爷",女性用"三子母",但同性不熟悉的时候,男性可以用"三子母"(说话人只跟合称中的母亲熟悉),女性可以用"三子爷"(说话人只跟合称中的父亲熟悉)。"四/五……子爷/母"和"一伙子爷/母"可依此类推。

3.4 数词修饰名词和数词带"子"尾

现代汉语数词不能修饰名词是一般规律。例如赵元任(1968/2002: 563):"除了文言以外,数词不能直接修饰名词(比如文言说:'一马',不说:'一匹马'),而中间一定得加上单位词,表示名词的形状、种类或某种性质。每一个个体名词都有自己的单位词,比如:'一棵树''两把刀''三头牛'。"项梦冰(1997: 18)亦确认了连城客家话数词不能直接修饰名词的一般规律(*一桌|*两书|*三学生|*四豹虎子),并指出在一些复合词或一些固定说法中这条规律可以被

① 连城客家话咱们说[a^{55}(ts^hi^{55})],这里借用"俺"字来记录,本字待考。"俺"[a^{55}]跟大埔客家话的[$εn^{44}$]对应,相当于古山摄开口二等删韵影母平声,《广韵》《集韵》都没有这个音节。

打破：

四眼狗讥讽戴眼镜的人 si^{3}ŋa^{51}kie^{51}

八仙过海指母狗产七雄一雌的幼狗 pa^{35}sie^{33}køə^{3}hu^{51}

一女九个贼指女儿出嫁后还会常回娘家吃和拿,损耗的财物不亚于家里招了许多贼 i^{35}ɳʯə^{51}kiau^{51}ə^{35}ts^{h}aiʔ^{5}

一鸡落地百鸡栽墙倒众人推(栽：冲上前[啄]) i^{35}kai^{33}lauʔ^{5}t^{h}i^{11}pu^{35}kai^{33}tsai^{33}

这种数词名词连用的现象应该看成特殊格式的要求或古汉语语法的遗留。从前文讨论的情况看,在亲属合称的表述中,也存在数词名词连用的现象。连城客家话数词是否能直接修饰名词、数词是否能带“子”尾后修饰名词的规律如下(+、±、-分别表示可以搭配、部分可以搭配、不可以搭配,加感叹号表示有例外,为了对比加进了非亲属名词)：

表 1　亲属合称表述中的数量修饰语

数量修饰语	A. 亲属合称词语			B. 非合称亲属词	C. 非亲属名词
	1. 并列式合成词	2. 偏正式合成词	3. 合称词组		
数词	+(两兄弟)	-(*两表兄)	-(*两爷母)	-(*两爷)	-(*两牛)
数词+子	+!(两子兄弟)(*两子姊嫂)	+(两子表兄)	-(*两子爷母)	±(两子爷)(*两子侄女)	-!(*两子牛)(两子师父)

A1 直饰式、“子”尾式两可,以直饰式为常(“子”尾式有例外);A2 不可用直饰式,但是可以用“子”尾式;A3 直饰式、“子”尾式均不可用;B 不可用直饰式,但是可以用“子”尾式;C 直饰式、“子”尾式均不可用,但有例外。

“例外考验规律。通过例外的分析研究,可以帮助我们进一步掌握规律。”(李荣 1965)直饰式只有 A1 合法,A2、A3、B、C 均不合法,而属于并列式合成词的亲属合称词数量极为有限,本文只搜集到 4 条。可见直饰式仍可按特殊格式的要求来处理(比如将直饰式视为熟语)。“子”尾式 A3、C 不合法(C 有例外),A1、A2、B 均合法(A1 有例外)。A1 的例外为“*两/三/四/五……子姊嫂”[tia^{51}/sa^{33}/si^{3}/aŋ^{51}…tsai^{51}tsai^{51}sau^{51}]。“姊嫂”何以例外目前尚无解,因为无法用[tsai^{51}]不连续出现来解释：在“一伙(子)姊嫂”[i^{35}føə^{51}(tsai^{51})tsai^{51}sau^{51}]中，[tsai^{51}]是连续出现的。C的例外值得讨论。

“子”尾式的C类例外都限于关系名词。即非亲属称谓中指人的关系名词也可以用“子”尾式。例多不穷举：

【两/三/四/五……子师父】tia^{51}/sa^{33}/si^{3}/aŋ^{51}…tsai^{51}sɿə^{33}føə^{11}

【两/三/四/五……子同年】tia^{51}/sa^{33}/si^{3}/aŋ^{51}…tsai^{51}t^{h}aŋ^{55}na^{55}“同年”本指通过“认同年”[ȵieŋ^{11}t^{h}aŋ^{55}na^{55}]确定的同年出生的朋友，目前非同年出生也有“认同年”的

【两/三/四/五……子同学】tia^{51}/sa^{33}/si^{3}/aŋ^{51}…tsai^{51}t^{h}aŋ^{55}hauʔ^{5}

【两/三/四/五……子朋友】tia^{51}/sa^{33}/si^{3}/aŋ^{51}…tsai^{51}p^{h}aŋ^{55}iau^{51}

【两/三/四/五……子同事】tia^{51}/sa^{33}/si^{3}/aŋ^{51}…tsai^{51}t^{h}aŋ^{55}sɿə^{11}

亲属称谓也是指人的关系名词中的一类。因此可以说连城客家话数词(二—十几，十以上罕用)带上“子”尾后可以修饰指人的关系名词也是一条规律。从另一个角度看，数词(二—十几)需要加“子”才能修饰指人的关系名词，正好体现了现代汉语数词不能直接修饰名词的规律。因此我们也可以跳出传统的框架，把“两子表兄”“两子爷”“两子师父”一类说法中的“子”看成是一种“语法量词”(grammatical classifier)，或者说“形式量词”(formal classifier)，即主要起语法作用(帮助数词完成修饰指人关系名词的任务)，而不看重计量单位作用的量词。它的来源可能是“子”尾，即受数量名结构“数+量+名”和“一伙子+指人名词”的双重影响而产生的。

3.5 量词“伙”及数量词“一伙”带“子”尾

先看量词“伙”的来源。晋·崔豹《古今注》上卷舆服第一：“伍伯，一伍之伯也。五人曰伍，五长为伯，故称伍伯。一曰户伯。汉制：兵吏五人一户、灶，置一伯，故(云)户伯，亦曰火伯，以为一灶之主也。”(据明·吴琯辑校《增订古今逸史》，万历刻本)又唐·颜师古《匡谬正俗》卷六“什器”条(据《四库全书》本)：

或问曰：“生生之具谓之‘什器’，‘什’是何物?”答曰：“此名原起军戎，

遂谓天下通称。军法五人为伍,二五为什。一什之内共有器物若干,皆是人之所须,不可造次而废者,或称‘什物’。犹今军行戍役工匠之属,十人为火,一火内共畜器物谓之幕调度耳。”

可见“火”本为人员编制单位,十人一“火”,共用锅灶器物,同火而食。“火”后作“伙”,亦可借“夥”字记之。连城客家话“伙”[føə^{51}]已泛化为一个集合量词,用于结合在一起的一群人(至少三人,从几人、十几人到几十人不限)。例如:

一晡昼了来撇三四伙(子)客(一个下午来了三四伙客人)。

i^{35}pøə^{33}tʂau^{3}luə^{51}liu^{55}p^{h}ie^{35}sa^{33}si^{3}føə^{51}(tsai^{51})k^{h}u^{35}.

唔轻想两伙(子)土匪打起来(没想到两伙土匪打起来了)。

ŋ^{35}k^{h}ia^{33}sia^{51}tia^{51}føə^{51}(tsai^{51})t^{h}ie^{51}fi^{51}tu^{51}k^{h}i^{51}liu^{55}.

前面个一伙(子)干部系县底落来个(前面那一伙干部是县里下来的)。

ts^{h}ie^{55}mie^{3}kuə^{11}i^{35}føə^{51}(tsai^{51})kui^{3}p^{h}øə^{11}hai^{11}vie^{11}tai^{51}lauʔ^{5}liu^{55}kuə^{3}.

礼堂底有好多伙(子)人着打麻雀(礼堂里有好几伙人在打麻将)。

li^{51}t^{h}a^{55}tai^{51}iau^{33}hauʔ^{5}tau^{33}føə^{51}(tsai^{51})ȵieŋ^{55}te^{35}tu^{51}mu^{55}tsiau^{35}.

以上例子都可加“子”也可不加,意思不变,加“子”语气更为舒缓。连城客家话的“子”尾用法复杂(请参看项梦冰 1997: 33—43)。大部分名量词都可以通过加“子”尾表示主观量小,例如:

【十多个人】ʂʅəʔ^{5}tau^{33}kuə^{3}ȵieŋ^{55} ≠【十多个子人】ʂʅəʔ^{5}tau^{33}kuə^{3}tsai^{51}ȵieŋ^{55}

【四五副对联 si^{3}aŋ^{51}føə^{3}tai^{3}lie^{55}】≠【四五副子对联】si^{3}aŋ^{51}føə^{3}tsai^{51}tai^{3}lie^{55}

【几里路 ki^{51}li^{51}lie^{11}】≠【几里子路】ki^{51}li^{51}tsai^{51}lie^{11}

不加“子”和加“子”体现的是客观计量和说话人认为数量小的差别。例如:

再走几里路都无事(再跑几里路都没事儿)。tsuə^{3}tsie^{51}ki^{51}li^{51}lie^{11}tie^{33}mau^{55}sai^{11}[客观计量]

合本最几里子路,一两步脚就行到(总共才那么几里路,走几步就到了)。

ku^{35}paŋ^{51}tsai^{3}ki^{51}li^{51}tsai^{51}lie^{11},i^{35}tia^{51}p^{h}øə^{11}kiu^{35}ts^{h}iu^{11}hai^{55}tau^{3}[主观量小]

“伙”这类用于多数(三人以上)的集合量词加“子”没有表示主观量小的作

用，只有舒缓语气的作用。例如：

【一两伙人】=【一两伙子人】i^{35}tia^{51}føə^{51}(tsai^{51})ȵieŋ^{55}

【两三伙人】=【两三伙子人】tia^{51}sa^{33}føə^{51}(tsai^{51})ȵieŋ^{55}

【三四伙人】=【三四伙子人】sa^{33}si^{3}føə^{51}(tsai^{51})ȵieŋ^{55}

【七八伙人】=【七八伙子人】ts^{h}i^{35}pa^{35}føə^{51}(tsai^{51})ȵieŋ^{55}

【一几伙人】=【一几伙子人】i^{35}ki^{51}føə^{51}(tsai^{51})ȵieŋ^{55}几伙人

【十多伙人】=【十多伙子人】ʂʅəʔ^{5}tau^{33}føə^{51}(tsai^{51})ȵieŋ^{55}

【一大伙人】=【一大伙子人】i^{35}t^{h}uə^{11}føə^{51}(tsai^{51})ȵieŋ^{55}

“一伙(子)—”通常没有歧义：

【一伙(子)同年】i^{35}føə^{51}(tsai^{51})t^{h}aŋ^{55}na^{55}

【一伙(子)同学】i^{35}føə^{51}(tsai^{51})t^{h}aŋ^{55}hauʔ^{5}

【一伙(子)朋友】i^{35}føə^{51}(tsai^{51})p^{h}aŋ^{55}iau^{51}

【一伙(子)同事】i^{35}føə^{51}(tsai^{51})t^{h}aŋ^{55}sʅə^{11}

“一伙(子)师父”则有歧义：

【一伙子师父】i^{35}føə^{51}tsai^{51}sʅə^{33}føə^{11}①合称几位师父；②师徒几个(一个师父和两个以上徒弟)

连城客家话亲属合称表述中“一伙(子)”的使用情况见表2(+、±、-分别表示可以搭配、部分可以搭配、不可以搭配，加感叹号表示有例外，为了对比加进了指人的非亲属名词)：

表2　亲属合称表述中“一伙(子)”的使用情况

数量修饰语	A. 亲属合称词语			B. 非合称亲属词	C. 指人的非亲属名词
	1. 并列式合成词	2. 偏正式合成词	3. 合称词组		
一伙	+(～兄弟)	+(～表兄｜～堂兄弟)	-(*～爷母)	-(*～爷)	+！(～师父)(*～皇帝)
一伙子	+(～兄弟)	+(～表兄｜～堂兄弟)	-(*～爷母)	±(～爷)(*～侄女)	+！(～师父)(*～皇帝)

A1、A2、C 均可跟“一伙(子)”结合,A3 不可以,B 只能跟“一伙子”结合,不能跟“一伙”结合,而且只限于指长辈的非合称亲属词和个别指平辈的非合称亲属词(亲家、亲家婆、姊郎)。

参考文献

崔荣昌　2011　《四川境内的客方言》,巴蜀书社。
黄雪贞　1995　《梅县方言词典》,江苏教育出版社。
李荣　1965　《语音演变规律的例外》,《中国语文》第 2 期。
罗美珍、林立芳、饶长溶　2004　《客家话通用词典》,中山大学出版社。
王李英　1998　《增城方言志·第二分册》,广东人民出版社。
项梦冰　1997　《连城客家话语法研究》,语文出版社。
项梦冰　2004/2008　《连城(新泉)客家话的亲属称谓系统》,见项梦冰《闽西方言调查研究》第一辑([韩]新星出版社 2004: 7—58)、罗土卿《连城客家方言文化》(中国文史出版社 2008: 234—294)。
谢留文　1998　《于都方言词典》,江苏教育出版社。
赵元任　1968/2002　《中国话的文法》,见《赵元任全集》第一卷,商务印书馆。

【附记】 石汝杰老师长期致力于汉语言文字学(尤其是汉语方言学)的教学和研究工作,成就斐然。20 世纪八九十年代的东南方言系列会议有幸和石老师一起参加,他心直口快、幽默风趣的风格给我留下了极为深刻的印象。记得曾问起过石老师日语怎么学得这么好,说是当年插队的时候用收音机跟着日语广播讲座学的,真可谓集腋成裘、水滴石穿。每当我读着石老师和岩田礼先生编译的《汉语方言地理学》([比利时]贺登崧著),脑海里总会浮现出拿着收音机听着日语广播的知青形象。2018 年,收到石老师赠送的《吴语字和词的研究》(上海教育出版社),语料扎实,分析入微,跟我给本科生开设的“方言语料分析”课的追求极为吻合,于是补列为这门课的课外读物,建议同学们认真研读。岁月不饶人,不知不觉石老师已经要荣休了,不过大家也都知道,石老师的学术求真工作并不会因此停止。祝石老师身体健康、学术长青!

泰兴方言"个 VP"问句研究 *

顾 黔

（南京大学文学院）

泰兴位于江苏中部，其方言属江淮官话通泰片，处于官话与吴语交界地带，语法现象比较复杂，但前贤研究不多。由疑问副词加谓词性成分构成的"可 VP"问句，是汉语方言一种重要的疑问句式，在泰兴方言的表现形式是"个 VP"问句。自 1985 年朱德熙先生发表《汉语方言里的两种反复问句》一文以来，方言学界在"可 VP"问句的性质、分布、来源等方面进行了深入讨论。本文探讨泰兴方言"个 VP"句式，以窥其语法之一斑，希望对汉语方言"可 VP"问句的性质和汉语疑问句的分类提供有益参考。

一、"个 VP"问句的语法形式

泰兴方言的"个 VP"问句有"个 VP""个是 VP""个曾 VP"及混合式等形式，其中"个 VP"是基本形式。

1.1 "个 VP"型问句

"个 VP"型问句的基本形式是"（NP/VP）+个 VP+（PRT）？"，一般是在陈述句的述语前，有时也可以在状语等谓词性成分前插入表疑问的"个"［kɤɯ⁴³］。"个 VP"前的名词短语、动词短语，以及"个 VP"后的语气词均可根据语境省略。

* 本文得到国家社科基金重大招标项目"苏皖鄂赣江淮官话与周边方言的接触演变研究及数据库建设"（项目编号：19ZDA307）的资助。曾发表于《语文研究》2016 年第 1 期，略有修改。

“个 VP”型问句的疑问焦点是 VP,此类问句的肯定回答为“VP”,否定回答为“不 VP”。例如:

(1)(你)个晓得嘎(你)知不知道?——晓得/不晓得。

(2)穿棉裤个好(啊)穿棉裤好不好?——好的/不好。

“个 VP”问句通常在句末加语气词“啊”,有传疑作用。“啊”在泰兴方言中有“嘎”“呀”等多种语音变体,在入声字后为“嘎”[ka⁰],舒声字后为“啊”[a⁰]、“呀”[ia⁰]等。例如:

(3)个吃嘎吃不吃?

(4)个去啊去不去?

(5)个来呀来不来?

“个 VP”前是分句时,“VP”通常是“好”“行”等。“个好”“个行”相当于普通话的“好不好”“行不行”,或者“好吗”“行吗”,例如:

(6)明朝上南京,个好(啊)明天去南京,好不好/好吗?——好/不好。

(7)把我望下子,个好啊给我看一下,好不好/好吗?——好/不好。

(8)明朝做块上街,个行明天一起去镇上,行不行/行吗?——行/不行。

“个”和“VP”之间可以有助动词。问句的基本形式是“(NP/VP)+个+Aux.+VP+(PRT)?”,Aux.为助动词,跟 VP 结合紧密。肯定回答为“Aux.”,否定回答为“不 Aux.”。泰兴方言的助动词主要有“能、会、要、敢、想、该派应该、情愿、准、配、值得”等。

(9)你个能吃辣的啊你能不能吃辣?——能/不能。

(10)格个杲戾你个会做啊这个东西你会不会做?——会/不会。

(11)你个要吃茶呀你要不要喝水?——要/不要。

(12)格个细伢儿个敢个人上街啊这个小孩子敢不敢一个人去镇上?——敢/不敢。

(13)你不好好念书,个想考大学嘎嘞你不好好读书,想不想考大学啦?——想/不想。

(14)他个情愿把屋卖掉啊他愿不愿意把房子卖掉?——情愿/不情愿。

(15)你妈个准你同我做块去看电影啊你妈妈同意你跟我一起去看电影吗?——准/不准。

1.2 “个是 VP”型问句

泰兴方言有两类“个是”。

一是疑问副词“个”和判断动词“是”的组合。例如:

(16) 他个是老师啊他是不是老师? ——是的/不是的。

二是“个是”本身即为疑问副词。例如:

(17) 他个是跑不动啊他走不动吗? ——是的(跑不动)/跑得动。

(18) 个是热嘈点热闹些吗? ——是的(热嘈点)/不热嘈。

“个是”后的谓词性成分可以是否定成分:“(NP/VP)+个是+Neg.+VP+PRT?”。此类问句句末语气词不能省略。问话人已经对问话内容有一定的猜测,发问是为了求证,该类问句的肯定回答为“VP”;否定回答为“是的”,意思隐含“¬VP”。如“你个是不晓得嘎?”,问话人猜测对方可能不知道,对方回答“晓得”意为“自己知道”,是肯定回答;对方回答“是的”意为“自己不知道”,是否定回答,发问人的猜测得到验证。例如:

(19) 你个是不晓得嘎你是不是不知道啊? ——晓得/是的(不晓得)。

(20) 你个是不曾吃饭啊你是不是没有吃饭? ——吃嘎了/是的(不曾吃)。

(21) 你个是不吃荤啊你是不是不吃荤菜啊? ——吃/是的(不吃)。

“个是”在句法结构中的位置,与“个”基本一样,有时可以互换。例如:

(22) 你个想上北京啊? ——想/不想。

你个是想上北京啊? ——是的/不是的。

(23) 你个晓得她考啊个第一? ——晓得/不晓得。

你个是晓得她考啊个第一? ——是的/不是的。

“个是”与“个”的区别主要有三点:

第一,“个 VP”问句中,“个”不能与“不”直接连用,即不能出现“不+个 VP”和“个+不 VP”。但是“个是”可以与“不”直接连用,此时“不”必须位于“个是”之后。例如:

(24) 你个晓得格个杲戾啊?

*你不个晓得格个杲戾啊?

*你个不晓得格个杲戾啊?

(25) 你个是不晓得格个杲戾啊?

*你不个是不晓得格个杲戾啊?

泰兴方言“个”不能与“不”直接连用,是因为疑问副词“个”含有否定性的语义成分，“个”的词义相当于“是否”，构成的“个 VP”语义相当于“是否 VP”。

第二，“个”可用于单音节动词前，而“个是”一般不可以。例如：

（26）他个来他来不来？

*他个是来？

（27）你个跑你走不走？

*你个是跑？

如果“个是”用在单音节动词前，动词后就必须增加音节。例如：

（28）他个是来啊了他来了吗？

（29）你个是跑啊了你走了吗？

第三，“个是”跟“个”表示的疑问程度有所区别。用“个”的问句，发问人没有任何倾向，疑问程度高；而用“个是”的问句，发问人此前已经知道一些情况，问出来是希望对方予以确认，疑问程度相对较低。如“你个想上北京？”，发问人只想知道“是否去北京”，对“去北京”没有倾向性的猜测，疑问程度较高；“你个是想上北京？”，发问人对“去北京”已有一定的推测，疑问程度较低。

1.3 “个曾 VP”型问句

“个曾 VP”型问句的基本形式是“（NP/VP）+个曾 VP+（PRT）？”，是已然问句。“个曾 VP”问句的疑问焦点是“曾 VP”。肯定回答用“VP+PRT”，其中，“啊”“嘎”等是表示完成的体助词或动态助词，而句末的“了”是语气词；否定回答是“不曾”。例如：

（30）昨朝个曾看电影（啊）昨天有没有看电影啊？——看啊了/不曾。

（31）个曾吃饭（啊）有没有吃饭？——吃嘎了/不曾。

（32）你个曾告诵他（啊）你有没有告诉他？——告诵啊了/不曾。

（33）北京个曾去过（啊）有没有去过北京？——去啊了/不曾。

“个 VP”型问句是未然问句，“个曾 VP”型问句是已然问句。例如：

（34）你个吃饭你吃不吃饭？——吃/不吃。

（35）你个曾吃饭你有没有吃饭？——吃嘎了吃过了/不曾。

例（34）“你个吃饭？”中“吃饭”的动作尚未发生，表未然。回答“吃/不吃”，无时态标识，句末语气词可省略。例（35）“你个曾吃饭？”询问的是“吃饭”这一动作此前是否已经完成,表已然。答语"吃嘎了"的"嘎"是表完成的体助词或动态助词,句末语气词"了"不能省略。

1.4 混合型问句

"个 VP"与特指问句连用,形式是"(NP/VP)+个 VP+特指问句"。特指问句的疑问代词不是主焦点,而是次焦点。该句式的主焦点是"个"后的 VP。若是肯定回答,回答主焦点后,还可进一步对次焦点进行回答;若是否定回答,则只需回答主焦点。例如:

(36) 他个晓得昨朝哪个上你家去的他知不知道昨天谁去你家了?——晓得,(是小王去我家的)/不晓得。

(37) 你个想啊到哪开去耍子啊你想不想到哪里玩玩?——想,(想啊去南京)/不想。

(38) 你个喝点儿什呢啊你喝点什么吗?——喝,(茶)/不喝。

"个 VP"与"个 VP"连用,形式是"(NP/VP)+个 VP+个 VP"。主焦点是第一个"个"后的 VP,次焦点是第二个疑问副词"个"后的 VP。若是肯定回答,回答主焦点后,还可进一步回答次焦点;若是否定回答,则只需回答主焦点。例如:

(39) 你个晓得明朝个要上课啊你知道明天上课吗?——晓得,(要/不要上课)/不晓得。

(40) 你个晓得他个是王家的伢儿你知道他是王家的小孩吗?——晓得,(是/不是王家的伢儿)/不晓得。

"个 VP"与选择问句连用,形式是"(NP/VP)+个 VP+选择问句"。该句式的主焦点是"个"后的 VP,次焦点是选择问句。若是肯定回答,回答主焦点后,一般必须对次焦点进行回答;若是否定回答,则只需回答主焦点。例如:

(41) 你个晓得明朝他去北京还是上海你知道明天他去北京还是上海?——晓得,北京。/不晓得。

(42) 你个晓得他家养的是丫头还是小伙你知道他家生的是女孩还是男孩?——晓得,小伙。/不晓得。

二、"个 VP"结构的句法功能

泰兴方言"个 VP"结构通常作句子的谓语,也可作状语、补语。一般来说,

“个VP”不独立作主语、宾语、定语，只能作相关从句中的一个成分。

2.1 “个VP”结构作谓语

这是泰兴方言“个VP”问句最重要的句法特点，“个VP”谓语结构是何种性质，要根据主谓句的下位类型及谓语的结构方式而定，详见表1。

表1 “个VP”谓语结构的性质①

<table>
<tr><th colspan="2">主谓句的下位类型及结构方式</th><th>例句</th></tr>
<tr><td rowspan="8">动词性谓语</td><td>动词谓语</td><td>你‖个吃嘎你吃不吃？</td></tr>
<tr><td rowspan="2">动宾谓语</td><td>他‖个吃饭啊他吃不吃饭？</td></tr>
<tr><td>你‖个送点儿杲戻他啊你送不送他点东西？</td></tr>
<tr><td>动补谓语</td><td>衣裳‖个洗得干净啊衣服能不能洗干净？</td></tr>
<tr><td>连动谓语</td><td>他‖个家来吃饭啊他回不回家吃饭？</td></tr>
<tr><td>兼语谓语</td><td>你‖个让他送货啊你让不让他送货啊？</td></tr>
<tr><td>“把”字句</td><td>他‖个会把桌子送啊旁人啊他会不会把桌子送给别人？</td></tr>
<tr><td>“被”字句</td><td>他‖个会挨人家骗啊他会不会被别人骗？</td></tr>
<tr><td colspan="2">形容词谓语</td><td>格个细伢儿‖个惹惯啊这个小孩儿可不可爱？</td></tr>
<tr><td colspan="2">主谓谓语句</td><td>唱歌‖你个欢喜啊唱歌你喜不喜欢？</td></tr>
</table>

2.2 “个VP”结构作状语

“个”与能愿动词“能、会”等组合，在句中作状语，表达请求、询问等意。

(1) 个能告诵我格是什呢啊能不能告诉我这是什么呀？

(2) 你个会游水啊你会不会游泳啊？

(3) 你个敢吃蛇啊你敢不敢吃蛇啊？

---

① 主谓句的下位类型及结构方式参考胡裕树《现代汉语》(上海教育出版社，2011年)。

(4) 为格点儿小事,个值得来气啊为这点小事,值得生气吗?

三、“个 VP”问句中状语的句法分布

泰兴方言“个 VP”问句中“个”与状语的句法分布问题较为复杂,详见表 2(V 表示谓语动词,Ad.表示状语,* 表示该句不成立)。

表 2 “个 VP”问句中状语的句法分布

类型 \ 分布		个 Ad.V?	Ad.个 V?
副词	表程度	个蛮好的啊?	*蛮个好的啊?
	表时间频率	他个天天来啊?	*他天天个来啊?
	表情状	他个是私家自己来的啊?	*他私家自己个是来的啊?
	表语气	*他个到底来吵?	他到底个来吵?
	表否定	*个不欢喜啊?	*不个欢喜啊?
	表范围	你俫两个人个做块一起去啊?	*你俫两个人做块一起个去啊?
形容词		格歇个他个老老实实地看书啊?	*格歇个老老实实地他个看书啊?
时间名词		*个明朝走?	明朝个走?
介宾短语		个在家里吃饭啊?	在家里个吃饭啊?

在“状语-中心语”结构中,语义重心往往在中心语上。泰兴方言状语在“个VP”问句中的分布有两种形式。一种是“个 Ad.V”形式,状语 Ad.修饰或限制中心语,语义重心是动词 V。另一种是“Ad.个 V”形式,状语修饰整个句子,语义重心是整个“个 VP”结构。

当状语为介宾短语时,“个”在介宾短语前后均可出现,但语义不同。“个”在介宾短语前,语义重心是介宾短语,比如“个在家里吃饭啊?”,疑问焦点为“是否在家里”。“个”在介宾短语后,语义重心是 VP,比如“在家里个吃饭啊?”,疑问焦点是“吃不吃饭”。

当状语为时间名词时,"个"只能出现在时间名词后,语义重心是VP。如"明朝个走?",疑问焦点是"走不走"。"个"不能直接出现在时间名词前。若要询问时间,则必须在时间名词前加判断动词"是",比如"个是明朝走?",意为"是不是明天走"。

状语为副词或形容词时,在"个 VP"问句中的分布有三种形式。表程度、时间频率、情状、范围的副词或形容词作状语时,只能用"个 Ad.V"形式;表语气的副词作状语时,只能用"Ad.个 V"形式;表否定的副词作状语时,由于"个"不能与否定副词连用,"个 Ad.V"和"Ad.个 V"皆不成立。表程度、时间频率、情状、范围的副词作状语时,通常修饰或限制中心语,与中心语结合比较紧密,疑问副词"个"很难把他们隔开,只能用"个 Ad.V";表语气的副词作状语时,通常修饰说明整个句子,所以"个 Ad.V"不成立,只能用"Ad.个 V"。

四、"个 VP"结构与"得"字结构

泰兴方言"个 VP"结构与"得"字结构可以套用,主要有两种情况。一是"个 VP"结构的 VP 为"得"字结构,形式为"个+得字结构"。一是"个 VP"结构充当补语,形式为"V+得+个 VP"。详见表3。

表3 "个 VP"结构与"得"字结构的套用形式

个+"得"字结构	V+得+个 VP
衣裳个洗得干净啊衣服能不能洗干净?	衣裳洗得个干净啊衣服洗得干净不干净?
他个跑得快啊他能不能跑得快?	他跑得个快啊他跑得快不快?

"个 VP"问句中"个"的作用主要是显示疑问焦点,"个"的位置不同,疑问焦点也不同。"个"出现在"得"字结构前,疑问焦点是"得"字结构,表示是否可能,如"衣裳个洗得干净?",疑问焦点是"能不能洗干净"。"个 VP"结构在"得"后时,疑问焦点是 VP,表示结果或状态,如"洗得个干净?",疑问焦点是"干净不干净"。

五、“个 VP”问句的性质

关于“可 VP”问句的性质，学界尚未达成共识，大致有三种观点：“可 VP”问句是反复问句；“可 VP”问句是是非问句；“可 VP”问句既不是反复问句，也不是是非问句。① 我们从泰兴方言“个 VP”句式出发，探讨“可 VP”问句的性质。

探讨“个 VP”问句的性质，首先需考察汉语疑问句的分类。朱德熙(1982)将现代汉语疑问句分为特指问句、是非问句和选择问句三类。

特指问句：他什么时候来？

是非问句：下雨了吗？

选择问句：你想打篮球还是打排球？

选择问句有一种特殊类型——反复问句，就是把谓语的肯定形式和否定形式并列在一起作为选择的项目。例如：“你去不去？”

从语法形式看，泰兴方言“个 VP”问句用疑问副词“个”发问，而不是用疑问代词发问，所以不能归入特指问句。“个 VP”问句不是以选择结构表示疑问，所以也不能归入选择问句。“个 VP”问句的谓语不存在肯、否定形式并列的情况，所以也不是反复问句。例如：

(1) 你个晓得嘎？

(2) 你个是不晓得嘎？

(3) *你个是晓得不晓得嘎？

相比之下，“个 VP”问句与是非问句的语法形式最相似，都采用在陈述形式

---

① 1. “可 VP”问句是反复问句：朱德熙 1985 年发表《汉语方言里的两种反复问句》，指出“可 VP”和“VP 不 VP”是汉语方言反复问句的两个类型。这两类反复问句互相排斥，不在同一种方言里并存。持这种观点的还有张敏(1990)、贺巍(1991)等。
2. “可 VP”问句是是非问句：赵元任的《现代吴语研究》，把“阿 VP”(可 VP)句式归为是非问句。持这种观点的还有汪平(1984)、李小凡(1990)、刘丹青(1991)、游汝杰(1993)等。
3. “可 VP”问句既不是反复问句，也不是是非问句：袁毓林(1993)基于广泛的类型比较，将“VP 不 VP”和“可 VP”统称为广义正反问句；徐烈炯、邵敬敏(1999)从上海方言出发，认为“阿 V”(可 VP)是一种特殊的疑问句，形式上接近是非问句，而功能上则接近正反问句，属于无倾向的中性问。持这种观点的还有徐杰、张媛媛(2011)等。

上附加疑问语气或疑问标记词的语法手段。张伯江(1997)认为,这两种句式是深层结构相同而表层结构不同的同义句式。“个”和“吗”在深层结构中性质相同,都是表示疑问语气的疑问标记词,只是在表层结构中位置不同。

在泰兴方言的疑问系统中,疑问句可以分为三类:特指问句、选择问句和“个 VP”问句,见表 4。

表 4 普通话与泰兴方言疑问系统比较表

<table>
<tr><th>普 通 话</th><th>泰 兴 方 言</th></tr>
<tr><td>你喝什么?(特指问句)</td><td>你喝什呢啊?(特指问句)</td></tr>
<tr><td>你吃饭还是吃粥?(选择问句)</td><td>你是吃饭还是吃粥?(选择问句)</td></tr>
<tr><td>你知不知道?(反复问句)</td><td rowspan="2">你个晓得嘎?(个 VP 问句)</td></tr>
<tr><td>你知道吗?(是非问句)</td></tr>
</table>

表 4 显示,泰兴方言的“个 VP”型问句与普通话的是非问句和反复问句对应。而普通话的是非问句和泰兴方言的“个 VP”问句都不是一个单纯的类,所以它们的对应关系比较复杂。

普通话的是非问句分为两种,二者的疑问焦点、疑问程度都不同。第一种问句,问话人已经对命题有一定的猜测,发问是为了求证,这种问句没有疑问焦点,如“奶奶起床了?”第二种问句,问话人对事情不了解,想通过发问来获得真相。这类问句有疑问焦点,一般重音落在哪个成分上,哪个成分就是疑问焦点,如“奶奶起床了吗?”第二种问句的疑问程度高于第一种。

泰兴方言中的“个 VP”可分为以下两类:

A.(1)你个是不想上北京啊你是不是不想去北京?

(2)你个是晓得她考啊个第一你是不是知道她考第一?

B.(1)外头个落雨外面下没下雨?(反复问)/外面下雨了吗?(是非问)

(2)你个曾去你去没去过?(反复问)/你去过吗?(是非问)

(3)他个是王老师他是不是王老师?(反复问)/他是王老师吗?(是非问)

泰兴方言 A 类只与普通话的第一种是非问句对应,是一对一的关系;B 类与普通话反复问句、第二种是非问句双重对应，是一对二的关系。A 类问句，如“你个是不想上北京啊?”，问话人对“不想上北京”之事已有一定的推测，问句信大于疑，希望得到确认，没有疑问焦点。B 类问句，如“外头个落雨?”，问话人对“外头是否下雨”不了解，想通过发问来获得真相。B 类问句的疑问焦点通常是“个”后的 VP。B 类问句的疑问程度高于 A 类问句。另外 A 类和 B 类的回答方式也不相同。例如：

A.（1）个是落雨了？——是的，（落嘎了）/不是的，（不曾落）。

（2）你个是不想上北京啊？——是的，（不想）/不是的，（想）。

B.（1）个落雨啊？——落/不落。

（2）你个想上北京啊？——想/不想。

A 类问句隐含着问话人的推测，所以可以用“是”或“不是”作答，表示肯定或否定问话人的猜测。B 类问句并不隐含推测，所以不能用“是”或“不是”作答，而须用“VP”或“不 VP”，也可以用点头或者摇头作答。

从上文讨论可知，反复问句和是非问句是有一致性的，这种一致性在汉语中普遍存在。李小凡（1990：179）指出“在本地人的语感中，苏州话的‘阿 VP’型问句是跟普通话的是非问句和反复问句双重对应的”。普通话的是非问句和反复问句虽然形式上不同，但语义是一致的，如“奶奶起床了吗?（是非问）”和“奶奶是不是起床了?（反复问）”语义相同。

是非问句和反复问句的一致性还可从历史渊源考察。吕叔湘（2002：287—288）指出，文言里反复问句和是非问句形式上非常接近，“文言里不重复句子的一部分词语，只在句末加一‘否’字，或‘未’字，或‘无’字。‘未’等于白话的没有，‘无’字就是白话里的‘么’和‘吗’的前身，这可见用‘吗’字的问句原是从反复问句化出来的。”太田辰夫（1987：369）也持同样的观点。

综上所述，反复问句和是非问句其实就是一类句子。是非问句和反复问句应归为一种类型，不能仅凭语法形式就分为两类，还应兼顾语义及其历史来源。可 VP 问句属于何种性质的分歧，归根到底是汉语疑问句如何分类的问题。

我们认为汉语疑问句分为特指问句、选择问句和是非问句，反复问句归为是非问句的下位类型较为合理，符合汉语及其方言的语言实际。泰兴方言的疑问系统分为特指问句、选择问句和“个 VP”问句三类，“个 VP”问句是是非问句在泰兴方言中的表现形式。

“个 VP”是泰兴方言固有的底层形式，但是中青年也有“VP 不 VP”的说法。“VP 不 VP”是异质的，与“个 VP”在泰兴方言中共存。这种共存现象亦见于同属江淮官话的扬州①、南京等方言。理论上，二者不能在同一方言的同一历史层次中共存，泰兴等地的共存现象是语言接触的结果，是异源叠置。

参考文献

贺巍　1991　《获嘉方言的疑问句》，《中国语文》第 5 期。
胡利华　2008　《安徽蒙城方言的“可”字句》，《方言》第 3 期。
李小凡　1990　《也谈反复问句》，《语言学和汉语教学》，北京语言学院出版社。
李小凡　1998　《苏州方言语法研究》，北京大学出版社。
刘丹青　1991　《苏州方言的发问词与“可 VP”句式》，《中国语文》第 1 期。
吕叔湘　1979　《汉语语法分析问题》，商务印书馆。
吕叔湘　2002　《中国文法要略》，《吕叔湘全集》，辽宁教育出版社。
太田辰夫　2003　《中国语历史文法》（修订译本），蒋绍愚、徐昌华译，北京大学出版社。
汪平　1984　《苏州话里表疑问的“阿、曾阿、啊”》，《中国语文》第 5 期。
王琴　2008　《安徽阜阳方言的“可 VP”反复问句》，《方言》第 2 期。
王世华　1985　《扬州话里两种反复问句共存》，《中国语文》第 6 期。
徐烈炯、邵敬敏　1999　《“阿 V”及其相关疑问句式比较研究》，《中国语文》第 3 期。
徐杰、张媛媛　2011　《汉语方言中“可 VP”问句的性质》，《汉语学报》第 2 期。
游汝杰　1993　《吴语里的反复问句》，《中国语文》第 2 期。
袁毓林　1993　《正反问句及相关的类型学参项》，《中国语文》第 2 期。
张伯江　1997　《疑问句功能琐议》，《中国语文》第 2 期。
张敏　1990　《汉语方言反复问句的类型学研究》，北京大学博士学位论文。
赵元任　1956　《现代吴语的研究》，科学出版社。
朱德熙　1985　《汉语方言里的两种反复问句》，《中国语文》第 1 期。
朱德熙　1991　《“V-neg-VO”与“VO-neg-V”两种反复问句在汉语方言里的分布》，《中国语文》第 5 期。
朱德熙　2014　《语法讲义》，商务印书馆。

【附记】我与石老师相识，是在跟随恩师鲍明炜先生攻读研究生期间。20 世纪 80 年代末，鲍先生主持编纂《江苏省志·方言志》。石老师负责吴语区的调查研究，俞扬先生和我负责江淮官话通泰区。在南京开了几次编委会，会上有一些

① 详见王世华《扬州话里两种反复问句共存》，《中国语文》1985 年第 6 期。

交流，但还不太熟。

真正了解石老师，是 1999 年受史皓元教授（Richard VanNess Simmons）邀请，我跟石老师一起赴新泽西大学访问。我们三人，加上纽约城市大学的俞志强教授，常常就江淮官话与吴语的共时面貌、历史渊源等问题，展开学术讨论。大家学术背景各异，学术观点也不尽相同，每个人畅所欲言，各抒己见，不时碰撞出思想的火花。没有什么比这种自由的、纯粹的学术辩论更令人陶醉的了。讨论伊始，还比较平和，但没过几天，平静的海面就变成了惊涛骇浪。有一次，我们沉浸在忘我的讨论中，没意识到声音越来越大。突然，隔壁不懂中文的行政人员推开会议室的门，一脸疑惑地问：What happened？我们一愣，然后相视大笑。她恍然大悟，感慨道：What a happy team！三位先生学养深厚，我有幸从他们那里学到了很多，特别是石老师关于吴语史的研究，对我启发尤多。

这样的“争吵”，差不多贯穿了我和石老师相处的几十年。我们从美国“吵”到中国，从苏州“吵”到南京，从南京“吵”到北京，又从中国“吵”到日本。2012 年 3 月，北京语言大学曹志耘教授和日本金泽大学岩田礼教授，在金泽联合举办“首届中国方言文化国际学术研讨会”。我和石老师均受邀与会。会后，石老师夫妇请我去熊本的家里做客。石老师夫人陈榴竞女士，为人和善，热爱生活，我们十分投缘。我看过她写的随笔，行云流水，文采斐然。

当天晚餐，陈老师准备了丰盛的菜肴。席间，我和石老师三句话不离老本行，不知怎的，又谈到浊声母、方言边界之类的了。陈老师插不上话，说你们继续“吵”吧，我泡温泉去了。等她泡完回家，我们还在边吃边“吵”。

我们合作的方言田野调查，一般安排在暑假。石老师特别爱出汗，身上总带着一块毛巾，随时随地擦汗。冰啤酒是他的最爱，每次吃饭，一踏进饭店，就看他大手一挥，高喊道：“冰啤酒！”那个场景，一直印在我的脑海里。

一晃 30 多年过去了。我印象中的石老师，依旧是眯着眼睛笑嘻嘻的样子，想不到他已经七十了。

值此石老师七秩华诞，谨以拙文及此小记为石老师寿。衷心祝愿石老师和陈老师身体健康，福寿绵延！

痴傻义“呆”的音义分合与时空分布

——兼论“呆板”的审音问题*

盛益民[1]　刘丹青[2]

（1 复旦大学中国语言文学系，复旦大学现代语言学研究院；

2 深圳大学文学院，中国社科院大学文学院）

引　言

痴傻义词是词汇语义系统中的重要成员，也是当前常用词研究中的热点。杨振华（2017）以李荣主编（2002）《现代汉语方言大词典》的 42 本方言词典为主进行讨论，得到“痴呆”类语义场各成员在现代汉语方言中的分布情况，如下所示：

	海口	福州	建瓯	厦门	广州	梅县	上海	崇明	杭州	丹阳	宁波	苏州	金华	温州	南宁平话	绩溪	娄底	长沙
愚		+		−	−												+	
蠢		+			−	−									+		−	−
痴		+	+							+				+	−		−	−
呆	−		−		+		−	+	+	+	+	+	+	+		+		−
憨														−				
傻	−				+										−			

* 本文得到上海哲社一般项目“近代上海方言词典的整理与词汇演变研究”（2021BYY002）和教育部后期资助项目“文献整理与上海方言历时语料库建设”（21JHQ035）的支持。写作过程中承蒙汪维辉、董建交、宋华强、戴佳文等师友的指教。尚存问题，文责自负。

续　表

	南昌	萍乡	太原	沂州	扬州	南京	武汉	贵阳	成都	银川	西宁	徐州	洛阳	西安	万荣	牟平	济南	哈尔滨
愚													−					
蠢	+		−		+						+	−						−
痴		+	−	−	−		+		−				−	−	−	+		
呆	−	+	−		−	+		+	+			+	−	+	+		−	
憨				−	+			−	+						+			−
傻			−	−	−	+				+	−		+				+	+

注:“+”表示说,“−”表示用法有限,空格表示不说。

如果只聚焦其中的“呆”,那么可以看到“呆”在官话、晋语、吴语、徽语、湘语、赣语、粤语中都有分布,地理分布上没有什么规律。

字词关系是讨论词汇共时分布与历史演变的基础,“呆”其实代表了诸多不同的字位。《汉语大字典》中列出了“呆”的两个不同字位:(一)音 bǎo,同“保”,《集韵》补抱切,《说文·人部》:“呆,古文保。”(二)音 dāi,未注音韵地位,释义有三个:❶痴;傻、❷停留;居住、❸(旧读 ái)死板;不灵活;不自然。尤其❸“呆板”还注明了“旧读 ái”,当与 dāi 一读不具有同一性。①

即便是表示“痴呆”义的“呆”,李荣(1980)很早就指出实则代表了两个不同的字位:“‘獃’或‘呆’读 dāi,用作傻、不聪明讲,是《广韵》咍韵丁来切‘懛’的训读字。‘呆’读 ái,用作傻、不聪明讲是《广韵》咍韵五来切‘獃’的训读字。”丁声树编录、李荣参订的《古今字音对照手册》也做了区分:“獃”读丁来切 dāi,后用圆括号加注“懛”;“呆”读五来切 ái,下注“獃”。张惠英(1985)、桑宇红(2010)等做了进一步讨论,桑宇红(2010)总结道:“‘痴呆’的‘呆’dāi,在《广韵》中本字是‘懛’,后被‘獃’字取代,‘獃’故此有了 dāi 音,可后来‘獃’又被简单易写的‘呆’字取代;同时‘獃’字的 ái 音也转嫁给了‘呆’,这样‘呆’就有了 dāi 和 ái 两

① 《说文·木部》“某”条下曰:“某,酸果也。从木,从甘。阙。槑,古文某,从口。”可见“呆”还曾是“某(楳=梅)”的古文。而根据桑宇红(2010),近代汉语中还用“呆”记录过“茶”。可见,“呆”字形的记词职能问题颇为复杂,本文暂且不议。

个音。"下面把读 dāi 的记为"呆₁",读 ái 的记为"呆₂"。不过我们发现,"呆"的音义分合问题远比之前学者讨论的更为复杂,第 1 节将对此做进一步的讨论。

区分清楚不同字位之后,也便于讨论"呆₁""呆₂"的地理分布问题。由于杨振华(2017)对李荣主编(2002)利用时,未考虑到"呆"在书中用"呆""獃"两个不同字形分别的问题,①因此,其对"呆"方言分布的讨论也是不尽如人意的。张惠英(1985)由于区分了"呆"的不同字位,已经提到了地理差异问题:吴语只用五来切的"呆₂",而读 dāi 的"呆₁"则流行于北方。不过张文只是简单提及,并未论证与阐发,本文第 2 节打算进一步考察两者的地理分布问题。

在以上讨论的基础上,本文第 3 节打算就"呆板"一词中"呆"从 ái 到 dāi 的审音问题做出讨论。

本文所用方言材料主要依据李荣主编(2002),文中不再说明。使用其他材料,则随文注明出处。

一、"呆"的音义分合问题

1.1 呆₁

李荣(1980)等早就已经指出"呆₁"的本字是"懛"。"懛"见于《广韵》和《集韵》而未见于王仁昫《刊谬补缺切韵》(王三),《广韵》蟹开一端平咍丁来切"懛,懛剀,失志皃",《集韵》蟹开一端平咍当来切"懛,懛獃,儓怳也"。"懛剀/獃"是失志貌的意思,徐世荣(1997:39)认为失志与痴傻义"义近同",存在语义演变的可能性。而段玉裁《说文解字注》则认为"懛"是"嬯"的俗字:"《集韵》:'懛,当来切。'即此字也。今人谓痴如是。"不过"嬯"《广韵》为徒哀切,两者语音上存在清浊之别。②

① 各分卷本用字不一,李荣主编(2002:5146)的综合本则做了字形的统一:方言读[t-]声母的(相当于本文"呆₁"),该词典均写作"獃";方言读[ŋ- ø-]声母的(相当于本文"呆₂"),该词典均写"呆"。

② 谷衍奎(2008:423—424)认为"呆"是"保"的古文,是"保"的独立分化字,分化后变读 dāi;"呆"本表示婴儿无知无识的样子,之后发展出了痴傻义,后一种意思又写作"獃"。"呆₁"与"保"的古文"呆"只是同形字而已,恐怕并无演变关系。而王先谦则将"呆₁"的源头追溯到《释名·释姿容》的"贷騃":"'贷'俗音转如'獃',字书不载。"(引自蒋礼鸿 1981:110)"贷"与"呆₁"声母、声调均有别,两者也未必有语源关系。

文献中写作“懛”表示“痴呆、笨拙”义的词要到明代前后才出现，如陆容(1436—1497)《菽园杂记》给“懛”注音“丁来切”，郎瑛(1487—1566)《七修类稿》在“懛子”的“懛”下注音“歹平声”。“懛”的字形也写作“獃”，如范康《竹叶舟》中的“省得人笑你杭州阿獃”，“獃”臧晋叔(1550—1620)《元曲选·音释》注为“带平声”，虽然杨耐思、蓝立蓂(1984)指出“元刊本未见，不知何所据”，但表明“獃”在明代可以记录“呆$_1$”。

除了痴傻义，文献中“呆$_1$”还有发愣义和停留义。先来看发愣义，由于发愣的外部状态与痴呆比较接近，因此杨振华(2017)已经指出“呆”的发愣义由痴呆义发展而来。

“呆$_1$”的发愣义比较早见于《董西厢》，到明清之后一直都有用例，且字形一律都写作“呆”。现存《董西厢》的早期版本也都是刊刻于明末的嘉靖、隆庆之间或是万历初年了(夏心言 2017)，明代之前是否写过其他字形，暂不得而知。①例如：

(1) 道着睬也不睬，焦[瞧]也不焦[瞧]，眼睐睽地佯呆着。(金·董解元《西厢记诸宫调》卷1)

(2) 妙观呆了一晌，才回言道：“这话虽有个来因，却怎么成得这事？”(《二刻拍案惊奇》2卷)

(3) 李方哥见程朝奉要收拾起银子，便呆着眼不开口，尽有些沉吟不舍之意。(《二刻拍案惊奇》28卷)

(4) 东坡束手仲奎呆，却让千岩扫一撇。(明·李日华《续画媵题雪竹》)

(5) 西崽送上签字纸，一看四十二元七角五分。筱岑倒呆了一呆，想着还有一打勃兰地在里头，只得签了字。(《商界现形记》7回)

李恩江(1999)认为，“呆”是一个从口从木的会意字，会口不能言之意，本义为发愣，最初当读五来切而不是丁来切。的确，发愣义基本上字形只有“呆”，也许可以看成是为发愣义专门造的一个字形，“目瞪口呆”这个成语大概能很好地说明这个造字理论；之后“呆”这个字形才波及源义“痴傻义”。不过，从李荣主

① 由于方言中发愣义“呆”主要是见于北方的“呆$_1$”。2.1 节会提到北部吴语有发愣义的“呆$_2$”，但是吴语文献中多用“騃”等字形。所以我们认为官话文献中的“呆”应当都是“呆$_1$”。

编(2002)可以看出,北方方言发愣义只用"呆$_1$",李恩江(1999)认为发愣义的"呆"当读五来切(即"呆$_2$")的说法并无依据。

而在表示停留义上,"呆$_1$"和"待"的字形普遍使用得较为混乱(例见马显彬2011)。几本重要的辞书在这个问题上也存在较大的分歧,请看下表:

表1 "呆""待"字形关系表

	待 dāi		呆		獃	
	释　义	最早引例	释　义	最早引例	释　义	最早引例
汉语大字典	停留;逗留	蒲松龄《增补幸云曲》	停留;居住	周立波《暴风骤雨》	/	/
汉语大词典	犹呆。耽搁;停留	《醒世姻缘传》	待,停留	曹禺《雷雨》	待,停留	《儿女英雄传》
近代汉语词典	耽搁;停留	徐渭《女状元》	/	/	/	/
现代汉语词典	停留	/	同"待(dāi)"	/	/	/

从表中可知,除了《近代汉语词典》,其他几本词典均认为"呆""待"在停留义中存在混用。使用"待"明清时期都有,写作"獃"清代才出现,而写作"呆"则要到民国之后。所引用例可以罗列如下:①

(6) 你且在丹墀里少待待儿,等那两起来问明了,我一总放你。(明·徐渭《女状元》3出)

(7) 晁大舍将息调理,也整待了一个月,至十二月十五日起来梳洗,身上也还虚飘飘的。(清《醒世姻缘传》2回)

(8) 多待上十朝半月,散散心即早回还。(清·蒲松龄《增补幸云曲》1回)

(9) 我们姑爷在家里也是白獃着,趁着我还硬朗,叫他出去到官场中巴结巴结。(《儿女英雄传》40回)

① 马显彬(2011)还举出一个《水浒传》的例证:"俺奉元帅将令,今日拿得你的一个头目,到俺总兵面前,不肯杀害,好生与他酒肉管待在那里。"其中"管待"是一个词,并非"待"停留义的用例。

（10）你让哥哥歇一歇，他愿意一个人呆着的。（曹禺《雷雨》第1幕）

在李荣主编的“现代汉语方言大词典”系列中，停留义哈尔滨的［tai^1］、济南的［$tɛ^1$］都写作“待”，《哈尔滨方言词典》注“也作呆”。

关于“呆”与“待”的关系，学界有不同的看法：

第一种认为本字就是“待”。《汉语大字典》：“停留；逗留。《广雅·释诂二》：‘待，逗。’”应该是认为“待”就是本字。曹先擢、苏培成主编（2017：107）也认为停留义的“呆”本作“待”。

第二种认为“呆$_1$”就是本字。傅永和等（2012：490）指出，停留义由其发展而来：“由于‘发愣’在情态上有一个时间延续的过程，因而‘呆’又引申出‘待，停留’义；又由停留义引申出逾期，处于呆滞状态，如‘呆账’。”

第三种则认为“待”“呆$_1$”都可以发展出停留义，马显彬（2011）认为“待”是在明清引申出停留义，“呆”到现当代出现停留义，“待”“呆”混用后，“待”受“呆”影响而产生了阴平 dāi 的读法。

我们认为，承认“待”“呆$_1$”都可以发展出停留义大概是比较稳妥的。虽然《汉语大词典》引用的《广雅》有“傺、眙、止、待、立，逗也”的条目，“逗”本就是停留、逗留之义，说“待”具有停留义也并无不可，但是张揖《广雅》是三国时期的文献，“待”的停留义要到明代才开始使用，时间上存在较大的空档，较难解释；也许可以考虑“待”的停留义是由等待义发展而来的。“待”《广韵》音韵地位为蟹开一定咍上徒亥切，在普通话中只可能读去声，读阴平是不规则的。马显彬（2011）认为“待”的阴平读音是受“呆$_1$”影响所致，不过停留义的 dāi 在汉语北方方言中分布也较广泛，应该具有一定的时间深度，而文献中“呆”的字形出现较晚，说“待”受“呆$_1$”影响，理由并不充分。似乎也可以考虑发生了动词变读阴平的特殊音变。至于“呆$_1$”，一方面《儿女英雄传》用“獃”记录过停留义，是“呆$_1$”可以表停留义的明证；另一方面，其本身确实具有发展出停留义的可能性，发呆、发愣必然会有停留，这种演变机制也是比较容易解释的。

1.2 呆$_2$

学界关于“呆$_2$”的本字，有几种不同的看法：

第一种是本字为“佁”，“佁”《说文》：“痴皃。从人台声。读若騃。”清代黄生《字诂》在"佁儗"条下指出:"佁,痴貌,古或借'騃'。俗作'獃',即'敳'字谬改,《集韵》收入咍韵疑母,此书广收俗字,甚足乱后人耳目也。俗又以'呆'为'佁',此即取疑字旁谬省而作。"①即认为"呆$_2$"的本字是"佁","獃、敳"是俗写。

第二种是本字为"獃"。李荣(1980)指出"呆"是《广韵》咍韵五来切"獃"的训读字。"獃"未见于王仁昫《刊谬补缺切韵》(王三),在《广韵》的音韵地位为蟹开一疑咍平:"獃痴,象犬小时未有分别。五来切。"《大广益会玉篇》对"㾄"的解释中也提到了"獃":"五才切。痴疾也。本作獃。"

第三种认为本字是"騃",该说由杨耐思、蓝立蓂(1984)提出。"騃"王仁昫《刊谬补缺切韵》中为"五骇反",《广韵》的音韵地位为蟹开二疑皆上五骇切:"痴也。五骇切。又音俟。四。""五来切"与"五骇切"声调有平、上之别,两者并不同音。不过在《中原音韵》中,"騃"列入了皆来韵的阳平,与"皑"同音;臧晋叔《元曲选·音释》对无名氏《陈州粜米》"难道你王粉头直恁騃"中的"騃"注音为"騃,鱼开切",也与《中原音韵》一致。这说明元明时期,"呆$_2$"也多用"騃"来记录。

"佁"从王仁昫《刊谬补缺切韵》(羊止切、丑利切)到《广韵》(羊己切、夷在切、丑吏切)和《集韵》(养里切、丈蟹切、己亥切、夷在切、荡亥切、丑吏切、待戴切、他代切),均无疑母的读音,与"呆$_2$"现今的读音有较大的差异,恐怕不太可能是"呆$_2$"的本字;而后两种意见则相对比较可靠,不过"獃"需要解释词义的演变,"騃"需要解释声调的改变。所以,"呆$_2$"的本字问题尚待进一步研究。

当然,从2.1节的讨论中可以看出,现在方言中"呆$_2$"的音韵源头还是比较一致的,都来源于疑母咍韵的平声。

1.3 小结

根据以上两节的讨论,历史文献中"呆$_1$""呆$_2$"的音义分合问题颇为复杂,可以列表如下:

---

① 据黄生撰、黄承吉合按、包殿淑点校《字诂义府合按》,中华书局,1984年。"即'敳'字谬改"原文作"即'敳'。字谬改",我们按照汪维辉教授(私人交流)的意见做了调整。

表 2 “呆$_1$”“呆$_2$”字词关系表

	“呆$_1$”tai		“呆$_2$”ai
词义	{痴呆}	{发愣}	{痴呆}
字形	懛、獃、呆	呆	獃、騃、呆

字形“獃”中古音韵地位是蟹开一疑咍平(即“呆$_2$”),用其去记录读 dai 的“呆$_1$”,本身就是一种因词义相同而引起的训读现象。

“呆”最初当是为“呆$_1$”的{发愣}义专门造的会意字。由于{痴呆}义上已经存在用“獃”记录“呆$_1$”“呆$_2$”,之后“呆”替代“獃”也可以用于记录两个不同的字位。由于“呆”本身是会意字,我们从文献用例中看不出读音归属。不过,字书中很早就有相关记载了,比如《篇海》中对“呆”的解释:“补道切,同保,详人部保字。又莫厚切,音母,古文某字。今俗以为痴獃字,误也”;再比如《正字通》:“同槑省,古文某作槑,某即古梅字。今俗以呆为痴獃字。”可以说,“呆”实际上成了一个“纯”训读字,即无所谓本读,跟着方言里用“呆$_1$”还是“呆$_2$”的取舍而选读不同的字音。

二、“呆$_1$”“呆$_2$”的南北之别

2.1 “呆$_1$”“呆$_2$”的地理分布

我们重新对李荣主编(2002)《现代汉语方言大词典》的 42 本汉语方言词典中的“呆”进行了考察,基于这个材料对汉语方言中“呆$_1$”“呆$_2$”的共时分布进行重新分析。

先来看“呆$_1$”。《现代汉语方言大词典》中,“呆$_1$”作为词或者构词语素,主要有如下两种意思:① 痴傻义,包括头脑迟钝、不明事理、智力低下等多种不同表现;② 发愣。至于停留义多写作“待”,只见于官话和晋语的哈尔滨、济南、西宁、太原等地,1.1 节已有提及,本节不再赘述。各地的情况可列表如下[+表可自由使用,(+)表示作为构词语素]:

表 3　汉语方言“呆$_1$”分布情况表

	济南	牟平	洛阳	银川	西宁	乌鲁木齐	徐州	南京	贵阳	太原
痴傻	(+) 獃子	(+) 獃子	(+) 獃头獃脑		(+) 獃子		(+) 獃娄巴唧	+	(+) 卖獃	
发愣				(+) 獃拐		(+) 卖獃	(+) 獃孩儿的	+		

	绩溪	丹阳	崇明	温州	娄底	南昌	萍乡	黎川	福州	厦门
痴傻	(+) 书獃	+	+	(+) 读书獃	(+) 书獃子			(+) 书獃子	(+) 獃相，书獃	(+) 憨大獃
发愣						(+) 发獃	(+) 发獃			

从表中可知，表示痴傻义的“呆$_1$”主要分布于官话和靠近官话的丹阳、崇明吴语，南方方言多只用于“书呆子”相关的词；发愣义见于官话、晋语和赣语。银川、乌鲁木齐等部分北方方言只有发愣义而无痴傻义，很可能其痴傻义为“傻”“瓜”等其他词所替代；至于赣语南昌、萍乡方言表发愣义的“发呆”，则很有可能是官话影响的结果。若此，我们可以认为“呆$_1$”主要分布于官话和晋语，部分南方方言受到官话的影响，单用或以构词语素使用“呆$_1$”。

“呆$_2$”在各方言中作为独立词或者构词语素，主要有如下两种意思：① 死板、呆板，固定不变；② 痴傻，包括反应迟钝、愚蠢等义。此外，“呆$_2$”在部分方言还可以零星地表示：③（鱼/虾）死，见于扬州、成都①；④ 拖沓、停留，见于成都；⑤ 发愣，见于宁波②；⑥ 丑、坏、脾气不好等，见于建瓯、福州；⑦［副词］肯

---

① 汪维辉教授（私人交流）指出，宁波话“呆”也有类似的用法，应该是为了避讳“死”的一种替代说法。

② 与“呆$_1$”一样，“呆$_2$”也可以发展出发愣义。现今汉语方言中表发愣义的“呆$_2$”则只见于苏南、浙北的吴语方言中，请看以下苏州话（笔者调查）、宁波话的例证：

（1）苏州：呆勒海半日天发愣了半天

（2）宁波：呆勒眼寻死啊？事体好去做！愣在那儿找死？赶紧做事儿去！

绍兴话中“呆$_2$”也具有发愣义，还可以用“呆歇”［ŋE$^{231-115}$ çieʔ$^{45-54}$］（王福堂 2015：120）表示“过一会儿、待会儿”的意思。

定，见于成都、绩溪、苏州；⑧［副词］很、十分，见于宁波。下表只列出①②两个义项：

表 4　汉语方言“呆$_2$”分布情况表

	徐州	西安	扬州①	南京	成都	贵阳	太原	绩溪	丹阳	苏州
死板	+	+	+	（+）呆的：肯定如此	+	+	+		+	+
痴傻								+		+呆大：傻子

	崇明	上海	杭州	宁波	温州	金华	萍乡	广州	雷州	
死板	+	+呆板	+				+			
痴傻	+	+呆大	+呆头呆脑	+	+	+	+	+	+	

从表中可知，死板、固定义多见于官话方言和吴语、赣语，而痴傻义则多见于徽语、吴语、赣语、粤语、闽语等南方方言，尤其是集中分布于吴语区。

我们进一步查阅了陈章太、李行健主编（1996）的“傻子”和“笨”两条，所列官话（包括晋语）各点的材料，也是只有“呆$_1$”没有“呆$_2$”。“笨”说“呆$_1$”的只有湖南常德方言；“傻子”只说“呆$_1$子”的有西宁、昆明、扬州、南通，兼说“呆$_1$子”的有承德、忻州②、黑河、齐齐哈尔、白城、沈阳、锦州、烟台、济南、白河、汉中、西安、芜湖、连云港、涟水、南京、歙县，此外，还有邯郸说“傻呆$_1$瓜”、吉首说“呆$_1$郎子”、红安说“老呆$_1$”、徐州说“呆$_1$瓜”等。③

结合以上讨论可知，表痴傻义的“呆$_1$”和“呆$_2$”原本是两个不同的词，前者多见于北方方言（尤其集中分布于中原、江淮一带的北方方言中），后者则主要见于南方方言。只是因为选用了同一个会意的训读字“呆”，才导致了形义相关的一

① 词典中明确注明，扬州话的“呆”老派音 $iɛ^{35}$、新派音 $ɛ^{35}$。由于《中原音韵》中“呆”列在车遮韵平声阳，与“爷耶”同音，所以桑宇红（2010）认为扬州话的“呆”是这个音的后代。董建交（私人交流）告知，根据江苏省地方志编纂委员会（1998：584），扬州话麻三韵的“爷”音 $iɪ^{2}$，而咍韵影、疑母的“哀、硙磨墨、挨、埃、矮、艾、爱”都读 iɛ，可见其为五来切的“呆$_2$”，并非来自《中原音韵》车遮韵的“呆”。

② 说“呆得”，后字是“子”的弱化形式。

③ 书中还记录到汉源方言“傻子”说“□呆［nai^{1} tai^{1}］”，本字恐怕是表示不晓事义的“褦襶”。

系列复杂问题。

2.2 论"杭州阿懛/獃"

接下来讨论另一个有意思的问题。文献中"呆$_1$"(早期写作"懛、獃")表示"痴呆、笨拙"义的早期用例,多与杭州有关,请看以下例句:

(11) 懛,丁来切。注云:失志貌。苏州人谓无智术者为獃,杭州以为懛。同年吴俊时用美姿容而不拘小节,杭人呼为吴阿懛。尝自云:"我死,大书一名于墓前,云大明吴阿懛之墓。若书官位,便俗矣。惜乎,韵书无此字,人亦多不识。"(明·陆容《菽园杂记》卷12)

(12) 苏杭呼痴人为"懛歹平声子"。累见人又或书"獃""騃音呆"二字,虽知书如杭徐伯龄亦以"懛"字为是。……尝闻小儿语云:"阿懛,雨落走进屋里来。"(明·郎瑛《七修类稿》卷23)

(13) 你这先生自揣做的好,写的好便写,不然,你莫写,省得人笑你杭州阿獃。(范康《竹叶舟》第1折,明刊本)

陆容与郎瑛的记载稍有出入,陆容明确指出苏州用"獃"(呆$_2$)、杭州用"懛"(呆$_1$),而郎瑛说苏杭傻子都说"懛子"(呆$_1$)。我们认为陆容的说法大概更符合事实,理由如下:第一,陆容是苏州太仓人,郎瑛是杭州人,陆容肯定比郎瑛更了解苏州话;第二,有多种材料可以表明杭州话用"呆$_1$",但是除去郎瑛的记录,并无其他材料证明苏州话也使用"呆$_1$"。① 明代《山歌》中也只用"騃"记录"呆$_2$",可以表示痴傻义(例14)或者发愣义(例15),例如:

(14) 二十去子廿一来,弗做得人情也是騃。三十过头花易谢,双手招郎郎弗来。(《做人情》)

(15) 思量同你好得场騃,弗用媒人弗用财。丝网捉鱼尽在眼上起,千丈绫罗梭里来。(《睃》)

---

① 冯梦龙纂辑的《墨憨斋三笑》中,引用了元代高德基《平江纪事》中的一段话:"吴人自相呼为'獃子',又谓之'苏州獃'。每岁除夕,群儿绕街叫云:'卖痴獃,千贯卖汝痴,万贯卖汝獃。见买尽多送,要赊随我来。'"冯梦龙还评论道:"近日苏州不闻此语,杭州开口曰'某獃',岂獃有运,已自苏而杭耶?"《平江纪事》中的"獃"大概是记录的五来切的"呆$_2$",不过由于明代开始多用"獃"来记录丁来切的"呆$_1$",冯梦龙大概未搞清两者之间的关系,故有如是评论。

第三,现今的苏州方言中,也并不使用"呆$_1$"("书呆子"等明显为文读的除外)而只用"呆$_2$",也与陆容的记载相一致。

既然2.1节已经指出,"呆$_1$"主要用于北方方言而吴语主要使用"呆$_2$",那么为何明代杭州话会使用"呆$_1$"呢?我们认为杭州的"呆$_1$"是宋室南渡之后带来的。

北宋亡后宋室南渡。南宋建炎三年(1129)闰八月,高宗自建康至杭州,以州治为行宫,升杭州为临安府,亦称行在所。绍兴八年(1138)三月,移跸临安。临安府治所钱塘、仁和两县升赤县(京都),所辖余杭、富阳、新城、临安、於潜、昌化、盐官七县为京畿县。从此,杭州成为南宋的政治、经济、文化中心。伴随着宋室南渡,北方人口也大量涌入江南地区,其中又以临安府为最多。吴松弟(1997)指出,临安在两宋之交经历了方腊起义和金兵南下等战争破坏,人口下降很大,定都之后人口才得以恢复和增加,城市获得发展。据《建炎以来系年要录》所载,从建炎元年(1127)到绍兴二十六年(1156):"窃见临安府自累经兵火之后,户口所存,裁十二、三。而西北人以驻跸之地,辐辏骈集,数倍土著。"也就是说短短三十年间,临安府从中原一带来的北方移民已经在人口上大大超过土著吴语区居民了。

汴洛人口大量迁入的同时,汴洛方言也进入吴语区,塑造了一个半官话性质的杭州方言。大批官源成分也带入了杭州方言,甚至影响到了周边的其他吴语(盛益民2018)。我们认为"呆$_1$"就是伴随着宋室南渡带入到杭州方言中的,这也正好与上一节讨论到的"呆$_1$"多见于中原、江淮一带方言是可以关联起来的。

不过,根据鲍士杰(1998)等材料,杭州话现在已经不使用"呆$_1$",只使用"呆$_2$"。这个状况在晚清时期的传教士文献中已经如此,著名的英国大英教会教士慕稼谷(G. E. Moule,1828—1912)所编汉字本《杭州土话初学》有"呆笨灵活",在对应的罗马字文献 *'Ang-tse t'u-wa z-ü*(《杭州土话字语》)中的注音为 'Ai Ben^3 Lin Weh,'Ai符合"呆$_2$"的五来切。

"呆$_1$"在杭州话中的式微,大概与明清之后(尤其是太平天国运动之后),周边吴语对杭州话的大规模影响有密切关系,周边吴语只用"呆$_2$"。

三、“呆板”的审音问题：从 dāi 到 ái

《现代汉语词典》（第七版）“呆板”条为：“dāibǎn（旧读 áibǎn）[形]死板；不灵活：这篇文章写得太～|别看他样子～，脑子倒很灵活。”早期各类词典中，“呆板”的“呆”还是多注音为 ái。到 1985 年公布的《普通话异读词审音表》规定统读为 dāi，取消了旧读 ái 音。徐世荣（1997：39）提出了审音统读的考量：

> 《初稿》审“呆板”一词，定此词的“呆”音 ái。《订本》考虑群众意见，尽量减少不辨义、不需要的多音。不取 ái 音，统读为 dāi，与“呆傻、呆头呆脑、书呆子、呆若木鸡、痴呆、发呆”等同读 dāi。“呆”古字同“梅”，借为“獃”字，“獃”《广韵》：“五来切（ái），獃痴。”又借为“懛”字，“懛”《广韵》：“丁来切（dāi），失志貌。”痴傻与失志貌，义近同，因此，“呆”有两音，但不辨义。dāi 音为用较广。ái 音仅限于“呆板”一词，无分辨之必要，且其借字“獃”，如小说《西游记》中的猪八戒，在孙悟空口中呼为“獃子”，今日戏曲、影视、评书中都念 dāi 音，无念 ái 音的，说明已为大家熟闻。

“呆板”旧读五来切的 ái，可知当为“呆$_2$”。由于“呆$_2$”在南北方言中都可以表示呆板义，在南方方言中才有痴傻义的用法，我们认为“呆$_2$”的痴傻义可能是从呆板义发展而来的。虽然在文献中似乎并未找到“呆$_2$”表示呆板、死板义的例证，但在方言中，徐州、西安等地官话都可以用“呆$_2$”单独表示呆板、死板义。

而“板”本身就可以从木板义引申出呆板、死板的意思，文献中很早就有用例（白维国主编 2015：44）：

（16）用笔有三病：一曰板病，二曰刻病，三曰结病。（宋·韩拙《山水纯全集·论用笔墨格法气韵之病》）

（17）照面楼之侧，又堂之，阁之，梅花缠折旋之。未免伤板，伤实，伤排挤，意反局蹐。（明·张岱《陶庵梦忆》卷 8）

（18）好个“走”字，便见得高低了，且通句转的也不板。（清《红楼梦》78 回）

在方言中，乌鲁木齐、太原、南昌、萍乡、厦门、海口等地方言的“板”都有呆板、执拗之类的意思。

“呆板”大概就是同义复合的结果，文献中较早见于明代。早期文献有“騃板”“呆板”“獃板”等不同写法，但以写“呆板”为主。① 例如：

(19) 处士曰：“郭有道扫舍，岂其心独騃板哉？”（明·王思任《谑庵文饭小品》卷4）

(20) 但嫌其呆板，须改用活机。（清·陈龙昌《中西兵略指掌》卷24）

(21) 有拏空夭矫状态恢奇者，有獃板拙滞无足挂眼者，有抹红描处多有者。（清·陈浏《匋雅》卷上）

现今方言中，扬州、苏州、崇明、上海、绩溪、南昌、广州、建瓯、福州等地则用复合词“呆板”，贵阳用“呆板板”来表示死板、不灵活。普通话中的“呆板”一词大概就是近代从南系官话中吸收的。

从上可知，“呆板”读 ái 是符合其意义来源的，后来由于“呆”统读为 dāi，所以导致其从“呆$_2$板”变成了“呆$_1$板”。

需要特别指明的是，“呆”的正音问题，跟一般的异读并不相同。一般对异读字的审音统读，面对的是同一个字位/语素的读音分合问题，比如“鲸”统读 jīng 而删去旧读 qíng、“白”统读 bái 而不读旧读书音 bó 等，均皆如此。不过对于不同字位/语素，审音中则往往保留异读，比如《普通话异读词审音表》规定，接近义的“挨”读 āi，遭受、忍受义的“挨”（本字为“捱”）读 ái，徐世荣（1997：2）就明确指出，遭受、忍受义本作“捱”，“决不能读 āi，以分读辨义为宜”。而在面对“呆”的问题上，《普通话异读词审音表》则采取了另一种策略，取消“呆”的 ái 一读，实际上是为了求简而将两个不同字位/语素进行了人为归并。这种较为特殊的处理方式，李葆嘉（2012）认为混淆了语素义的差别，属于规范得不周到。对于不同字位/语素进行审音时该如何取舍，的确应该引起学界的更多关注。

四、总　　结

本文对汉语方言两个痴傻义“呆”的音义分合和地理分布进行了讨论，同时

① 根据我们在“中国基本古籍库”（2021年11月27日搜索）的搜索，“呆$_2$板”共出现59次。其中，“騃板”5次，“獃板”2次，“呆板”52次。

讨论了“呆板”的审音问题。文章的讨论可以总结如下：

表 5 “呆$_1$”“呆$_2$”总结表

<table>
<tr><th></th><th>语义演变</th><th>字　　形</th><th>地理分布</th></tr>
<tr><td>丁来切 dāi</td><td>痴傻>发愣</td><td>懛、獃、呆</td><td>北方方言</td></tr>
<tr><td rowspan="2">五来切 ái</td><td>呆板</td><td rowspan="2">獃、騃、呆</td><td>北方方言、南方方言</td></tr>
<tr><td>呆板>痴傻>发愣</td><td>南方方言</td></tr>
</table>

由于“呆$_1$”“呆$_2$”历史上用过共同的字形“獃”和“呆”，使得其间的字词关系问题颇为复杂。本文关注点暂时聚焦于共时方言状况，历史文献中的复杂情况尚需进一步讨论。

参考文献

白维国主编　2015　《近代汉语词典》，上海教育出版社。
鲍士杰　1998　《杭州方言词典》，江苏教育出版社。
曹先擢、苏培成主编　2017　《汉字源流精解字典》，人民教育出版社。
陈章太、李行健主编　1996　《普通话基础方言基本词汇集》，语文出版社。
傅永和、李玲璞、向光忠主编　2012　《汉字演变 文化源流》，广东教育出版社。
谷衍奎(编)　2018　《汉字源流词典》，语文出版社。
李葆嘉　2012　《试论语言文字的规范化与示例化》，见《一叶集：语言文学的纵横捭阖》，上海世界图书出版公司。
李恩江　1999　《“呆”字源流初探》，《语文建设》第 4 期。
李如龙、张双庆主编　1992　《客赣方言调查报告》，厦门大学出版社。
李荣　1980　《汉字演变的几个趋势》，《中国语文》第 1 期。
李荣主编　2002　《现代汉语方言大词典·综合本》，江苏教育出版社。
江苏省地方志编纂委员会　1998　《江苏省志·方言志》，南京大学出版社。
蒋礼鸿　1981　《义府续貂》，中华书局。
马显彬　2011　《“呆”“待”混用探源》，《通化师范学院学报》第 3 期。
盛益民　2018　《宋室南渡与临安官话对吴语的影响——若干词汇、语法例证》，*Language and Linguistics* 19.3：439－472，Benjamin Publish Co.。
桑宇红　2010　《“呆獃獃”音考》，《燕赵学术·2010 年春之卷》，四川辞书出版社。
王凤阳　2011　《古辞辨》(增订本)，中华书局。
王福堂　2015　《绍兴方言研究》，语文出版社。
夏心言　2017　《〈董解元西厢记〉版本的流变》，《文献》第 1 期。

许宝华、宫田一郎主编　1999　《汉语方言大词典》，中华书局。
吴松弟　1997　《中国移民史·宋辽金元时期》，福建人民出版社。
徐世荣　1997　《普通话异读词审音表释例》，语文出版社。
杨耐思、蓝立蓂　1984　《元曲里的“呆”字音》，《语言学论丛》第13辑，商务印书馆。
杨振华　2017　《汉语“愚痴”类语义场成员的历时演变与共时分布》，《中北大学学报》第3期。
张惠英　1985　《说“呆、獃、騃、懛”》，《语文研究》第4期，48—51页。

【刘丹青附记】闻同行诸君要为石汝杰教授荣休编集论文，欣然从命。石汝杰先生与我，因同乡而相闻，因同系而相识，因同趣而相与，因同文而相知。谨以合作之文，回味40年友情之乐，切磋之趣，亦人生之一大欣慰。

【盛益民附记】最近一直在回忆，是什么时候与石汝杰教授相识的？想来最有可能的是2012年在金华浙江师范大学举行的第七届国际吴方言学术研讨会上，原来结识石老师正好已经满十个年头了！十年来，我处处享受着石老师的恩惠，每次一有新文献、新讯息，石老师总会第一时间与大家分享；每次遇到吴语文献上的问题，我也经常会叨扰，石老师总是耐心地帮忙解惑。当听说我们有意重新整理《越谚》后，石老师特意不辞辛劳从日本影印回来一个上佳的版本，收到复印件的那一刻，真不知道该说什么感谢的话语，大概只有做好研究方能回馈石老师的殷切期许吧。最近这些年，我因为研究吴语语法史而需要接触、了解一些历史文献，与石老师的交流日笃，深得石老师教诲；也在石老师指导下做一些吴语文献整理研究的工作，比如协助石老师编写《近代吴语大词典》、与石老师一同编辑“吴语历史文献整理与研究”丛书，希望能以石老师为榜样，为吴语史研究尽绵薄之力。谨以本文庆贺石老师荣休，并祝石老师身体健康、学术之树常青！

上海方言动词"话""讲""说"的共时与历时研究*

——以19—20世纪方言史料为中心

王一萍

（日本熊本学园大学）

引　　言

普通话里表"用言语来表达意思"的动词主要有"说"和"讲"。"话"一般作名词使用，义为"说出来的能够表达思想的声音，或者把这种声音记录下来的文字"，也有用作语素的例子，如"讲话""会话""土话"等。作动词用时，"话"也有"说；谈"义，但仅见于"话白、话别、话旧、话说"等词语中。① 在早期（19世纪中期至20世纪初期）的上海方言中，"话"主要作动词使用，解释为 say，同"说"（V：106），与普通话和北方方言的有限组合形成鲜明对比，早期上海方言中动词"话"的组配能力极强，有大量用例，"说"和"讲"虽然也表动作义，但义项与"话"不完全相同，皆为非主导词，组合形式也不及"话"丰富多样。②

本文搜集整理19世纪中期至20世纪初期的上海方言文献语料中出现的有关

* 本文曾在日本中国语学会九州支部2014年度第1次例会（2013年7月12日，熊本学园大学）上宣读，并在熊本学园大学《文学・言语学论集》第12卷第2号（2014年12月）上发表。大会发言时，承蒙石汝杰、野田耕司、植田均、西山猛等多位老师的悉心指导，会后石汝杰教授又对本文提出了许多宝贵的意见，在此谨表谢忱。

① 据《现代汉语词典》第5版，590—591页。

② 关于动词"话"在官话中的历史，西山认为它最初可能是以口语词的身份出现在唐诗中，后作为一种"新奇的表达"在唐代诗人间流行，而后被宋词所继承。"今回の動詞'話'にしても最初は確かに唐詩において'その当時の口語が反映されたもの'であったかもしれない……その後の宋詞へと引き継がれていったのである。"（西山 2002：122）

“话”“说”和“讲”的相关动词、名词用例,着重对词义、词自身的组配能力(集中在与普通话用法相异的部分)等进行归纳,并结合《上海市区方言志》《上海方言词典》和《上海话大词典》等现代上海方言文献的说明和用例,分为19世纪中后期、20世纪初期和现今上海方言三个历史时期,对三者词义的发展趋势进行深入的纵向考察。

本文主要使用以下五本文献语料:

(1)艾约瑟(J.Edkins):《上海方言口语语法》(*A Grammar of Colloquial Chinese, as Exhibited in the Shanghai Dialect*,初版1853,第2版1868)(简称“G”)

(2)艾约瑟(J.Edkins):《上海方言词汇集》(*A Vocabulary of the Shanghai Dialect*,初版1869)(简称“V”)

(3)P. Corentin Pétillon:《法华字汇》(上海土话)(*Petit Dictionnaire Français-chinois, dialecte de Chang-hai*,1905)(简称“F”)

(4)《土话指南》(上海土山湾慈母堂第二次印,1908)(简称“T”)①

(5)丁卓:《中日会话集(日语版)》(三通书局,1942)(简称“R”)②

举例时,先引用单音动词的例子,再列出作者标注的方言注音(法国式或者英国式的拼音)、对应的法语或英语解释,对于《土话指南》中的用例,列出《官话指南》的原文(尽管文意未必完全一致);《中日会话集》中的用例,列出官话和日语的对译文。这里除了中文以外,还有英法日等外语,我们尽量附上必要的翻译和说明。

一、【话】 *wó‘* 的词义和组配能力分析

话:《广韵》去声夬韵下快切:“《说文》:会合善言也。”又《尔雅·释诂》:“话,言也。”

1 “话”表“用言语来表达意思”义项的组配能力分析

1.1 能愿动词+“话”

“话”以及由其构成的动宾结构可以充任能愿动词的宾语,可以组合的能愿

① 《土话指南》是《官话指南》的上海方言译本,师中董译注。《官话指南》是第一部由日本人自己编写的口语教材,初版时间为明治十四年(1881)。(徐、石2010:76)

② 丁卓为上海语学专门学校教授,《中日会话集》于1936年12月初版发行,本文使用的是第17版。

动词主要有两类：① 表示可能；② 表示事实或情理上的需要，如：

□本地白也会话之 'pun dí' *p*ah 'á *wé*' *wó*' tsz
He can speak in the dialect of this place.（G：161）

□勿能话说话 veh nung *wó*' seh *wó*' speechless（V：116）

□勿好话弄勿来 veh 'hau *wó*' lóng' veh lé
You must not say that you cannot do it.（G：204）

其中"会"和"勿能"表示可能。"勿能话说话"即"不能说话"，"说话"为名词。"好"作能愿动词，相当于普通话的"可以"，"勿好"指"情理上不可以（做某事）"。

1.2 副词＋"话"

"话"可受时间副词、否定副词、程度副词、情态副词等的修饰，如：

□改日再话否 'ké nyih tsé' *wo*' 'va? Defer to another day shall we?（V：20）

□勿话起者 veh *wó*' k'í' 'tsé did not speak of it（V：116）

□多话 tú *wó*' much talk（V：126）

□白话脱 *p*áh(g) *wó*-t'eh speak to no purpose（G：39）

□瞎话 hèh *wo*' parler à tort et à travers（F：564）

□细细能话 sí' sí' nung *wó*' describe（V：21）

□好好教个话。好好儿的说。（丁寧に話しなさい。）（R：147）

□隐隐里话 'yen 'yen 'li wo' insinuer（F：322）

（parler à tort et à travers：胡说。insinuer：暗示，影射。）

上例中的"多""白""瞎"，用作副词。"细细能""好好教"和"隐隐里"都是单音形容词重叠再加上后缀"能/教/里"。"隐隐里"的词义较特殊，普通话里"隐隐"是"隐约"义，在上海方言里则指"不直接言明，用含蓄的言语或示意的举动使人领会"，"隐隐里话"即"暗示"。

1.3 介词短语＋"话"

"话"可以受介词短语（作状语）的修饰，介词短语中的宾语多由代词充任，出现的介词有"对""忒""替"等，引出动作行为的对象或有关系者，义为"和，同，对"，"替"也可引出服务的对象，义为"代替，为"。这里这些词用法相仿。如：

□忒伊话 t'eh í *wó*' tell him（V：127）；speak to him（V：131）

□对伊话拉者 té‘ í wó‘ 'lá 'tsé have told him（G：76）

□替我话一声 t'i‘ 'ngou wo' ih sang veuillez dire un mot pour moi（F：377）

（veuillez dire un mot pour moi：替我说一声。）

1.4 “话”+ 宾语

动词“话”后加的宾语多为名词（短语）或代词，如：

□话别人长短 wó‘ bih niun dzang 'tön speak of other's faults（V：59）

□想啥话啥 'siáng sá‘ wó‘ sá‘ he says whatever he thinks（G：107）

“话”的宾语也可以是主谓短语，如：

□话人好 wó‘ niun 'hau commend men（V：16）

“话”的对象也可以置于主语位置上表强调，只有一个用例，如：

□说话话出来 seh wo' wo' ts‘éh lai proférer（F：459）（proférer：说；讲。）

1.5 “话”+ 补语

（1）“话”+ 结果补语。可以分为以下几类：

① 单音节动词作补语，这样的动词很有限，如：

□话惯者 wó‘ kwan‘ 'tsé accustomed to say（V：2）

□话住伊 wo' zu' í interloquer qqn（F：326）

（interloquer qqn：使发愣，使困窘。）

补语“惯”义为“习以为常，积久成性”，“话惯者”即“说惯了”。补语“住”表“停顿、静止”义，“话住伊”即“用语言使他停止、使他发愣”。

再看下面肯定与否定对应的形式：

□话煞 wó‘ sah say decisively（G：138）

□勿话杀 veh wó‘ sah he did not say decisively（G：115）

□话定 wo' ding' affirmer（F：15）（affirmer：断言，肯定。）

□勿曾话停 veh zung wó‘ ding has not done speaking（G：118）

以上几组动结式“话煞”“话杀”“话定”“话停”，从意义上说是相互有关系的。首先“话煞”的“煞”，即“杀”，本义是失去生命，作为动结式的结果补语，引申为“固定；确定”，所以“话煞”即“说定”。“话停”，即“停止说话”，意义有不同。

② 单音节形容词作补语，如：

□话破	*wó‘* p'ú‘	divulge（V：25）
□话差	wo'ts‘ouo	lapsus linguæ（F：338）
□话明	wo' ming	explicite（F：250）
□话坏	*wó‘* wá‘	defame（V：20）； calumniate（V：12；G：112）； speak ill of（G：37）
□话怺	wo' k'ieú	décréditer（F：170）；décrier（F：171）
□话大	*wó‘* dú‘	speak highly of（G：116）

（lapsus linguæ：说错，口误。explicite：明确的。décréditer、décrier：使失去信用、诋毁；贬低。speak highly of：钦佩地；赞赏地。）

形容词作结果补语较动词要丰富，但结构也相对固定，一般不具有类推性。比如“坏”“怺”本与“好”是一组反义词，“话坏”“话怺”为动补结构，解释为“诽谤，说人坏话”，也可构成动结宾式，如“话怺别人”（F：169），但是“话好”的意思却是 faire chorus（F：116）“附和”，与“话坏”“话怺”并不对应。又如“大”与“小”是一组反义词，早期上海方言里有“话大”，却不说“话小”。“话大”的“大”译为 highly，普通话里一般作副词放在动词前作修饰语，但上海方言里却将它用作补语，义为“大加赞赏”。

③ 双音节形容词或动词（短语）作补语：

□话定当	*wó‘* ding‘ tong‘	settle（V：109）；said decisively（G：134）
□话着实	wo' zah zéh	affirmer（F：15）
□话孛相	*wó‘* beh siang‘	jest（V：59）
□话发笑	wo' fèh siao'	plaisanterie（F：143）

□勿要话打碰。别打岔。（冗談を言うな。）（R：116）

（affirmer：断言，肯定。plaisanterie：说笑；开玩笑。）

“定当”和“着实”是形容词，义为“妥帖；确定”，所以“话定当”“话着实”意思为“说定”,与 1.5 中的用例“话煞”“话定”一致。“孛相”,动词,义为“玩儿”,又写作“白相”“薄相”(明:20)。“话孛相”义为“说着玩儿、不当真”,结果补语与谓语动词之间不能插入其他成分,但在普通话里情况有所不同,“玩儿”不能作“说”的结果补语,必须在“话”和“玩儿”之间插入助词“着”才能成立。

(2)“话”+ 趋向补语

“话”加趋向补语的用例不多,仅一例,表结果意义。如:

□随口话出来　dzûe ‘k’eu *wó‘* t’seh lé　speak extempore(V:35)

(3)“话”+ 可能补语

可能补语主要有两种:Ⅰ. A 类可能补语,由“得/勿+结果/趋向补语”构成;Ⅱ. B 类可能补语,由“得/勿得”构成。分述如下:

Ⅰ.“话”+ A 类可能补语

普通话里,在动词和结果补语或趋向补语之间插入“得”或“不”可构成可能补语,用以表示“主、客观条件是否容许实现(某种结果和趋向)”。虽然在语料中,也有“做得来”tsú‘ tuh lé, able to do(G:120)、“做勿来”tsú‘ veh lé, unable to do(G:120)这种对应的形式,但在有关“话”的用例中,否定式表现出明显的优势,相反,“话 + 得 + 补语”的格式却几乎都与可能补语无关,①举数例如下:

□话勿上个　wo' véh zaong' ke'　inexorable(F:317)

□话勿尽　*wó‘* veh ‘dzing　unspeakable(V:139);inexpressible(V:55)

□话勿到个　wo' véh tao' ke'　ineffable(F:317)

□话勿出个　wo' véh ts ‘éh ke'　ineffable(F:317)

□话勿来　*wó‘* veh lé　very unspeakable(G:98);unutterable(G:168)

(inexorable:无情的,很难打动的。ineffable:无法表达的,难以形容的。)

以上几例,简单地用普通话的“说”来理解,显然是勉强的。根据英、法语的译文来看,除了“话勿出”外,其余几例都与普通话存在较大差异。试举几例比较说明:

---

① 在 R 中有一例,疑问句中可能补语与“能/会+动”是可以互换的。如:侬世界语。会话否?(话得来否?)你会说世界语吗?(会说不会说?)貴下は世界語を御話しなさいますか(話せますか)(R:158)。“話せる”在日语里表可能态,“否”是疑问助词,“会话否”和“话得来否”同义。

a. “话勿上(个)”：趋向补语“上”表结果意义，即无法达到“说”这一动作的理想结果，英语译为“难以打动的”。而普通话“说不上”则为“因了解不够而不能具体地说出来”或“不值一提”。

b. “话勿来”：“来”作补语，表示可能，“话勿来”义为“不能说，不会说”，但普通话里一般指“由于双方思想、感情不合而谈不到一起”。

c. “话勿尽”“话勿到”“话勿出”三者同义，为“难以言传的；无法表达的”，“到”“出”“尽”作补语，义为“完”。

在 A 类可能补语中还有一些现象值得注意，在此归纳为以下三点：

① A 类可能补语的句法功能与普通话有较大差异。具体表现为：

a. “话”和可能补语之间还能插入副词“大”，表示实现某种结果或趋向的可能性不是特别大或不太容易实现，构成“动+大+勿+补”的形式，①如：

☐话大勿来 *wó‘* *dá‘* veh lé I cannot well talk (G：176)

b. 当可能补语有后续宾语时，代词宾语常插入动补结构之间，如：

☐话也话伊勿过 *wó‘* *'á* *wó‘* í veh kú‘ cannot conquer him by using the tongue (G：122)

② 有些可能补语的用法为熟语性的，如：

☐话勿理 *wó‘* veh 'lí not attend to what is said (G：122)；will not listen (G：33)

☐话勿转 *wó‘* veh 'tsen will not listen to words, or he keeps his words (G：134)

“话勿理”即“(即使)说了(也)不搭理”；“话勿转”可以解释为“(即使)说了(也)不转变想法”，即“说了不听”。值得注意的是，这两例并没有相应的结果补语，如“话理”“话转”。

---

① 艾约瑟将这一语言现象描述为：“否定意义的动词词组有时允许一个修饰主要动词的副词，并紧跟在主要动词后面。”(钱、田 2011：216)并举出了其他一些相关用例，它们在结构上保持一致，如：

☐听大勿出 t'ing dá‘ veh t'seh I do not hear very well (G：120)

☐认大勿出 niun‘ dá‘ veh t'seh I scarcely recognize him (G：176)

☐看大勿见 k'ön‘ dá‘ veh kíen‘ I cannot scarcely see it (G：176)

☐吃大勿落 k'iuh dá‘ veh loh I cannot well eat (G：176)

③“话+勿+~”形式并不一定都是可能补语。下例中,“话是”表示肯定(即“确认”),“话勿是”表否定(即“反驳、否认”):

□话是　*wó'*　'zz　affirm(V:2) ⇒ 话勿是 *wó'*　veh　'zz　contradict (V:17)

Ⅱ.“话”+ B 类可能补语

普通话里“V 得/V 不得”表示“主、客观条件是否容许实现(某种动作)”,在早期的上海方言语料中,这种形式也是以否定形式居多,[1]肯定形式只有一例,现将这组对应的形式列出:

□话得个　wo'　teh　ke'　cela peut se dire (F:448)

□话勿得　*wó*　veh　tuh　unspeakable (G:98)

(cela peut se dire:这是能说的。unspeakable:难以说出口的;无法表达的。)

另,“话勿得”本身亦可用来强调程度高,多与单音节形容词结合,褒贬义皆可用,义为“……(得)不得了”。如下面两例,“来”用作补语标志,[2]意思分别为“大得不得了”和“热得不得了”。

□大来话勿得　*tú'*　lé　*wó*　veh　tuh　exceedingly great (V:33); unspeakably great (G:98)

□热来话勿得　nyih　lé　*wó'*　veh　tuh　it is excessively hot (G:119)

(4)“话”+ 情态补语[由“得/来/得来+(程度副词)+形容词”构成]

“话”连接的情态补语由形容词或形容词短语充任,语义指向动词“话”本身,多用助词“得”或“来”[3]作表情态的补语标志,如:

□话得好　*wó*　tuh-hau　well spoken (G:26)

---

① 这种补语中有些是熟语性的,已与前边的动词凝结成一个词,如:□罢勿得 indispensable (G:46、122)、巴勿得;恨勿得 desire(V:21)、熬勿得 detest(V:22)等。

② 这一点很特别,因为在现今的上海方言中,“来”一般用作表情态的补语标志,其用法跟“得”相同,而将“得”和“来”叠用成“得来”时,引出的补语多是表结果或程度的,“得来”有更强调结果或程度的倾向(许、汤 1997:465)。

③ 普通话里可作表情态的补语标志的有“得”“个”“得个”(刘、潘、故 2002:598),在当时的上海方言里,表相同语法功能的助词有“得”“来”和“得来”,很明显前两者略占优势,但“得来”仍可以用,而在现今的上海方言中,“得来”的使用范围缩小,后续单个形容词补语时,被“得”和“来”所代替,只有当补语是一个小句或较长的词组时,才更倾向于用“得来”,如“吵得来大家勿开心”“乱得来象狗窠”等(许、汤 1997:465)。

□话得忒过分者　　*wó*‘　tuh　t'uh　kú‘　vun‘　'tsé

exaggeration（V：33）

□话来忒过分/形容　　wo'　lai　t‘eh　kou'　ven'/ yeng　yong

hyperbole（F：302）

□话得来恰好/有理　　wo'　teh　lai　héh　'h‘ao/'yeú　'lí

dit à propos（F：462）

（hyperbole：法语名词，夸张。dit à propos：说得恰到好处。）

2　“话”作动词的其他义项

“话”在V、G出现的用例中均解释为“说”，但在20世纪初期的一些文献中，词义有所扩大，产生了“训斥；责备”“调解”等新义，如：

□师父话徒弟。师傅训徒弟。（親分が子分を叱りつける。）（R：266）

□话　　wo'　　reproche（F：496）

□话事　　wo'　ze'　　médiateur（F：362）

（reproche：责备，指责。同“埋怨”“怪”“闹”。médiateur：中介，中间人。）

3　“话”的名词用法

《诗经·大雅·抑》：“慎尔出话，敬尔威仪。”又如张协《七命》：“虽在不敏，敬听嘉话。”其中“话”作名词，“言语”义。上文已述“话”在早期上海方言中主要作动词使用，但同时也保留了古汉语的名词用法，词义主要有：

（1）一个地区或国家的人使用的言语。如：

□话　　*wó*‘　　language（V：61）

□土话　　't‘ú　*wó*‘　　dialect（V：22）；vernacular（V：142）

其中“土话”[①]的“土”指“地方性的”，当时罕用“方言”这种书面的词语，故用以表示“小地区里使用的语言”。

① 在19世纪中后期的文献中，与“土话”同义的还有“本地话”'pun　dí‘　*wó*‘（V：15、22、61、71、142）；“本地白”'pun　dí‘　*pah*（G：161）；“乡谈”h'iang　dan（V：22）；“土白”'t‘ú bah（V：15、22、61、92、142；G：38）等。到了20世纪初期的文献F和T中又看到“本地反”'pen　dí'　fè，langage de terroir（F：337）（当地的语言）、patois（F：416；T：61）（方言）等词语，其中“反”音同“翻”，作名词，“语言”义，搭配的动词为“打”。

（2）词和词组；字眼。如：

□新话　sin　wo'　néologism（F：385）（néologism：新词。“新话”同“生字眼”。）

（3）话语；言语。但必须构成“～话”的复合形式，如：

□话大话　wo'　dou'　wo'　parler avec emphase（F：219）

□话二话　wo'　gni'　wo'　raviser（F：478）

□话梦话　wo'　maong'　wo'　déraisonner（F：503）

□话闲话　*wó‘*　han　*wó‘*　talk to（V：126）

□话说话　*wó‘*　seh　*wó‘*　speak（V：116）

□话海话　wo'　'h‘ai　wo'　faire le vantard（F：583）

□话冷话　wo'　'lang　wo'　satire（F：515）

（parler avec emphase：说话夸张。raviser：改变主意。déraisonner：胡说八道。faire le vantard：吹牛，夸口。satire：讥讽。）

上例中有些复合形式，如“大话”“二话”“梦话”与普通话基本一致，其中“梦话”在普通话里有“不切实际的话”与“睡梦中说的话”两种解释，方言里只指前者。有些形式普通话也有，但词义、词性、语体色彩不同，如“闲话”“说话”，普通话里“闲话”指“与正事无关的话”，词义色彩为贬，但从译文 talk to 来看，上海“闲话”并无感情色彩，为中性词，表“言语”义，故词义与语体色彩不同。“说话”，普通话里是动宾短语，在上海方言里却作名词，义为“言语”，词义、词性都不同。也有一些词义相同，但组合形式不同的，如“海话”“冷话”，其中“海”的引申义之一为“漫无目的”，“冷”由“温度低”的起始义引申出“（态度、语气等）不温和的”义项，词义与普通话相同，但要表“虚夸的话”时，“话海话”普通话说成“夸海口”，表“不温和的话语”时，不说“冷话”，常用对偶式“冷言冷语”。

二、【讲】　'kong 的词义和组配能力分析

讲：《广韵》上声讲韵古项切：“告也，谋也。”古汉语中“讲”作动词，早期上海方言中“讲”作动词时组合形式也非常灵活多样，可受副词等的修饰，可重叠，也可后接宾语、可能补语、结果补语等，如：

□略须讲讲　liah　su　kaong　kaong　effleurer un sujet（F：213）

□讲乡约	'kong h'iang yáh	discourse on village duties（V：24）
□讲得出	'kong tuk t'seh	can discourse on it（G：120）
□讲清爽	'kaong ts'ing 'saong	parler carrément（F：100）
□讲落	'kong loh	fix by talking（V：39）
□讲和	'kaong wou	accommodement（F：6）
□讲和个人	'kaong wou ke' gnen	conciliateur（F：133）

（effleurer un sujet：提及主题。parler carrément：说得明确。accommodement：和解，妥协。conciliateur：调解人。）

"讲"的英语对译有 discourse"讲述；论述"、talk"说""商量；商议"；法语有 effleurer、parler，分别为"论述""说"，将这些义项进行整合，"讲"的动词词义有三种：① 说。② 讲述；论述。③ 商量；商议。

此外，"讲"还能用于以下形式，以表示"按照某种单位或类别说"，相当于普通话的"论；按照"，如：

□讲斤头	'kong kiun deu	pound by the pound（V：87）
□讲块数	'kaong k'oei' sou'	à la pièce（F：428）（à la pièce：根据块数。）

三、【说】 söh 的词义和组配能力分析

说：《广韵》入声薛韵失爇切："《说文》：释也。从言兑。"在 19 世纪的上海方言语料里出现频率很低，用例有限，多为动补结构，如：

□说破拉者	söh p'ú' 'lá 'tsé	exposed（V：35）
□说勿出	söh veh t'seh	inexpressible（V：55）
□说勿来个	söh veh lé kú'	unutterable（V：140）

"说"被译为 expose、express、utter，其中 utter 为 say 的正式用法，三者词义相近，为"用言语来表示；表达（思想感情等）"。

到了 20 世纪初期"说"的出现频率增高，可与"话"构成对偶式，也可受副词修饰或带宾语，如：

□大摊说	dou' t'è seh	discours boursouflé（F：83）
□多说多话	tou seh tou wo'	bavarder（F：68）

□话长说短　wo'　zang　seh　'teu　　dégoiser et critiquer（F：174）
□说活动话　seh　wéh　dong'　wo'　　ne pas dire d'une façon définitive（F：173）

（discours boursouflé：说话浮夸。bavarder：喋喋不休地讲。dégoiser et critiquer：连续不断地说。ne pas dire d'une façon définitive：说话不确定。）

“说”的组合形式虽然呈现出了多样化，但词义不变，与现在的普通话一致。

四、“话”“讲”“说”的共时与历时比较分析

把上海方言动词“话”“讲”“说”的词义分19世纪中后期、20世纪初期、现代上海方言（主要依据《志》《方》《话》），并与普通话对比，如下表：

	19th中后期（V、G）	20th初期（F、T、R）	现《志》	现《方》	现《话》	普通话《现》
话	〈动〉用语言来表达意思 〈名〉①一个地区或国家的人使用的语言文字 ②话语；言语	〈动〉①用语言来表达意思 ②批评；责备 ③调解 〈名〉①词和词组；字眼 ②话语；言语	〈动〉说	〈动〉说 〈名〉说出来的能表达意思的声音：闲话｜讲话	〈动〉说（旧派）	〈动〉说；谈 〈名〉说出来的能够表达思想的声音或文字
讲	〈动〉①说 ②讲述；论述 ③商量；商议 〈介〉按照	〈动〉①说 ②讲述；论述 ③商量；商议 〈介〉按照	只收“讲闲话” 〈动〉①讲话 ②冷言冷语说坏话	〈动〉①说 ②商量；商议 ③解释；说明 ④讲求 〈介〉论	收，但未作解释	〈动〉①说 ②商量；商议 ③解释；说明；论述 ④讲求 〈介〉就某方面说；论
说	〈动〉用话语或文字表达	〈动〉用话语或文字表达	不收	〈动〉与“讲”相对，主要用于曲艺	不收	〈动〉①用话来表达意思 ②解释 ③责备；批评 ④说合；介绍 〈名〉言论；主张

（一）共时分析

1. 在19世纪上海方言中，“话”“讲”“说”都可作动词，有共同的义项“用言语来表达意思”，“讲”的义项虽然较“话”“说”多，但主要集中在“讲述；论述”义，宾语受限，一般为“条约；规定”等，如“讲乡约”。除动词用法外，“话”可作名词，“讲”可作介词使用，而“说”只有动词用法，且不带宾语，只有少量动补结构的用例。从组配能力来看，“话”的能力最强，可受副词、能愿动词的修饰，动补结构也呈现多样化，有结果、趋向、可能、情态补语等，其中有一些熟语性的表达，如“话勿理”，以及动、名词并用的“话~话”等口语表达形式都是最切近语言实际的重要材料。相比之下，“讲”和“说”的组配能力较弱，只有结果和可能补语两种，复合词也不多见。

2. 到了20世纪初期，“讲”和“说”的义项没有明显的变化，但“说”的组配能力有所加强，可带宾语、重叠或构成对偶式。“话”仍然强势存在，其动、名词义项都得到发展，尤其是动词，由于新职业等的产生，“话”的所指义已无法继续包容，因此产生了新义，如“话事人”的“话”为“调解”义，另外，“话”渐渐向书面语入侵，方言词的地位被进一步加强，语体色彩也从中性转为中性或贬，比如在19世纪中叶的文献中，表示“训斥”义的只有书面语：“责备”tsáh bé‘ rebuke（V：95）；reprimand（V：99）和“骂”mó‘ scold（V：106），到了20世纪初期，“责备”仍在语言系统中保留的同时，①“话”开始与其并用，如“师傅话徒弟”。

（二）历时分析

“话”“讲”和“说”在上海方言中的发展趋势为“归一”，即由“讲”取代其他词成为主导词。具体可归纳为以下三点：

一、从19世纪中期到20世纪初期，“话”在三者之中始终处于主导，但之后其词义及语法功能都没有得到相应的发展，并逐渐萎缩，现今的上海方言里“话”虽然保留了动词的语法特点（只在“旧派”用），但由于受到普通话的影响，其用法表现为以名词为主，这种从表动作行为“说”（动词）到表对象“说的内容；话

① 用例如：责备 tsah bei’ blâmer（F：75）（blâmer：责备。）

语”(名词)的演变过程,在语义学上称为“义位的转移”①。

二、“话”被“讲”更替的过程始于20世纪初期,虽然此时“讲”的词义范围还不足以覆盖“话”,但它在F中的语法功能日趋完善是一个很好的例证,在解释同一个法语单词时,多见“话”和“讲”并用的现象,如对短语 effleurer un sujetde(“提及主题”)(F:213)作解释时,有“略须讲讲”与“沿皮肤话两句”两种表达,“讲”出现了重叠式,又如 parler carrément(“说得很明确”)(F:100),解释为“讲清爽”“话明白”,两者不仅意思一致,结构上也保持了统一。而后来“讲”又从书面语发展到口语,融合了现代汉语动词“说”和“讲”的主要义项,在现今上海方言中完全取代了“话”的核心地位。

三、“说”虽然在普通话里是一个含义繁多的常用动词,但在上海方言中始终处于劣势。在19世纪的语料中仅见一些固定的动补结构,直到20世纪初期其组合能力才略现多样化,之后其义位又逐渐缩小,经历了“产生 → 发展 → 萎缩”的波浪式发展过程,现今的《志》和《话》均不收,其中一个原因也是由于与普通话无区别,只在《方》中提到的“说书”“说唱”这种独特的曲艺表演形式中才使用。

结　　语

词义的存在不是孤立的,往往会受到其他义位的制约,同时也会受到新兴事物、社会思想观念变化等的影响(董2008:125—129)。因此探索词义演变的规律并不是一件易事。本文试对“话”“讲”“说”三者的全貌及演变过程作一分析,但基于所搜集的材料只是“采样”性质的,所以只能用罗列比较的办法,在论述中难免会有疏漏。另外,在语料中有不少复合词,如“说话”“话柄”“讲究”等,与普通话里的词义大不相同,也有一定的研究价值,有待进一步探讨。

---

① 新语法学派的保罗(H. Paul)在《语言史原理》里提出的词义(严格地说是义位)演变的扩大、缩小和转移,从词义指称范围的改变这一角度说明义位的变化,比较准确(贾2012:377)。转移和扩大、缩小一样,也是指称范围的变化。这种变化表现为指称范围转移而意义上仍有联系(贾2012:383)。

参考文献

董为光　2008　《汉语词义发展基本类型》，华中科技大学出版社。
符淮青　2009　《词义的分析与描写》，外语教学与研究出版社。
贾彦德　2012　《汉语语义学》，北京大学出版社。
刘月华、潘文娱、故韡　2002　《实用现代汉语语法》增订本，商务印书馆。
孟琮、郑怀德、孟庆海、蔡文兰　1987　《动词用法词典》，上海辞书出版社。
牛津大学出版社　2012　《牛津高阶英汉双解词典》第7版，商务印书馆。
钱乃荣　2003　《上海语言发展史》，上海人民出版社。
钱乃荣、许宝华、汤珍珠　2008　《上海话大词典》，上海辞书出版社（简称《话》）。
钱乃荣、田佳佳　2011　《上海方言口语语法》，外语教学与研究出版社。
商务印书馆辞书研究中心　2007　《罗贝尔法汉词典》，第三次印刷，商务印书馆。
石汝杰、宫田一郎主编　2005　《明清吴语词典》，上海辞书出版社（简称《明》）。
徐丽、石汝杰　2010　《〈官话指南〉的版本和语言》，中国语学研究《开篇》VOL.29，76—84页，好文出版。
许宝华、汤珍珠　1988　《上海市区方言志》，上海教育出版社（简称《志》）。
许宝华、陶寰　1997　《上海方言词典》，江苏教育出版社（简称《方》）。
中国社会科学院语言研究所　2005　《现代汉语词典》第5版，商务印书馆（简称《现》）。
西山猛　2002　《唐代における动词“话”の成立》，《言语文化论究》第16号，117—123页，九州大学大学院言语文化研究院。

【附记】2009年的冬天，我怀揣着梦想踏上了赴日留学之路，一转眼已经过去十二个年头了。在日本生活的这十几年里，印象最深刻、生活最充实的还是做研究生的那五年宝贵的时间。这其中，对我帮助最大、最值得感恩的，当然是石汝杰教授。

还记得第一次和石老师见面，是在老师的研究室。因为我不是科班出身，那一天特别紧张，像参加面试一般，事先准备了一段自我介绍。可是见到老师本人后，紧张感顿时消散了。石老师非常和蔼可亲，不仅用上海话和我聊天，还给我列了一份书单，指导我阅读汉语语法、语音方面的书籍。最后还给我看了历年研究生入学考试的试卷，让我了解一下日本大学的考试形式。正是因为有了老师的悉心指导，来日本三个月后，我就顺利地考上了研究生。在研究生学习阶段，老师为了培养我的学习兴趣，让我从多方面了解方言研究的现状，亲自带领我参加了多次学会。每次会议的发言稿，老师都会一一把关，开会前反复叮嘱我发言的要点，并鼓励我发言时不要太紧张。会议结束后，老师总把我们几个学生带回家，吃一顿师母亲手准备的可口饭菜，让我们补充体力，顺便谈一谈参加会议的感想。在写博士论文时，从论文选题、章节安排，到论述方法、参考书目等，每一个细节，老师都逐一把关。无奈我生性愚笨，学习上总是遇到各种困难，每次困惑不解时，总是第一时间向老师求助。无论老师多忙，都会解答我的疑问，有时甚至利用午休时间，在研究室里逐一举例教我怎么写。正是因为有了老师的热心指导和无私帮助，我才能在三年内完成论文，拿到毕业证书。我对老师的感激之情，岂是一句“谢谢”能表达的……老师的每一个教诲，都是足以让我受用一生的宝贵财富啊！

石老师不仅在教学方面关心每一位学生，他自身实事求是、孜孜不倦的治学态度也深深地激励着我们。石老师的工作非常忙碌，可是参加学会的次数、发表文章的数量都是大学里数一数二的！熊本学园大学有一本校刊，叫《银杏并木》，最后一页刊登的是大学教员们的研究业绩，几乎每一次都能看到石老师的各种研究成果，每每看到老师的名字，都让我感到特别自豪、特别骄傲！记得2014年6月，老师突然腰椎病发作，行动不便的情况下，他不仅坚持上课，还去北京参加了学术会议。一次在校园里看到老师艰难走路的背影，我的心中充满了敬佩和感慨。老师即便身体不适，还这样拼命努力着，我们还有什么理由、还有什么资格放松自己呢？石老师一直都是我们学习的好榜样！

石老师荣休后，在学校里和老师见面的机会少了。不过庆幸的是，福冈离熊本不远，每年我都和家人去看望老师和师母。每次去老师家，都能收到一份特殊且珍贵的礼物——一箱语言学书籍！抱着一大箱沉甸甸的书，走在回家的路上，我的心中又燃起了学生时代的热情。能师从石教授，真是人生中一大幸事！在此，衷心感谢石教授夫妇多年来的帮助和照顾，并祝福老师和师母生活美满，健康幸福！

2022年7月15日

吴语毗陵小片助词“到”“则”连用现象考察*

曹晓燕

（苏州大学文学院）

北部吴语里有一些助词连用现象非常特殊，它们出现频率高，黏合在一起像一个词，在一定程度上体现了北部吴语的语法特征。如苏沪嘉小片多用“得来”，毗陵小片多用“到则”置于动词和形容词后表示极高的程度。例如苏州话：开心得来！|今朝热得来！|屋里向乱得来像个狗窠。无锡话：吃吃睏睏，写意到则！|我想勿通到则！|逃到则我千吼百吼。然而迄今为止，学界对吴语中助词连用现象研究不多。连用现象中每个单位的性质是什么？它们之间有什么结构关系？连用后发生了什么变化？虽有学者关注“得来”的用法和来源，但对毗陵小片“到则”的研究尚付阙如。本文将按照历时与共时相结合的原则，考察毗陵小片的助词“到”“则”连用后的语义演化过程和句法语义功能。本文方言语料以无锡话①为主，其他方言语料皆标明来源，普通话来源于北京大学 CCL 语料库。

一、“到”“则”的语法性质

在毗陵小片，“到”“则”都是多功能词，要分析“到则”的性质，可以先从“到”和“则”开始。

---

* 本文为江苏高校哲学社会科学研究一般项目“语言接触视域下吴语语法对普通话语法的影响研究”（项目编号：2019SJA1239）的阶段性成果。

① 无锡话例句由笔者调查无锡本地人浦虎仁（1937 年生）和母语人内省，经由江南大学黄明明教授（无锡人）和胡智丹老师（无锡人）核实。

（一）到

《现代汉语词典》对“到”的基本解释是“达于某一点；到达；达到”。根据对毗陵小片的调查，本文认为“到”除了动词、准介词（趋向动词）①、前置介词、连词外，还可作结构助词。简要分析如下：

（1）伊两个人好到割头弗落咧这两人好得割头都分不了了。

（2）愁到头发匣也白落咧愁到头发也白了。

（3）跪到膝馒头膝盖生生青跪到膝盖青得很。

上述例句中“到”后面的谓词性成分主要用于对前面述语动词的动作结果或形容词的性状程度进行说明，可用结构助词“则”（普通话“得”）替换，原结构语义不变。“到”与述语间插不进“则/弗”。

原本是不同类型的述补结构，或者述宾结构，甚至是复句形式的，加上“到”都可以变成表程度的述补结构。

（4）帮你汏干净呀。（述补，结果补语）——帮你汏到干干净净呀。（述补，状态补语）

（5）我牙齿痛，闲话匣讲弗出来。（复句）——我牙齿痛到闲话匣讲弗出来。（述补，程度补语）

（6）讲他心里难过。（述宾）——讲到他心里难过。（述补，状态补语）

因此，“到”已不适合再看成动词或准介词，而是相当于普通话的结构助词“得”。

（二）则

据赵元任（1928）记载北部吴语中宜、溧、坛（西）、丹、阴、常、锡等地状态和可能补语结构助词“则”还可以兼作完成体标记。无锡话中“则”即为“得”。②

在确认“到”虚化的过程中，我们发现有些“到”能直接用“则”替换，但替换后，语义表达重点有所不同。“到”侧重于动态的过程，“则”侧重于静态的情状。试比较：

① 准介词的概念引用自刘丹青（2003）《语序类型学与介词理论》，商务印书馆。

② 无锡方言20世纪七八十年代以前，一般用“则”，受普通话和苏沪方言的影响，无锡方言中的“则”逐渐被“得”替代，新派比老派用得多。本文记作“则”，“则”即为“得”。

(7) 我帮你拿衣裳汏则干干净净,你倒好,一日天就搭我着到像个泥阿鬼咧。

(8) 我帮你拿衣裳汏到干干净净呀,你勿要闲话多咧。

(8)突出了“汏”动态的程度变化,重在表示事物情状程度逐步加深直至某个极性程度,而(7)只是对事物情状的判断及说明。可见“则”是典型的结构助词,不表示实在意义,而“到”的词汇意义并没有完全消失,仍有趋向终点的意思。

毗陵小片方言述补结构中“到”与“则”都呈对立状态。相对于普通话和大多数方言以“V 得 X”一种结构来承担状态和程度义,毗陵小片方言从语用明确性着眼,分化得更细致一些,避免了句法格式在语义和语用上的歧义。

(三)“到”和“则”的连用

“到”作助词时常与其他助词连用,连用时黏合成一个词,再与前面的述语连读。如:“到则个勒”“到则个”“到个勒”“到则个来勒”。其中“到则”使用频率较高。“到”和“则”皆失去本调,按照连读字组首字定调后字变调的规律变读,例如“热到则[$ȵiəʔ^{2}tɐ^{35-55}tsəʔ^{5-1}$],火到则[$həɯ^{334-33}$ $tɐ^{35-33}$ $tsəʔ^{5-34}$]”。“V 到则”有一定的韵律自主性,跟后面的补语成分是两个节律,结合相对松散一些,可以有轻微的结构性停顿。

“到”和“则”连用的情况在历史文献中尚不多见。本文认为“到则”中“则”的性质随“到”的语义虚化而发生变化。

(9) 到得南岸,应是舟舡溺在水中。(《韩擒虎话本》)

(10) 到得临死还撒了一个狗臭屁,把后脚一伸,已去做鬼里鬼了。(《何典》3 回)

(9)、(10)“到得”后接处所词和时间词,“得”在其后标记动作的完成义,相当于普通话“到了”,“到”仍为动词。现在无锡话仍有这样的用法。例如:

(11) 到则(得)北京搭我打只电话哦到了北京给我打个电话哦。

(12) 到则(得)三点多钟寒热就慢慢里退落咧到了三点钟高烧慢慢退了。

“到”位于其他动词后介引体词性成分时,按理说它的及物性更明显,加上完成体助词“则”,表示“达到了……”,语义上是合理的。然而笔者调查了无锡、宜兴、常州、江阴等地,发现“到”和体词性成分间的完成体助词不是必需的。例如：

（13）我空早头走到（则）学堂里发现手机无不带，只好再走转去拿我早上走到了学校发现手机没带，只好再回去拿。

（14）我等到（则）两点钟他还无不过来，就自家转去咧我等到了两点他还没来，就自己回去了。

（15）毕业则两年她就做到（则）华东地区营运总监咧毕业了两年她就做到了华东地区营运总监了。

而在表程度的谓词性成分前，反而可以插入“则”，并且可与“到”一起前附于述语。普通话里也有这样的情况，例如（16）。张谊生（2010：57）认为：普通话里能附“了”的“到”，即使后接复句形式的X，该“到”还是动词，因为述补式中的“到”已虚化为结构标记，已经丧失了时体属性与带体标记的功能。因此无锡话中“到”后附“则”，似乎也可以说明“到则X”是支配关系。由于“则”的出现是可有可无的，说明其标记时体的功能已弱化，“到”的虚化处于动态变化的过程中。试比较：

（16）重复了多次拆东墙补西墙过程中的损耗，已使挡风的屏障越变越矮，矮到了伸腰一探脖子，就可以感受到东西风对吹的冰凉肃杀之气。（《英雄时代》柳建伟）

（17）他是，神气到则自家姓啥叫啥匣弗晓得咧他呀，神气得自己姓啥叫啥也不知道了。

（18）伊个汤鲜到则我眉毛匣要脱落咧这个汤鲜得我眉毛都要掉了。

周园（2007）认为宜兴话中的“到则”是同义强化中的并列强化。但是本文认为“到”与“则”性质不一样，“则”是典型的结构助词，不表示实在的意义，而“到”是非典型的补语标记，其词汇意义还没有完全消失。“V到X”与“V则X”变换关系不同，语义表达也有差异，呈对立状态。这种情况在“V到X”和“V得X”并存的方言中大致相同。

临绍小片的绍兴柯桥话分别用补语标记“到”和“得”分化不同种类的补语从句，“得”后小句表示动作所表现出来的状态，基本跟普通话类似。“到”后小句表示动作所达到的程度。句末常有“为界”。两者没有并用的情况，也没有不带补语的情况，以下例句转引自盛益民（2014：323）。

（19）拨渠骂到人都气杀啦被他骂得人都气死了。

（20）吃到覅吃为界吃到不想吃为止。

粤语的情况也类似。李新魁（1995）指出：“到”与“得”的意义和用法，加在一起大致相当于普通话的“得”。例如：远到睇唔见。啲字写得真系唔错。两者没有并用的情况。

因此“到”与“则”在述补结构中位置相同而语义不同，与苏沪嘉小片的“得来”并不完全一样。“得”和“来”都是从跟在动词后面表示动作的完成、实现才得以虚化为动态助词和结构助词的。无论作动词还是作助词，“得”和“来”都有很多共同点，唐诗中经常用它们互文对举：云里引来泉脉细，雨中移得药苗肥。(吴融《即事》)

《明清吴语词典》对“来”的说明是：助词，连接动词和补语，类似“得”，有时和“得”同用。例如：

(21) 耐为仔我来里，倒白相来勿舒齐。(《海上花列传》15回)

(22) 活鬼虽说是个财主，目前日造庙时已将现银子用来七打八。(《何典》2回)

(23) 耐摸摸看，倪格心跳得来，掐掐吓得倪来要死。(《九尾龟》148回)

在当代上海话中，“得”“来”引进情态补语和程度补语时这两个补语标记仍可自由替换：牌子挂来/得高一点。｜伊拉聊来/得勿开心。｜阿拉只小鬼头皮来/得要死。(转引自薛才德 2013：125—127)可见“得、来”作状态和程度补语标记时语义功能基本一致，不存在分化和互补的情况。所以，江蓝生(2001：119)对吴语中助词“得来”进行溯源时认为：符合汉语同义词素并列构成同义复词的构词法，最初可能是为了加强语气或使音节和谐才在“V得”之后又加上“来”的，后来“得来”逐渐凝固成一个双音节的结构助词。“得来”符合同义并列强化，但“到则”由于“则”的多功能性，以及“到”的动词性并未完全丧失，不能完全认为其连用就是同义并列强化。另外，毗陵小片除了“到则”以外，还有“到则个勒”“到则个”“到个勒”“到则个来勒”等多种连用形式，“个”“勒”语义更虚，没有结构助词的用法，更倾向于语气词。

双音节和多音节的“到则”“到则个”“到则个勒”等比单音节的“到”更带有渲染和夸张的语势。“则”类助词显然是辅助性的，可有可无的，“到”是决定整个结构语义的关键。这些助词的连用，使得述语与补语之间形成结构性停顿，不管后面有没有补语，都给人感觉是一个完整的句子。在省略补语的情况下，助词连用可增强语势，凸显某种性状或动作导致的结果达到了非常高的程度，以至于不用或无法用语言来形容。

二、“到则”的语法性质和语义功能

（一）“到则”连用后的语法功能与“到”几乎相同，主要出现在两个位置：

1. 动/形+到则+补语

“到则”起标记程度补语的作用，与“到”的区别在于补语只有一两个音节时，与“到”结合紧密，插不进其他助词。如“胡咙喊到哑，吃力到死，烂到要死”；较长的补语才用“到则”，且补语独立性越强，用“到则”越自然。

（24）现在房价贵到则吓煞人现在房价贵得吓死人。

（25）伊个矮凳娘潮到则无不办法坐这个椅子潮得没法坐。

（26）你是，胆小到则，屋檐头娘葛灰尘叵会压煞落葛你呀，胆小得连屋檐上的灰尘掉下来都会担心压死的。

2. 动/形+到则

“到则”单独用于述语动词和形容词后，表示性状程度之深或行为动作之强烈，从而表达说话人强烈的主观感受。“热到则”表示很热，热得很；“笑到则”即笑得很厉害。周园（2004）将宜兴话中的“到则”看作程度副词，后置于述语后充当程度补语。但“到则”与典型的程度补语“煞”“透”不一样，“到则”本身并不表示程度之深，只有当它进入某个构式之后，才具有程度深的意义，所以与“熟透”“远煞”性质不同，“透”“煞”（相当于普通话里的“死”）是后附的程度副词。

“到则”在“V到则X”中，必须紧附于前面的动词或形容词，如要停顿，只能在“到则”后，如例（28）。“到则”与从属成分无法形成一个单位，反倒“V到则”有一定的独立性，如：热到则|辣到则|欢喜到则！“到则”和所依附的述语的组合在音段和韵律上都构成一个语音单位，内部会发生常见于词内的各种语音变异或调整，如连读变调。这些都显示“到则”与前面的述语更密切。随着“V到则”结构的逐渐成熟，“到则”的后附功能逐渐强化，用于强调动作或性状的程度，兼表有界化的完句功能。

“V到则”在句中主要作谓语或补语。如（27）的目的不是告诉人“囡囡额骨头烫”，而是提醒听者注意到“烫”的程度。若没有“到则”则无法完句。例（28）

如果没有“到则”,“烧则好”是有歧异的结构,“好到则”在“则”后面作补语就明确这是表状态的而不是表能性的述补结构了。

(27) 哎呀,囡囡额骨头烫到则,捺会弗搭他量量寒热啥哎呀,囡囡额头好烫,怎么不给他量量体温啊?

(28) 你只菜烧则好到则,快点搭我介绍介绍捺亨烧葛你这个菜烧得真好,快给我介绍介绍怎么烧的。

在毗陵小片中,“到则”经常出现在语言线性序列上一段完整句子的尾端,除了强调程度高以外,还含有惊讶或略带夸张的语气,例如(29)。

(29) 伊个任务危险到则这个任务危险得很!

(30) 长远勫过来住,房间里灰是灰到则很久没来住,房间里灰得很。

(31) 我欢喜你到则我太喜欢你了!

(32) 我想弗通到则我真想不通!

(30)是“A是A到则”拷贝式话题结构,由具有量幅特征的动词或形容词作次话题,逐渐发展为表示程度感叹的专用构式,“到则”用于末尾,是看成语气词,去掉后句子不成立。(31)、(32)谓语是心理动词构成的动宾结构或能性述补结构,去掉“到则”,仍然成句,不会影响原句的基本意思。但加上“到则”可表达强烈的感叹语气,是单纯的语气词。

从意义和功能的角度来看,毗陵片的“到则”与苏沪嘉的“得来”非常相似。但通过比较发现,在充当句末语气词时,两者存在一定的差异,“得来”出现的句法环境明显比“到则”宽松。下面的例句转引自李小凡(1998)。

(33) 我等仔两个钟头得唻。

(34) 药要到同仁堂买得唻。

(35) 房间里有十几人得唻。

(36) 华山我也爬到顶得唻。

(37) 今年葛天要热煞人得唻。

以上例句,无法用“到则”替换。这些句子去掉“得唻”还可以成立,但只是陈述客观事实,如“药要到同仁堂买”从客观上说看不出难度,“房间里有十几个人”也不算多,而在特定语境下,加上“得唻”让人感觉说话人主观上认为是个大量。王寅(2006)提到主观化与语法化的关系,认为当语法化演变到极度虚化时,句子形式上的主语对其控制力衰减到极点,此时讲话人的主观态度得到高度强调。由此可见,“得来”比“到则”不管是语法化还是主观化程度都要更高一些。

(二)“到则”的语义功能

1. 凸显高程度量

“V 到则 X”结构由连谓转化为述补,可以看出 X 对应的认知域也在不断变化。不同的认知域代表不同的语义场,能发生隐喻映射的关键在于不同认知域具有某种相关性。当人们把“处所终点”这一空间图式投射到非空间模式时,投射前后的语义模式具有一个共同的认知特点——终点。因此当“到”进入句法框架时,它的语义模式必然对整个结构的语义表达起决定作用。从时空终点,再到程度终点,在“终点实现义”方面具有相似性,从而形成有效的认知对接,实现了跨域映射。“程度的终点”,即高程度量是该结构的语义模式。这也是“V 到则 X”与“V 得 X”结构语义差异的根本原因。

2. 凸显主观性

“V 到则 X”是空间模式的语义扩展,这一结构通常以一个量级为背景,体现量级由低到高的变化,然而量级的高低是说话人的主观认识,并没有一个确定的值,说话人对性状进行量的描述时,所选的程度终点居于所在集合量级中的较高位置,听话人可以依据主观经验加以想象和推测。

(38) a. 他穷到则出去开出租咧。 b. 我穷到则要讨饭咧。 c. 屋里穷到山穷水尽。 d. 他穷到弗得了。 e. 我穷到则,快点娘让我中个彩票吧。

(38)各例谓语都是“穷”,但 X 不同,“开出租”“讨饭”都是对“穷”的具体说明,述补语义关系紧密,对不同的言者来说都是他认知范围内的“穷”的高程度表现。第二类是对“穷”的一种虚拟和夸张的说明,用“山穷水尽”来形容人穷到无路可走的样子,语义较抽象,语义关系还比较紧密。第三类用惯用表达“不得了”表示极性程度,作为“穷”的性状发展的程度终点最抽象,语义关系趋向自由。“不得了”之类的惯用表达可以说明很多性状的程度,使用频率最高,这种程度表达了说话人心中一种强烈的主观感受。第四类述语后只有“到则”,没有出现具体的描述,听者在自己的认知范围内进行解码时,有可能会想象出上述具体描写“穷”的情况,与第三类相类似。从第一类到第四类,X 对“穷”的说明从受语境限制逐步往摆脱语境限制方向发展，其深层语义是一致的。可见，有时并不一定要对述语做出具体详细的说明，听话人也可以根据整个结构的语义，理解说话人省略补语后的“言外之意”。

再如例(31)、(32)，去掉“到则”，句子仍然成立，只是没有表示出较高的程度，用了“到则”使讲话人的主观态度得到高度强调。

3. 凸显表达重心

通过对方言语料的梳理和分析，我们发现由于X大多是短语和小句，作定语、状语、主语都显得非常冗长，很不适合口语表达，(39)—(41)这样的用例很少。所以“V到则”和“V到则X”在句中主要充当谓语、补语，或单独成句，在语言线性序列上经常出现在一段完整句子的尾端，都属于句尾焦点，是新信息的核心和重心，而补语X是焦点中的焦点。“到则”主要用来帮助凸显X在所处的量级中居于较高的位置。这样的句法位置有利于对前句中的人或事件进行必要的补充或概括性的评价，也可在句尾强调表明说话人的态度和感情。

(39) 无不啥人可以轻松到只当无介事葛去做生活没有什么人可以轻松到不当回事地去做事。

(40) 我从来𫠡看见过赅富有到熬葛人还要去扎公交车的我从没见过这么有钱的人去挤公交车。

(41) 聪明到过头就是笨聪明到过头就是笨！

“V到则”和“V到则X”的深层语义联系是一致的，都蕴含主观高程度量，只不过用“到则”煞尾，凸显了某种性状或动作导致的结果达到了非常高的程度，以至于不用或无法用语言来形容，由于结果隐含，因而转化为一种更夸张的主观评价义。从这个意义来说，“到则”具有凸显表达重心的作用。

三、“到则”的发展和演化

“到则”连用作结构助词和语气词的用法在历时文献中不多见。从具有类似功能的“得来”的发展来看，早在金代的诸宫调和南宋的《朱子语类》里就已出现“得来”作结构助词的用法，但省略补语的用法是现代才有的(江蓝生 2001：122)。本文推测先有“到”，后有“到则”等连用形式，并且按照“动词>结构助词>语气词”的轨迹发展，其转变过程主要体现在三个方面。

（一）结构转化

"V 到 X"结构由连谓转化为述补，①述补进一步转化为后补附加——构式的焦点或者说基本表述重心，逐渐由"X"充当转到了由"到则"来充当。试比较：

(42) 你木磨蹭到则，出来半个钟头连面亘𫟷揩好你真磨蹭，起来八个小时连脸都没洗好。

(43) 你木磨蹭到则，快点！马上要迟到咧你真磨蹭，快点！马上要迟到了。

例(42)后句还是对"慢"的具体说明，虽有停顿，"到则"仍可看作补语标记，而(43)后句是提醒和催促，与"慢"并不存在说明与被说明的关系，"到则"可以看作语气词。

"V 到则"是"V 到则 X"的变体，是对原型结构的一种承继，两者存在某种语义联系。"V 到则 X"中的"X"可以是谓词性和副词性成分，"V 到则"可看作"X"的零形式。

可以设想一下，既然听说双方都具有这样的共享知识，即"V 得没法说"。那么当补语意义比较实在，具有相对的独立性时，又允许在补语前插入语气词，形成结构性停顿，就很容易促成补语的省略。于是，在一定的语境提示下，当说话人确定无须具体说明程度如何之深，听话人也能理解其"言外之意"时，就从"V 到则 X"引发了"V 到则"的产生，"到则"就从结构助词转化为语气词了。

（二）语义的虚化

"到"作为补语标记时其动词义尽管已经趋向淡化，但谓词性 X，实际还处在宾语向补语转化的不同临界点上，即使是形式更复杂的小句或复句，也多实指动作发生后到达某种地步或程度，"到则"仍带有明显的动态变化义；而副词性的 X 补语化程度最高。虚指程度，主要是表达说话人强烈的主观感受，"到"的虚化程度更高。由于该结构本身已经带有表极性程度的既有效应，即使省略补语，"V 到则"结构仍然具有强化和凸显述语性状程度的功能。"到则"作为语气词语义进一步虚化。

---

① 关于"到"由动词虚化为结构助词的问题已有多位学者谈过，本文主要考察结构助词之后的演变问题。

（三）格式的定型

在现代汉语中“V 到 X”已是成熟的强调构式，“到则”连用标记补语的用法尚不多见，但用法与“到”类似。省略补语的形式，粤语中也有。

据调查，①广州话在一定语境下，当说话人不想具体说明或一时找不到合适的表达方法时，补语也可以省略，只用“到”来强调程度之深，这时“到”音长拖长，音高由平调变为降升调。例如：叻到很棒，很厉害！衰到很坏！正到很好吃/很厉害！等到我我等了很久！打到打得很厉害！激动到！有时为了加强语气，还可以加上其他语气词“噉”“咩咁”“鬼咁”。如：间房黑到鬼咁！靓到咩咁！皱到咁！

与此类似的“V 得来”“V 得”分布更广，苏沪方言、晋语神木话、徽语绩溪话、南宁平话、湘语长沙话、闽语泉州话，甚至北京口语中也有。例如：瞧把你乐得！他被人打得哟！

结　　语

综上所述，从句法和语义的演化来看，毗陵小片“到则”从“动词+体助词”发展为结构助词再到语气词，体现了“到则”语法化的发展轨迹。“到则”的转化和演变与“V 到则（X）”结构本身表极性程度的既有效应有关。“到”与“则”等助词的连用，形成结构性停顿，使补语相对独立，进一步促成省略，使“到则”成为句末助词，真正拥有了表示“主观大量”的语法意义，在一定程度上能体现毗陵小片的特色。由于“到”尚未彻底虚化，“到则”作为语气词的使用范围不如苏沪嘉小片的“得来”广。

参考文献

江蓝生　2001　《近代汉语探源》，商务印书馆。
李小凡　1998　《苏州方言语法研究》，北京大学出版社。
刘丹青　2001　《语法化中的更新、强化与叠加》，《语言研究》第 2 期。
刘丹青　2003　《语序类型学与介词理论》，商务印书馆。
刘子瑜　2006　《试论粤方言“V 到 C”述补结构的语法化及其与“V 得 C”述补结构的互补分

---

① 广州话例句由苏州大学文正学院 2017 级国际汉语教育专业广东籍学生王学彦提供，经由华南理工大学单韵鸣教授（广州人）核实。

布》,《语言研究》第 3 期。
石汝杰、宫田一郎　2005　《明清吴语词典》,上海辞书出版社。
汪平　2001　《苏州方言的“得”》,《语言研究》第 2 期。
王寅　2006　《认知语法概论》,上海外语教育出版社。
薛才德、姚琳　2013　《上海方言的组合式谓补结构》,《上海大学学报》第 2 期。
张谊生　2014　《试论当代汉语新兴的补语标记“到”》,《当代语言学》第 1 期。
赵日新　2001　《形容词带程度补语结构的分析》,《语言教学与研究》第 6 期。
周园　2014　《宜兴方言中的“则列”“到则”“佬列”》,汕头大学硕士学位论文。

【附记】我 1996 年来到古城苏州就读于苏州大学文学院,四年后承蒙石汝杰先生不弃,招我于门下,把我领进语言学这座神秘的宫殿。读研期间得老师面命耳提,把手言精,无论道德文章、为人为学,受益于老师良多。读研的时候跟着老师参加过几次江淮官话与吴语边界的调查研究(罗斯中美两国合作研究项目),见证了《明清吴语词典》出版的盛况,参加了由老师组织筹办的第二届国际吴语学术研讨会,这些都是不可多得的学习机会。老师广博的学问、宽广的胸怀、踏实严谨的治学风格,是我一生学习的楷模和奋斗的目标。老师汗牛充栋的藏书,才思敏捷、学养深厚的气度,博闻强识、过目不忘的才能让我惊叹,老师不为“常识”所囿、不唯“权威”是举、不随“主流”盲动的精神更使我明白了真正的学者操守。

老师春风化雨与高屋建瓴的教授使我克服了一个又一个困难。若没有老师的悉心指教,我可能至今还汗漫无归;倘没有老师不断的鼓励以及深入细致的一再提点,我也完全有可能中途退却。老师的关心、教诲和鼓励,以及经久盘桓在老师书房和田野调查时的种种师生情谊,学生倍受感动、终身难忘。

古枫吐艳,晚菊傲霜,适逢老师荣休,唯愿老师退而不休,老有所乐,健康长寿。

汉语焦点标记词"是"的分合与特点*

——兼论强调义"是$_1$"和确认义"是$_2$"的辨析

刘　林

（南京师范大学国际文化交流学院）

一、引　　言

目前焦点理论已经进入我国语言学界很多年，这一理论也已为大家所熟知。作为"说话者所强调的重点"（徐杰、李英哲 1993）的焦点，其表现手段有重音、标记词汇、语序、句法格式等，其中用标记词汇来表现焦点的情况是许多语言都采取的一种重要方式，如索马里语、马来语、日语等。根据刘丹青（2008：225），索马里语的焦点词是该语言中单独的一类词；根据徐杰（2001：136—139，159—161），马来语用 kah/lah 来标记焦点（kah 用于疑问句，lah 用于陈述句），且 kah/lah 可以自由浮动；根据罗仁地、潘露莉（2005），日语用 wa 标记谓语焦点，用 ga 标记窄焦点和句子焦点。它们的共同特点是意义完全虚化，只起强调作用。索马里语的焦点词和马来语的 kah/lah 可以看作是纯粹的焦点标记，而汉语作为一种孤立语，则恰恰缺乏这样纯粹的焦点标记。

但这不是说汉语中没有焦点标记词，刘林（2016）认为汉语中表强调义和确认义的"是"，以及一些副词、助词、语气词等都具有指示焦点的作用。因此刘林（2016）把汉语的焦点标记词分为典型焦点标记、非典型焦点标记、焦点算子三类，其中我们认为表强调义的"是$_1$"是典型焦点标记，而表确认义的"是$_2$"是非典

* 本文的研究得到了教育部人文社会科学研究项目"基于语言对比的现代汉语焦点表现手段制约机制研究"（18YJC740053）的资助。

型焦点标记。但该文意在总体概括汉语焦点标记词的分类和句法特征，而对表强调义的“是$_1$”和表确认义的“是$_2$”具体如何区分，它们在标记焦点方面具有怎样的语义特点和句法表现，以及焦点标记词“是”为什么不是一个纯粹的焦点标记等相关问题都没有展开讨论。本文拟对这些问题进行详细而具体的研究，以期让我们认识到汉语焦点标记词“是”的实质，也从这一角度更加了解汉语在标示焦点方面的特点。

二、焦点标记词“是”的分合

2.1 “是”的语义分类及判断义“是”的排除

在区分表强调义的典型焦点标记“是$_1$”和表确认义的非典型焦点标记“是$_2$”之前，我们有必要先把“是”的语义简单梳理一下，并把它们与判断义的“是”做一下区分。

在以往的研究中，学界对汉语“是”的语义分类并不一致。如石毓智（2005）把“是”分为表示判断、焦点、强调①、对比四个用法，丰烨（2009）的硕士论文把“是”分为判断义、强调义、存在义、确认义，②张斌主编的《现代汉语描写语法》（2010：595—604）把“是”分为表判断、表强调、表“确信或肯定”三类。尽管大家的分类并不太一致，相同或相似术语的所指也不一定相同，但综合来看，“是”可以分为判断义、强调义、确认义三个。如：

（1）这本书**是**小王的。——判断义

（2）**是**他拿走了你的书。——强调义

（3）她这件衣服**是**挺好看。——确认义

我们知道，在这三个语义中，最常见的是表判断的“是”。判断义“是”比较好区分，因为判断义“是”联系句中前后两个成分，判断两个事物（或概念）的关系，在句法上是线性结构所必需的成分，不能去掉。所以判断义“是”不是焦点标记词，它在句中作谓语，是句子的主要成分之一。而焦点标记词“是”则是句子表

① 石毓智（2005）的强调标记实际上是丰烨（2009）和张斌（2010：595—604）的确认义，他的“对比”性也不是“是”的义类之一，而应分别属于判断、焦点或强调。

② 根据丰烨（2009）的举例，实际上其“存在义”应属于“判断义”类。

层结构附加的，非深层结构所必需的成分，因此可去掉而不影响句子的完整性。

2.2 确认义“是”的归属

目前汉语学界比较公认的是，表强调义的“是”具有标记焦点的作用。最早把“是”看作焦点标记的是邓守信（1979），此外徐杰、李英哲（1993），范开泰（1985），范开泰、张亚军（2000：194），方梅（1995），徐杰（2001）都认为表强调义的“是”具有标记焦点的作用。但学界一般不认为确认义的“是”具有标记焦点的作用。其实确认义的“是”有两种情况，即轻重读之分说的确认义和非轻重读之分说的确认义。下面我们分别对它们进行讨论。

A 关于轻重读之分说的确认义“是”

范开泰（1985）指出表示强调的“是”有两种读法，一种轻读，一种重读，轻读的“是”可以看作是“焦点”的一种辅助标记，重读“是”的整个句子是已知信息，“是”再强调地“确认”一下，这个“确认”口气才是所要表达的新信息，但重读的“是”本身不是句子的焦点。方梅（1995）认为轻读的“是”作为焦点标记词标记的是对比焦点，而重读的“是”是表示确认意义的副词。也就是说，轻重读之分说的确认义“是”指的是强调义“是$_1$”自身重读的情况。我们这里举方梅（1995）的例子：

（4） a 都开学了，他怎么还在家住着？

b 他是没考上。

c 可是我记得他考上了。

d 他'是没考上。

方梅认为b句中的轻读“是”是焦点标记词，而d句重读的“是”是表确认义的副词。我们以副词“只”作对比就会发现，“只”同样既可以重读，又可以轻读。如：

（5） a 他中午好像吃得很多。

b 不，他只吃了一个包子。

c 是吗？我记得他吃了不少东西。

d 没有，他'只吃了一个包子。

因此如果只根据重读和轻读就把“是”分为两个，那么很多副词都可以分为两个，这显然是不科学的。事实上，“是$_1$”轻读时指示其后的成分为焦点，而重读时“是$_1$”指示自己成为焦点，并带上了说话者更加强烈的主观断定语气，从而使得重读“是$_1$”比轻读“是$_1$”在意义上更为实在，由强调语气变为了确认语气，从而导致其自身成为焦点。因此我们认为范开泰（1985）所说的这个表达“确认”口气的重读“是”正是句子的焦点。

所以轻重读之分说的确认义“是”其实就是强调义“是$_1$”。当它重读时，它指示自己成为焦点，身兼焦点标记词和焦点二职，而非我们所要讨论的非典型焦点标记“是$_2$”。

B 非轻重读之分说的确认义“是”

除了由轻重读之分说而来的“确认义”以外，有的研究者们还认为如下例子表达的是“确认义”。如：

（6）这个小孩子**是**挺可爱。（张斌 2010：596）

（7）这样做**是**很危险的。（石毓智 2005）

（8）我说和尚的卦**是**灵，果然应了！（丰烨 2009：38）

张斌（2010）认为例（6）的“是”不是动词，而是表示确定或肯定的语气副词，相当于“确实”，可分析为状语。丰烨（2009）认为例（8）的“是”表示确认义，不同于表强调的焦点义，另外她的文章中确认义的“是”还包括如下的例子：

（9）他喃喃道：“我是要回家去的，我是要回家去的。”

例（9）的“是”有语气词“的”与之呼应，且“是”和“的”都可去掉而不影响语义。① 石毓智（2005）把例（7）的“是”称为强调标记，其实就是其他二人的确认义。可见这里的确认义是“是”单独或者“是”与句尾语气词“的”一起，确认其后谓语的情况。如：

（10）到我面前，她嘻嘻一笑——啊，那种笑我**是**多么熟悉！（张贤亮《绿化树》）

（11）可那晚儿就不行，怀疑他**是**搞“特务活动”，也给关进来了。（冯骥才《一百个人的十年》）

（12）他们的巨大贡献**是**应当载入史册的。（《人民日报》1995 年 1 月 1 日）

① 这里的“是……的”表示强烈的主观确定语气，不同于表示强调已然语气的“是……的”，但两个结构都有标示焦点的作用，前者对应“是$_2$”，后者对应“是$_1$”，详见刘林（2018）。

(13) ……一时,我感到我**是**十分幸福的。(张贤亮《绿化树》)

我们分别举了"是"后或"是……的"之间为动词或形容词的情况。例(10)—(13)的共同之处是其中的"是"都不是句子的线性结构所必需的,去掉之后句子都依然成立,其中"是……的"中的"的"一般也可以去掉。因此这个"是"正是我们所要讨论的确认义"是$_2$"。那么它和强调义"是$_1$"之间的区别是什么呢?

从研究者们的例子来看,一般认为作为典型焦点标记的强调义"是$_1$"在句中标记的成分是时间、地点、方式、目的、工具、条件、动词前的施事或受事等(方梅1995、张斌2010:603),也即"是$_1$"强调的焦点内容是有关谓语的论元,而确认义的"是$_2$"确认的是谓语的情况,即确认事件或状态的发生、出现或存在等。我们认为确认义的"是$_2$"确认的内容其实也是句子的焦点,因为事件或者状态的发生、出现或存在本身就是说话者告知听话者其所不知的内容,而且在所强调或确认的内容上,二者正好形成互补。强调义的"是$_1$"标记的是事件的内部论元,它更接近马来语的kah/lah,是典型焦点标记;而确认义的"是$_2$"标记的是句内的谓语成分,它类似日语的谓语焦点标记wa,是非典型焦点标记;前者构成的是窄焦点结构,后者构成的是宽焦点结构中的谓语焦点。因此它们都属于汉语的焦点标记词。

三、"是$_1$"和"是$_2$"的语义特点及语义解释

由于标记的焦点类型不同,强调义的典型焦点标记"是$_1$"和确认义的非典型焦点标记"是$_2$"体现出的语义特点不同,其相应的语义解释也不同。

3.1 "是$_1$"的语义特点及语义解释

"是$_1$"标记的是事件的内部论元,我们贯彻从具体语料入手,用抽象语料概括的方法,用下面两个相对简单的句子来代表强调义的"是$_1$"字焦点标记句。如:

(14) **是**他昨天买了/的书。

(15) 他**是**昨天买了/的书。

其中例(14)代表“是$_1$”强调主语的情况,例(15)代表“是$_2$”强调状语的情况。例(14)排除了焦点所蕴含的焦点选项集合{你,我,他,小王……}中除了“他”以外的任何人,集合中的各人处于一个无序状态,“是”只是选定其中的一个选项“他”作为焦点,而排除其他选项,因此它属于非量级式。如下图:

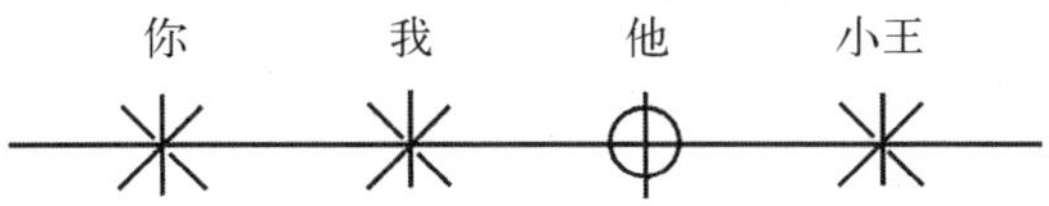

再如例(15)的焦点所蕴含的各个焦点选项如“前天”“昨天”“今天”等,虽然都处于同一个有序时间轴上,但是说话者并不关注其有序性,而是只选定其中的一个选项“昨天”作为焦点,从而排除其他选项。如下图:

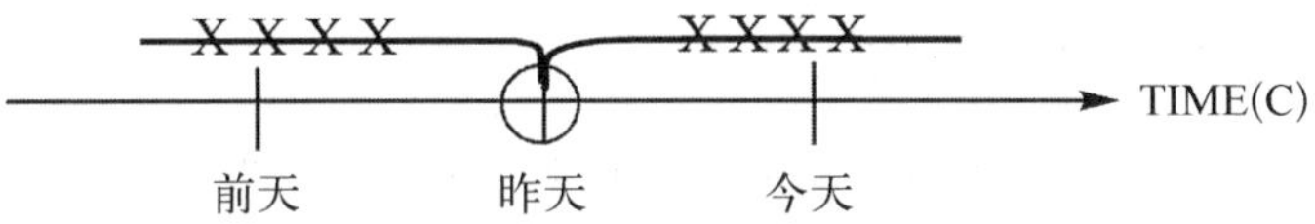

因此这两个句子同时也分别代表了两种不同的非量级式,一种是各焦点选项处于一个无序集合中,一种是各焦点选项虽处于一个有序的集合中,但说话者并不关注其有序性。这两类非量级式的共同特点就是只选择焦点,排除焦点所蕴含的焦点选项以外的左右两边所有选项,因此我们称这种排他性为双向排他性。这种双向排他性也即唯一性,即只有焦点选项才是句子的选择。

下面我们来看强调义典型焦点标记“是$_1$”的预设与焦点的情况。含强调义“是$_1$”的句子的预设是听话人已经知道事件的发生或即将发生,只是不知道这个事件的某一方面。

首先来看例(14)。通常我们通过把句子改为否定形式的办法来判断一个句子的预设命题和焦点命题。如例(14)的否定形式为:

(14′) 不<u>是</u>他昨天买了/的书。

那么(14)与(14′)均含有的命题是:有人昨天买了/的书,由此(14)的焦点为“他”。因此例(14)的预设命题和焦点命题为:

(16) 预设:有人昨天买了书。　焦点:昨天买了书的人是他。

我们把焦点所蕴含的焦点选项集合写作C,那么这里的C={你,我,他,小

王……},用小 c 来代表抽象的某人,另外用 x、y、z 等来代表具体的各个焦点选项。其逻辑式可以写为:

(17) $\exists c((c \in C)$ & 昨天买$(c,$书$))$ & $\exists x((x \in C)$ & $(x=$他$)$ & 昨天买了$(x,$书$))$

其中逻辑式的前半部分代表预设命题,后半部分代表焦点命题,表示有人昨天买了书,昨天买书的人是他。因此强调义"是$_1$"所在句子的变换形式——准分裂句①是句子的焦点命题。

另外,无论强调义还是确认义的"是"都是一种肯定,但肯定了 A,也即否定了~A,因此这种肯定是对预期的否定。以例(14)为例,预期不是"他"昨天买了书,而是其他人,而事实是"是他"昨天买了书,而不是其他人,因此"是$_1$"具有"排他性"的语用涵义,也即"是$_1$"的否定性是从它的语用推理来的。因此例(14)的逻辑式(17)可以补充为:

(18) $\exists c((c \in C)$ & 昨天买$(c,$书$))$ & $\exists x((x \in C)$ & $(x=$他$)$ & 昨天买$(x,$书$))$ & $\sim\exists y((y \in C)$ & $(y \neq$他$)$ & 昨天买$(y,$书$))$

此逻辑式表示:有人昨天买了书,昨天买书的人是他,他以外的其他人没有买书,其中的三部分分别是预设命题、焦点命题、语用(即推理)命题。因此此逻辑式完整地表达了强调义典型焦点标记"是$_1$"的语义特点:焦点为原命题的准分裂句形式,语用上具有对比排他义。

同样,例(15)的焦点命题为"他买书的时间是昨天",语用涵义为"昨天以外的其他时间他没有买书"。其逻辑式为:

(19) $\exists c((c \in C)$ & 买书$($他$,c))$ & $\exists x((x \in C)$ & $(x=$昨天$)$ & 买书$($他$,x))$ & $\sim\exists y((y \in C)$ & $(y \neq$昨天$)$ & 买书$($他$,y))$

由于强调义的"是$_1$"具有对比排他性,且这种排他性是一种双向排他,因此一般来讲,强调义"是$_1$"不能追加。如例(14)一旦确定强调了昨天买书的人是"他",那么就排除了其他人成为昨天买书的人的可能。因此下面的句子,一般不可说:

(20) ?? **是**他昨天买了/的书,我也昨天买了书。

---

① 根据汤廷池(1983),准分裂句为"汤先生十五年前在美国学**的是**语言学"这类句型。

(21) ?? 他**是**昨天买了/的书,他前天也买了书。

但其实如果确实“我”和“前天”也分别是例(14)和(15)的焦点内容之一,可以用焦点扩展的方式。如:

(22) **是**他和我昨天买了/的书。

(23) 他**是**前天和昨天买了/的书。

因此例(22)和(23)的逻辑式分别如下例(24)和(25):

(24) $\exists c((c\in C)\&$昨天买$(c,$书$))\&\exists x1((x1\in C)\&(x1=$他$)\&$昨天买$(x1,$书$))\&\exists x2((x2\in C)\&(x2=$我$)\&$昨天买$(x2,$书$))\&\sim\exists y((y\in C)\&(y\neq$他$)\&(y\neq$我$)\&$昨天买$(y,$书$))$

(25) $\exists c((c\in C)\&$买书$($他$,c))\&\exists x1((x1\in C)\&(x1=$昨天$)\&$买书$($他$,x1))\&\exists x2((x2\in C)\&(x2=$前天$)\&$买书$($他$,x2))\&\sim\exists y((y\in C)\&(y\neq$昨天$)\&(y\neq$前天$)\&$买书$($他$,y))$

因此焦点扩展实际上是焦点命题的叠加而不是纯粹的焦点论元的叠加。值得注意的是,这里句子的语用涵义排除的分别是非“他和我”和“前天和昨天”的选项,其中包括“他”“我”和“前天”“昨天”都在排除之内。

所以强调义典型焦点标记“是$_1$”具有不可追加性,但是可以焦点扩展。

3.2 “是$_2$”的语义特点及语义解释

为了与强调义的“是$_1$”作对比,我们在考察确认义“是$_2$”时举与之相似的简单句来代表对事件进行确认的句子,同时也举简单的形容词谓语句以便分析。如:

(26) 他**是**要买书(**的**)。——确认未然事件

(27) 他**是**买了书(**的**)。——确认已然事件

(28) 她**是**挺漂亮(**的**)。——确认性质状态

由于确认义的“是$_2$”与“是$_1$”相同,也是非量级式的,所以它所排除的也是焦点以外的所有焦点选项,只不过它的焦点选项只有真假相反的两项。如例(26)排除了焦点所蕴含的焦点选项集合{要买书,不要买书}中的“不要买书”,而选择“要买书”作为焦点;例(27)排除了{买了书,没买书}中的“没买书”,而选择“买了书”作为焦点;例(28)排除了{挺漂亮,不漂亮}中的“不漂亮”,而选择“挺

漂亮”作为焦点。因此例(26)—(28)都是在相反的两个选项中选择其中之一作为句子的焦点。如下图：

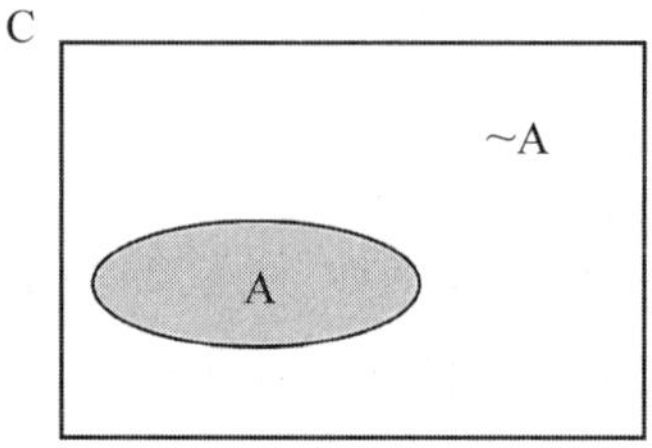

其中方框代表焦点选项集合C，A和~A代表集合C中有且只有的两个相反的选项。“是$_2$”选择其中之一为焦点，而排除另外一个相反的选项。因此我们称“是$_2$”所具有的这种排他性为正反对立排他性。

我们已经知道“是$_2$”的预设是听话人不知道事件或状态的情况，焦点是谓语情况的真假。下面我们来具体分析确认义“是$_2$”应该如何进行语义解释。由于三个例子属于同一种情况，我们仅以例(26)为例。其否定形式为：

(26′) 他**是**不要买书(**的**)。

通过例(26)和(26′)的对比，我们可以看出，两个命题都含有的意思是，他有某事将发生。因此例(26)的预设命题和焦点命题为：

(29) 预设命题：他有事。　焦点命题：他要买书。

由于“是$_2$”标记的是事件的谓语情况，我们用E来代表焦点所蕴含的焦点选项集合，因此这里E={要买书，不要买书}，用小e来代表抽象的某个事件，另外用x、y来代表具体的各个焦点选项。其逻辑式可以写为：

(30) $\exists e((e \in E) \& e(\text{他})) \& \exists x((x \in E) \& (x = \text{要买书}) \& x(\text{他}))$

此逻辑式表示“他”有某事，这个事情是“他”要买书。由此来看，确认义“是$_2$”所在句子的原句是句子的焦点命题，这与强调义的“是$_1$”的焦点命题是所在句子的变换形式——准分裂句不同。另外与强调义的“是$_1$”同样，确认义的“是$_2$”也具有排他性的语用涵义，其语用涵义为否定集合中相反的另一项。例(26)加上语用涵义的逻辑式为：

(31) $\exists e((e \in E) \& e(\text{他})) \& \exists x((x \in E) \& (x = \text{要买书}) \& x(\text{他})) \& \sim\exists y$
$((y \in E) \& (y = \text{不要买书}) \& (y = \sim x) \& y(\text{他}))$

因此从逻辑式可以看出确认义非典型焦点标记“是$_2$”的语义特点：焦点命题为原句命题，语用上具有对比排他义，且具体表现为正反对立排他性。

由于其正反对立排他性，确认义“是$_2$”的句子不可以进行焦点扩展，但是确认义的“是$_2$”却可以句外追加。如例(26)—(28)可以变为：

(32) 他**是**要买书(**的**)，还要买笔。

(33) 他**是**买了书(**的**)，还买了笔。

(34) 她**是**挺漂亮(**的**)，也挺善良。

所谓的句外追加，是在句子之外，再追加与前句焦点相关的内容，相当于对前句焦点信息的补充，从而形成了先确认后补充的模式。但句外追加的内容不是焦点选项集合中的任何一项，而是与焦点相关的其他情况。我们只以(32)为例。补充的“要买笔”这一事件，是不属于前半句“是$_2$”的焦点选项集合的，因此如果我们用 z 来代替“要买笔”的事件，那么 $z \notin E$，但是也属于“他”要做的事情。因此例(32)的表达式可以表示为：

(35) $\exists e((e \in E)\&e(\text{他}))\&\exists x((x \in E)\&(x=\text{要买书})\&x(\text{他}))\&\sim\exists y((y \in E)\&(y=\text{不要买书})\&(y=\sim x)\&y(\text{他}))\&\exists z((z \notin E)\&(z=\text{要买笔})\&z(\text{他}))$

因此确认义“是$_2$”具有可句外追加性，但不可以焦点扩展，这与强调义“是$_1$”正好相反。另外通过可否句外追加也可以看出，相对而言，强调义的“是$_1$”具有强标记性，因此不可句外追加；而确认义的“是$_2$”具有弱标记性，因此可以句外追加。

3.3 “是$_1$”和“是$_2$”的语义特点和性质总结

由上面的分析可以看出，强调义“是$_1$”所在句子的焦点命题是原句的准分裂句形式，其所标记的句子可以焦点扩展，不可以句外追加，具有强标记性。确认义“是$_2$”所在句子的焦点命题即是原句，确认义“是$_2$”标记的句子不可以焦点扩展，但可以句外追加，具有弱标记性。但是无论强调义还是确认义的“是”，它们本身都是一种肯定，语用上都具有排他性，只是前者具有双向排他性，后者具有正反对立排他性。

为了更简洁直观，我们对焦点标记词“是”的性质和特点总结如下表：

焦点标记词"是"的基本性质：肯定性					
	焦点命题	对比排他性	焦点扩展性	句外追加性	标记性
强调义"是$_1$"	原句的准分裂句形式命题	双向排他性	+	−	强
确认义"是$_2$"	原句命题	正反对立排他性	−	+	弱

四、"是$_1$"和"是$_2$"不是纯粹的焦点标记的证明

根据徐杰(2001：136—139,159—161)的介绍,马来语用助词"kah/lah"来标记焦点,且比"是"更典型,更纯粹。首先在词性上,"kah/lah"是一个黏附性的助词,作为一个标记,具有非独立性,其次用于疑问句的 kah 在有疑问代词的特指问句中只能强调疑问代词,再次"kah/lah"可以自由地放在所强调成分的后面。在刘林(2016)中,我们已经简单说明焦点标记词"是$_1$"和"是$_2$"不是纯粹的焦点标记。那么我们来具体看一下为什么"是$_1$"和"是$_2$"不是纯粹的焦点标记。

4.1 焦点标记词"是"与 Wh-词的语序

林裕文在《谈疑问句》(1985)中指出"疑问句表述询问,询问的焦点则是疑问点……特指问中,负载疑问信息的是疑问代词,疑问点也就在疑问代词"。徐杰、李英哲(1993)和徐杰(2001)进一步明确指出特指问句中的疑问代词必然是其所在句子的焦点,疑问代词具有[+F]的特征。那么在特指问句中,疑问代词与焦点标记词"是"的关系是什么样的呢?黄正德(Huang 1982),汤廷池(1984),徐杰、李英哲(1993),徐杰(2001)都认为下列句子不合语法:

(36) ***是**张三打了谁?

[比较：张三是打了谁?]

(37) *谁是买了那么多书?

[比较：是谁买了那么多书?]

(38) *他什么时候是在美国念的书?

[比较：他是什么时候在美国念的书?]

也即焦点标记词“是”只能出现在疑问代词的前面，不能出现在疑问代词的后面，因为特指问中疑问代词必须是句中的焦点，那么作为焦点标记词的“是”就要在焦点指示上与之统一。但是根据语料调查，焦点标记词“是”也有少数处于疑问代词后的情况。如：

（39）总支书记说，“……到底你们**谁是**真正为朋友好呢？”（王朔《痴人》）

（40）郭燕：“那会有**谁是**发了财的吗？”（《北京人在纽约》电视剧记录）

例（39）—（40）中分别是强调义的“是$_1$”和确认义的“是$_2$”，但是句子的真正焦点却不在其后的成分上，而是在其前面的疑问代词“谁”上。

因此尽管不常见，但有时焦点标记词“是”是可以处于疑问代词后的，这时句子的焦点仍然落在强势焦点——疑问代词上，“是”标记的其后成分则退居为旧信息，成为句子的预设信息，这一点同纯粹的焦点标记词标记的一定是句子的焦点信息是不同的。由此看来，焦点标记词“是”不是纯粹的焦点标记。

石毓智、徐杰（2001）指出由判断词向焦点标记发展，再由焦点标记向疑问标记的演化，是人类语言发展的一个共同特点，并且他们引用了 Heine 和 Reh（1984：109—182，249—250）根据对多种语言的观察，总结出的判断词的发展趋向：

第一步：格式“NP+判断词+从句”形成。句首 NP 代表一个新信息，从句则为已知信息。

第二步：判断词进一步虚化为一个焦点标记，并常用于标识疑问代词。

第三步：疑问代词必须负载有焦点标记。

虽然由于汉语的语序特点，汉语中强调义的焦点标记词“是$_1$”与第一步不完全相同——汉语的焦点标记词不是放在新信息 NP 的后面，而是前面，但通过上面的分析可以看出，强调义“是$_1$”正处于第二步，还没有到达第三步。

4.2 焦点标记词“是”的句法限制

相对于马来语的焦点标记词“kah/lah”想强调什么成分就可以直接把它放在什么成分后面，汉语的焦点标记词“是”的分布却有很大限制。

黄正德（1989）在考察分裂句①的“是”时指出分裂句的“是”字出现的位置，

① 这里的分裂句即指含有强调义典型焦点标记“是$_1$”的句子，因此这里的“是”即强调义“是$_1$”。

限于主语之前，或主语与谓语之间，不能出现在述宾结构或介宾结构的宾语前，不能出现在述补结构的补语前，必须放在属于谓语成分的介宾结构之前，可以与"可能、应该"互为前后，但是不能放在"能、肯、敢"和表示能力的"会"等助动词之后。周国正(2008)分别考察了宾语、状语、定语、补语、主语、谓语的情况，指出"是"强调某个成分的时候该成分不一定紧挨"是"之后，除了宾语、状语、主语、谓语的情况之外，"是"强调定语的时候放在整个定中短语之前，强调补语的时候放在谓语之前。

因此强调义"是$_1$"并不能像马来语的"kah/lah"那样自由地放在其想标记的焦点之前，它的浮动位置受限。所以我们同意黄正德(1989)，徐杰、李英哲(1993)，徐杰(2001)，周国正(2008)等的观点，认为"是$_1$"不是一个纯粹的焦点标记，它只是汉语中最接近纯粹焦点标记的词，因此我们才称之为典型焦点标记。

同时确认义的"是$_2$"的句法位置只有一个，即整个谓语之前，它只是在特定位置标记特定类型的焦点，因此它跟"来、给、数"①等一样，不是一个纯粹的焦点标记词，而是一个非典型焦点标记。

另外，对于焦点标记词"是"是否只标记其后紧邻成分，研究者们也有不同意见。当然这里也是指的强调义的"是$_1$"。吕叔湘(1985)认为"肯定的焦点在'是'字后边的成分，如果不止一个成分则焦点在最后的成分即句子重音所在的成分，除非前边有对比重音"。如：

(41) 是我不好，我向你道歉。(吕叔湘 1985)

(42) 我是路过这儿，(顺便来看看你们)。(吕叔湘 1985)

根据吕叔湘(1985)所言，例(41)中的焦点是"我"，因为有对比重音，例(42)中的焦点应该是"这儿"，因为前边没有对比重音。徐杰(2001：131)则认为在其他语法条件得到满足的前提下，焦点标记词"是"尽可能靠近焦点成分，如下面例子中的"是"强调的只能是最紧靠它的"昨天"。

(43) 小王是昨天用钳子把那张桌子修好了。(徐杰 2001：131)

但是周国正(2008)指出如下面的(44)，其强调部分不一定是明天。

---

① 刘林(2016)把"来、给、数、是$_2$"四个焦点标记词归为非典型焦点标记一类。

（44）我们是明天在录音棚用新设备给那片子录主题歌，不是明天跟那家公司谈开新戏的问题。（周国正 2008）

由此看来，“是”所强调的成分不一定是紧邻“是”的成分。另外前面如我们讲到的例（27），如果在“书”上有一个对比重音，“是”所强调的就不是整个谓语，而是“书”。

（27′）他**是**买了′**书**（的）。

面对这些问题，该如何解释呢？我们认为带有强调义“是$_1$”的句子的对比重音一般在紧邻“是$_1$”之后的成分上，但是有时候对比重音也可以落在其后的其他论元成分上。如例（43）中，如果其对比重音在“钳子”上，在实际口语对话中也未尝不可，这时句中“是”所标记的焦点就是“钳子”。例（44）的情况有点例外，这里“是”标记的不是“明天”为焦点，而是后面的整个谓语“明天在录音棚用新设备给那片子录主题歌”，这时的“是”不再是强调义的“是$_1$”，而是确认义的“是$_2$”。而例（27′）的情况是，一般确认义的“是$_2$”给后面整体谓语一个对比重音，而不仅仅是主要动词或宾语，但当对比重音仅落在“书”上时，句子的焦点就成了谓语论元“书”，这时“是”不是确认义的“是$_2$”，而是强调义的“是$_1$”。

另外不得不补充的是，当对比重音在“是”前面的时候，超出了“是”所可能标记的范围，不在其辖域范围内，这时句子的焦点在前面对比重音之处。如：

（45）′**我是**昨天来**的**，其他人不是昨天来的。

这里的“我”是焦点，而不是“是”之后的“昨天”。这样的情况和疑问代词在前的情况一样，也说明汉语中的“是”不是纯粹的焦点标记。

因此焦点标记词“是”在句法分布上受限，且是否标记紧邻其后的成分成为句子的焦点，要根据对比重音的具体位置而定。

4.3 焦点标记词“是”与其相应的否定形式

强调义的“是$_1$”的否定形式是“不是……”的形式。如：

（46）**是**您欠我的钱，**不是**别人欠我的钱。（毕淑敏《女人之约》）

（47）那一夜我**是**在火车站度过**的**。——那一夜我**不是**在火车站度过**的**。（梁晓声《京华闻见录》）

（48）我们**是**给大卡车运往农场**的**。——我们**不是**给大卡车运往农场**的**。

（冯骥才《一百个人的十年》）

例（46）本身就给我们展示了其相应的否定形式，例（47）和（48）的否定形式由原句变化而来。通过强调义"是$_1$"本身可以被否定说明"是$_1$"不是没有意义的，因此从可以被否定来看，强调义的"是$_1$"也不是一个纯粹的焦点标记。

但是确认义的"是$_2$"与之不同。含"是$_2$"的句子被否定时，要么去掉"是$_2$"加"不/没"，要么构成"是不/没……"形式。如：

（49）我这回来，**是**立了军令状**的**。（毕淑敏《女人之约》）——我这回来，**没**立军令状。

（50）我说和尚的卦**是**灵，果然应了！（丰烨 2009：38）——我说和尚的卦**不**灵。

（51）我也不敢问，因为那时抓人**是没**错**的**。（冯骥才《一百个人的十年》）

（52）她**是不**愿把这事带到大学去。（冯骥才《一百个人的十年》）

从上面四个例子可以看出，确认义的"是$_2$"是不能被否定的，那这是否说明"是$_2$"是一个纯粹的焦点标记呢？我们来看一下"竟然、特别"类副词的否定形式。如：

（53）他**竟然**会十字绣。——他**不**会十字绣。——他**竟然**不会十字绣。

（54）他**竟然**来了。——他**没**来。——他**竟然**没来。

（55）最近感觉**特别**好。——最近感觉**不**好。——最近感觉**特别**不好。

（56）这个电影**特别**有意思。——这个电影**没**有意思。——这个电影**特别**没有意思。

我们看到"竟然、特别"类副词也是不能被否定的，其原因就是这一类词本身含有说话者强烈的主观评注性，它们可以肯定其后的肯定性成分或否定性成分，但本身不能被否定。事实上这类副词同样具有焦点指示作用，但显然它们是具有特殊语义内容和语用特点的一类评注性副词，而不是一个纯粹的焦点标记。因此确认义的"是$_2$"也不是一个纯粹的焦点标记。

4.4　焦点标记词"是"的词性

马来语的焦点标记词"kah/lah"是黏附性助词，那么汉语的焦点标记词"是"的词性是什么呢？确认义的"是$_2$"比较容易确定。张斌（2010：596）认为它是表示确信或肯定的语气副词。我们从它在句中所处的位置，以及它不能被否定，且与"竟然、特别"类副词一样具有强主观评注性来看，确认义的"是$_2$"确实是一个副词。但关于强调义"是$_1$"的词性问题，研究者们一直争论不休。

有的研究者认为强调义的"是$_1$"是判断动词，如朱德熙(1978)、汤廷池(1983)、周国正(2008)、张斌(2010：602)，有的研究者认为"是$_1$"为副词，如张静(1963)、赵淑华(1979)、张谊生(2000：62—63)，有的研究者如方梅(1995)、袁毓林(2003)、玄玥(2004：8)认为"是$_1$"为焦点标记词，但没有指明"是$_1$"为哪类词。针对焦点标记词一说，黄正德(1989)，徐杰、李英哲(1993)，徐杰(2001)等认为，纯粹的焦点标记是不存在的，它必然属于一定的词类，他们认为"是$_1$"表现出了一般动词的属性，如可进入"V -不- V"格式和可用"不"否定，而且只能在主语前或主谓之间，不能在动宾或介宾之间等，但黄正德(1989)认为强调义"是$_1$"是助动词，而徐杰、李英哲(1993)和徐杰(2001)认为强调义"是$_1$"是动词。综合来看，关于强调义"是$_1$"的词性，有动词说、副词说、焦点标记词说①、助动词说四种。

我们认为"是$_1$"看似具有一般动词的一些属性，但是所谓一般动词的属性，其他一些性质的词也可以具有。如能进入"V -不- V"格式的除了动词还有形容词、个别副词、助动词以及介词，如"简单不简单、经常不经常、可以不可以、跟不跟"等，并且这几类词也都能用"不"否定。只能在主语前或主谓之间，不能在动宾或介宾之间的词还有副词，不一定都是动词。我们更加倾向于强调义的"是$_1$"是从动词向助动词再向副词演化的过程中更接近于副词的一个词。因为强调义"是$_1$"是句子表面附加的成分，可以省略，在句中的位置不固定，这使它更像一个副词。如：

(57) a **是**小王昨天在宿舍里用手提电脑给我发的邮件。

b 小王**是**昨天在宿舍里用手提电脑给我发的邮件。

c 小王昨天**是**在宿舍里用手提电脑给我发的邮件。

d 小王昨天在宿舍里**是**用手提电脑给我发的邮件。(张斌 2010：604)

汉语中任何一个动词都没有这么灵活的位置变化，且"是$_1$"可处的位置都是

① 这里的"焦点标记词说"指的是认为焦点标记词不属于任何其他词类的说法。

副词可处的位置，包括“是$_1$”不能处于动宾和介宾之间这一点也与副词相同。同时副词也能受“不”否定，如“只”，且“只”也具有灵活的位置，同时不能放在动宾之间。如：

(58) 我们只昨天去了森林公园。——我们不只昨天去了森林公园。

(59) a 只星期一下午我才有空。(张斌 2001：733)

b 星期一只下午我才有空。

c 星期一下午只我才有空。

d 我只买了两本书。——*我买了只两本书。

所以“是$_1$”既具有动词性特征，又具有副词性特征，这表明它正处于由动词向副词虚化的道路上。由于判断动词“是”表示的是前后两个事物的关系和类别，而强调义“是$_1$”是对事件的某一方面的强调，具有标记焦点的功能，与一系列标记焦点的副词在功能上相同，因此我们认为“是$_1$”具有副词性，并且我们认同张谊生(2000：59)认为这里强调义的“是$_1$”是评注性副词的看法，①因为它也是充当高层谓语，用“是$_1$”所表示的强调肯定进行主观评注。

所以强调义“是$_1$”和确认义“是$_2$”都是主观评注性副词，但后者的主观性更强烈，确认义“是$_2$”与“竟然、特别”类副词相似，强调义“是$_1$”与“只”类副词相似。因此从词性上看，焦点标记词“是”也不是纯粹的焦点标记。

五、结　语

综上所述，作为汉语焦点标记词的“是”有两个，即作为典型焦点标记的强调义“是$_1$”和作为非典型焦点标记的确认义“是$_2$”，其中“是$_2$”是非轻重读之分说的确认谓语情况的“是”，而不是重读的强调义“是$_1$”。与其他语言的纯粹焦点标记相比，强调义“是$_1$”和确认义“是$_2$”有自己的特点。

强调义“是$_1$”标记的是事件的内部论元，它更接近马来语的 kah/lah，其所构成的是窄焦点结构。语义特点方面，强调义“是$_1$”所在句子的焦点命题是原句的

① 张谊生(2000：62—63)在讲到评注性副词“是”时并没有指明这里的“是”是强调义的“是”，但从他举的例子来看，都是指的此“是”。

准分裂句形式,其所标记的句子可以焦点扩展,不可以句外追加,具有强标记性和双向排他性。而确认义的"是$_2$"标记的是句内的谓语成分,它类似日语的谓语焦点标记 wa,其所构成的是宽焦点结构中的谓语焦点。在语义特点方面,确认义"是$_2$"所在句子的焦点命题即为原句命题,确认义"是$_2$"标记的句子不可以焦点扩展,但可以句外追加,具有弱标记性和正反对立排他性。

另外,焦点标记词"是"不是纯粹的焦点标记。因为首先强调义"是$_1$"和确认义"是$_2$"都可以处于 Wh-词的后面;其次句法分布上,确认义"是$_2$"位置固定,不能浮动,强调义"是$_1$"不能自由地放在其想标记的焦点之前,且是否标记紧邻其后的成分成为句子的焦点,要根据对比重音的具体位置而定;第三虽然强调义"是$_1$"可以被否定,确认义的"是$_2$"不能被否定,但它们都是主观评注性副词,只不过强调义"是$_1$"与"只"类副词相似,确认义"是$_2$"与"竟然、特别"类副词相似。

参考文献

范开泰　1985　《语用分析说略》,《中国语文》第 6 期,401—408 页。
范开泰、张亚军　2000　《现代汉语语法分析》,华东师范大学出版社。
方梅　1995　《汉语对比焦点的句法表现手段》,《中国语文》第 4 期,279—288 页。
丰烨　2009　《"是"的语义类别研究》,华东师范大学硕士学位论文。
黄正德　1989　《说"是"和"有"》,见《李方桂先生纪念论文集》,学生书局,43—64 页。
林裕文　1985　《谈疑问句》,《中国语文》第 2 期,91—98 页。
刘丹青　2008　《语法调查研究手册》,上海教育出版社。
刘林　2016　《汉语焦点标记词的分类与句法特征》,《语言研究集刊》,107—123 页。
刘林　2018　《"是……的"焦点结构及其相关问题探讨》,《韩中言语文化研究》第 8 期,1—17 页。
吕叔湘　1985　《疑问·否定·肯定》,《中国语文》第 4 期,241—250 页。
罗仁地、潘露莉　2005　《焦点结构的类型及其对汉语词序的影响》,见徐烈炯、潘海华《焦点结构和意义的研究》,外语教学与研究出版社,47—63 页。
石毓智　2005　《论判断、焦点、强调与对比之关系——"是"的语法功能和使用条件》,《语言研究》第 4 期,43—53 页。
石毓智、徐杰　2001　《汉语史上疑问形式的类型学转变及其机制——焦点标记"是"的产生及其影响》,《中国语文》第 5 期,454—465 页。
汤廷池　1983　《国语的焦点结构:分裂句、分裂变句与准分裂句》,见汤廷池、郑良伟、李英哲《汉语句法、语意学论集》,学生书局,129—158 页。
徐杰　2001　《普遍语法原则与汉语语法现象》,北京大学出版社。
徐杰、李英哲　1993　《焦点和两个非线性语法范畴:"否定""疑问"》,《中国语文》第 2 期,81—92 页。

玄玥　2004　《论汉语对比焦点标记“是”——兼论焦点标记对焦点敏感算子的制约》，东北师范大学硕士学位论文。
张斌　2010　《现代汉语描写语法》，商务印书馆。
张斌　2001　《现代汉语虚词词典》，商务印书馆。
张静　1963　《从“是……的”结构看语法单位的同一性和示差性》，《郑州大学学报》第3期，113页。
张谊生　2000　《现代汉语副词研究》，学林出版社。
赵淑华　1979　《关于“是……的”句》，《语言教学与研究》第1期，57—66页。
周国正　2008　《“是”的真正身份——论述记号》，《语文研究》第2期，5—11页。
朱德熙　1978　《“的”字结构和判断句》，《中国语文》第1—2期，见朱德熙《现代汉语语法研究》，1980年，商务印书馆，125—150页。
Teng, Shou-hsin(邓守信)　1979　Remarks on the cleft sentences in Chinese. *Journal of Chinese Linguistics*(1): 101－114.

【附记】石汝杰先生是我的硕士导师。2004年我考入苏州大学读硕士研究生，有幸与同届三位同学一起分到石老师门下学习。当时我对方言乃至学术是懵懂的，甚至是无知的，是石老师引领我进入学术的大门，使我懂得怎样才是做研究。

学方言是辛苦的，要实地调查，要在语言学领域“博古通今”“面面俱到”。面对我的畏难，尤其面对来自河北沧州，总觉得自己方言与普通话差异太小的我，石老师总是笑呵呵地鼓励，从不苛责。在苏大文学院的办公室里，在石老师的家里，他带着我们一起读书，引领我们走进方言学的天地。记忆里石老师家中那整面整面墙的书籍极大地震撼了我。石老师在教授我们的时候，不仅注重方言学系统知识的学习，还注重学习方法、学习态度的培养，同时还鼓励我们多与方言学的前辈、同龄人交流。因此石老师参加学术会议时，身边总有四个叽叽喳喳的小丫头。还有一个细节，可以看出石老师做学问重细节、重积累、踏实朴素的风格，那就是读书时他让我们每人买一本汉语字典放在床头，没事就翻翻。

石老师虽然是方言学界的大儒，但他却虚怀若谷，没有一点大儒的架子。记得石老师在送给我们的书上，竟称呼我们“学妹”。当时我们惊讶地问他：“您是我们的老师呀，怎么称呼我们‘学妹’？”石老师的大意是大家同在学习和研究方言，在这个领域，他只是走在前面几年而已，将来我们都是同路人，以致我现在虽也有了自己的研究生，但并不敢妄称自己是老师。

生活中,石老师个性随和,总是笑呵呵,在他胖胖的身体里藏着一副有趣的灵魂,俨然一位“老顽童”。他会问我们最近听什么歌,把我们喜欢听的歌都拷到他那里,他会和师母一起带着我们游金鸡湖,游天平山,一起参加他们的家宴,还会带着我们一起参加师兄师姐的婚礼。石老师对学生的好,在我的苏大同学中是出了名的。无论何时,他对我们的关心都一如既往。硕士研究生毕业后,我工作不顺,转方向考博、读博、做博士后、工作,石老师这期间虽已远在日本,却一直牵挂于心,经常写信鼓励,甚至谈朋友、结婚、生子,石老师也都牵挂着。他就像是一位慈祥的父亲,关心着孩子的每一步成长。

人生幸事,得遇良师。感谢在我人生路上的关键时刻,都遇到了指点我学业、人生的良师,而石老师则是第一人。回忆着与石老师交往的点滴,有崇敬仰慕,有幸运幸福。如今石老师已年逾古稀,祝福老师身体和灵魂同步,永远健康年轻!

山西文水话中的趋向补语“过来”及其与“动间”的异同*

刘　艳

（陕西师范大学文学院）

文水县位于山西省中部，行政上隶属吕梁市，方言归属上为山西中区太原片。文水东部与祁县隔汾河相望，但往来频繁，故和以县城为中心的西部方言之间语音分歧较大，词汇方面也有一定的差异，但语法基本相同，当地人根据语感将文水话大致分为“东半县话”和“西半县话”。

文水话中，“过来”[kʊ^{24}lai^{21}]作为动词，既可以充当谓语，也可以置于谓语中心语之后充当补语，表示方向，与“过的过去”相对。① 它作为趋向补语时，既可以表示来到自己所在的地方，表示正面对着说话人，也可以表示时间、能力、数量充分，与普通话的用法基本一致，常轻读为[kʊ^{21} lai^{1}]。例如：你过来，他过的你过来，他过去｜你再坐过来点点你再坐过来点儿｜你看你能跳过来嘞不你看你能不能跳过来？｜这几年苦过来哩这几年受了不少苦，熬过来了｜就这点点玉茭子，我忙过来咾就这么点玉米，我忙得过来。

值得注意的是，“过来”置于动词后，还可以表示“……的时候”，常用于未然句中，也可以用于追忆往事的已然句中，用例较少。（可以带“过来”的动词详见

* 本文曾在“第九届西北方言与民俗学术研讨会”上宣读，得到国家社科基金青年项目（16CYY014）、陕西省社科基金一般项目（2018M17）的资助。本文在修改过程中得到了邢向东教授的悉心指导，谨表最诚挚的谢意。文中错谬由笔者本人负责。

① 文水话“过的、进的、上的、下的、起的”等词中的“的”相当于趋向动词“去”，读轻声[tiəʔ^{21}]。另有“说不过的说不过去”“看不下的看不下去”这样的说法。吴建生在《晋中方言的“的的”连用和“地的”连用》（2002 年第 1 期：54—57 页）一文中，指出“的”有表趋向的用法。侯精一在《平遥方言的动补式》（1981 年第 2 期：119—127 页）一文中也讨论到当地的趋向补语，按音记为“迪”。

文后附录。)“过来”还可以置于部分性质形容词后,确切地对译为普通话“……起来的时候”,主要是描述某种性状发生变化后的一种感受,这种感受可以是说话人自身的主观感受,也可以是听说双方都会有的一种感受。“过来”的这两种用法是本文讨论的重点。笔者是文水人,文中例句均为笔者内省和日常交流对话,都经过当地人的语感确认。

一、“过来”构成时间小句

(一)“过来”置于动词之后

1. 强调动作开始的那一瞬间听话人需要注意的事项。说话人可以说出具体注意的事项,也可以用“小心、注意、慢点点”等一类笼统表提醒的词,只要达到提醒听话人的目的即可。例如:

(1) 炒过来记得放上根八角子炒的时候记得放上一颗八角。

(2) 搬过来可小心些啊搬(家具)的时候要小心一点。

(3) 开过来注意点点开(车)的时候注意一点。

例句(2)的“小心”根据语境的不同,可以有两种理解,既可以提醒搬运的物品不要受损,也可以提醒搬运者别受伤。如果像例句(1)一样说出具体注意事项的话,就不需要做过多的解释了。例句(3)一般不会产生误会,“注意”多是提醒开车人要小心驾驶。

2. 强调动作的连接性。说话人提前跟听话人约定好接下来要做的事,希望自己或对方能遵守这个约定。例如:

(4) 来过来你给我个电话来的时候你给我打个电话。

(5) 走过来我还要眊你来嘞走的时候我还会来看你呢。

(6) 回过来你可唤上我回的时候你一定要叫上我。

(4)—(6)例句中的每两个动词是有先后顺序的,即后面一个动作应该在前面一个动作之前先做,但是说话人是以前面一个动作的发生时间为参照点的,因此,例句中的“过来”可以替换为“之前”,句意基本不发生变化。不过,日常交际中基本不说“之前”。例句(6)稍微特殊一点,“回之前”不能是回家前几天,而是回家那一刻。

3. 告知对方某个动作开始后的感觉,属于说话人的经验感知。根据动作支配对象的不同,可以分为味觉方面的、嗅觉方面的和触觉方面的三种。例如:

(7) 吃过来可沙嘞吃的时候,(西瓜)非常沙甜。

(8) 哭过来嗓门子可大嘞哭的时候嗓门非常大。

(9) 抹过来味道可重嘞抹的时候,(这款药膏)味道非常重。

(10) 用过来可不得手嘞(这东西)用的时候,一点都不得劲儿。

这些例句中动作支配的对象,也正好是后续句中被陈述的对象。在听说双方都知道的情况下,这个对象是可以不出现的,如例(7)中"吃"的对象和"沙"所描述的对象"西瓜",例(10)"用"的对象和"不得手"所描述的对象"这东西"都没有出现。如果这个动词是个不及物动词,如例(8)中的"哭",那么后续句中被陈述的对象"嗓门"是要出现的,而且"哭"的施事和"大"的陈述对象具有领属关系。如果这个动作支配的对象与后续句中所陈述的对象具有领属关系,那么后续句中被陈述的对象也要出现,像例(9)中的"抹"支配的是药膏或抹脸油什么的,说话人想要说明的是其味道比较重,那么"味道"就得出现在后续句中。

通过上述用例及附录,我们可知"过来"前面的动词大部分是单音节的,只有少量的双音节动词。同时,由于听说双方有共同的认知背景,那这个及物动词后面一般都不带宾语。此外,同一个动词加"过来",因后续句不同,所表示的意义也会有别。例如:

(11) 进过来不用替鞋进门的时候不用换鞋。(提前和对方约定好)

(12) 进过来小心点点门限限进门的时候小心点门槛。(提醒对方注意)

(13) 考过来别着急考试的时候别着急。(提醒对方注意)

(14) 考过来我就甚也不想哩考试的时候我就什么都不想了。(告知对方动作开始后的心情或感觉)

4. 单纯表示某时候的情况,句首一般会出现表时间的词语,含有追忆往事的意味。例如:

(15) 俺们兀阵阵,嫁过来甚嫁妆也没啦我们那会儿,出嫁的时候什么嫁妆也没有。

(16) 前几天,玉茭子劈过来还湿的嘞那几天,掰玉米的时候玉米还湿着呢。

(17) 你爸爸走过来,甚也没啦说你爸爸走的时候,什么也没有说?

(18) 算账儿过来,短咾一根零来算账的时候,少了一个零。

“过来”用于已然句的情形不是很多,多数情况下要求有“兀阵阵”“前几天”等表过去时间的词出现。或者直接在“过来”后加上一个表已然的时间词“桑”,①即“俺们嫁过来桑甚嫁妆也没啦”“玉茭子劈过来桑还湿的嘞”。例(18)句末的“来”是一个时制助词,表示过去发生的事情。不过,也有像(17)这样的用例,既没有出现时间词语也没有加“桑”,当是听说双方都知道陈述的事实是已经发生了的缘故。

(二)“过来”置于形容词之后

性质形容词带上“过来”以后,后续句表示达到这种性状时说话人会产生的某种感觉,描述的多是一种惯常状态。这种感受带有一定的主观性和经验性,不过有时也可能引起听话人的共鸣。例如:

(19) 冷过来是可冷嘞,热过来也可热嘞冷起来是真冷,热起来也是真热。

(20) 高兴过来咤怎[tsẽ[423]]也行高兴的时候怎么都行。

(21) 疼过来赛住刀子割嘞疼起来就像刀子割一样。

(22) 忙过来是可忙嘞忙的时候是非常忙。

(23) 精明过来是可精明嘞,糊涂过来是可糊涂嘞清醒起来很清醒,糊涂起来又很糊涂。

(24) 难活人过来吃甚药也不顶事难受起来吃什么药也不管用。

能纳入这种格式的性质形容词不是很多,同样也是单音节的占多数。说话人旨在表达一旦出现某种性状就会怎么样,所以性质形容词带上“过来”后就成了“……起来的时候”的意思,具有一定的动态性。

我们可以说,动词和形容词后加“过来”,都有一种强调说话人在某个动作发生后或者某种性状变化后的主观感受的用法,均暗含着动作发生前后或性状变化前后的对比。也就是说,“过来”表示的是时点,带有推移性的语义特征。

二、“过来”与“动间”的异同

我们再来看下面三个例句:

① 关于“桑”的词义及用法请看刘艳《山西省文水(云周)话中的提顿词“桑”》,《开篇》2011年30卷,好文出版。

(25) 你再睡过来点点你再睡过来点儿。

(26) 睡过来再纳上一张盖子睡的时候再压上一张被子。

(27) 睡动间再纳上一张盖子睡的时候再压上一张被子。

例(25)中的"过来"是个趋向补语,说话人让听话人再挪动一下位置,向说话人的方向靠拢。例(26)、(27)两例中的"过来"和"动间"[tuŋ^{21} tɕiaŋ^{1}]①均表"……的时候",都倾向于表未然的事件,互相可以替换。那么,人们在日常生活中使用这两个词时会不会混淆呢?因为你常常可以听到"洗过来、洗动间""搬过来、搬动间""写过来、写动间""忙过来、忙动间"之类的说法。可是当地人也说不出这两个词有什么不同,然而却能在日常交际中自如地区分使用它们。我们比较了不少例句,最终得出了以下五点差异:

1."过来"和"动间"②均可以置于动词之后表示某动作发生或进行的时候,但是语意各有侧重。"过来"强调的是动作开始的起点,"动间"强调的是动作进行的时段。同时,"过来"多置于自主动词之后,"动间"似不受此限制。例如:

V+过来	V+动间
洗过来别硬捩。	洗动间别硬捩洗的时候不要硬拧。
炒过来放上根八角子。	炒动间放上根八角子炒的时候放上颗八角。
用过来可不得手嘞用的时候很不得劲。	用动间可不得手嘞用的时候很不得劲。
*觉来过来桑,谁也不在哩。	觉来动间桑,谁也不在哩(我)醒来的时候,谁都不在了。
*饿过来再吃。	饿动间再吃饿的时候再吃。
*感冒过来不能洗澡。	感冒动间不能洗澡感冒的时候,不能洗澡。

说话人选用"洗过来、炒过来、用过来",旨在提醒听话人在洗、炒、用这些动作一开始就要注意某事项,而选用"洗动间、炒动间、用动间",则是告诉听话人在洗、炒、用这些动作开始后的整个过程中都要注意某事项。同时,"过来"前的动词一般都能补充出隐含的支配对象,即使不能,它的施事与后续句中被陈述的对象之间也具有领属关系,否则就得用"动间"。像"觉来醒""饿""感冒"等都是非自主动词,它们就不能加"过来"。

① 我们暂时调查到胡兰镇伯鱼村说"动间"[tuŋ^{21} tɕiAʔ^{1}]。
② 关于"动间"的词义及用法请看刘艳《山西省文水(云周)话中的提顿词"桑"》。

2.“过来”和“动间”都可以置于形容词之后表示某种性状出现的时候。但是一方面,两者的后续句不同,另一方面,与“过来”搭配使用的只是少数形容词,与“动间”搭配使用的形容词要多一些,不仅仅限于表心理感觉的,而且还可以是表味觉的。例如:

Adj+过来	Adj+动间
冷过来是可冷嘞冷的时候非常冷。	冷动间就套上件件衣裳冷的时候,就套上件衣服。
热过来是可热嘞热的时候是非常热。	热动间,你倒把电风扇打开哩还热的时候,你就把电风扇打开吧。
*渴过来再买喝的。	渴动间再买喝的渴的时候再买喝的。
*咸过来就再放上点点醋。	咸动间就再放上点点醋咸的时候,就再放上点醋。
爸爸动火过来可怕人嘞爸爸生气起来让人很害怕。	动火动间甚话也能说出来动火的时候什么话都能说出来。

与“过来”置于动词之后一样,“过来”置于形容词之后,也侧重强调某种性状变化的开端,然后才进一步描述这种性状变化之后的过程里会怎么样,因此,这个“过来”准确地说,是“……起来的时候”。而“动间”置于形容词之后,表述的就是某种性状发生变化后的这段过程里会怎么样。

3.“动间”可以置于表年龄、时间的名词之后,既可以用于已然句,也可以用于未然句中。而“过来”不可以。例如:

(28) 五十动间,你就扛不动麻袋哩五十的时候,你就扛不动麻袋了。

(29) 明年动间,裤儿就短得不能再穿哩明年的时候,裤子就短得不能再穿嘞。

(30) 高三动间,就没体育课哩高三的时候,就没有体育课了。

(31) 三十五动间,吃转媳妇子的三十五的时候,娶了媳妇的。

(32) 国庆动间,去杭州耍的来国庆的时候,去杭州玩了。

其中,例句(28)—(30)均为未然句,(31)、(32)表已然。这些例句中的“动间”都不可以替换为“过来”,说明“……的时候”已经成了“动间”的一种固定语义,并不是因为它跟具有推移性特征的年龄、时间名词结合后充当句首时间状语才具有的语义。同时,这也说明“过来”表“……的时候”的语义很有可能是这个句式赋予它的,即它只在与动词、形容词构成时间小句时才有这种语义,所以它受到的限制更多。

4.“过来”和“动间”都可以用于追忆往事的已然句中。但是“过来”只能置于部分动词之后，而“动间”除了置于动词之后外，还可以置于名词、形容词之后。例如：

过来	动间
*八月十五过来，回的来。	八月十五动间，回的来八月十五的时候回去来着。
*小过来，我吃过。	小动间，我吃过小的时候我吃过(榴莲)。
回过来，我看见你来回的时候我看见你来着。	回动间，我看见你来回的时候我看见你来着。
俺们嫁过来桑，甚也没啦要我们嫁的时候，什么也没有要。	俺们嫁动间桑，甚也没啦要我们嫁的时候，什么也没有要。
*病都是教书过来落下的。	病都是教书动间落下的(我的)病都是教书的时候落下的。
*俺们在太原过来认下的。	俺们在太原动间认下的我们是在太原的时候认识的。

通过这些例句，可知：一方面，不管是“过来”还是“动间”，其后续句的句末一般都有表过去的助词，只是“过来”的句末多与“来”搭配使用，而“动间”的句末除了“来”，还可以出现“过、的、哩了”等动态助词；另一方面，“过来”只能置于表移动的或结果为移动的动词之后，来追述那时发生的事情，像“教书”“在太原”这样的动词性成分不具有位移性，就不能加“过来”，但是“动间”不受此限制。此外，“俺们嫁过来桑”中的“桑”是个表已然的时间词，而“俺们嫁动间桑”中“桑”的时间义已经虚化，是一个不表任何语气的停顿标记。

5.“动间”可以与补语“完”共现，但是“过来”不可以。① 例如：

过来	动间
*你做完过来，告我一声。	你做完动间告我一声你做完的时候告诉我一声。
*洗完过来，再换水。	洗完动间再换水洗完(衣服)的时候再换水。
*用完过来收起来。	用完动间收起来用完(钳子)的时候收起来。
*开完会过来咱们照张相。	开完会动间咱们照张相开完会的时候咱们照张相。

① 从“过来”“动间”能否与“完”共现这个角度考察两者的区别是同事邵琛欣老师给出的建议，非常感谢！

由上面的例句，我们看到动词带补语“完”（如果有宾语，宾语置于动词和“完”之后），后面还可以再加“动间”，却不可以加“过来”。“动间”与“过来”的这一区别，正好是对它们第一条差异的回应。如前所述，“动间”强调的是动作进行的时段，而“过来”关注的是动作开始的时点，这就与表示动作结束、完毕的“完”在语义上产生了不一致的情形。我们认为，这是“过来”与“完”不可以在同一个句子里共现的根本原因。

三、“过来”与“动间”产生交集的原因

通过上面五个方面的对比，我们得知，“过来”和动词、形容词的搭配范围受限，不能放到名词之后，这些当是它语法化程度低、原始义保留的表现。那么，它怎么会和“动间”的使用有了交集？我们认为，一方面，这与“过来”本身是个趋向动词有关，它置于动词后做补语表移动的方向，而“动间”前的动词也有表移动或结果为移动的动词。例如“过来过来，你两个也一搭里来过来的时候，你们两个也是一起来着？”一句，也可以说成“过来动间，你两个也一搭里来？”前者询问两个人在向说话人的方向走的时候是不是一起的，至于中间两个人是否分开走，就不关注了，但后者询问的是两个人在向说话人的方向走的这一段过程中，是不是一直在一起。另一方面，“动间”前的形容词也在时间轴上存在着状态上的变化，即暗含对比。于是，两者在各自适用的语境中，就出现了交集。

实际上，在文水话中，可以构成时间小句的词有三个，分别是“桑”［saŋ^{21}］、“动间”和“过来”，①其中“桑”一开始只用于已然句，而“动间”和“过来”一开始只用于未然句。“桑”的语法化程度最高，可以表假设语气，置于复句的假设分句末尾，可以与否定副词“不”紧密结合为“不桑”，表不然之义，还可以表示建议，相当于“吧”。而“动间”和“过来”几乎没有发生语法化，它们尚都停留在表示“…… 的时候”（如下表 1 所示）。其中，“过来”表时间的语义很有可能是这种句式赋予它的，而不是它本身已有的固有含义，所以与“桑”“动间”相比，它的适

① 关于“桑”和“动间”的差异在刘艳《山西省文水（云周）话中的提顿词“桑”》（161—175 页）一文中有详细阐述。

用范围最窄。“动间”基本只表时间义,不能表假设。例如上文提到的:你做完动间告我一声|洗完动间再换|用完动间收起来|开完会动间咱们照张相,如果要改为假设语气,那需要用“咾”或“咾咾”替换“动间”,即你做完咾告我一声|洗完咾再换|用完咾收起来|开完会咾咱们照张相。进一步,“过来”“动间”分别都能和“桑”共现,但是前面我们已经提及,与“过来”共现的“桑”是个表已然的时间词,而与“动间”共现的“桑”只是个不表达任何语气的停顿标记。这也证明“过来”的时间义并没有完全固定下来,“……的时候”其实是通过“桑”表达出来的。

表 1 “桑”“动间”和“过来”的句法分布比较

	置于动词后	置于名词后	置于形容词后	置于代词、数量短语后	直接出现在否定副词“不”之后	与补语“完”共现
桑	+	+(限于年龄、时间名词)	+(表假设)	+(表假设)	+	+(表假设)
动间	+	+(限于年龄、时间名词)	+(不表假设)	–	–	+(不表假设)
过来	+(限于自主动词或表移动的动词)	–	+(少数表心理感觉的性质形容词)	–	–	–

结合晋语其他方言的例子再来看,与“动间”音近的有“顿儿”“佬顿儿”,郭校珍(2008:26)指出这些词主要见于并州片、吕梁片、大包片、五台片这四个方言片所辖区域内,邢向东(2006:168)列出了陕北晋语几个方言代表点的假设类关联词语和语气词表,与“动间”类似的有“动弹”“动弹的话”(绥德)、“动儿单字后”“动价”“动儿价”(佳县)。可见由于前后鼻音的不同,山西晋语主要记为“顿”,陕北晋语主要记为“动”。那么我们可以推测,文水话“动间”的“间”可能就是“价”,只是由于顺同化的缘故,“价”[tɕiᴀ]也带上了鼻音韵尾[ŋ],成了“间”[tɕiɑŋ]。可以作为旁证的是,文水胡兰镇伯鱼村说“动间”[$tuŋ^{21}$ $tɕiᴀʔ^{1}$],可能是“价”的读音发生了促化。不过音虽相近,文水话“动间”的语法化程度却

较其他晋语低，因为它只表时间义，不能对译于普通话的“的话”。这也促进了当地“桑”一词语法化程度的进程和适用范围的扩大。至此，我们便能得出一条三者之间语法化的等级序列：过来>动间>桑。

附录：能够带“过来”的动词①

单音节	拔 拜 搬 办办事、婚丧嫁娶 绑 包 搭 进 背 编编筐筐、篓篓 变 裱 补 揩擦 采采摘 查 尝 唱 抄 捆 围 炸 演 描描摹 贴 铰剪 用 考 养生孩子 下动物生崽 撤 称称重 成事情办成 熟 吃 冲 抽 出 进 买 卖 穿 吹 催 打 带 戴 担挑 倒 点 调调味，动词 动 念 上上茅子 缝 翻 反闹腾 照照相 分 离离家 盖 做 告告诉 管 过 去 来 走 回 花 画 还 缓 哄 □[t^hiẽ^{423}]脱 记 加 嫁 减 见见面 讲 交 教 接 解 借 锯 开 看 哭 拉 骂 荷拿 埋 背[pei^{21}]背人：出殡、丧葬 闹 跑 漆油漆 起 切 劝 撂扔 □[k^hẽ^{423}]扔 卸伐木 杀 收 数 睡 说 送 算 拾 疼 踢 跳 相相亲 洗 写 学 歇 寻 问 要 邮 装 住 做
双音节	安排 闹架吵架 处理 承包 放假 上学 下学 复习 替脱换 替洗换洗 赶会 赶集 检查 动弹劳动 上礼 实习 试打试 收礼 应酬

参考文献

郭校珍　2008　《山西晋语语法专题研究》，华东师范大学出版社。
黑维强　2016　《绥德方言调查研究》，北京师范大学出版社。
侯精一　1981　《平遥方言的动补式》，《语文研究》第 2 期。
刘艳　2011　《山西省文水（云周）话中的提顿词“桑”》，《开篇》第 30 卷，好文出版。
苗传江、陈小盟　2011　《现代汉语动词例释》，北京师范大学出版社。
史秀菊、侯盼洁　2018　《山西文水方言的话题标记》，《中北大学学报》第 1 期。
吴建生　2002　《晋中方言的“的的”连用和“地的”连用》，《语文研究》第 1 期。
邢向东　2006　《陕北晋语语法比较研究》，商务印书馆。

【附记】正好在毕业季收到了《石汝杰教授荣休纪念论文集》的校对稿，心情很不一样。与其他同门相比，我跟着石汝杰老师读书的时间最长。翻看着近二十年来一封封和老师往来的邮件，一张张读书期间和老师、同门的合影，很多往事都涌上心头，一边哭一边就笑了，一边笑着，一边就哭了，当时的点点滴滴记忆犹新。

我于 2004 年有幸成为老师的一名硕士生，2007 年硕士毕业后又跟着老师去

① 大部分动词是从苗传江、陈小盟主编的《现代汉语动词例释》（北京师范大学出版社，2011 年）中选取的，还有一些是自己搜集的。

了日本熊本学园大学(当时老师已在熊本学园大学任职)。经过半年的预科学习,2008 年 4 月正式入学熊本学园大学国际文化研究科,在老师的指导下继续读了三年的博士。我回国工作之后,教学中有疑惑的地方会跟老师请教;论文发不出来,会请老师一起分析原因;生活中有不如意的事,也会跟老师诉苦。不管什么时候,老师都会耐心地给我回信,给我鼓劲。我要感谢老师的事情不止一件两件,但是有三件事我一直铭记于心,也让我终生受益匪浅。

第一件事,老师和汪平老师在 2005 年暑假时,带我们一起去吴江盛泽进行田野调查,在调查中教给了我们一些很实用的方法。例如音类不好确定时用比字法;有疑问的地方要及时跟发音合作人确认;结束每天的调查需核对一遍调查材料;擅长与发音合作人交流,能让调查工作更顺畅。第二件事,我的博士论文从撰写到出版都离不开老师的帮助。一个是我回老家调查第一个方言点时,老师专门抽出几天时间来到我家,对我的调查材料进行审核,为我把关;一个是博士论文出版前,老师再次通篇看了我的书稿,指出了不少错误。第三件事,老师提醒我们要用心留意身边的语言现象,养成随时记录的习惯,每天能写一点东西是极好的。我硕士毕业论文中能搜集到那么多词条便是得益于此,博士阶段写的文水话的提顿词“桑”也是得益于此。这篇《山西文水话中的趋向补语“过来”及其与“动间”的异同》就是当时在写“桑”时没有注意到的一个点,现在终于弄清楚了“过来”“动间”和“桑”语法化程度不同的原因。这个习惯一直保持到现在,我居然在几篇小论文发表之后,发现自己解释清楚了文水话中的一些语法现象,并且还有一些值得深挖的点,有待我们进一步探讨。

老师,我虽然不够聪敏,但是还算勤奋,我虽然做东西比较慢,但是会不断前行,因为我喜欢自己的专业方向。老师,我要说一句,“您从教这么多年,辛苦了,谢谢您对我一直以来的悉心指导,谢谢!”

石汝杰研究论著目录(1983—2022)

【**说明**】(1) 按照发表时间,分类排列作者独立写作以及合作的研究论著。(2) 凡是合作撰写的论著,按照发表时的署名顺序,列在标题后面。(3) 论文集《明清吴语和现代方言研究》(上海辞书出版社,2006 年)收录了这里的部分论文,收录时有部分改动和说明。该书收录的论文后面分别注明"石汝杰 2006"及相关页码。

一、著作和教材等

(1)《苏州市方言志》(张家茂、石汝杰),(《苏州史志资料专辑》,苏州市地方志编纂委员会),1987 年。

(2)《上海市区方言志》(许宝华、汤珍珠主编),上海教育出版社,1988 年;(第二次印刷)1997 年(有修改)。

(3)《〈山歌〉索引》(石汝杰、陈榴竞),(东京)好文出版,1989 年。

(4)《中国语のすすめ》(日下恒夫、石汝杰),(东京)光生馆,1990 年。

(5)《昆山县志》(江苏省昆山县县志编纂委员会)第 26 篇第 6 章《方言》,上海人民出版社,1990 年,815—835 页。

(6)《川沙县志》(上海市川沙县县志编修委员会)第 31 卷方言卷(部分),上海人民出版社,1990 年,896—908 页。

(7)《现代汉语》(钱乃荣主编),高等教育出版社,1990 年。

(第二章《语音》由汪平、陈忠敏、石汝杰、石锋负责)

(8)《ことばの旅》(日下恒夫、石汝杰),(东京)好文出版,1991 年。

(9)《苏州市志》(江苏省苏州市志编纂委员会)第 5 卷《方言》(石汝杰、张家茂),江苏人民出版社,1995 年,317—358 页。

(10)《汉语语言学》(钱乃荣主编),北京语言学院出版社,1995 年。

(石汝杰、钱乃荣负责第一章《汉语和汉字》)

(11)《吴语读本》(明清吴语和现代苏州方言),(东京)好文出版,1996 年。

(12)《江苏省志·方言志》(鲍明炜主编),南京大学出版社,1998 年。

(翁寿元、石汝杰撰写吴语部分)

(13)《现代汉语》(修订本)(钱乃荣主编),江苏教育出版社,2001 年。

(负责修订《比较和对比》《汉字和汉字文化》两章)

(14)《苏州郊区志》(《苏州郊区志》编纂委员会编)第 28 卷《方言》,上海社会科学院出版社,2003 年,742—760 页。

(15)《明清吴语词典》(石汝杰、宫田一郎主编),上海辞书出版社,2005 年。【编写者】石汝杰、宫田一郎、翁寿元、陈榴竞、黄明明、钱乃荣、张家茂、刘丹青、石莲菊、汪平、李小凡、孟守介、陆庆和、陶寰【前言收入石汝杰 2006: 141—163 页】。

(16)《汉语方言词汇调查手册》[史皓元(R. V. Simmons)、顾黔、石汝杰],中华书局,2006 年。

(17)《江淮官话与吴语边界的方言地理学研究》[史皓元(R. V. Simmons)、石汝杰、顾黔],上海教育出版社,2006 年。

(18)《明清吴语和现代方言研究》,上海辞书出版社,2006 年。

(19)《汉语方言地图集》(语音卷、词汇卷、语法卷)(曹志耘主编),商务印书馆,2008 年。

(20)《吴语文献资料研究》,(东京)好文出版,2009 年。

(21)《苏州文化概论——吴文化在苏州的传承和发展》(苏简亚主编)第 19 章《苏州的方言文化》(石汝杰、王稼句),江苏教育出版社,2008 年,335—361 页。

(22)《吴语字和词的研究》(熊本学园大学附属海外事情研究所研究丛书 29),上海教育出版社,2018 年。

二、论　　文

(1)《关于苏州方言连读变调的意见》(钱乃荣、石汝杰),《方言》1983 年第

4 期，275—286 页；又载钱乃荣《北部吴语研究》，上海大学出版社，2003 年，341—357 页。

（2）《苏州方言量词的定指用法及其变调》（石汝杰、刘丹青），《语言研究》1985 年第 1 期，160—166 页【石汝杰 2006：79—89 页】。

（3）《关于“连读变调”的再认识》（署名“五臺”：汪平、钱乃荣、石汝杰、石锋、廖荣容），《语言研究》1986 年第 1 期，1—6 页；又载汪平《方言平议》，华中科技大学出版社，2003 年，1—11 页。

（4）《上海市区中年人语音共时差异的五百人调查》（石汝杰、蒋剑平），《语言研究集刊》第 1 辑，复旦大学出版社，1987 年，271—296 页。

（5）《说轻声》，《语言研究》1988 年第 1 期，98—109 页【石汝杰 2006：1—18 页】。

（6）《冯梦龙编〈山歌〉的虚词札记》，《花园大学研究纪要》20 号，1989 年，69—79 页【石汝杰 2006：164—181 页】。

（7）《苏州方言里的语缀》（谢自立、刘丹青、石汝杰、汪平、张家茂），《方言》1989 年第 2 期，106—113 页；《方言》1989 年第 3 期，216—223 页。

（8）《关于方言志编写的一些想法——兼评叶祥苓著〈苏州方言志〉》，关西大学《中文研究集刊》第 2 号，1990 年，93—111 页。

（9）《略谈〈缀白裘〉的语言》，（东京）《中国语研究》第 32 号，1990 年，1—11 页【石汝杰 2006：205—216 页】。

（10）《〈笑府〉中所见的明末吴语》，关西大学《中文研究集刊》第 3 号，1991 年，53—72 页【石汝杰 2006：182—188 页】。

（11）《明末苏州方言音系资料研究》，《铁道师院学报》1991 年第 3 期，66—71 页。

（12）《〈说文通训定声〉中苏州方言词语汇释》（吉田惠、石汝杰、森贺一惠），《均社论丛》第 17 号，1991 年，57—76 页。

（13）《专名翻译规范化的两大课题统一与保真度》（刘丹青、石汝杰），《语言文字应用》1993 年第 4 期，9—17 页。

（14）《19 世纪上海音系和相关的问题》，《中国音韵学研究会第八次学术讨论会论文集》（《语言研究》增刊），1994 年，215—224 页【石汝杰 2006：243—

259 页】。

(15)《吴方言区作家的普通话和方言》,《语言文字应用》1995 年第 3 期, 65—70 页;【修订稿】《汉语国际传播研究论丛(2012)中外学者同济大学演讲录》(陈强、孙宜学主编),上海三联书店,2012 年,120—131 页。

(16)《关于〈明清吴语词典〉的编写》,《辞书研究》1995 年第 4 期,45—51 页。

(17)《明清小说和吴语的历史语法》,《语言研究》1995 年第 2 期,177—185 页。

(18)《吴语连读变调的两个问题》,《吴语研究》(新亚学术集刊第 11 期)(徐云扬主编),香港中文大学新亚书院,1995 年,185—193 页【石汝杰 2006: 69—78 页】。

(19)《〈山歌〉的语言分析》,《北陆大学纪要》19 号,1996 年,201—209 页【《〈山歌〉的语音和语法问题》,石汝杰 2006: 164—181 页,有大幅度修改补充】。

(20)《苏州方言的体和貌》,《动词的体》(中国东南部方言比较研究丛书第 2 辑,张双庆主编),香港中文大学中国文化研究所吴多泰中国语文研究中心, 1996 年,349—375 页【《苏州方言的体和貌的表达方式》,石汝杰 2006: 90—108 页】。

(21)《汉语方言研究的新天地》,*Cahiers de Linguistique Asie Orientale* (*CLAO*)(法国《东亚语言学报》)1996 年第 2 期,279—288 页。

(22)《〈山歌〉词语考释》,《中国语学研究·开篇》第 14 卷,1996 年,35—41 页。

(23)《关于汉语的中性调》,《第 3 届语音学研讨会论文集》,中国社会科学院语言研究所,1996 年,75—76 页;【修订补充稿】《汉语声调的中性化问题》,《语言研究集刊》第 6 辑(江苏省语言学会主编),江苏教育出版社,1999 年, 166—170 页【石汝杰 2006: 19—28 页】。

(24)《汉语方言地理学的优良教科书——评介贺登崧〈论中国方言地理学〉》,《国外语言学》1997 年第 1 期,26—31 页。

(25)《〈吴语字典〉发凡》,《太湖历史文化研究》第 5 辑,1997 年。

(26)《高淳方言的动词谓语句》,《动词谓语句》(中国东南部方言比较研究丛书第3辑，李如龙、张双庆主编），暨南大学出版社，1997年，21—38页。

（27）《汉语方言中高元音的强摩擦倾向》，《语言研究》1998年第1期，100—109页【石汝杰2006：19—28页】。

（28）《〈韵学骊珠〉的音系》，《中国音韵学研究会第十次学术讨论会暨汉语音韵学第四次国际学术研讨会论文集》（《语言研究》增刊），1998年，271—275页【石汝杰2006：234—242页】。

（29）《"三言二拍"里的"做"》，京都《俗语言研究》第5号（禅籍俗语言研究会编），1998年，149—159页。

（30）《苏州方言的代词系统》，《代词》（中国东南部方言比较研究丛书第4辑，李如龙、张双庆主编），暨南大学出版社，1999年，85—101页【石汝杰2006：109—122页】。

（31）《艾约瑟在汉语研究上的成绩》，香港《词库研究通讯》第19号，1999年，31—32页【石汝杰2006：258—259页】。

（32）《汉语的正音和汉字的正音》，香港《语文建设通讯》第63期，2000年，29—31页。

（33）《"涯崖"类字读音的演变》（石汝杰、李小芳），《中国音韵学研究会第十一届学术讨论会汉语音韵学第六届国际学术讨论会论文集》（中国音韵学研究会、徐州师范大学语言研究所编），香港文化教育出版社，2000年，274—277页。

（34）《苏州方言的介词体系》，《介词》（中国东南部方言比较研究丛书第5辑，李如龙、张双庆主编），暨南大学出版社，2000年，1—22页【石汝杰2006：123—140页】。

（35）《关于〈汉语方言大词典〉的通用口语词》（石汝杰、鲁国尧），《方言》2000年第3期，198—210页【原题：《关于汉语方言中的通用口语词——读〈汉语方言大词典〉》，石汝杰2006：46—68页】。

（36）《关于中华书局本〈型世言〉的校点问题》，九州大学《言语科学》第37号，2002年，35—47页【石汝杰2006：189—204页】。

（37）《明清时代吴语动词选释》，九州大学《言语科学》第38号，2003年，117—140页。

（38）《安徽肥西方言的语音特点》（徐从权、石汝杰），《中国语学研究·开篇》第 22 卷,2003 年,212—218 页【石汝杰 2006: 44—45 页】。

(39)《贺登崧和汉语方言地理学》,《语言教学与研究》2003 年第 6 期,72—75 页。

(40)《朱文熊〈江苏新字母〉研究》[石汝杰、史皓元(R. V. Simmons)],《福冈大学言语教育研究センター纪要》第 2 号,2003 年,25—32 页。

(41)《汉语叹词"啊"的读音和相关问题》(石汝杰、李小芳),九州大学《言语文化论究》第 19 号,2004 年,57—75 页。

(42)《〈缀白裘〉里的"拉"、"来"以及相关结构》,《言语科学》第 39 号,2004 年,133—148 页【石汝杰 2006: 217—233 页】。

(43)《日本的汉语教科书及其出版情况介绍》,《世界汉语教学》2004 年第 2 期,105—109 页。

(44)《明清时代吴语形容词选释》,《吴语研究》第三辑(第三届国际吴方言学术研讨会论文集)(上海市语文学会、香港中国语文学会合编),上海教育出版社,2005 年,205—213 页。

(45)《冯梦龙编〈山歌〉的校注问题》,《海外事情研究》第 34 卷第 1 号,2006 年,111—128 页。

(46)《江苏吴江盛泽方言音系》(石汝杰、刘艳、刘林、王泽芳、凤华),《熊本学园大学文学・言语学论集》第 13 卷第 2 号,2006 年,31—53 页。

(47)《冯梦龙编〈山歌〉校注》(之一)(石汝杰、黄明明),《熊本学园大学文学・言语学论集》第 14 卷第 1 号,2007 年,185—213 页。

(48)《冯梦龙编〈山歌〉校注》(之二)(石汝杰、黄明明),《海外事情研究》第 35 卷第 1 号,2007 年,1—24 页。

(49)《北部吴语的送气分调现象》,(东京)《中国语学》第 254 号,2007 年,107—123 页。

(50)《吴语"来(在)"类词形式和用法的历史演变》,《语言研究集刊》第四辑(复旦大学《语言研究集刊》编委会),上海辞书出版社,2007 年,17—41 页。

(51)《冯梦龙编〈山歌〉校注》(之三)(石汝杰、黄明明),《熊本学园大学文学・言语学论集》第 14 卷第 2 号,2007 年,147—174 页。

(52)《冯梦龙编〈山歌〉校注》(之四)(石汝杰、黄明明),《海外事情研究》

第 35 卷第 2 号,2008 年,109—134 页。

(53)《明末吴语“得”的虚词用法》,《アジア言语论丛》7(神户市外国语大学外国学研究 69 卷),2008 年,13—28 页。

(54)《冯梦龙编〈山歌〉校注》(之五)(石汝杰、黄明明),《熊本学园大学文学・言语学论集》第 15 卷第 1 号,2008 年,177—204 页。

(55)《冯梦龙编〈山歌〉校注》(之六)(石汝杰、黄明明),《海外事情研究》第 36 卷第 1 号,2008 年,1—28 页。

(56)《冯梦龙编〈山歌〉校注》(之七)(石汝杰、黄明明),《熊本学园大学文学・言语学论集》第 15 卷第 2 号,2008 年,17—30 页。

(57)《浅论方言和普通话的关系》,《汉语与汉语教学研究》创刊号(樱美林大学孔子学院,东方书店出版),2010 年,100—109 页。

(58)《弹词〈珍珠塔〉的语言》,《海外事情研究》第 38 卷第 1 号,2010 年,37—44 页。

(59)《〈官话指南〉的版本和语言》(徐丽、石汝杰),《中国语学研究・开篇》第 29 卷,2010 年,76—84 页。

(60)《吴语字典及吴语语素刍议》,《中国方言学报》第 2 期,商务印书馆,2010 年,40—48 页。

(61)《山西中部地区舌尖声母的分合及分布研究》(刘艳、石汝杰),《海外事情研究》第 38 卷第 2 号,2011 年,27—40 页。

(62)《语言地理学前途无量——首届中国地理语言学国际学术研讨会总结发言》,《语言教学与研究》2011 年第 1 期,8—10 页。

(63)《明清时代北部吴语人称代词》,《清代民国汉语研究》(远藤光晓、朴在渊、竹越美奈子编),(韩国)学古房,2011 年,381—394 页。

(64)《艾约瑟〈上海方言语法〉同音字表》,《熊本学园大学文学・言语学论集》第 18 卷第 1 号,2011 年,93—117 页。

(65)《北部吴语单音节形容词重叠式后缀的发展》,《中国语言学集刊》第 5 卷第 1 期,2011 年,61—80 页。

(66)《上海川沙方言的地域差异》,《吴语研究》第六辑(第六届国际吴方言学术研讨会论文集)(游汝杰、丁治民、葛爱萍主编),上海教育出版社,2011 年,

98—106 页。

(67)《〈土话指南〉中的入声》(石汝杰、王一萍),《吴语研究》第六辑(第六届国际吴方言学术研讨会论文集)(游汝杰、丁治民、葛爱萍主编),上海教育出版社,2011 年,336—342 页。

(68)《现代上海方言的多种来源和方言岛理论》,《中国言语文化学研究》创刊号(大东文化大学大学院中国言语文化学专攻),2012 年,89—101 页;【最终定稿】载《吴声越韵》(复旦中文学科建设丛书 · 吴语研究卷,陈忠敏、陶寰选编),商务印书馆,2017 年,425—444 页。

(69)《从苏州方言看语音和语法结构的关系》,《汉语方言语法研究的新视角——第五届汉语方言语法国际学术研讨会论文集》(刘丹青主编),上海教育出版社,2013 年,171—180 页。

(70)《昆山市方言内部的地理分布》,《海外事情研究》第 41 卷第 1 号,2013 年,81—89 页。

(71)《从语言学的视点看冯梦龙的白话著作》,《新巷冯梦龙与民间价值建构》(邹明华主编),学苑出版社,2013 年,53—65 页。

(72)《关于汉语指示词的读音问题》,《海外事情研究》第 41 卷第 2 号,2014 年,1—9 页。

(73)《关于吴语研究史的若干问题》,《吴语研究》第七辑(第七届国际吴方言学术研讨会论文集)(游汝杰、王洪钟、陈轶亚主编),上海教育出版社,2014 年,57—63 页。

(74)《〈汉俄合璧韵编〉中所见的 19 世纪汉语语音》,《熊本学园大学文学 · 言语学论集》第 21 卷第 2 号,2014 年,113—127 页;【修改稿】《汉语史新视阈》(叶宝奎先生七秩寿庆论文集),厦门大学出版社,2019 年,228—240 页。

(75)《〈韵学骊珠〉音系附音节表》,《海外事情研究》第 42 卷第 1 号,2014 年,25—53 页。

(76)《〈韵学骊珠〉中的语音问题》,《海外事情研究》第 42 卷第 2 号,2015 年,29—40 页。

(77)《明清时代北部吴语人称代词及相关问题》,《中国方言学报》第 5 期,商务印书馆,2015 年,25—44 页。

（78）《关于编写〈苏州方言语法〉的几个问题》（谢自立、刘丹青、石汝杰），《南方语言学》第10辑（甘于恩主编），世界图书出版公司，2016年，1—7页。

（79）《从音节表观察汉语的若干避讳现象》，《北斗语言学刊》第一辑（乔全生主编），上海古籍出版社，2016年，66—71页。

（80）《近代上海方言历史研究的新课题》，《吴语研究》第八辑（第八届国际吴方言学术研讨会论文集）（陈忠敏主编），上海教育出版社，2016年，376—381页。

（81）《昆山市区老派方言同音字表》，《海外事情研究》第44卷第1—2合并号，2017年，129—141页。

（82）《冯梦龙编吴语民歌集〈山歌〉里的官话》，《熊本学园大学文学·言语学论集》第23卷合并号，2017年，53—65页。

（83）《冯梦龙编〈山歌〉方言口语词汇集》（石汝杰、黄明明），《熊本学园大学文学·言语学论集》第24卷第1号，2017年，83—148页。

（84）《关于苏州方言历史文献的研究》，《吴语研究》第九辑（第九届国际吴方言学术研讨会论文集）（陈忠敏、陆道平主编），上海教育出版社，2018年，349—354页。

（85）《19世纪末苏州方言的舌尖后音声母》，《熊本学园大学文学·言语学论集》第25卷第2号、第26卷第1号合并号，2019年，1—18页。

（86）《汉语以人体部位表示量的方式》，《北斗语言学刊》第五辑（乔全生主编），上海古籍出版社，2019年，37—49页。

（87）《明清时代的吴语人称代词"大家"》，《熊本学园大学文学·言语学论集》第26卷第2号，2019年，63—73页。

（88）《明清时代吴语的疑问词和疑问句》，《海外事情研究》第47卷，2020年，119—139页。

（89）《关于乘坐义动词"趁"的考察》，《熊本学园大学文学·言语学论集》第27卷第1号，2020年，75—91页。

（90）《研读经典文献，推进吴语研究——纪念赵元任〈现代吴语的研究〉出版90周年》，《吴语研究》第十辑（第十届国际吴方言学术研讨会论文集）（陈忠敏、徐越主编），上海教育出版社，2020年，312—319页。

(91)《近代汉语音系中的/e/韵母及相关问题》,《熊本学园大学文学・言语学论集》第27卷第2号,2020年,25—53页。

(92)《常熟方言连读变调的调查研究》,《海外事情研究》第48卷,2021年,95—107页。

(93)《以文献资料研究方言的新尝试——读〈从西洋传教士文献看台州方言百余年来的演变〉》,《汉语史与汉藏语研究》第7辑,中国社会科学出版社,2021年,243—249页。

(94)《清代传奇〈三才福〉中的代词》,《熊本学园大学文学・言语学论集》第28卷第1号,2021年,51—72页。

(95)《简论历史文献和现代方言研究的关系》,《语言资源》第三辑(张世方主编),语文出版社,2021年,70—81页。

(96)《从地方志看明清时代的苏州方言》,《姑苏语林何其芳》(纪念苏州市语言学会成立30周年,王建军、高群、李建邡主编),苏州大学出版社,2021年,263—272页。

(97)《清代传奇〈三才福〉方言口语词汇集》,《熊本学园大学文学・言语学论集》第28卷第2号,2021年,73—107页。

(98)《上海市川沙方言音系》,《岩田礼教授荣休纪念论文集》(《岩田礼教授荣休纪念论文集》编辑组编),日本地理言语学会《地理言语学研究》モノグラフシリーズNo. 2-1,2022年,198—222页。

(99) The Mix of Dialect and Guānhuà Elements in the Wú Folk Songs Collected in Féng Mènglóng's *Shān-gē*, *Studies in Colloquial Chinese and Its History* [*Dialect and Text*(汉语口语的历史研究:方言与文献)],Edited by R. V. Simmons, pp. 59-87, Hong Kong University Press, 2022.

三、翻　　译

(1)[美]王士元主编《语言与人类交际》,广西教育出版社,1987年。翻译《班图语的传播》和《洋泾浜语言》两篇,72—99页。原书名:*Human communication, language and its psychological basis*, W.H. and company,1982。

（2）［苏联］雅洪托夫《上古汉语里的 l 和 r 声母》,（武汉）《音韵学研究通讯》第 11 期,1987 年,21—26 页【原文：Начальные L и R в древнекитайском языке,原载苏联 *Востоковедение*（《东方学》杂志）1976 年第 2 期,78—87 页】。

（3）［比利时］贺登崧（W. Grootaers）《汉语方言地理学》,石汝杰、岩田礼合译,上海教育出版社,2003 年;【世纪文库】上海教育出版社,2012 年;【语言学经典文丛】上海教育出版社,2018 年。

（4）岩田礼《关于〈汉语方言地图集〉和曹志耘的二三事》,《南大语言学》第四编（南京大学汉语言文字学学科《南大语言学》编委会）,商务印书馆,2012 年,303—307 页。【原名:《〈汉语方言地图集〉と曹志耘さんのこと》,东方书店《东方》338 号,2009 年,2—5 页】。

（5）古屋昭弘《〈度曲须知〉所见的明末吴方音》,《吴语研究》第七辑（第七届国际吴方言学术研讨会论文集）（游汝杰、王洪钟、陈轶亚主编）,上海教育出版社,2014 年,24—35 页（附说明：34—35 页）【原名:《〈度曲须知〉に见る明末の吴方音》,东京都立大学《人文学报》156 号,1982 年第 3 号,65—82 页】。

后　　记

俗话说："花开两头，各表一枝。"这本书的成就，也是两个方面因缘际会的结果。

"吴语语料库建设和吴语比较研究"（项目批准号：20&ZD301）立项以后，照例应该是有一个开题仪式的。我不是一个仪式感很强的人，项目不过是一个契机，借此可以对吴语的相关问题展开广泛的讨论，促进我们对于吴语的认识。从这个意义上说，办一些主题工作坊，编几本主题论文集，是更为务实的做法。疫情期间，办会成了奢望，国内学者尚且很难聚集，更不用说邀请国际同行了。但是，会议虽不能正常举办，论文交流仍不失为一个好的切磋渠道。

去年，听闻石汝杰教授荣休，我们三位编者咨嗟良久。从学生时代认识他至今，印象当中他的模样就没有太大的变化，不意韶华易逝，他也进入了人生的一个新阶段了。石汝杰早年执教于苏州大学，后来东渡扶桑，任职于熊本学园大学。他是在日本退休的。熟悉日本学界惯例的黄河君于是提议，我们是否可以为他编一本荣休论文集。石汝杰是我的师兄，是吴语研究的前辈，也是"吴语语料库建设和吴语比较研究"的子课题负责人。项目会议与荣休文集虽则二名，实为一事，两全其美，何乐而不为哉？

于是我们就以"方言比较与吴语史研究"为主题约请相关的专家赐予稿件。约请的范围大抵是石汝杰师兄的弟子和跟他有密切学术交往的学者，同时也是我们三个编者相对熟悉的。通常为荣休者编纪念文集，是要背着荣休者本人悄悄地进行的，最后呈现在他面前，给他一个惊喜，类似于生日礼物或者结婚戒指。这种善意的隐瞒大概就是东方人所谓的含蓄内蕴吧。然而因此也产生了不便之处，比如生日礼物是否符合寿星的心意，全凭送礼人对于寿星的了解；结婚戒指大小如何，得靠结婚之前对恋人手指尺寸的拿捏。我们相信论文集的主题不会偏离石师兄的期望，因为他的研究领域是人所共知的；但是石师兄于我是两代学者，盛益民、黄河两位更是名副其实的晚辈，交往的圈子有交集也有错落，并不能一一照顾周全。尤其是石师兄在日本的行迹，是我所不能详知的，疏漏之处，编者在此先行谢过。

编入本集的论文，多数是专稿。由于起意到落实时间不长，如果不是作者手头恰好有写成的论文，赶写新作是颇为不易的。"良工不示人以璞"，我们理解作者的心情，因此我们也酌情收录了两篇旧作（均已随文注明），略表心意。另外，有几位日本学者的新作由于一些原因，未能出现在论文集里，对这几位先生、石师兄和我们来说，这都是莫大的遗憾。

在成果分等、学术计量的年代，以论文集名义邀约稿件更多依赖感情的维系，诸位大家、新秀惠赐稿件，不计名利，足见高义；从另一个方面来说，也可知石师兄学术人缘之深厚。事实上，论文集由于主题突出、形式灵活，往往更能让作者尽情展现各自的学术理念和研究实践。在语言学史上，Greenberg 的"Some Universals of Grammar with Particular Reference to the Order of Meaningful Elements"和 Weinreich、Labov、Herzog 的"Empirical Foundations for a Theory of Language Change"都收录于论文集之内，前者开创了现代意义上的语言类型学，后者则是变异学派的开山之作。我们虽不敢比于大师，也都本着求真、求精的态度，希望能为方言事业尤其是吴语研究添砖加瓦。

大洋彼岸的沈钟伟师兄特为论文集题写书名，锦上添花。在此也向沈师兄致以谢意。

论文集具体的联络、编辑事务，盛益民和黄河出力更多一些，序年齿把我放在第一位，是两位的美意，我也就却之不恭了。

陶 寰

草于复旦大学光华楼

2022 年 1 月 21 日

图书在版编目(CIP)数据

方言比较与吴语史研究：石汝杰教授荣休纪念论文集／陶寰，盛益民，黄河主编．—上海：中西书局，2022

ISBN 978－7－5475－2003－1

Ⅰ．①方… Ⅱ．①陶… ②盛… ③黄… Ⅲ．①吴语—历史比较语言学—方言研究—文集 Ⅳ．①H173－53

中国版本图书馆 CIP 数据核字(2022)第 167940 号

方言比较与吴语史研究

——石汝杰教授荣休纪念论文集

陶寰　盛益民　黄河　主编

责任编辑　吴志宏

装帧设计　梁业礼

责任印制　朱人杰

出版发行　上海世纪出版集团

中西書局(www.zxpress.com.cn)

地　　址　上海市闵行区号景路 159 弄 B 座(邮政编码：201101)

印　　刷　浙江天地海印刷有限公司

开　　本　700×1000 毫米　1／16

印　　张　27.25

字　　数　434 000

版　　次　2022 年 10 月第 1 版　2022 年 10 月第 1 次印刷

书　　号　ISBN 978－7－5475－2003－1／H・132

定　　价　108.00 元